庆祝中华人民共和国
成立七十五周年书系

新中国史研究文丛

新中国历史哲学研究

宋月红　著

当代中国出版社
Contemporary China Publishing House

图书在版编目(CIP)数据

新中国历史哲学研究 / 宋月红著 . -- 北京 : 当代中国出版社 ,2024.12. -- (新中国史研究文丛). -- ISBN 978-7-5154-1467-6

Ⅰ . K207

中国国家版本馆 CIP 数据核字第 2024UX2085 号

出 版 人　蔡继辉
责任编辑　姜楷杰
责任校对　贾云华　康　莹
印刷监制　刘艳平
封面设计　宋　涛　鲁　娟
出版发行　当代中国出版社
地　　址　北京市地安门西大街旌勇里 8 号
网　　址　http://www.ddzg.net
邮政编码　100009
编 辑 部　(010) 66572264
市 场 部　(010) 66572281　66572157
印　　刷　北京润田金辉印刷有限公司
开　　本　710 毫米 × 1000 毫米　1/16
印　　张　28.75 印张　1 插页　332 千字
版　　次　2024 年 12 月第 1 版
印　　次　2024 年 12 月第 1 次印刷
定　　价　98.00 元

新中国史研究文丛

— 总 序 —

在新中国成立 75 周年之际，当代中国研究所组织编辑出版的《新中国史研究文丛》第一批成果终于与读者见面了。

当代中国研究所是中共中央批准成立的专门从事中华人民共和国史研究、编撰与宣传工作的科研机构，自 1990 年成立以来，编写出版了《中华人民共和国史稿》《中华人民共和国简史》《新中国 70 年》《中华人民共和国史编年》《中国式现代化简史》等国史基本著作。为迎接新中国成立 75 周年，当代中国研究所组织编写《中华人民共和国史》《新中国史事编年》等学术著作，不断推动新中国史研究事业繁荣发展。《新中国史研究文丛》，既是当代中国研究所肩负“修史、资政、育人、护国”职责使命，为庆祝新中国成立 75 周年献上的一份厚礼，也是对当代中国研究所成立 30 余年来科研成果的又一次检阅。

习近平总书记在致国史学会成立30周年贺信中强调，要坚持正确政治方向，坚持历史唯物主义，以马克思主义中国化时代化最新成果为指导，进一步团结全国广大国史研究工作者，牢牢把握国史的主题主线、主流本质，不断提高研究水平，创新宣传方式，加强教育引导，激励人们坚定历史自信、增强历史主动，更好凝聚团结奋斗的精神力量，为全面建设社会主义现代化国家、全面推进中华民族伟大复兴作出新贡献。这不仅为当代中国研究所、国史学会的发展指明了方向，也为我们在新时代新征程上全面推动新中国史研究事业高质量发展提供了根本遵循。

赓续历史文脉，谱写当代华章。习近平总书记指出："重视历史、研究历史、借鉴历史是中华民族5000多年文明史的一个优良传统。当代中国是历史中国的延续和发展。"深入研究新中国史，一方面是继承发扬中国源远流长的史学传统，另一方面可以从中深刻体悟中华文明具有突出的连续性、创新性、统一性、包容性和和平性。在新的起点上深化和拓展中国式现代化，更好担负起新的文化使命，就需要立足中华民族伟大历史实践和当代实践，用中国道理总结好中国经验。这是编辑出版《新中国史研究文丛》的重要使命。

激励人们坚定历史自信，增强历史主动。历史是最好的教科书，也是最好的营养剂。新中国史是中华民族发展史上的时代画卷，是世界社会主义发展史、人类文明发展史上的辉煌篇章。只有坚持以习近平新时代中国特色社会主义思想为指导，不断深化新中国史研究，拿出高质量的研究成果，并加强研究成果的宣传、推广，才能真正把历史智慧和历史经验进一步转化为全国各族人民团结奋斗的精神力量，充分发挥新中国史资政、育人、护国的作用。这是编辑出版《新中国史研究文丛》的重要目的。

推动新中国史“三大体系”建设，建构中国自主知识体系。加快构建中国特色哲学社会科学学科体系、学术体系、话语体系是习近平总书记在哲学社会科学工作座谈会上提出的新时代战略任务。新中国史伴随着新中国的发展而发展，是一个兼具政治性与学术性的新兴学科。经过几十年特别是新时代十余年以来的努力，新中国史“三大体系”建设已经取得了一定的成绩。但毋庸讳言，与其他成熟学科相比，新中国史还有很大进步空间。编辑出版《新中国史研究文丛》，是加快构建新中国史“三大体系”、建构中国自主知识体系的一个重要举措。

展示真实、立体、全面的当代中国，促进文明交流互鉴。习近平总书记强调，要“着力加强国际传播能力建设、促进文明交流互鉴”。新中国史研究在这方面具有独特作用和特殊优势。新中国成立 75 年来，取得了令世界刮目相看的伟大成就。如何记录好、总结好新中国的辉煌成就和宝贵经验，是时代赋予的重大课题。新中国史研究工作者有责任积极参与国际性的对话和交流，在世界舞台上讲好当代中国故事，传播好当代中国声音，展示一个真实、立体、全面的当代中国，不断增强中华文明传播力和影响力。编辑出版《新中国史研究文丛》，希望有助于发挥新中国史研究在讲好中国故事中的独特作用。

培育新中国史研究力量，壮大人才队伍。“千秋基业，人才为本。”近几十年来，新中国史研究逐步形成了一支政治素养高、专业能力强、学科门类齐的人才队伍。推进科教融合，建立了中共党史系、中华人民共和国国史系，编撰出版教材，注意培养新中国史研究新生力量。但同时也要看到，新中国史研究还面临着成果发表平台不足、方法有待完善等现实问题，很大程度制约了人才的成长与发展。编辑出版《新中国史研究文丛》，有助于“出人、出书、走正路”，不断壮大新中国史研究人才队伍。

我们将编辑出版《新中国史研究文丛》作为一个长期项目，为新中国史研究的优秀成果提供优质的出版服务。期望得到学界同仁的关心和支持，大家一起通过此项目，为新中国史研究事业这座巍峨大厦添砖增瓦，并推动它不断繁荣发展。

李正华

2024 年 5 月

前言　论新中国历史发展

历史车轮滚滚向前，时代大潮浩浩荡荡。新中国成立，中国人民从此站立起来，中华民族发展开启新纪元，中华文明实现生命更新和现代转型，中国共产党领导人民创造中国历史崭新篇章。1949年6月15日，毛泽东在新政治协商会议筹备会开幕典礼上豪迈地说："中国人民将会看见，中国的命运一经操在人民自己的手里，中国就将如太阳升起在东方那样，以自己的辉煌的光焰普照大地，迅速地荡涤反动政府留下来的污泥浊水，治好战争的创伤，建设起一个崭新的强盛的名副其实的人民共和国。"[1]新中国成立以来，党领导人民完成社会主义革命和推进社会主义建设，实现了中华民族有史以来最为广泛而深刻的社会变革，实现了一穷二白、人口众多的东方大国大步

〔1〕《毛泽东选集》第4卷，人民出版社1991年版，第1467页。

迈进社会主义社会的伟大飞跃；进行改革开放和社会主义现代化建设，开创、坚持和发展中国特色社会主义；开创中国特色社会主义新时代，党和国家事业取得历史性成就、发生历史性变革，在此基础上全面建设社会主义现代化国家，以中国式现代化全面推进中华民族伟大复兴。

新中国历史发展，以党领导人民实现中华民族伟大复兴为总主题，以把马克思主义基本原理同中国具体实际、同中华优秀传统文化相结合的“两个结合”为必由之路，在五千多年中华文明深厚基础上开辟和发展中国特色社会主义；以党领导人民探索、奠基、开创、发展、深化和拓展中国式现代化为主线，传承发展中华文明，全面推进强国建设、民族复兴伟业。中国式现代化赋予中华文明以现代力量，中华文明赋予中国式现代化以深厚底蕴。

新中国历史发展，站在历史正确的一边，站在人类进步的一边，是推动人类发展进步的重要力量源泉，是世界社会主义发展史的中国篇章，是人类社会发展史的中国人民和中华民族发展篇章，不断为人类和平发展、文明发展进步作出新的更大贡献。

新中国历史发展，波澜壮阔、成就辉煌、前途光明。党自诞生起，就把马克思主义作为立党立国、兴党兴国的根本指导思想，以辩证唯物主义和历史唯物主义不断推进马克思主义中国化时代化，并用以观察时代、把握时代、引领时代。新中国历史发展，就是一部马克思主义发展史，根植于中国大地、反映中国人民意愿、适应中国和时代发展进步要求，用博大胸怀吸收人类创造的一切优秀文明成果，在历史与现实、理论与实践、国际与国内相结合中深刻蕴含着马克思主义国家观、历史观、世界观、文明观和价值观，深刻彰显着科学社会主义理论逻辑和中国社会发展历史逻辑的辩证统一。

新中国历史发展，思想深邃、理论宏阔、实践丰厚。党站在历史与时代相结合的高度，坚持唯物史观，巩固和增强历史主动精神，为中国人民谋幸福、为中华民族谋复兴，初心如磐、使命在肩，领导人民逐步把新中国建设成为富强民主文明和谐美丽的社会主义现代化强国，从根本上改变了中国人民和中华民族的前途命运。新中国的建设和发展，不断培育、丰富、发展马克思主义中国化时代化和科学社会主义发展的历史逻辑、政治逻辑、理论逻辑、实践逻辑，生成并拥有一系列原理性、根本性、基础性、战略性和前瞻性的哲学实践与命题。

党根据马克思主义基本矛盾运动的变化，在探索和回答中国之问、世界之问、人民之问、时代之问中，领导人民科学揭示马克思主义的真理性、社会主义本质特征、中国特色社会主义理论体系的科学性，以正确党史观的立场观点方法和大历史观的宽广视野与长远眼光，准确把握世界历史的发展脉络和正确走向，从而认清新中国社会发展、人类社会发展的大逻辑大趋势和中国式现代化的理论体系与实践要求。这些理论与实践的结合、历史与逻辑的统一，深刻蕴含马克思主义的世界观和方法论在新中国历史发展中坚持、运用和发展的内涵、要义与特点，也无不体现着通过历史看现实、透过现象看本质，把握全局和局部、当前和长远、宏观和微观、主要矛盾和次要矛盾、特殊和一般的关系，具体、历史地融入马克思主义的战略思维、历史思维、辩证思维、系统思维、创新思维、法治思维、底线思维，践行于解放思想、实事求是、与时俱进、求真务实、守正创新。人类社会实践活动拥有哲学意涵和价值，党坚持和运用马克思主义哲学，不断丰富和发展前瞻性思考、全局性谋划、整体性推进党和国家事业发展的科学思想方法和工作方法。

在认识论意义上，新中国历史发展，纵向看是新中国社会的“历史”，横向看则是新中国历史的“社会”，是历史发展与社会发展彼此密不可分的有机统一。新中国是从哪里来的、又要到哪里去，是新中国史研究的根本性历史问题；建设一个什么样的新中国和怎样建设新中国，则是新中国史研究的根本性理论和实践问题。新中国历史发展中，既具有普遍性与特殊性相结合的历史问题，又拥有鲜明的哲学问题和命题，而且历史问题还承载有具体的哲学意涵和价值。因此，新中国史研究坚持唯物史观和正确党史观，以历史学研究为基础，是历史问题就主要通过历史学的理论与方法来研究，又要围绕新中国历史发展的哲学问题和命题，站在哲学的高度、广度和深度，运用哲学的理论与方法，推动和提升新中国史之历史理论、新中国史之史学理论研究，构建新中国史的本体论、认识论和方法论，发展新中国历史哲学。

今年是新中国成立 75 周年，谨以本书献礼、致敬新中国伟大时代。

宋月红

2024 年 10 月 1 日

目 录

第一章

论坚持唯物史观和正确党史观

历史是最好的教科书，“欲知大道，必先为史”。习近平总书记高度重视全党深入开展辩证唯物主义和历史唯物主义学习教育，指出要从坚持正确历史观、树立正确党史观中认识和把握人类社会的历史、中国的历史特别是党史、新中国史、改革开放史和社会主义发展史，强调“当代中国是历史中国的延续和发展”[1]，要从大历史观深刻揭示当代中国的历史内涵与基础，在对古代中国历史的深入思考中鉴古知今，在对近现代中国国情和中国社会发展规律的深入探索中总结历史经验，立足当代中国历史发展方位，不断把中国特色社会主义事业推向前进。

第一节 “当代中国是历史中国的延续和发展”重要论述的科学内涵

历史主要是指人类社会发展进步史。一切社会历史现象和生产生活实践都存在于一定时空之中，并且各自变化发展的阶段性与连续性是相统一的。每个社会历史现象的历史、现实和未来是联系在一起的，因为它的历史是其之前的过往在一定社会条件下的积淀和传承，它的

〔1〕习近平：《致中国社会科学院中国历史研究院成立的贺信》，《人民日报》2019年1月4日。

现实是其从历史中走来、在相应条件下面向未来的客观基础与前提。

一、关于“当代中国是历史中国的延续和发展”重要论述的提出及其基本内涵

中国共产党在中国革命、建设、改革的历史进程中，科学运用辩证唯物主义和历史唯物主义，具体、历史和系统地分析中国社会运动及其发展规律，认识世界和改造世界，不断把握历史发展规律。党的十八大以来，习近平总书记科学探索和深刻揭示坚持和发展什么样的中国特色社会主义、怎样坚持和发展中国特色社会主义，并在继承和发展马克思主义论历史和历史科学的基础上系统论述历史规律、历史自觉、历史思维和历史学习，从中鲜明提出“当代中国是历史中国的延续和发展”这一重要论断，把当代中国的发展进步、前途命运与历史中国结合起来，广泛而深入推进对共产党执政规律、社会主义建设规律和人类社会发展规律的认识，指导党和国家事业发展取得历史性成就，发生历史性变革。

在深刻认识中华民族伟大复兴中提出中华民族的昨天、今天和明天的历史主题与鲜明特征。2012 年 11 月 29 日，习近平总书记在参观《复兴之路》展览时，分别以“雄关漫道真如铁”“人间正道是沧桑”“长风破浪会有时”，高度概括中华民族的昨天、今天和明天，深刻论述以爱国主义为核心的伟大民族精神、中华民族伟大复兴的正确道路、中华民族伟大复兴的光明前景，深刻阐明实现中华民族伟大复兴是中华民族近代以来最伟大的梦想。〔1〕党团结带领中国人民进行的一切奋斗、一切牺牲、一切创造，归结起来就是一个主题：实现中华民

〔1〕习近平:《论中国共产党历史》，中央文献出版社 2021 年版，第 1—2 页。

族伟大复兴。

在深刻论述历史是最好的教科书中提出知史爱党、知史爱国。2013年3月1日，习近平总书记在中央党校建校80周年庆祝大会上指出，要认真学习党史、国史，知史爱党，知史爱国。6月25日，他在主持十八届中央政治局第七次集体学习时，进一步强调学习党史、国史是坚持和发展中国特色社会主义、把党和国家各项事业继续推向前进的必修课。这门功课不仅必修，而且必须修好。他指出，“要继续加强对党史、国史的学习，在对历史的深入思考中做好现实工作、更好走向未来”〔1〕。进而，习近平总书记将党史、新中国史、改革开放史以及中华民族史、中国近代史联系在一起，彰显了彼此之间的历史与逻辑关系。2013年12月26日，习近平总书记在纪念毛泽东同志诞辰120周年座谈会上的讲话中指出，不论发生过什么波折和曲折，不论出现过什么苦难和困难，中华民族5000多年的文明史，中国人民近代以来170多年的斗争史，中国共产党90多年的奋斗史，中华人民共和国60多年的发展史，都是人民书写的历史。关于加强对历史特别是中国古代史、中国近现代史、中国共产党党史的学习，习近平总书记在2018年9月10日全国教育大会上指出，要在学生中加强中国历史特别是中国近现代史、中国革命史、中国共产党党史、中华人民共和国史、中国改革开放史等的教育，坚持不懈培育和弘扬社会主义核心价值观。〔2〕2019年3月18日，习近平总书记在学校思想政治理论课教师座谈会上，具体阐述了思政课教师的历史视野。

在深入阐述历史、现实与未来的关系中把握彼此之间的相通性。

〔1〕《在对历史的深入思考中更好走向未来　交出发展中国特色社会主义合格答卷》，《人民日报》2013年6月27日。

〔2〕习近平：《论中国共产党历史》，中央文献出版社2021年版，第10页。

历史是从昨天走到今天再走向明天，历史的联系是不可能割断的，人们总是在继承前人的基础上向前发展的。毛泽东说："今天的中国是历史的中国的一个发展；我们是马克思主义的历史主义者，我们不应当割断历史。"〔1〕习近平总书记继承和发展这一思想，并将之运用到治国理政之中。2012 年 12 月 31 日，习近平总书记在十八届中央政治局第二次集体学习时指出，历史、现实、未来是相通的。〔2〕2014 年 4 月 1 日，习近平总书记在布鲁日欧洲学院的演讲中强调，中华民族 5000 多年文明史，中国人民近代以来 170 多年斗争史，中国共产党 90 多年奋斗史，中华人民共和国 60 多年发展史，改革开放 30 多年探索史，这些历史一脉相承，不可割裂。〔3〕10 月 13 日，习近平总书记在十八届中央政治局第十八次集体学习时指出，治理国家和社会，今天遇到的很多事情都可以在历史上找到影子，历史上发生过的很多事情也都可以作为今天的镜鉴。中国的今天是从中国的昨天和前天发展而来的。习近平总书记强调，要治理好今天的中国，需要对我国历史和传统文化有深入了解，也需要对我国古代治国理政的探索和智慧进行积极总结。〔4〕2015 年 8 月 23 日，习近平总书记在致第二十二届国际历史科学大会的贺信中指出，世界的今天是从世界的昨天发展而来的。今天世界遇到的很多事情可以在历史上找到影子，历史上发生的很多事情也可以作为今天的镜鉴。重视历史、研究历史、借鉴历史，可以给人类

〔1〕《毛泽东选集》第 2 卷，人民出版社 1991 年版，第 534 页。

〔2〕《以更大的政治勇气和智慧深化改革　朝着十八大指引的改革开放方向前进》，《人民日报》2013 年 1 月 2 日。

〔3〕习近平：《在布鲁日欧洲学院的演讲》，《人民日报》2014 年 4 月 2 日。

〔4〕《牢记历史经验历史教训历史警示　为国家治理能力现代化提供有益借鉴》，《人民日报》2014 年 10 月 14 日。

带来很多了解昨天、把握今天、开创明天的智慧。[1]9月3日，习近平总书记在纪念中国人民抗日战争暨世界反法西斯战争胜利70周年大会上再次强调，昨天的历史不是今天的人们书写的，但今天的人们不能脱离昨天的历史来把握今天、开创明天。[2]2018年5月4日，习近平总书记在纪念马克思诞辰200周年大会上指出，只有在整个人类发展的历史长河中，才能透视出历史运动的本质和时代发展的方向。[3]11月26日，习近平总书记在十九届中央政治局第十次集体学习时的讲话中强调，历史是最好的教科书，历史是人类最好的老师。历史记述了前人的成功和失败，重视、研究、借鉴历史，了解历史上治乱兴衰规律，可以给我们带来很多了解昨天、把握今天、开创明天的启示。重视吸取历史经验是我们党的一个好传统。[4]2019年1月2日，习近平总书记在致中国社会科学院中国历史研究院成立的贺信中指出，历史是一面镜子，鉴古知今，学史明智。[5]重视历史、研究历史、借鉴历史是中华民族5000多年文明史的一个优良传统。当代中国是历史中国的延续和发展。他强调，新时代坚持和发展中国特色社会主义，更加需要系统研究中国历史和文化，更加需要深刻把握人类发展历史规律，在对历史的深入思考中汲取智慧、走向未来。

---

〔1〕《习近平致第二十二届国际历史科学大会的贺信》，《人民日报》2015年8月24日。

〔2〕习近平：《在纪念中国人民抗日战争暨世界反法西斯战争胜利70周年大会上的讲话》，《人民日报》2015年9月4日。

〔3〕习近平：《在纪念马克思诞辰200周年大会上的讲话》，《求是》2018年第10期。

〔4〕习近平：《努力造就一支忠诚干净担当的高素质干部队伍》，《求是》2019年第2期。

〔5〕习近平：《致中国社会科学院中国历史研究院成立的贺信》，《人民日报》2019年1月4日。

二、关于“当代中国”与“历史中国”的认识逻辑

一个国家和民族，一代人有其一代的历史方位，以此称之为古代史、近代史、现代史或当代史。对于同一事物的历史来说，其发生、发展的各个时期或阶段都是不可或缺的，在一定意义上既彼此区别又相互联系，具有历时性、相对性和贯通性。中国历史也是如此，当代中国则是这一中国历史合乎逻辑的延续和发展，从历史中国的接续变动、变革和发展中走来，在自身建设和发展中走向未来。

历史是国情的重要基础和组成部分。一个国家的国情既有现实的国情，又有历史的国情，其中前者是后者变动发展的必然结果与趋势，后者是前者的历史基础和前提条件，并且是参与前者的塑造和变动的，可谓“一切历史都是当代史”。二者具有历史演变和发展变动的必然与偶然、因与果，以及“变”与“不变”的辩证关系。

历史车轮滚滚向前，时代潮流浩浩荡荡。中国历史悠久、文明灿烂，在历史发展中先后缔造了古代中国、近代中国、现代或当代中国，构成了中国的历史发展和社会历史形态。相对于当代中国即新中国，“历史中国”的历史就是中国自古以来至新中国成立之前的整个中国的历史，是当代中国史之前的中国古代史、近代史在内的历史。根据社会基本矛盾和主要矛盾，人类社会的历史分为不同形态和性质的社会发展史，如原始社会史、奴隶社会史、封建社会史、资本主义社会史、社会主义社会史。历史是有规律可循的，既纷繁复杂，又整体上呈发展进步和螺旋式上升态势与趋势，各个社会发展时期则呈现出相应的断代史、阶段史或专门史。

当代中国是当今时代的中国、正在发展着的中国，又是与未来中国直接而紧密联系着的中国，既包括自身“当代”的历史发展、立足

自身现实的时代性发展，又拥有自身指向前景的未来发展。当代中国的昨天既有新中国成立之前的中国历史，又有新中国成立以来的历史发展；当代中国的今天主要是指现实的中国，发展的中国；当代中国的明天既有实然发展前景的中国，又有未来可预期可预见的中国，昨天、今天和明天是相衔接的，承上启下、继往开来。认识和把握当代中国，则要把历史中国、现实中国和未来中国联系起来，从包括当代中国史在内的整个中国的历史中、从中国的现实与未来的结合中进行纵向历史考察。因此，当代中国史研究既要把当代中国的历史发展作为基础和本体，又要把现实的和未来的中国作为与之内在统一性的认识和研究对象。从方法论意义上来说，当代中国史研究就是以新中国成立以前的历史中国的"史"和当代中国的"史"为依据与基础，从正在发展的当代中国的实际出发，将历史与现实结合起来，并展望其未来发展前景的纵向和横向认识的当代中国研究，从而更加广泛而深刻地揭示当代中国的历史发展规律性与特点。

从根本意义上说，历史中国的"古"与当代中国的"今"虽然有古今之变，却有着相互联系与内在相通性。"今天遇到的很多事情都可以在历史上找到影子，历史上发生过的很多事情也都可以作为今天的镜鉴。"认识和研究历史和现实则需要"通古今之变"。

任何一个事物，有历史就有物质的和精神的历史遗产，是后来者以史鉴今的重要基础与源泉。对于历史遗产，一方面要有敬畏之心，尊重和学习，一方面要用马克思主义的基本立场、观点和方法给以批判的总结和辩证的扬弃。毛泽东说："从孔夫子到孙中山，我们应当给以总结，承继这一份珍贵的遗产。这对于指导当前的伟大的运动，是有重要的帮助的。”[1]中共党史既是当代中国史的源头活水和基本内核，又是当代中国发展的历史基础与逻辑前提，是把当代中国与历史中国贯通起来的“桥梁”与“纽带”。从认识论与方法论意义上，关于如何研究中共党史，毛泽东还指出，应该把党成立以前的辛亥革命和五四运动的材料研究一下。不然，就不能明了历史的发展。他强调，根本的方法就是全面的历史的方法即“古今中外法”。邓小平说：“每个党、每个国家都有自己的历史，只有采取客观的实事求是的态度来分析和总结，才有好处。”“总结历史，不要着眼于个人功过，而是为了开辟未来。过去的成功是我们的财富，过去的错误也是我们的财富。”[2]关于如何处理和把握当代中国与历史中国的关系，邓小平强调：“要懂得些中国历史，这是中国发展的一个精神动力。”[3]习近平总书记指出：“要加强对历史的学习，特别是对中国古代史、中国近现代史、中国共产党党史的学习，历史是一面镜子，从历史中得到启迪、得到定力。”[4]关于如何了解中国，他强调，要了解中国，就要了解中国的历史、文化、人文思想和发展阶段，特别是要了解当代中国的马克思主义。[5]一部马克思主义发展史就是马克思、恩格斯以及他们的后继者们不断根据时代、实践、认识发展而发展的历史，是不断吸收人类历史上一切优秀思想文化成果丰富自己的历史。[6]对于当代中国来说，马克思主义指导下形成和发展的当代中国史，是在历史中国的思想文化基础上的丰富和发展。

---

〔1〕《毛泽东选集》第2卷，人民出版社1991年版，第534页。
〔2〕《邓小平文选》第3卷，人民出版社1993年版，第272页。
〔3〕《邓小平文选》第3卷，人民出版社1993年版，第358页。
〔4〕习近平：《论中国共产党历史》，中央文献出版社2021年版，第9页。
〔5〕习近平：《论中国共产党历史》，中央文献出版社2021年版，第10页。
〔6〕习近平：《在纪念马克思诞辰200周年大会上的讲话》，《求是》2018年第10期。

三、关于“当代中国”与“历史中国”的共同历史主体与社会基础

根据历史和现实，历史中国是中华民族、中国人民在历史长河中缔造和发展的，形成中华民族发展史、中国人民发展史；当代中国是人民当家作主的新中国，是全国各族人民共同缔造的统一的多民族国家的延绵发展和新陈代谢。

中国是统一的多民族国家。马克思主义认为，民族是一个历史范畴，民族问题是一种社会现象。民族问题与民族的存在相伴生，只要有民族和民族差别存在，就有民族问题存在，民族特点和民族差异、各民族在经济文化发展上差距是长期存在的。要充分尊重和理解各民族在历史发展中形成的传统、语言、文化、风俗习惯、心理认同，积极创造条件，努力缩小和消除各民族在发展水平上的差距。这是一个历史过程，需要进行长期努力。中华民族是多元一体的伟大民族和命运共同体。2014 年 9 月 28 日，习近平总书记在中央民族工作会议上指出：“我们讲中华民族多元一体格局，一体包含多元，多元组成一体，一体离不开多元，多元也离不开一体，一体是主线和方向，多元是要素和动力，两者辩证统一。”[1]中华民族与各民族，以及各民族之间的“一体”和“多元”、共同性和差异性、共同体意识与民族意识是辩证统一的。中国历史是中华各民族交融汇聚成多元一体中华民族的历史，是各民族共同缔造、发展和巩固统一的伟大祖国的团结奋斗史，全国各族人民的大团结是实现各民族共同繁荣发展的力量源泉。在历史长河中，中华各民族共同开发了广袤的中华沃土，共同创造了灿烂的中

[1]《习近平关于社会主义政治建设论述摘编》，中央文献出版社 2017 年版，第 150 页。

华文明，共同缔造了壮丽的新中国，共同铸就了伟大的中华民族精神，共同对人类社会发展进步作出了卓越贡献。在中华民族发展史上，民族团结是各族人民的生命线和幸福线。

中国共产党诞生以来，随着党情、国情和世情的发展变化，“当代中国”和“历史中国”的共同基础不断拓展深化、发展壮大，推动中国新旧更替和发生翻天覆地的变化。没有共产党就没有新中国。党矢志践行为中国人民谋幸福、为中华民族谋复兴的初心使命，团结带领全国各族人民艰辛探索、接续奋斗，不断开辟新民主主义革命道路、社会主义革命和建设道路、中国特色社会主义道路，使中华民族由沉沦危亡到乾坤扭转、由奋力崛起到繁荣富强，实现了从落后时代到赶上时代再到引领时代的伟大跨越，开辟了中华民族伟大复兴的壮阔道路。党史、新中国史、改革开放史是当代中国史的基本内容，彰显当代中国的基本面貌，形成社会主义发展史的中国篇章。

在社会主义制度下，当代中国实现了各民族平等，各民族共同繁荣发展，各族人民的根本利益是一致的。随着当代中国经济、政治、文化和社会的发展，各民族相互学习、相互影响、相互帮助，共同因素日益增多。铸牢中华民族共同体意识，牢固树立正确的祖国观，始终把维护国家主权、安全和发展利益放在首位，不断汇聚各族人民共同建设伟大祖国的磅礴力量。中华文化是各民族文化的源泉和集大成者，各民族文化都缔造、丰富和发展了中华文化，并彼此融通、交流互鉴。中国特色社会主义文化，源自于中华民族五千多年文明历史所孕育的中华优秀传统文化，熔铸于党领导人民在革命、建设、改革中创造的革命文化和社会主义先进文化，植根于中国特色社会主义伟大实践。繁荣发展中国特色社会主义文化，从中华民族世世代代形成和积累的文化中汲取营养和智慧，延续文化基因，萃取思想精华，展现精神魅力，共同构筑中华民族共有精神家园。

中华民族共同体意识是国家统一之基、民族团结之本、精神力量之魂。党在认识、处理和解决民族问题上，坚持把马克思主义国家学说、民族理论与中国民族问题的具体实际相结合，不断丰富和发展中国特色民族理论和民族政策。实现中华民族伟大复兴是近代以来中华民族最伟大的梦想。中国共产党一经成立，就义无反顾地肩负起这一历史使命。新中国成立以来，党团结带领人民坚持民族平等、团结、互助、和谐，开创了中国特色解决民族问题的正确道路。沿着这条道路向前发展，全国各族人民交往交流交融日益广泛而深入，平等团结互助和谐的社会主义民族关系不断巩固和加强，凝聚起实现中华民族伟大复兴的磅礴力量。在中国特色社会主义事业不断发展的过程中，在国家综合实力不断增强的基础上，中华各族人民的根本利益不断得到实现和保障，共同团结进步、共同繁荣发展。

中华儿女大团结。在百年奋斗历程中，党始终把统一战线摆在重要位置，不断巩固和发展最广泛的统一战线，团结一切可以团结的力量、调动一切可以调动的积极因素，最大限度凝聚起共同奋斗的力量。爱国统一战线是中国共产党团结海内外全体中华儿女实现中华民族伟大复兴的重要法宝。

共同富裕是社会主义的本质要求，是人民群众的共同期盼。在当代中国，全国各族人民走共同富裕道路。党的十九届五中全会提出，人民生活更加美好，人的全面发展、全体人民共同富裕取得更为明显的实质性进展；社会文明程度得到新提高，社会主义核心价值观深入人心，人民思想道德素质、科学文化素质和身心健康素质明显提高，公共文化服务体系和文化产业体系更加健全，人民精神文化生活日益丰富，中华文化影响力进一步提升，中华民族凝聚力进一步增强。为此，必须把促进全体人民共同富裕摆在更加重要的位置，脚踏实地，久久为功，向着这个目标更加积极有为地团结奋斗，同心同德，顽强奋斗，夺取全面建设社会主义现代化国家新胜利。

在当代中国，中国人民是国家建设和发展的实践主体，中国共产党是人民的主心骨。党和国家的历史发展，就是党与人民心心相印、与人民同甘共苦、与人民团结奋斗的历史，人民是历史的创造者。习近平总书记在庆祝中国共产党成立100周年大会上的讲话中指出，江山就是人民、人民就是江山，打江山、守江山，守的是人民的心。中国共产党根基在人民、血脉在人民、力量在人民。[1]

进入新发展阶段、贯彻新发展理念、构建新发展格局，是由我国经济社会发展决定和要求的。进入新发展阶段明确了我国发展的历史方位，贯彻新发展理念明确了我国现代化建设的指导原则，构建新发展格局明确了我国经济现代化的路径选择。要统筹中华民族伟大复兴战略全局和世界百年未有之大变局，立足国内，放眼世界，深刻认识错综复杂的国际局势对我国的影响，既保持战略定力又善于积极应变，既集中精力办好自己的事，又积极参与全球治理、为国内发展创造良好环境。统筹发展和安全，把安全发展贯穿国家发展各领域和全过程，不断增强发展的安全性。坚持把防范化解国家安全风险摆在突出位置，提高风险预见、预判能力，力争把可能带来重大风险的隐患发现和处置于萌芽状态，随时准备应对更加复杂困难的局面，不断推进全面建设社会主义现代化国家。党领导人民坚持和完善中国特色社会主义制度、推进国家治理体系和治理能力现代化，为把我国建设成为富强民主文明和谐美丽的社会主义现代化强国而共同努力奋斗。

---

〔1〕习近平：《在庆祝中国共产党成立100周年大会上的讲话》，《人民日报》2021年7月2日。

总之，“当代中国是历史中国的延续和发展”蕴含着当代中国发展的历史逻辑、政治逻辑、理论逻辑和实践逻辑。中华民族近代以来170多年的历史、中国共产党成立以来100多年的历史、中华人民共和国成立以来70多年的历史充分证明，没有中国共产党，就没有新中国，就没有中华民族伟大复兴。中国人民不但善于破坏一个旧世界、也善于建设一个新世界，只有社会主义才能救中国，只有中国特色社会主义才能发展中国。中国特色社会主义是党和人民历经千辛万苦、付出巨大代价取得的根本成就，是实现中华民族伟大复兴的正确道路。当代中国坚持和发展中国特色社会主义，推动物质文明、政治文明、精神文明、社会文明、生态文明协调发展，创造了中国式现代化新道路，创造了人类文明新形态。全面建设社会主义现代化强国、实现中华民族伟大复兴，是当代中国在历史中国基础上的现代化发展，不断开辟中国人民、中华民族走向未来的壮阔道路。

第二节　党的历史决议与正确党史观

党的十一届六中全会通过的《关于建国以来党的若干历史问题的决议》（即第二个历史决议）回顾和总结建党以来特别是新中国成立以来中国革命、建设和改革的理论与实践，把坚持四项基本原则贯彻于党和国家的历史发展之中认识和把握党史、新中国史，研究、阐释和回答如何正确评价毛泽东的历史地位、坚持和发展毛泽东思想等若干重大历史问题，彰显党和国家建设发展的方向与道路、进程与前景、成就与经验。

一、党的第二个历史决议的认识论和方法论

党的第二个历史决议是党的十一届三中全会恢复和确立马克思主

义思想路线以来解放思想、实事求是的产物，集中体现了改革开放之初党的思想理论创新成果，深刻揭示党史、新中国史的主题与主线、主流与本质，彰显反对和抵制历史虚无主义的决心，蕴含着党关于党史、新中国史的认识论和方法论，是马克思主义中国化发展史上具有继往开来意义的重要历史文献。

（一）党的第二个历史决议将革命史观与现代化发展史观统一于认识和把握党和国家历史发展之中

为总结党的历史发展经验，统一全党关于新中国成立以来党的若干历史问题的思想认识，团结带领人民为社会主义现代化建设而奋斗，第二个历史决议回顾了新中国成立以前 28 年党领导人民进行的新民主主义革命斗争，集中阐述了中国革命的历史必然性、指导思想、发展道路、领导力量和依靠力量，以及党领导人民取得革命胜利的伟大历史意义；在认识和把握新中国成立以来的历史进程、正确评价毛泽东历史地位的同时，在新的历史条件下深刻阐明毛泽东思想的科学体系，即新民主主义革命、社会主义革命和社会主义建设，革命军队的建设和军事战略、政策和策略，思想政治工作和文化工作，党的建设等多方面内容，科学揭示实事求是、群众路线、独立自主这一毛泽东思想的活的灵魂；系统总结了中国革命的理论与实践，以及革命、建设和改革的历史与逻辑关系，从中深入阐述革命史观与现代化发展史观的基本内涵及其统一性。

马克思和恩格斯在《共产党宣言》中指出："无产阶级将利用自己的政治统治，一步一步地夺取资产阶级的全部资本，把一切生产工具集中在国家即组织成为统治阶级的无产阶级手里，并且尽可能快地增加生产力的总量。"[1] 这是马克思主义科学社会主义理论的重要意涵，

[1]《马克思恩格斯选集》第 1 卷，人民出版社 2012 年版，第 421 页。

是马克思主义政党理论和国家学说的重要基础。基于近代以来中国社会变动的革命史观，是关于中国革命特别是新民主主义革命的世界观和方法论的集中体现，在新民主主义革命与社会主义革命的关系问题上，强调新民主主义革命是社会主义革命的必要前提和基础，社会主义革命是新民主主义革命的必然趋势和要求。同时，基于新中国建设和发展的现代化发展史观，是关于在中国走什么样的道路、实现什么样的发展的历史逻辑、政治逻辑、理论逻辑和实践逻辑的辩证统一。在新民主主义革命即将胜利之际，党的七届二中全会指出，中国革命在全国胜利后，要迅速恢复和发展生产，对付国外的帝国主义，使中国稳步地由农业国转变为工业国，由新民主主义国家转变为社会主义国家。建立在新中国建设和发展基础上的现代化发展史观，强调走社会主义道路，把中国建设成为社会主义现代化国家。

党的第二个历史决议继承和发展马克思主义中国化理论成果，特别是《新民主主义论》《关于若干历史问题的决议》《论人民民主专政》《论十大关系》《关于正确处理人民内部矛盾的问题》等党和国家重要论述精神，坚持正确历史观，把革命史观和现代化发展史观内在地统一起来，深刻揭示建党特别是新中国成立以来历史发展的主题与主线、主流与本质。党的第二个历史决议充分阐述没有共产党就没有新中国，指出在半殖民地半封建的旧中国，中国人民、中华民族的出路在于彻底地、不妥协地反帝反封建，争取社会主义的前途；科学揭示马克思主义中国化的历史发展，指出党把马克思主义作为立党立国的根本指导思想，创造性地推进马克思主义中国化，领导人民在新民主主义革命胜利的基础上建立新中国，实现人民当家作主，并进行社会主义革命和建设；历史地阐明社会主义制度的建立是中国人民、中华民族发展史上最深刻最伟大的社会变革，是一切进步和发展的基础，指出中国历史上从来没有过的人民当家作主的新型政权是建设富强民主文明的社会主义现代化国家的根本保证，社会主义改造是新中国建设和发展的历史必然，国家的社会主义工业化是国家独立和富强的当然要求和必要条件；系统地阐述社会主义建设和发展进程，指出在社会主义改造基本完成以后，我国所需要解决的主要矛盾是人民日益增长的物质文化需要同落后的社会生产之间的矛盾，社会主义建设必经一个很长的历史过程，在开始全面建设社会主义的十年中建立起进行现代化建设的物质技术基础，培养和积累起全国经济文化建设等方面的骨干力量及其工作经验。“文化大革命”是一场严重的“内乱”，在“文化大革命”中我国社会主义制度的根基仍然保存着，社会主义经济建设还在进行，国家仍然保持统一并且在国际上发挥重要影响。党的十一届三中全会是新中国成立以来党的历史上具有深远意义的伟大转折，党在新的历史时期的奋斗目标是要把我国逐步建设成为具有现代农业、现代工业、现代国防和现代科学技术的，具有高度民主和高度文明的社会主义强国，社会主义经济建设必须从我国国情出发，量力而行，积极奋斗，有步骤分阶段地实现现代化的目标，社会主义生产关系的变革和完善必须适应于生产力的状况，有利于生产的发展。在社会主义革命、建设和改革的历史发展基础上，党领导人民在改革开放之初逐步确立了一条适合我国情况的社会主义现代化建设的正确道路。

能否实现现代化发展，决定国家的前途命运。1979 年 3 月 30 日，邓小平在党的理论工作务虚会上鲜明指出，“要在中国实现四个现代化，必须在思想政治上坚持四项基本原则”[1]。历史地看，党在领导新民主主义革命中推进马克思主义中国化，初步奠立四项基本原则的核

〔1〕《邓小平文选》第 2 卷，人民出版社 1994 年版，第 164 页。

心要义，并不断丰富其时代内涵；党为成立一个新中国而奋斗，在成立新中国的过程中，将坚持四项基本原则的内涵和精神实质赋予国体、政体之中；党在社会主义改造和探索适合中国国情的社会主义建设实践中，确立并发展坚持四项基本原则的制度基础，并在此基础上实行改革开放。在改革开放前，坚持四项基本原则这一概念尽管尚未被完整地提炼出来，但坚持四项基本原则的思想与精神内涵是客观存在的，是党长期以来所一贯坚持和遵循的，深深贯彻于中国革命、建设的理论与实践之中，并将改革开放前后两个历史时期具体地、历史地贯通和统一起来。我国社会主义建设波澜壮阔，但又是复杂而曲折的。坚持四项基本原则，是党在总结社会主义建设正反两方面经验的基础上概括出来的。改革开放后与改革开放前两个历史时期相比，在思想指导、方针政策和实际工作上有着很大差别。在思想政治上，改革开放前的历史时期转折到改革开放，是在新中国已经建立起社会主义基本制度并进行了二十多年建设的基础上开创并深入发展，在“关于真理标准问题大讨论”的解放思想的基础上起步和推开的，为坚持四项基本原则的确立奠定了思想政治基础和物质基础。坚持四项基本原则，是历史的必然选择、人民意志的必然要求，是党领导人民进行中国革命、建设和改革的根本思想政治基础。

党的第二个历史决议根据党和国家的历史发展，鲜明阐述了坚持四项基本原则在党史、新中国史上的基本内涵及其历史地位和意义。社会主义物质文明、政治文明和精神文明建设是相辅相成、辩证统一的。党在改革开放之初就高度重视思想政治建设，在改革开放中始终坚持四项基本原则。1979 年是新中国成立 30 周年，党在总结历史经验时指出，“依靠这四项基本原则的力量”，“纠正了自己工作中的错误，终于经受住了严峻的考验，重新走上顺利发展的康庄大道”。[1]之后，党中央主持起草第二个历史决议，并在党的十一届六中全会上通过该决议，指出四项基本原则是全党团结和全国各族人民团结的共同的政治基础，也是社会主义现代化建设事业顺利进行的根本保证。一切偏离四项基本原则的言论和行动都是错误的，一切否定和破坏四项基本原则的言论和行动都是不能容许的[2]。总结新中国成立以来历史经验的根本目的，就是要在坚持四项基本原则的基础上，把全党、全军和全国各族人民的意志和力量进一步集中到建设社会主义现代化强国这个伟大目标上来。

（二）党的第二个历史决议贯彻中国革命建设改革的历史逻辑与马克思主义中国化理论成果科学体系的有机统一

习近平总书记指出：“党的历史，就是一部不断推进马克思主义中国化的历史，就是一部不断推进理论创新、进行理论创造的历史。”[3]在马克思主义中国化发展史上，毛泽东思想在中国革命中形成和确立，在新中国成立以来的社会主义革命和社会主义建设中丰富和发展，指导新民主主义革命胜利，并在此基础上建立新中国，继而推动新中国由新民主主义社会过渡到社会主义社会，开始全面建设社会主义。粉碎“四人帮”后，针对“两个凡是”，邓小平于 1977 年 4 月 10 日给中央写信，提出“我们必须世世代代地用准确的完整的毛泽东思想来指导我们全党、全军和全国人民，把党和社会主义的事业，把国际共产

---

〔1〕《三中全会以来重要文献选编》（上），人民出版社 1982 年版，第 214—215 页。

〔2〕参见《〈关于若干历史问题的决议〉〈关于建国以来党的若干历史问题的决议〉》，中共党史出版社 2010 年版，第 111—112 页。

〔3〕习近平：《在党史学习教育动员大会上的讲话》，《求是》2021 年第 7 期。

主义运动的事业，胜利地推向前进”[1]。在党的十届三中全会上，邓小平在讲话中阐述“要用准确的完整的毛泽东思想作指导”，就是“要对毛泽东思想有一个完整的准确的认识，要善于学习、掌握和运用毛泽东思想的体系来指导我们各项工作。只有这样，才不至于割裂、歪曲毛泽东思想，损害毛泽东思想”。[2]邓小平强调要以准确的完整的毛泽东思想为指导，为拨乱反正指明了正确的思想理论方向。在党的十一届三中全会前的中央工作会议上，邓小平发表《解放思想，实事求是，团结一致向前看》的讲话，指出“没有毛主席就没有新中国”，“没有毛泽东思想，就没有今天的中国共产党”[3]。对于什么是毛泽东思想、怎样对待毛泽东思想，邓小平立场坚定、旗帜鲜明。

就文献名称来说，第二个历史决议本应从 1949 年新中国成立写起，尽管新中国成立以党领导人民取得新民主主义革命胜利为前提和基础，若从中国共产党成立写起，则有超出写史立传范围之嫌，况且 1945 年党的六届七中全会通过的《关于历史问题的决议》已经对新民主主义革命作了记述和总结。第二个历史决议之所以把新中国成立以来的党史上溯到中国共产党成立，并由此写起，主要是由起草制定这个决议的指导思想、原则和要求所规定的，基于为正确评价毛泽东的历史地位、坚持和发展毛泽东思想提供坚实历史基础，以史鉴今，开辟前行的路。

起草制定第二个历史决议，集中了全党对党的历史问题的思想认识和智慧。1980 年 3 月 19 日，邓小平在同中央负责同志谈话时，提

[1]《邓小平文选》第 2 卷，人民出版社 1994 年版，第 39 页。
[2]《邓小平文选》第 2 卷，人民出版社 1994 年版，第 42 页。
[3]《邓小平文选》第 2 卷，人民出版社 1994 年版，第 148、149 页。

出了以“确立毛泽东同志的历史地位、坚持和发展毛泽东思想”[1]为核心内容的指导思想、原则和要求。他强调这是起草制定工作中最重要、最根本、最关键的一条。在党内就起草的决议稿进行四千人讨论中，邓小平特别指出：“毛泽东思想这个旗帜丢不得。丢掉了这个旗帜，实际上就否定了我们党的光辉历史。”他认为，对毛泽东历史地位的评价和对毛泽东思想的阐述，“同我们党、我们国家的整个历史是分不开的”，“这不只是个理论问题，尤其是个政治问题”，“如果不写或写不好这个部分，整个决议都不如不做”。[2]遵循和贯彻这些重要论述精神，究竟如何写好这一部分乃至整个决议，就成为起草制定工作的一个关键环节。为此，全党进行了广泛探讨和深入研究。1981 年 3 月 24 日，邓小平去看望陈云，陈云对修改决议稿又提出了两条意见，其中第一条就是“专门加一篇话，讲讲解放前党的历史，写党的六十年”。邓小平认为“这个意见很好”，并转告给了起草小组。[3]决议起草制定工作从 1979 年 11 月成立起草小组起，前后历经一年零八个月，由党的十一届六中全会于 1981 年 6 月 27 日审议通过。决议文本第一部分的主题就是“建国以前二十八年历史的回顾”，落实了“写党的六十年”历史。如此，从党的全部历史实际出发，更全面概括了毛泽东的历史功绩和伟大贡献，确立毛泽东的历史地位、坚持和发展毛泽东思想也就有了全面的根据。

正确评价毛泽东的历史地位，关键在于科学揭示毛泽东思想的科学体系。第二个历史决议科学阐明，毛泽东思想是马克思列宁主义普遍原理和中国革命具体实践相结合的产物，是马克思列宁主义在中国

[1]《改革开放四十年大事记》，《人民日报》2018 年 12 月 17 日。
[2]《邓小平文选》第 2 卷，人民出版社 1994 年版，第 298、299 页。
[3]《邓小平文选》第 2 卷，人民出版社 1994 年版，第 303 页。

的运用和发展，是被实践证明了的关于中国革命的正确的理论原则和经验总结，是中国共产党集体智慧的结晶。正确评价毛泽东的历史地位、坚持和发展毛泽东思想，是理论问题更是政治问题。对毛泽东的历史地位的评价，对毛泽东思想的阐述，不是仅仅涉及毛泽东个人的问题，而是同党和国家的整个历史分不开的，这是个全局。党的整个历史是光辉的历史，毛泽东思想是一个科学的理论体系，丢掉毛泽东思想这个旗帜，实际上就否定了其所代表的党和国家的一段历史。第二个历史决议把毛泽东的一生放在新民主主义革命和社会主义建设的历史进程中全面认识，放在党领导人民艰苦奋斗、艰辛探索，努力实现国家独立、富强、民主、文明和中华民族伟大复兴的历史进程中科学把握，实现了中国革命和建设的历史发展逻辑与毛泽东思想的理论逻辑的高度统一，在新的历史条件下确立了毛泽东的历史地位和毛泽东思想的科学体系。

（三）党的第二个历史决议坚持历史发展的阶段性与连续性的统一

起草和制定第二个历史决议，之所以推动完成党在指导思想上拨乱反正的任务，之所以能够统一思想、团结一致向前看，是因为它将马克思主义唯物史观的基本立场、观点和方法具体运用到认识和把握党史、新中国史之中。

以总结历史经验为认识和研究党史、新中国史的出发点和落脚点。第二个历史决议指出，就新中国成立 32 年来说，尽管由于党领导社会主义事业的经验不多，特别是发生“文化大革命”，使得党和国家建设事业没有取得本来应该取得的更大成就，但新中国取得的成就还是主要的，忽视或否认成就，忽视或否认取得这些成就的成功经验，同样是严重的错误。新中国的建设和发展，是党在不断总结历史经验中开辟拓展和深化的。第二个历史决议把新中国成立 32 年的历史分为 4 个时期，即基本完成社会主义改造的7年、开始全面建设社会主义的10年、“文化大革命”的10年、历史的伟大转折。党和国家的建设和发展历程表明，新中国的历史是党领导人民艰辛探索、曲折发展的。在此基础上，第二个历史决议指出，只有社会主义才能救中国，新中国在社会主义条件下取得了旧中国根本不可能达到的成就，有力地显示了社会主义制度的优越性。我们能够依靠自己的力量战胜各种困难，同样也是社会主义制度具有强大生命力的表现。社会主义制度由比较不完善到比较完善，必然要经历一个长久的过程，必然要在坚持社会主义基本制度的前提下，改革那些不适应生产力发展需要和人民利益的具体制度。

把“文化大革命”与“文化大革命时期”以及“毛泽东晚年的错误”同毛泽东思想区别开来。第二个历史决议指出，由于全党和广大工人、农民、解放军指战员、知识分子、知识青年和干部的共同斗争，使“文化大革命”的破坏受到了一定程度的限制。我国国民经济虽然遭到巨大损失，仍然取得了进展。“这一切决不是‘文化大革命’的成果，如果没有‘文化大革命’，我们的事业会取得大得多的成就。”[1]不仅如此，毛泽东晚年的思想中既有正确内容，也有错误存在，不能一概而论。然而，毛泽东晚年的错误既有思想上的，也有实践上的。毛泽东晚年的错误不但没有动摇毛泽东思想的科学性，而且从反面证明了毛泽东思想是不能违背的，违背了就会犯这样那样的错误。毛泽东犯了错误，但他是作为一个马克思主义者犯错误的。就毛泽东的一生来看，他对中国革命的功绩远远大于他的过失。他的功绩是第一位的，

〔1〕《〈关于若干历史问题的决议〉〈关于建国以来党的若干历史问题的决议〉》，中共党史出版社2010年版，第88页。

错误是第二位的。[1]第二个历史决议指出以下两种态度都是错误的：一是因为毛泽东晚年犯了错误，就企图否认毛泽东思想的科学价值，否认毛泽东思想对我国革命和建设的指导作用；二是以为凡是毛泽东说过的话都是不可移易的真理，只能照抄照搬，甚至不愿实事求是地承认毛泽东晚年犯了错误，并且还企图在新的实践中坚持这些错误。这两种态度都是没有把经过长期历史考验形成为科学理论的毛泽东思想，同毛泽东晚年所犯的错误区别开来，而这种区别是十分必要的[2]。

把新中国成立以来的中国革命和建设的历史，同两年"徘徊"时期和改革开放初期的历史联系起来，贯通了改革开放前后两个时期的历史，初步论述了中国特色社会主义建设的基本历史经验。第二个历史决议以"历史的伟大转折"为题，增加了粉碎"四人帮"以后的四年。在此基础上，决议指出，党在十一届三中全会以来逐步确立了一条适合我国情况的社会主义现代化建设的正确道路，其主要点已经可以从新中国成立以来正反两方面的经验得到基本的总结[3]。历史地看，这条道路就是中国特色社会主义道路。以毛泽东同志为核心的党的第一代中央领导集体，带领全党全国各族人民探索适合本国国情的社会主义建设，虽然经历了严重曲折，但党在社会主义建设中取得的独创性理论成果、具有中国特色的制度成果和历史性成就，奠定了当代中国一切发展进步的根本政治前提与制度基础，为新的历史时期开创中国特色社会主义提供了宝贵经验、理论准备、物质基础。第二个历史决议

〔1〕参见《〈关于若干历史问题的决议〉〈关于建国以来党的若干历史问题的决议〉》，中共党史出版社 2010 年版，第 97 页。

〔2〕参见《〈关于若干历史问题的决议〉〈关于建国以来党的若干历史问题的决议〉》，中共党史出版社 2010 年版，第 110 页。

〔3〕参见《〈关于若干历史问题的决议〉〈关于建国以来党的若干历史问题的决议〉》，中共党史出版社 2010 年版，第 113 页。

把改革开放前后两个历史时期统一起来，深刻阐明了改革开放和中国特色社会主义现代化建设事业的物质基础、政治前提和理论准备。

对待历史要实事求是，功过是非评判要客观公正。哪些是正确的，哪些是错误的，要进行实事求是的分析，公正评价功过是非，要合乎实际，使它能够站得住，经得起历史的检验。第二个历史决议提出关于评价领袖地位与作用的“两个不应该”是正确的认识论，以及关于对待成就与错误的“两个忽视或否认”的问题是错误的认识论。前者是指不应该把一切功劳归于革命的领袖们，也不应该低估领袖们的重要作用；后者主要指忽视错误、掩盖错误是不允许的，这本身就是错误，而且将招致更大的错误。新中国成立 32 年以来的成就是主要的，忽视或否认成就，忽视或否认取得这些成就的成功经验，同样是严重的错误。

第二个历史决议贯彻马克思主义的思想路线、政治路线和组织路线，从理论与实践的结合上实事求是地分析和认识历史问题、历史是非，充分发扬党内民主、集中全党智慧和意志，完成了党在指导思想上的拨乱反正，为统一思想、团结奋斗和推进改革开放提供了重要思想政治基础，是树立正确党史观的重要依据，在马克思主义中国化发展史上具有重大而深远的指导意义。

二、党的第三个历史决议的正确党史观和理论品质

中国共产党矢志践行初心使命，在百年奋斗中不断推进马克思主义中国化，团结带领人民艰辛探索、不懈奋斗，以伟大自我革命引领伟大社会革命，在奋斗中发展壮大、在奋斗中赢得胜利，书写了中国人民、中华民族发展史上最恢宏、最壮丽的奋斗史诗。一切伟大成就都是接续奋斗的结果，一切伟大事业都需要在继往开来中推进。在踏

上向第二个百年奋斗目标迈进的新征程之际，中共十九届六中全会通过了《中共中央关于党的百年奋斗重大成就和历史经验的决议》，这是中共百年历史上的第三个历史决议。该决议坚持唯物史观和正确党史观，全面总结党从胜利走向胜利的伟大历史进程、为国家和人民建立的伟大历史功绩，系统总结党的百年奋斗的历史意义和历史经验，科学回答“过去我们为什么能够成功”,“未来我们怎样才能继续成功”,[1]深刻阐明“两个确立”对新时代党和国家事业发展、对推进中华民族伟大复兴历史进程具有决定性意义，在历史与现实、理论与实践的结合上推动全党进一步统一思想、统一意志、统一行动，始终牢记中国共产党是什么、要干什么这个根本问题，在新时代更加坚定、更加自觉地坚持和发展中国特色社会主义。

（一）正确党史观对第三个历史决议的思想理论指导

历史是最好的教科书。欲知大道，必先为史。欲有一个正确的世界观和人生观，必先有一个正确的历史观，进而才能更好地以史为鉴、开创未来。马克思主义以辩证唯物主义和历史唯物主义的世界观与方法论认识、改造世界，科学揭示人类社会发展规律。中国共产党自诞生之日起，就高举起马克思主义的伟大旗帜，把马克思主义作为立党立国、兴党兴国的根本指导思想，认识中国和世界，认识历史、总结经验和把握规律。对于党的历史发展，1942 年 3 月，毛泽东在中央学习组的讲话中指出：“如果不把党的历史搞清楚，不把党在历史上所走的路搞清楚，便不能把事情办得更好。”[2]在党的历史认识论和方法论的基础上，党的六届七中全会通过《关于若干历史问题的决议》，有力

---

〔1〕《中共中央关于党的百年奋斗重大成就和历史经验的决议》,《人民日报》2021 年 11 月 17 日。以下本目引文除特殊说明外，均引自此处，不再一一注明。

〔2〕《毛泽东文集》第 2 卷，人民出版社 1993 年版，第 399 页。

推进了马克思主义中国化和中国革命事业的发展。

历史越向前发展，总结历史经验就越重要。党的十一届三中全会开启改革开放，是在党的历史上具有深远意义的伟大转折。改革开放新时期，1987 年 5 月，邓小平会见荷兰首相吕德·吕贝尔斯，在介绍中国共产党的历史后说："历史上成功的经验是宝贵财富，错误的经验、失败的经验也是宝贵财富。这样来制定方针政策，就能统一全党思想，达到新的团结。这样的基础是最可靠的。"〔1〕在党的历史认识论和方法论不断丰富发展的推动下，党的十一届六中全会通过了《关于建国以来党的若干历史问题的决议》，总结社会主义革命和建设的历史经验，正确评价毛泽东的历史地位，坚持和发展毛泽东思想，指导和推进改革开放与社会主义现代化建设向前发展。

开创、坚持和发展中国特色社会主义，特别是中国特色社会主义进入新时代，在习近平新时代中国特色社会主义思想的指导下，中国共产党深入总结在中国革命、建设和改革中创造的理论成果、取得的伟大历史性成就、积累的丰富历史经验、铸就的伟大精神，深刻阐明党的百年奋斗为中国人民、中华民族做出的伟大贡献，充分彰显马克思主义中国化的科学伟力，坚定历史自觉、增强历史自信，为全面建成社会主义现代化强国、实现中华民族伟大复兴而勇毅前行、砥砺奋进。

党的历史是最生动、最有说服力的教科书。习近平总书记反复强调学习党的历史的重要性和必要性，对党史学习提出了一系列明确要求。党的百年历史，就是一部践行党的初心使命的历史，就是一部党与人民心连心、同呼吸、共命运的历史。学习党的历史，是坚持和发

〔1〕《邓小平年谱（1975—1997）》下卷，中央文献出版社 2004 年版，第 1188 页。

展中国特色社会主义、把党和国家各项事业继续推向前进的必修课，这门功课不仅必修，而且必须修好。我们要坚持用唯物史观来认识历史，坚持实事求是的思想路线，分清主流和支流，坚持真理，修正错误，发扬经验，吸取教训。

2021年2月，习近平总书记在党史学习教育动员大会上的重要讲话中明确提出："要树立正确党史观"，"坚持以我们党关于历史问题的两个决议和党中央有关精神为依据，准确把握党的历史发展的主题主线、主流本质，正确认识和科学评价党史上的重大事件、重要会议、重要人物。要实事求是看待党史上的一些重大问题，既不能因为成就而回避失误和曲折，也不能因为探索中的失误和曲折而否定成就。要旗帜鲜明反对历史虚无主义，加强思想引导和理论辨析，澄清对党史上一些重大历史问题的模糊认识和片面理解，更好正本清源、固本培元"。〔1〕实现中华民族伟大复兴，是中华民族近代以来最伟大的梦想。7月，习近平总书记在庆祝中国共产党成立100周年大会上的重要讲话中指出："一百年来，中国共产党团结带领中国人民进行的一切奋斗、一切牺牲、一切创造，归结起来就是一个主题：实现中华民族伟大复兴。"〔2〕历史发展表明，100年来，党团结带领人民接续奋斗，创造了彪炳中华民族发展史、世界社会主义发展史、人类社会发展史的奇迹，为实现中华民族伟大复兴建立了不朽功业。围绕这一鲜明历史发展主题，党将十九届六中全会的中心议题确定为全面总结党的百年奋斗重大成就和历史经验。

总结历史、把握规律、坚定信心、走向未来。为总结好党走过的

---

〔1〕习近平：《在党史学习教育动员大会上的讲话》，《求是》2021年第7期。

〔2〕习近平：《在庆祝中国共产党成立100周年大会上的讲话》，《人民日报》2021年7月2日。

光辉历程、党团结带领人民取得的辉煌成就、党推进革命建设改革的宝贵经验、党的十八大以来党和国家事业砥砺奋进的理论与实践，以习近平同志为核心的党中央提出了“三要”的基本原则。这就是：一要坚持辩证唯物主义和历史唯物主义的方法论，用具体历史的、客观全面的、联系发展的观点来看待党的历史；二要坚持正确党史观、树立大历史观，准确把握党的历史发展的主题主线、主流本质，正确对待党在前进道路上经历的失误和曲折，从成功中吸取经验，从失误中吸取教训，不断开辟走向胜利的道路；三要旗帜鲜明反对历史虚无主义，加强思想引导和理论辨析，澄清对党史上一些重大历史问题的模糊认识和片面理解，更好正本清源。[1]

第三个历史决议是新时代中国共产党人牢记初心使命、坚持和发展中国特色社会主义的政治宣言，是以史为鉴、开创未来、实现中华民族伟大复兴的行动指南。第三个历史决议同党的前两个历史决议既一脉相承又与时俱进，其鲜明特点是实事求是、尊重历史，贯通历史、现在、未来，全面反映党的百年奋斗的初心使命和党对中国、对人类做出的历史性贡献，深刻体现党的十八大以来党中央关于党的历史的新认识，具有重大的历史意义和现实指导意义。

（二）党的第三个历史决议科学揭示、全面展现党的各个历史时期的主要任务、鲜明主题、伟大实践和光明前景

历史在人民的探索和奋斗中造就了中国共产党，中国共产党领导人民又铸就了新的历史辉煌。党从成立起就把为共产主义、社会主义而奋斗确定为自己的纲领，矢志践行为中国人民谋幸福、为中华民族谋复兴的初心使命。党的百年奋斗从根本上改变了中国人民的前途命

〔1〕习近平：《关于〈中共中央关于党的百年奋斗重大成就和历史经验的决议〉的说明》，《求是》2021 年第 23 期。

运，开辟了实现中华民族伟大复兴的正确道路，中华民族伟大复兴展现出前所未有的光明前景。

历史是在社会矛盾运动中生成和发展的，党的百年奋斗历程是在近代以来中国社会基本矛盾和主要矛盾的深刻变动中接续推进的。党历经艰辛探索、顽强奋斗，为了什么，干了什么，创造了什么，成就了什么，生动反映在中国革命、建设和改革的伟大实践之中，深刻蕴含在以自我革命推动伟大社会革命之中。第三个历史决议以实现中华民族伟大复兴为总主题，坚持历史发展的阶段性与连续性的统一，将党的百年奋斗进一步明确为新民主主义革命时期、社会主义革命和建设时期、改革开放和社会主义现代化建设新时期与中国特色社会主义新时代，根据每个历史时期的社会矛盾运动和党面临的主要任务，从党的历史发展的主题与主线、主流与本质，鲜明指出党团结带领全国各族人民为争取民族独立、人民解放和实现国家富强、人民幸福而不懈奋斗，一切都是为了实现中华民族伟大复兴：反对帝国主义、封建主义、官僚资本主义，争取民族独立、人民解放，为实现中华民族伟大复兴创造根本社会条件；实现从新民主主义到社会主义的转变，进行社会主义革命，推进社会主义建设，为实现中华民族伟大复兴奠定根本政治前提和制度基础；继续探索中国建设社会主义的正确道路，解放和发展社会生产力，使人民摆脱贫困、尽快富裕起来，为实现中华民族伟大复兴提供充满新的活力的体制保证和快速发展的物质条件；实现第一个百年奋斗目标，开启实现第二个百年奋斗目标新征程，朝着实现中华民族伟大复兴的宏伟目标继续前进。

党的第三个历史决议聚焦总结党的百年奋斗重大成就和历史经验，基于党的前两个历史决议系统总结了党在新民主主义革命时期、社会主义革命和建设时期、党的十一届三中全会到十一届六中全会期间的历史，基本解决了建党到改革开放之初党的历史上的重大是非问题，而且其基本论述和结论至今仍然适用；基于改革开放以来党和国家事业发展总体上是顺利的，前进方向是正确的，取得的成就是举世瞩目的，党中央在十一届三中全会召开 20 周年、30 周年、40 周年时，总结了改革开放和社会主义现代化建设新时期的成就和经验，习近平总书记在庆祝中国共产党成立 95 周年大会、庆祝中国人民解放军建军 90 周年大会、庆祝中华人民共和国成立 70 周年大会特别是庆祝中国共产党成立 100 周年大会等重要会议上，对党的历史做了系统总结和论述，第三个历史决议把中国特色社会主义新时代作为重点加以突出，并充分体现对党的百年奋斗的新认识。为此，第三个历史决议深入阐述中国特色社会主义新时代这一我国发展新的历史方位，从坚持党的全面领导、全面从严治党、经济建设、全面深化改革开放、政治建设、全面依法治国、文化建设、社会建设、生态文明建设、国防和军队建设、维护国家安全、坚持“一国两制”和推进祖国统一、外交工作 13 个方面，分领域总结新时代党和国家事业取得的历史性成就、发生的历史性变革，特别是重点总结了中国特色社会主义新时代的原创性思想、变革性实践、突破性进展、标志性成果，为实现中华民族伟大复兴提供了更为完善的制度保证、更为坚实的物质基础、更为主动的精神力量。

第三个历史决议深刻阐述了党的百年奋斗与实现中华民族伟大复兴的历史逻辑、理论逻辑和实践逻辑，深刻彰显党在各个时期为实现中华民族伟大复兴进行的顽强奋斗、取得的重大成就和做出的历史性贡献，是在继承与发展的基础上波浪式前进、螺旋式上升的，实现中华民族伟大复兴进入了不可逆转的历史进程。

（三）党的第三个历史决议深刻阐明、集中彰显党百年奋斗的壮阔道路、伟大成就、历史意义和宝贵经验

在人类社会发展中，道路决定命运。一个国家、一个政党进行什么样的社会革命，实行什么样的社会制度，推动什么样的社会发展，无不决定于走什么样的道路。第三个历史决议指出：“党在百年奋斗中始终坚持从我国国情出发，探索并形成符合中国实际的正确道路。”100年来，党与人民心心相印、同甘共苦、团结奋斗，不断从胜利走向胜利，推动中国特色社会主义道路越走越宽广。历史发展的真谛就在于不断推进马克思主义中国化时代化，从中国国情出发，胸怀天下，结合历史与现实、理论与实践、国内与国际，坚定不移走自己的路。走自己的路，是党的全部理论和实践立足点，更是党百年奋斗得出的历史结论。

马克思主义政党在自我革命推动社会革命中之所以要走自己的路，是由其性质、宗旨和使命所决定的，是由其以辩证唯物主义和历史唯物主义的基本立场、观点和方法认识世界与改造世界所做出的必然选择。马克思、恩格斯在《给奥·倍倍尔、威·李卜克内西、威·白拉克等人的通告信》中指出：“1848年以资产阶级民主派面目出现的人，现在同样可以自命为社会民主党人。正如民主共和国对前者来说是遥遥无期的一样，资本主义制度的垮台对后者来说也是遥遥无期的，因此对当前的政治实践是毫无意义的；人们可以尽情地和解、妥协和大谈其博爱。”“正是这些人在1848年和1849年由于自己害怕任何行动而每一步都阻碍了运动，终于使运动遭到失败；正是这些人从来看不到反动派，而后来又十分惊奇地发现他们自己终于陷入既无法抵抗又无法逃脱的绝境；正是这些人想把历史禁锢在他们的狭隘的庸人眼界之内，

但是历史每一次都毫不理睬他们而走自己的路。”[1]1918年4月，列宁在《苏维埃政权的当前任务》中说：“只有毫不动摇地走自己的路，在最困难、最艰苦、最危险的转变时刻也不灰心失望的阶级，才能领导被剥削劳动群众。我们不需要狂热。我们需要的是无产阶级铁军的匀整的步伐。”[2]中国共产党在中国人民和中华民族的伟大觉醒中，在马克思列宁主义同中国工人运动的紧密结合中应运而生，在进行中国革命、建设和改革的伟大事业中不断推进马克思主义中国化。

1938年10月，毛泽东在党的扩大的六届六中全会上的政治报告《论新阶段》中指出，“马克思列宁主义的伟大力量，就在于它是和各个国家具体的革命实践相联系的。对于中国共产党说来，就是要学会把马克思列宁主义的理论应用于中国的具体的环境。成为伟大中华民族的一部分而和这个民族血肉相联的共产党员，离开中国特点来谈马克思主义，只是抽象的空洞的马克思主义。因此，使马克思主义在中国具体化，使之在其每一表现中带着必须有的中国的特性，即是说，按照中国的特点去应用它”[3]。党充分尊重中国的实际，一切从实际出发，取得了新民主主义革命的胜利，成立中华人民共和国。实践充分说明，历史和人民选择了中国共产党，没有中国共产党的领导，民族独立、人民解放是不可能实现的。党团结带领全国各族人民进行社会主义革命和建设，在探索中尽管出现了失误、曲折乃至“文化大革命”的严重错误，但党结合新的实际丰富和发展毛泽东思想，提出了社会主义社会是一个很长的历史阶段，严格区分与正确处理敌我矛盾和人民内部矛盾，正确处理我国社会主义建设的十大关系，走出一条适合

---

〔1〕《马克思恩格斯选集》第3卷，人民出版社1995年版，第683—684页。

〔2〕《列宁全集》第34卷，人民出版社2017年版，第188页。

〔3〕《毛泽东选集》第2卷，人民出版社1991年版，第534页。

我国国情的工业化道路，尊重价值规律等关于社会主义建设的一系列重要思想。党在社会主义革命和建设中取得的独创性理论成果和巨大成就，为在新的历史时期开创中国特色社会主义提供了宝贵经验、理论准备、物质基础。改革开放和社会主义现代化建设新时期，党围绕什么是社会主义、怎样建设社会主义，建设什么样的党、怎样建设党，新形势下实现什么样的发展、怎样发展，继续探索中国建设社会主义的正确道路，深刻揭示社会主义本质，确立和坚持社会主义初级阶段的基本路线，明确提出走自己的路、建设中国特色社会主义，开创了中国特色社会主义，把中国特色社会主义推向了 21 世纪，并在新形势下坚持和发展了中国特色社会主义。中国特色社会主义道路是指引中国发展繁荣的正确道路，中国大踏步赶上了时代。

中国特色社会主义新时代，以习近平同志为核心的党中央统筹把握中华民族伟大复兴战略全局和世界百年未有之大变局，明确坚持和发展中国特色社会主义，总任务是实现社会主义现代化和中华民族伟大复兴，在全面建成小康社会的基础上，分两步走，在 21 世纪中叶建成富强民主文明和谐美丽的社会主义现代化强国，以中国式现代化推进中华民族伟大复兴。目前，全面建成小康社会目标已如期实现，党和国家事业取得历史性成就、发生历史性变革，中华民族迎来了从站起来、富起来到强起来的伟大飞跃。

党在中国革命、建设和改革事业中，探索并形成符合中国实际的新民主主义革命道路、社会主义革命和建设道路、中国特色社会主义道路。第三个历史决议根据中国国情变化和不断进行的新的伟大实践，深刻阐明这些道路根植于中国大地、反映人民意愿，适应中国和时代发展进步要求，具有深厚历史根基、现实基础和历史必然性，是党经过艰苦探索、付出巨大牺牲走出来、在奋斗中拓展开来的。党在新民主主义时期开辟了农村包围城市、武装夺取政权的正确革命道路，创造了新民主主义革命的伟大成就；在社会主义革命和建设时期，自力更生、发愤图强，探索中国建设社会主义的正确道路，创造了社会主义革命和建设的伟大成就，实现了中华民族有史以来最为广泛而深刻的社会变革，实现了一穷二白、人口众多的东方大国大步迈进社会主义社会的伟大飞跃；在改革开放和社会主义现代化建设新时期，解放思想、锐意进取，创造了改革开放和社会主义现代化建设的伟大成就；在中国特色社会主义新时代，自信自强、守正创新，创造了新时代中国特色社会主义的伟大成就。中国特色社会主义道路是指引中国发展繁荣的正确道路。

党的百年奋斗是在马克思主义中国化理论指导下沿着正确道路开展的。党的第三个历史决议继承和发展马克思主义中国化理论成果，科学阐述马克思主义中国化发展史，指出毛泽东思想是马克思主义中国化的第一次历史性飞跃；在改革开放和社会主义现代化建设新时期，党从新的实践与时代特征出发坚持和发展马克思主义，科学回答了建设中国特色社会主义的发展道路、发展阶段、根本任务、发展动力、发展战略、政治保证、祖国统一、外交和国际战略、领导力量和依靠力量等一系列基本问题，形成中国特色社会主义理论体系，实现了马克思主义中国化新的飞跃；习近平新时代中国特色社会主义思想是当代中国马克思主义、二十一世纪马克思主义，是中华文化和中国精神的时代精华，实现了马克思主义中国化新的飞跃。党的第三个历史决议指出，党确立习近平同志党中央的核心、全党的核心地位，确立习近平新时代中国特色社会主义思想的指导地位，反映了全党全军全国各族人民共同心愿，对新时代党和国家事业发展、对推进中华民族伟大复兴历史进程具有决定性意义。

党的百年奋斗历程展示了马克思主义的强大生命力，使马克思主义的科学性和真理性在中国得到充分检验，马克思主义的人民性和实践性在中国得到充分贯彻，马克思主义的开放性和时代性在中国得到充分彰显。由此，第三个历史决议从党的百年奋斗的历史意义阐述了中国共产党为什么能，中国特色社会主义为什么好，归根到底是因为马克思主义行这一理论真谛。

党的百年奋斗，从根本上改变了中国人民的前途命运，开辟了实现中华民族伟大复兴的正确道路，展示了马克思主义的强大生命力，深刻影响了世界历史进程，锻造了走在时代前列的中国共产党。党的百年奋斗，积累了坚持党的领导、坚持人民至上、坚持理论创新、坚持独立自主、坚持中国道路、坚持胸怀天下、坚持开拓创新、坚持敢于斗争、坚持统一战线、坚持自我革命的宝贵历史经验。这是党和人民共同创造的精神财富。在新征程上，必须倍加珍惜、长期坚持，并在新时代实践中不断丰富和发展，为实现第二个百年奋斗目标、实现中华民族伟大复兴而不懈奋斗。

三、党的三个历史决议与正确党史观的确立和发展

历史观是人们认识历史现象、解决社会问题的世界观和方法论。马克思主义历史观，“是从对人类历史发展的考察中抽象出来的最一般的结果的概括”[1]。它“不仅对于经济学，而且对于一切历史科学（凡不是自然科学的科学都是历史科学）都是一个具有革命意义的发现”[2]。马克思主义是在全面系统地认识和研究人类社会历史的基础上创立和发展的，科学揭示了人类社会发展规律，确立了唯物史观的基本立场、

〔1〕《马克思恩格斯选集》第1卷，人民出版社1995年版，第73—74页。
〔2〕《马克思恩格斯选集》第2卷，人民出版社1995年版，第38页。

观点和方法，为人们认识和研究历史开辟了科学道路。习近平总书记在党史学习教育动员大会上明确指出："唯物史观是我们共产党人认识把握历史的根本方法"，要"树立正确党史观"。[1]正确党史观是唯物史观在认识和研究中国共产党历史中的指导、运用和发展[2]，是运用辩证唯物主义与历史唯物主义得出的关于党史的正确的观点。

中国共产党历来高度注重总结历史经验，在百年进程中形成了三个历史决议。党在制定这三个历史决议的过程中，尽管所处的历史条件和时代背景、所要解决的重大问题、所确定的路线方针政策和任务有所差异，但都一以贯之地坚持辩证唯物主义和历史唯物主义的理论与方法，用具体历史的、客观全面的、联系发展的观点来看待党的历史，准确把握党的历史发展的主题主线、主流本质。三个历史决议在不同的时间节点正确对待党在历史前进道路上的一切奋斗；加强思想引导和理论辨析，澄清对党史上一些重大历史问题的模糊认识和片面理解；守正创新、正本清源、固本培元，系统总结党的历史经验。由此，历史决议通过确立并不断丰富和发展正确党史观，统一思想、团结一致向前看，推动党和国家事业不断前进。

（一）《关于若干历史问题的决议》奠定正确党史观，深刻回答了什么是党史、如何认识和研究党史的重大问题

中国共产党自 1921 年诞生以来，以毛泽东同志为主要代表的中国共产党人努力把马克思列宁主义的普遍真理同中国革命的具体实践相结合，"在反革命的极端恐怖的统治下，全党团结一致地继续高举着反帝反封建的大旗，领导广大的工人、农民、士兵、革命知识分子和其

〔1〕习近平：《在党史学习教育动员大会上的讲话》，《求是》2021 年第 7 期。
〔2〕宋月红：《论树立正确党史观》，《机关党建研究》2021 年第 5 期。

他革命群众，作了政治上、军事上和思想上的伟大战斗”[1]，创建了中国工农红军，开辟了新民主主义革命道路，抗击了国民党反动派的进攻和“九一八”事变后日本帝国主义的侵略，使中国人民新民主主义的民族和社会解放事业取得了伟大成绩。但是在革命进程中某些时期所犯过的一些错误，也“曾经给了我党和中国革命以严重的损失”。为了吸取中国革命的历史教训，惩前毖后，治病救人，使前车之覆成为后车之鉴，“在马克思列宁主义思想一致的基础上，团结全党同志如同一个和睦的家庭一样，如同一块坚固的钢铁一样，为着获得抗日战争的彻底胜利和中国人民的完全解放而奋斗”[2]。党的扩大的六届七中全会制定了《关于若干历史问题的决议》（以下简称第一个历史决议），对若干党内历史问题尤其是党的六届四中全会至遵义会议期间中央的领导路线问题，作出了正式的科学结论，使全党特别是党的高级干部对中国革命基本问题的认识达到了一致，在唯物史观的运用和发展中奠定了正确党史观，增强了全党团结，有力促进了中国革命事业的发展。

1. 党史研究、文献编纂为党的第一个历史决议的制定提供了深厚的认识和研究基础

中国共产党成立后，随着历史的推进，党史研究也不断孕育和发展。由于成立时间短、影响小，从事党史研究的主体以党的早期领导人为主，以总结历史经验教训、探求正确革命道路为目的。

（1）以蔡和森为代表的党史研究。1926 年初，蔡和森向中共旅俄支部作《中国共产党史的发展（提纲）》长篇演讲，以实事求是的原

---

〔1〕《毛泽东选集》第 3 卷，人民出版社 1991 年版，第 954 页。

〔2〕《建党以来重要文献选编（1921—1949）》第 22 册，中央文献出版社 2011 年版，第 76 页。

则回顾了党产生的背景及其历史使命。该演讲梳理了1921年党成立至1925年第二次中央执行委员会会议的历史，阐释了党的路线和政策，并指出了进行党史研究对明确党的发展道路、党员的自身责任，以及应对党外谣言的必要性，这在一定意义上可被视为党史研究的第一部通史类著作。他提出研究党的历史的目的是让人“明白我党的历史”，“知道中国革命及我党要如何发展及其发展的道路如何”，[1]初步构建了早期党史研究体系。1927年9月，蔡和森在中共顺直（河北）省委改组及其各处的活动分子会议上作《党的机会主义史》报告，史论结合，运用“历史的方法”，对党的五大后机会主义错误的产生、扩大以及给革命造成的危害，作了详尽、生动和深刻的论述。针对当时有人认为中国共产党“从产生那日便是机会主义的”观点，蔡和森进行了有力驳斥，指出：中国共产党“是俄国十月革命后中国工人运动的革命的产儿，他不是由几个大学教授产生的，而是从‘五四’运动后中国幼稚的革命的工人运动产生的”，“不仅不是一个机会主义的产物，乃是世界革命运动和中国革命的初期劳动运动的产物。他的产生中有光荣的革命的历史背景是很明显的”。[2]蔡和森运用马克思主义的历史研究方法进行党史研究，对正确党史观的孕育和形成产生了重要影响。

（2）以瞿秋白为代表的党史研究。1927年2月，为纠正大革命高潮时期党内滋生的机会主义错误思想，瞿秋白发表《中国革命中之争论问题》，分五个部分，对重大政治问题进行了探索回答。这就是：“中国革命么？——中国经济及社会阶级略说与中国的国际状况”；“谁革谁的命？——中国革命的党纲与政纲问题”；“谁能领导革命？——中国革命之战术问题”；“如何去争领导？——中国革命中之策略问题”；

〔1〕《蔡和森文集》（下），人民出版社2013年版，第786页。
〔2〕《蔡和森文集》（下），人民出版社2013年版，第876页。

“领导的人怎样？——中国革命中之共产党党内问题”。这不仅批判了当时党内右的错误，而且阐述了中国农民问题、武装斗争等革命基本问题，对新民主主义革命道路的形成进行了初步探索〔1〕。该著作“对于中国的社会经济状况之马克思主义的分析”，“是第一次比较涉及各方面的尝试”。〔2〕1930 年 6 月，瞿秋白在莫斯科期间所作的《中国共产党历史概论》报告中，讲述了“中国共产党历史之意义”“中国共产党以前的革命组织”“中国的经济发展及社会阶级”，还对党史进行了详细的分期论述，将建党时期至党的六大分为九个阶段，每个阶段先阐述革命形势、工农运动，再叙述会议、决议、方针政策，并结合共产国际指示描述决策的过程、意义和影响，系统呈现了党史的基本面貌。〔3〕此外，当时党的领导人或苏联、共产国际人士还以介绍情况、汇报工作的形式，对党史研究的价值、方法作出了不同程度的论述〔4〕。这些著述多为党的早期领导人以历史亲历者的身份，坚持实事求是的原则去总结历史，彰显了配合政治斗争和宣传教育需要的鲜明政治性，对吸取历史教训、探求正确革命道路具有较强的指导意义。

（3）系统开启党史文献编纂。1935 年遵义会议后，党史研究开始逐步肃清党内思想混乱，并初步确立实事求是的辩证唯物主义思想路线。1938 年 6 月，张闻天首次提出“中共党史”的概念，表示：“全

〔1〕《瞿秋白文集·政治理论编》第 4 卷，人民出版社 2013 年版，第 426—544 页。

〔2〕王铁仙：《瞿秋白传》，人民出版社 2011 年版，第 204 页。

〔3〕《瞿秋白文集·政治理论编》第 6 卷，人民出版社 2013 年版，第 848—895 页。

〔4〕如李立三的《党史报告》、邓中夏的《中国职工运动史》、华岗的《中国大革命史》、（苏联）米夫的《中国共产党英勇奋斗的十五年》、余昂礼的《共产国际与中国共产党之建立》、张闻天的《中国现代革命运动史》、王若飞的《大革命时期的中国共产党》、周恩来的《关于“六大”研究》、王稼祥的《中国共产党与革命战争》等。参见王炳林等：《中共党史学科基本理论问题研究》，北京人民出版社 2021 年版，第 67—71 页。

中国全世界一切有良心的人，只要研究一下中国革命史与中共党史，他们就会明白中共历年来牺牲奋斗的历史是与中华民族解放运动史血肉相关的。中共始终把彻底解放中华民族的事业当成自己的神圣的任务。”[1]张闻天在党的六届六中全会上作的《关于抗日民族统一战线与党的组织问题》报告提纲中，正式将这一概念向全党提出，并建议将“中共党史与党的建设”列入高级党校教育的课程[2]。但是，延安整风运动以前，广大共产党员包括一些党的领导干部对“中国共产党的历史和鸦片战争以来的中国近百年史，真正懂得的很少”[3]，这对于统一全党思想、分清路线是非而言，是非常不利的。为此，党中央着手有计划、有步骤地组织推动文献搜集整理工作。毛泽东在胡乔木协助下亲自主持编辑了《六大以来》《六大以前》等重要历史文献，不仅对每篇文献进行了认真的审核，而且对某些文献的题目作了适当的修改。其中，《六大以来》汇集了从 1928 年 6 月党的六大到 1941 年 11 月期间党的历史文献共 556 件 280 多万字，于 1941 年 12 月正式出版，是党组织整理出版的第一部重要文献集；《六大以前》汇集从建党到党的六大的历史文献和资料共计 220 件约 120 万字，于 1942 年 10 月正式出版。胡乔木称：“从《六大以来》，引起整风运动对党的历史的学习、对党的历史决议的起草。《六大以来》成了党整风的基本武器。”[4]这两部文献的编纂出版，第一次比较集中地对党的历史文献进行了收集汇编，为学习研究党的历史、解决历史问题，以及为后来第一个历史决

〔1〕《张闻天文集》第 2 卷，中共党史出版社 1993 年版，第 285 页。
〔2〕《建党以来重要文献选编（1921—1949）》第 15 册，中央文献出版社 2011 年版，第 702 页。
〔3〕《毛泽东选集》第 3 卷，人民出版社 1991 年版，第 798 页。
〔4〕《胡乔木回忆毛泽东》，人民出版社 1994 年版，第 48 页。

议的起草工作奠定了重要文献基础和思想认识基础，也首创了以党的重要会议为节点划定文献选取范围、按“专题—时间”编排文献的编纂体例，开启了党的文献编纂事业。

（4）毛泽东发表《如何研究中共党史》。1942年3月，毛泽东在中央学习组发表《如何研究中共党史》的讲话，为学习研究党史指引方向。他指出：“现在大家在研究党的历史，这个研究是必须的。如果不把党的历史搞清楚，不把党在历史上所走的路搞清楚，便不能把事情办得更好。这当然不是说要把历史上每一件事统统搞清楚了才可以办事，而是要把党的路线政策的历史发展搞清楚。这对研究今天的路线政策，加强党内教育，推进各方面的工作，都是必要的。我们要研究哪些是过去的成功和胜利，哪些是失败，前车之覆，后车之鉴。这个工作我们过去没有做过，现在正在开始做。”[1]关于党史研究方法，毛泽东指出：“根本的方法马、恩、列、斯已经讲过了，就是全面的历史的方法。我们研究中国共产党的历史，当然也要遵照这个方法。”[2]而且，他提出了全面的、历史的“古今中外法”。关于研究的立场和目的，他指出：“研究中共党史，应该以中国做中心，把屁股坐在中国身上”[3],“我们要把马、恩、列、斯的方法用到中国来，在中国创造出一些新的东西。只有一般的理论，不用于中国的实际，打不得敌人。但如果把理论用到实际上去，用马克思主义的立场、方法来解决中国问题，创造些新的东西，这样就用得了”[4]。毛泽东所说的“创造些新的东西”，实际上就是推进马克思主义中国化的理论创新。这一讲话不仅

〔1〕《毛泽东文集》第2卷，中央文献出版社1993年版，第399页。
〔2〕《毛泽东文集》第2卷，中央文献出版社1993年版，第400页。
〔3〕《毛泽东文集》第2卷，中央文献出版社1993年版，第407页。
〔4〕《毛泽东文集》第2卷，中央文献出版社1993年版，第408页。

初步构建起了中共党史学理论研究框架，成为中共党史学科理论的开篇之作，也充分体现了立足中国国情实际，具体问题具体分析，以整体、联系、发展的观点总结历史经验教训，为第一个历史决议的制定奠定了坚实的理论与方法基础。

2. 党的第一个历史决议的重大判断深刻蕴含正确党史观的基本要义

延安整风运动之后，全党的马列主义理论水平空前提高。至此，系统总结党的历史经验，从思想路线的高度对党的历次错误根源进行系统清算，并在此基础上统一全党思想的历史条件基本成熟。在全党深入学习和研究党史的基础上，1944 年 5 月，党中央决定成立党内历史问题决议准备委员会，就党成立以来的革命进程起草关于历史问题的决议。这项工作是在毛泽东的领导下，由任弼时主持日常工作而开展起来的。胡乔木参与了第一个历史决议的起草、修改、定稿和表决的全过程。1945 年 4 月，党的扩大的六届七中全会原则通过了这一决议。

党的第一个历史决议回答了什么是党史的重要问题。决议开宗明义地指出："在为实现新民主主义而进行的二十四年（一九二一年至一九四五年）的奋斗中，在第一次大革命、土地革命和抗日战争的三个历史时期中，我们党始终一贯地领导了广大的中国人民，向中国人民的敌人——帝国主义和封建主义，进行了艰苦卓绝的革命斗争，取得了伟大的成绩和丰富的经验。"[1]这一判断，深刻阐明了党的历史的核心是党的领导，主体是人民群众，根本任务是向中国人民的敌人——帝国主义和封建主义进行的革命斗争，时间范围是党成立以来的历史。关于党史的范畴，既有"领导了全国反帝反封建的伟大斗争"，也有

〔1〕《建党以来重要文献选编（1921—1949）》第 22 册，中央文献出版社 2011 年版，第 73 页。

“创造性地把马克思、恩格斯、列宁、斯大林的革命学说应用于中国条件的工作”[1]，实现了党在“思想上、政治上、组织上、军事上”的巩固和统一[2]。

党的第一个历史决议全面系统总结了党的历史经验教训。决议共分 7 个部分：其中，第一、第二部分总结概括党成立以来 24 年的历史，分为第一次大革命、土地革命和抗日战争 3 个时期，并回顾总结了前两个时期的历史；决议的第三、第四、第五部分是重点，主要解决批判“左”倾错误路线、确立毛泽东和毛泽东思想地位的问题；决议的第六、第七部分是结尾，明确克服“左”、右倾思想的政策和策略，强调“毛泽东同志所代表的我们党和全国广大人民的奋斗方向是完全正确的”，“以毛泽东同志为代表的马克思列宁主义的思想更普遍地更深入地掌握干部、党员和人民群众的结果，必将给党和中国革命带来伟大的进步和不可战胜的力量”，“在以毛泽东同志为首的中央的正确领导之下，必将使中国革命达到彻底的胜利”。[3]这一决议系统而深刻总结了建党以来特别是 1931 年至 1934 年间党的历史经验教训，贯彻了唯物史观，对党的历史上一些重大问题进行了分析评价，系统总结了合乎中国新民主主义革命实际的一整套理论、路线、方针和政策，作出了经得起历史检验的正式结论。

党的第一个历史决议创造性运用并发展了唯物史观的立场、观点和方法。决议坚持用实事求是的原则分析历史、评价历史，准确把握

[1]《建党以来重要文献选编（1921—1949）》第 22 册，中央文献出版社 2011 年版，第 74、75 页。

[2]《建党以来重要文献选编（1921—1949）》第 22 册，中央文献出版社 2011 年版，第 88 页。

[3]《建党以来重要文献选编（1921—1949）》第 22 册，中央文献出版社 2011 年版，第 111—112 页。

党的历史发展的主题主线、主流本质，运用历史分析法客观评价重大事件、重要人物。决议指出："二十四年来中国革命的实践证明了，并且还在证明着，毛泽东同志所代表的我们党和全国广大人民的奋斗方向是完全正确的。今天我党在抗日战争中所已经取得的伟大胜利及其所起的决定作用，就是这条正确路线的生动的证明。党在个别时期中所犯的'左'、右倾错误，对于二十四年来在我党领导之下的轰轰烈烈地发展着的、取得了伟大成绩和丰富经验的整个中国革命事业说来，不过是一些部分的现象。"〔1〕这一判断充分体现了党的历史的主题主线、主流本质。决议科学评价了毛泽东运用马克思列宁主义基本原理解决中国革命实际问题的杰出贡献，指出："党在奋斗的过程中产生了自己的领袖毛泽东同志。毛泽东同志代表中国无产阶级和中国人民，将人类最高智慧——马克思列宁主义的科学理论，创造地应用于中国这样的以农民为主要群众、以反帝反封建为直接任务而又地广人众、情况极复杂、斗争极困难的半封建半殖民地的大国，光辉地发展了列宁斯大林关于殖民地半殖民地问题的学说和斯大林关于中国革命问题的学说。"〔2〕决议阐明，党过去取得的成绩是主要的，同时也实事求是地分析了失误，运用辩证的观点评价一些重要人物；在否定历次"左"倾错误路线的同时，也指出了犯错误的同志并不是一切皆错，他们在反帝反封建、土地革命、反蒋斗争等问题上的若干观点，同主张正确路线的同志仍然是一致的。

---

〔1〕《建党以来重要文献选编（1921—1949）》第22册，中央文献出版社2011年版，第111页。

〔2〕《建党以来重要文献选编（1921—1949）》第22册，中央文献出版社2011年版，第73页。

3. 党的第一个历史决议对共产党人树立正确党史观的深远影响

党的第一个历史决议对建党以后特别是党的六届四中全会至遵义会议前这一阶段党的历史及其经验教训进行了总结，对若干重大历史问题作出了结论，不仅为党的七大召开和争取抗日战争以及解放战争的胜利奠定了重要思想基础，其确立的正确党史观以及由此得出的科学结论也对党史研究产生了深远影响。

党的第一个历史决议在总结历史经验中正确对待马克思主义，准确把握中国具体实际。马克思主义理论与中国具体实践相结合的关键在于，正确认识和科学把握中国实际、认清中国的特殊的国情“是解决中国一切革命问题的最基本的根据”[1]。毛泽东在对第一个历史决议的草案作说明时说：“这个决议不但是领导机关内部的，而且是全党性质的，同全国人民有关联的，对全党与全民负责的。哪些政策或者其中的哪些部分是正确的或者不正确的，如果讲得合乎事实，在观念形态上再现了二十四年的历史，就对今后的斗争有利益，对今后党和人民有利益。正确和错误的标准自然是马克思主义，但人民利益同样是标准。人民对于各党派的情形并不很了解，但懂得根据他们的政策来作判断。国民党致力国民革命凡五十年了，其中做了些好事，但做了更多的坏事，所以人民不喜欢它。我们做了好事，但也犯了些错误。现在的决议就是说这些问题，所以是关系于全国人民的。”[2]

党的第一个历史决议体现了澄清认识、惩前毖后、团结一致向前看的宗旨。党的历史中有成绩也有错误，但是最重要的是如何正确对待。决议深刻分析了党的历史上历次“左”倾路线背后的“很深的社会根源”，澄清了党内一些同志对共产党成立后某些重大历史问题的模

---

〔1〕《毛泽东选集》第2卷，人民出版社1991年版，第646页。

〔2〕《毛泽东文集》第3卷，人民出版社1996年版，第282页。

糊认识和片面理解；同时，也指明了纠正错误的方法。这就是必须坚持马列主义思想的指导，采取“惩前毖后，治病救人”，“既要弄清思想又要团结同志”的方针[1]，体现了毛泽东提出的“对于任何问题应取分析态度，不要否定一切”[2]原则；通过确立毛泽东思想的指导地位，“统一了全党的认识，加强了全党的团结，促进了人民革命事业的迅猛前进和伟大胜利”[3]。

（二）《关于建国以来党的若干历史问题的决议》丰富和发展了正确党史观，深刻回答了如何正确评价毛泽东的历史地位、坚持和发展毛泽东思想等若干重大历史问题

在一定意义上说，当代中国的历史问题，也是政治问题。1949年新中国的成立，揭开了中国历史发展新篇章，也揭开了党的历史的新篇章。党在马克思列宁主义、毛泽东思想指导下，领导全国各族人民进行社会主义革命和建设并取得了巨大成就，也在探索过程中发生了一些曲折和失误。经过真理标准问题大讨论这场思想解放运动的洗礼，党的十一届三中全会实现了新中国成立以来党的历史上具有深远意义的伟大转折。以此为起点，党内外呈现出一派安定团结、生动活泼的政治局面。然而，当时还存在一些对新的路线方针政策、对新中国成立以来党的历史问题的模糊认识，特别是如何评价毛泽东的历史功过和毛泽东思想等重要政治问题。

正确认识、全面总结新中国成立以来党的历史，并对一些重大历

〔1〕《建党以来重要文献选编（1921—1949）》第22册，中央文献出版社2011年版，第110页。
〔2〕《建党以来重要文献选编（1921—1949）》第22册，中央文献出版社2011年版，第104页。
〔3〕《中国共产党中央委员会关于建国以来党的若干历史问题的决议》，人民出版社1981年版，第61页。

史问题、历史人物作出科学结论，是分清是非、统一思想的必要条件。邓小平指出："要对三十一年的历史作个总结。这是党内外的普遍要求。过去的问题已经结束了，需要作个总结，不走这一步不行。"[1]1979年11月，在邓小平亲自主持下，《关于建国以来党的若干历史问题的决议》起草小组成立。起草工作历经一年零八个月。1981年6月，党的十一届六中全会一致通过了《关于建国以来党的若干历史问题的决议》（以下简称第二个历史决议），标志着党在指导思想上的拨乱反正胜利完成。

1. 党史研究的迅速发展、重要文献的编辑出版为党的第二个历史决议的制定提供了宝贵的研究基础和文献准备

新中国成立后，党史研究以唯物史观为指导，在学术探索、教材编写和人才培养等方面取得了长足发展，产出了一系列重要成果，进一步丰富发展了正确党史观，为党的第二个历史决议的制定提供了宝贵基础，拓展了研究视野和领域。

（1）胡乔木撰写《中国共产党的三十年》。1951年6月底，《中国共产党的三十年》这部讲述中国人民革命事业胜利历程的文稿，经毛泽东、刘少奇修改审定后，以胡乔木个人名义，先后由《人民日报》发表和人民出版社出版。虽然"不免带有当时历史条件下难以摆脱的一些弱点"，但胡乔木以"善于驾驭史料和能够以概括的语言抓住历史的脉络的本领"，[2]对中国共产党领导的革命历程和毛泽东思想的发展历程进行了完整梳理，对党史分期和重大理论问题展开论述，肯定了毛泽东的功绩和思想，总结了中国革命的经验教训，从而奠定了中共

[1]《邓小平思想年编（1975—1997）》，中央文献出版社2011年版，第341页。

[2]胡绳：《胡乔木与党史工作》，《胡乔木传》编写组：《我所知道的胡乔木》，当代中国出版社2012年版，第47页。

党史研究的体系框架，这是“运用马克思主义的普遍真理同中国革命的具体实践相结合的观点，来叙述和总结中国共产党 30 年历史的第一本简明党史”[1]，成为全党和全国人民学习毛泽东思想和党史的权威教材。作为党史的奠基之作，这部著作所创设的研究体例和对历史事件、历史人物的评价，在党史教学与研究中产生了重大而积极的影响，两次被教育部指定为高校党史课教材代用本和毛泽东著作讲授提纲。

（2）编辑出版《毛泽东选集》。为了满足国内广大干部群众学习毛泽东思想、了解中国革命历史经验的迫切需要，也为满足世界上一些同情和关注中国革命的国家和人民了解中国的需要，1950 年 5 月，中央政治局会议决定成立毛泽东选集出版委员会，编辑出版《毛泽东选集》。早在抗日战争和解放战争时期，一些解放区就出版过几种类型的《毛泽东选集》，对于宣传毛泽东思想和教育干部发挥了积极作用。《毛泽东选集》编辑工作是在毛泽东主持下进行的，他的主要工作有选稿和确定篇目，对大部分文章精心修改和校订，并为一部分文章撰写题解和注释。毛泽东在审阅计划收入的文章时，一方面选定编目，拟了一些标题，另一方面对有些文章的内容作了适当的补充和修改。在此基础上，毛泽东撰写了大量的题解和注释，有的是对重要历史背景的说明，有的是政治性、理论性的阐述。《毛泽东选集》一至四卷的出版，在广大干部群众中掀起了学习毛泽东著作的热潮，毛泽东思想深入人心，有力促进了中国的社会主义革命和建设。1964 年 3 月，毛泽东谈到《毛泽东选集》时说：“这是血的著作。”[2]《毛泽东选集》一至四卷本，是经受了历史检验的科学著作，是毛泽东著作中最具权威性的版本，为党史研究和党史学科的发展提供了权威文献基础，为丰富和发

〔1〕《胡乔木传》上卷，当代中国出版社 2015 年版，第 190 页。

〔2〕《毛泽东年谱（1949—1976）》第 5 卷，中央文献出版社 2013 年版，第 329 页。

展正确党史观发挥了极大推动作用。

（3）中国史学在唯物史观指导下发展。1949 年 7 月 1 日，中国新史学研究会正式成立，其以“学习并运用历史唯物主义的观点和方法，批判各种旧历史观，并养成史学工作者实事求是的作风，以从事新史学的建设工作”[1]为宗旨。1951 年 7 月，中国史学会举行正式成立大会，郭沫若任主席，吴玉章、范文澜为副主席。以唯物史观为指导，历史学开始了从“史学改造”到“史学革命”，从以唯物史观改造旧史学到全面建设马克思主义新史学的重要时期。对于史学界来说，马列主义理论、毛泽东思想的宣传和学习，主要解决了史学研究的指导思想问题，普及了唯物史观，树立了劳动的观点、正确的阶级观点、社会发展的规律性观点、历史主义的观点，重视人民群众的历史作用。这一时期，中国史学界在唯物史观指导下出版了一大批有重要影响的史学著作，如范文澜的《中国通史简编》、郭沫若的《中国史稿》、翦伯赞的《中国史纲要》等，既有贯通古今的通史著作，也有深入探讨的断代史成果；既有民族史的研究，也有对地方史的考察；既有反映中华人民共和国考古与文物成就的著述，也有各种大型史料丛刊的编撰[2]。这些史学理论的发展和史学成果的面世，进一步巩固了唯物史观的指导地位，丰富和发展了正确党史观的思想理论内涵，推动了党史研究的发展和繁荣。

（4）党史研究的发展。这一时期出版的党史论著、党史讲义数量逐渐增多，如胡华的《中国新民主主义革命史（初稿）》（1950 年）、何干之的《中国现代革命史讲义（初稿）》（1954 年），成为全国干部、

---

〔1〕中国史学会秘书处：《中国史学会五十年》，海燕出版社 2004 年版，第 4 页。

〔2〕参见曹家齐：《顿挫中嬗变——20 世纪的中国历史学》，西苑出版社 1999 年版，第 146—147 页。

青年和高等院校学生学习中共党史和政治理论课的教材。1961 年历史主义思潮兴起后，胡华于 1962 年撰写的《关于党史课的教学与研究中的几个问题》一文，反思了“史学革命”中的极端做法，强调“党史科学也是历史科学”，自有其“逻辑、系统性和科学性”[1]，是这一时期较有价值的研究成果。大量党史文献资料，如报刊资料的影印出版、文献资料的整理出版、回忆史料的整理出版等[2]，为全面系统推动党史研究提供了扎实史料基础和研究基础。

2. 党的第二个历史决议的重大判断不断丰富和发展着正确党史观

党的十一届三中全会冲破长期“左”的思想的严重束缚，批评“两个凡是”的错误方针，指出必须完整、准确地掌握毛泽东思想的科学体系，并高度评价关于真理标准问题大讨论，果断结束“以阶级斗争为纲”，重新确立马克思主义的思想路线、政治路线、组织路线，实现新中国成立以来党的历史上具有深远意义的伟大转折，也极大推动了党史研究领域的拨乱反正。由此，新成果不断涌现，党史研究日益焕发新的生机和活力。

党的十一届六中全会通过的第二个历史决议回顾和总结建党以来特别是新中国成立以来中国革命、建设和改革的理论与实践，把坚持四项基本原则贯穿于党和国家的历史发展之中深刻认识和把握党史、

---

〔1〕胡华:《关于党史课的教学与研究中的几个问题》,《教学与研究》1962 年第 5 期，第 44—48 页。

〔2〕如《新青年》《每周评论》《向导》《布尔什维克》等 19 种革命期刊和《新中华报》《解放日报》《新华日报》《东北日报》《人民日报》《大公日报》等 6 种党报影印出版;《毛泽东选集》《李大钊选集》《中共党史教学参考资料》《中国工会历史文献》《中国现代政治史资料汇编》《土地改革重要文献资料汇集》等文献资料整理出版;《跟随毛主席长征》《跟随周副主席十一年》《文史资料选辑》《星火燎原》等大量回忆史料出版。参见王炳林等:《中共党史学科基本理论问题研究》，人民出版社 2021 年版，第 77—78 页。

新中国史；就如何正确评价毛泽东的历史地位、坚持和发展毛泽东思想等若干重大历史问题，进行研究、阐释和回答，彰显了党和国家建设发展的方向与道路、进程与前景、成就与经验。

（1）正确评价毛泽东的历史地位，科学地揭示毛泽东思想的科学体系和活的灵魂。正确评价毛泽东的历史地位、坚持和发展毛泽东思想，是理论问题更是政治问题。在指导党的第二个历史决议起草过程中，邓小平曾经多次强调，正确地评价毛泽东思想，科学地确立毛泽东思想的指导地位，也要对历史功过进行实事求是的分析。[1]党的第二个历史决议把毛泽东的一生放在新民主主义革命和社会主义革命、建设的历史进程中全面认识，放在党领导人民艰苦奋斗、艰辛探索，努力实现国家独立、富强、民主、文明和中华民族伟大复兴的历史进程中科学把握。在全面正确评价毛泽东的历史地位的同时，这一决议在新的历史条件下深刻阐明毛泽东思想的科学体系；科学揭示实事求是、群众路线、独立自主这一毛泽东思想的活的灵魂。毛泽东思想是马克思列宁主义普遍原理和中国革命、建设具体实际相结合的产物，是被实践证明了的关于中国革命和建设的正确的理论原则和经验总结，实现了马克思主义中国化的第一次历史性飞跃。

（2）坚持历史发展的阶段性与连续性的统一，辩证认识改革开放前后两个历史时期的关系。党的第二个历史决议将唯物史观的基本立场、观点和方法具体运用到认识和把握党史、新中国史的工作之中，以总结历史经验为认识和研究党史、新中国史的出发点和落脚点。党的第二个历史决议指出，新中国成立以来，尽管由于党领导社会主义事业的经验不多，特别是发动了“文化大革命”，使得党和国家建设事

[1]《邓小平文选》第 2 卷，人民出版社 1994 年版，第 292 页。

业没有取得本来应该取得的更大成就，但新中国取得的成就还是主要的，新中国的建设和发展，是党在不断总结历史经验中开辟拓展和深化的。党的第二个历史决议把新中国成立 32 年的历史分为基本完成社会主义改造的 7 年、开始全面建设社会主义的 10 年、“文化大革命”的 10 年和历史的伟大转折四个阶段。党的第二个历史决议指出，只有社会主义才能救中国，新中国在社会主义条件下取得了旧中国根本不可能达到的成就，有力地显示了社会主义制度的优越性。社会主义制度由不完善到比较完善，必然要经历一个长久的过程，必然要在坚持社会主义基本制度的前提下，改革那些不适应生产力发展需要和人民利益的具体制度。要把“文化大革命”与“文化大革命时期”区别开来，把“毛泽东晚年的错误”同毛泽东思想区别开来。党的第二个历史决议指出，由于全党和广大工人、农民、解放军指战员、知识分子、知识青年和干部的共同斗争，“文化大革命”的破坏力受到了一定程度的限制。我国国民经济虽然遭到巨大损失，仍然取得了进展。当然“这一切决不是‘文化大革命’的成果，如果没有‘文化大革命’，我们的事业会取得大得多的成就”[1]。把新中国成立以来的中国革命和建设的历史，同两年“徘徊”时期和改革开放初期的历史联系起来，贯通了改革开放前后两个时期的历史，初步论述了中国特色社会主义建设的基本历史经验。党的第二个历史决议把改革开放前后两个历史时期统一起来，深刻阐明了改革开放和中国特色社会主义现代化建设事业的物质基础、政治前提和理论准备[2]。

---

〔1〕《中国共产党中央委员会关于建国以来党的若干历史问题的决议》，人民出版社 1981 年版，第 30 页。

〔2〕参见宋月红：《“第二个历史决议”的认识论和方法论——基于党史、新中国史理论之研究》，《世界社会主义研究》2021 年第 7 期。

（3）改革开放之初就鲜明阐述中国特色社会主义的主要点。党的第二个历史决议在总结新中国成立以来正反两方面经验特别是“文化大革命”教训的同时，对十一届三中全会以来党已经逐步确立的一条适合我国国情的社会主义现代化建设的正确道路的主要内容概括为10个方面，并作了阐述，第一次提出了我国处于社会主义初级阶段的论断；较早和较完整地阐发了党在初级阶段的基本路线；正确阐述了现阶段的主要矛盾和由此而来的社会主义的根本任务和党的工作重点；强调社会主义经济建设必须从我国国情出发和有步骤、分阶段地实现现代化的目标；明确提出社会主义生产关系的变革和完善必须适应生产力的状况和有利于生产力的发展；明确提出逐步建设高度民主的社会主义政治制度是社会主义革命的根本任务之一；明确提出反对霸权主义、维护世界和平的外交方针；明确提出要加强党的建设，把党建设成为具有健全的民主集中制的党。这些主要点实际上是党对建设中国特色社会主义理论的第一次概括。在此基础上，党在领导改革开放和社会主义现代化建设的实践中，不断开创和发展中国特色社会主义理论体系，实现了马克思主义中国化的新的飞跃。

3.党的第二个历史决议及其发展的正确党史观对推进马克思主义中国化的重要意义

党的第二个历史决议是党的十一届三中全会恢复和确立马克思主义思想路线以来解放思想、实事求是的产物，集中体现了改革开放之初党的思想理论创新成果，深刻揭示党史、新中国史的主题与主线、主流与本质，深刻蕴含着党关于党史、新中国史的认识论和方法论，是马克思主义中国化发展史上具有继往开来意义的重要历史文献。

党的第二个历史决议“最核心的一条”是“确立毛泽东同志的历史地位，坚持和发展毛泽东思想”；实事求是分析新中国成立32年来历史上的大事，公正评价其中的功过是非；对过去的事情做个基本总结，团结一致向前看。[1]党的第二个历史决议指出："党的团结，党同人民的团结，是进行社会主义现代化建设、夺取新的胜利的根本保证。"[2]

党的第二个历史决议通过科学总结新中国成立以来历史经验和"文化大革命"的教训，特别是党的十一届三中全会以来已经逐步确立的社会主义现代化建设道路的主要内容，完成党在指导思想上的拨乱反正，为探索建设中国特色社会主义道路指明了正确方向、奠定了基础。

党的第二个历史决议贯彻马克思主义的思想路线、政治路线和组织路线，在理论与实践的结合上，实事求是地分析和认识历史问题、历史是非，充分发扬党内民主，集中全党智慧和意志，完成了党在指导思想上的拨乱反正，为统一思想、团结奋斗和推进改革开放提供了重要思想政治基础，是确立和进一步发展正确党史观的重要依据，在马克思主义中国化发展史上具有重大而深远的指导意义。此后，1991年出版的《中国共产党的七十年》、2001年出版的《中国共产党历史（1921—1949）》第一卷、2011年出版的《中国共产党历史（1949—1978）》第二卷等三部权威著作，在第二个历史决议的基础上进一步推进了正确党史观的深化发展。《中国共产党的七十年》以党的第一个历史决议和第二个历史决议为总的依据，既实事求是地讲出历史的本然，又实事求是地讲出历史的必然。正如胡乔木所言："在这70年里，党曾经进行过哪些斗争，取得过哪些成就，犯过哪些错误，书中可以说大致写得一目了然。没有什么吞吞吐吐，含糊其词，既没有歪曲，也

---

〔1〕《邓小平文选》第2卷，人民出版社1994年版，第291—292页。

〔2〕《中国共产党中央委员会关于建国以来党的若干历史问题的决议》，人民出版社1981年版，第61页。

没有夸大和贬低。”[1]该书对党史提出不少新颖的见解，如第七章社会主义建设在探索中曲折发展，这段历史比较难写，该书对这段历史不但提出了许多首次发表的事实，而且作了比较确切的解释；结束语中将党在历史上所犯的错误的估计，以及新中国成立以来的巨大成就，作出了比较全面的认识。

（三）《中共中央关于党的百年奋斗重大成就和历史经验的决议》深化和拓展正确党史观，深刻回答了中国共产党是什么、要干什么的根本问题

2021年是建党百年，我国正处在“两个一百年”的历史交汇点上，第一个百年奋斗目标即全面建成小康社会已经实现，走在第二个百年奋斗目标的新赶考之路上，即全面建成社会主义现代化强国。在这个重要历史关头，中国共产党胸怀中华民族伟大复兴的战略全局、世界百年未有之大变局，对第一个百年的重大成就和历史经验进行总结，明确未来前进的方向，为第二个百年汲取历史智慧和历史自信。党的十九届六中全会通过的《中共中央关于党的百年奋斗重大成就和历史经验的决议》（以下简称第三个历史决议），坚持正确党史观、树立大历史观，坚持辩证唯物主义和历史唯物主义的世界观和方法论，同党的前两个历史决议既一脉相承又与时俱进，深刻回答中国共产党是什么、要干什么这个根本问题，反映了党的百年奋斗的初心使命；党的第三个历史决议突出中国特色社会主义新时代这个重点，对重大事件、重要会议、重要人物的评价注重同党中央已有结论相衔接，体现了党中央对党的百年奋斗的新认识。党的第三个历史决议是一篇光辉的马克思主义纲领性文献，是以史为鉴、开创未来，实现中华民族伟大复

---

〔1〕《胡绳、薄一波、胡乔木等：〈中国共产党的七十年〉、〈中国共产党历史（上卷）〉出版座谈会发言摘登》，《中共党史研究》1991年第6期，第1—22页。

兴的行动指南。

1. 习近平总书记关于党史的重要论述为深化和拓展正确党史观提供了根本遵循

党的十八大以来，以习近平同志为核心的党中央高度重视对党的历史的研究。习近平总书记在2013年6月主持中央政治局集体学习时特别强调“历史是最好的教科书”，指出“学习党史、国史，是坚持和发展中国特色社会主义、把党和国家各项事业继续推向前进的必修课”。[1]习近平总书记关于党史的重要论述，是正确党史观在新时代的继承和发展，是马克思主义中国化的最新理论成果，是学习研究党史、树立和发展正确党史观的根本遵循。党史研究以唯物史观和正确党史观为指导，继续在新时代繁荣发展、守正创新，不断强化和拓展。

（1）习近平总书记关于党史的重要论述具有深厚的理论渊源和坚实的实践基础，其理论渊源是唯物史观。关于人类社会发展规律和实现共产主义的远大理想，习近平总书记强调：“中国共产党成立一百年来，始终是有崇高理想和坚定信念的党。这个理想信念，就是马克思主义信仰、共产主义远大理想、中国特色社会主义共同理想。”[2]关于马克思主义认识论，习近平总书记指出：“实践的观点、生活的观点是马克思主义认识论的基本观点，实践性是马克思主义理论区别于其他理论的显著特征。”[3]实事求是是中国共产党思想路线的核心，其实践

[1] 习近平：《在对历史的深入思考中更好走向未来交出发展中国特色社会主义合格答卷》，《人民日报》2013年6月27日。

[2] 习近平：《信念坚定对党忠诚实事求是担当作为努力 成为可堪大用能担重任的栋梁之才》，《人民日报》2021年9月2日。

[3] 习近平：《在纪念马克思诞辰200周年大会上的讲话》，《人民日报》2018年5月5日。

基础是建立在统筹中华民族伟大复兴的战略全局和世界百年未有之大变局的基础之上的。两个大局，是重大的战略判断，也是重大的战略决策依据。两个大局相互交织、相互作用、融合交汇，为我们办好自己的事提供了大有可为的空间；胸怀两个大局，是谋划工作、指导实践的基本出发点。

（2）习近平总书记关于党史的重要论述不断丰富和发展了正确党史观的基本内涵。共产党人树立正确党史观，就“要坚持以我们党关于历史问题的两个决议和党中央有关精神为依据，准确把握党的历史发展的主题主线、主流本质，正确认识和科学评价党史上的重大事件、重要会议、重要人物”〔1〕。百年党史波澜壮阔，只有用辩证唯物主义和历史唯物主义的世界观和方法论，才能准确把握百年党史中的主题主线、主流本质；只有用历史分析法和阶级分析法，才能正确认识党的重大事件、重要会议和重要任务。总之，只有用科学的认识方法，才能形成宏大全面的历史观，才能充分认识到百年党史“是一个接续奋斗的历史过程，是一项救国、兴国、强国，进而实现中华民族伟大复兴的完整事业”〔2〕。共产党人树立正确党史观，还必须旗帜鲜明地反对历史虚无主义。国内外敌对势力往往就是拿中国革命史、新中国历史来做文章，竭尽攻击、丑化、污蔑之能事，根本目的就是要搞乱人心，动摇中国共产党的领导和我国社会主义制度。对于这些别有用心的人鼓吹历史虚无主义，必须旗帜鲜明地加以反对。一方面必须针对错误思潮进行理论辨析，剖析其错误根源，使人们认清它的真实面目和背

〔1〕习近平：《学党史悟思想办实事开新局以优异成绩迎接建党一百周年》，《人民日报》2021年2月21日。

〔2〕习近平：《在纪念毛泽东同志诞辰120周年座谈会上的讲话》，《人民日报》2013年12月27日。

后目的；另一方面要讲好党史故事，引导人们正确地看待党的历史，正本清源，固本培元。

（3）习近平总书记关于党史的重要论述彰显大历史观。大历史观是一种历史认识论和方法论，是指运用宏观的视野分析看待历史，全面系统把握历史演变机理，探究历史发展规律，科学指导实践。马克思主义关于人类社会发展阶段和发展规律的科学论述，从宏观的历史进程、从历史长河中得出科学结论彰显大历史观。大历史观是从时间的长时段、空间的宽视野分析把握历史，其原因是：历史事件并非孤立存在，而是在时间、空间和主客观方面存在普遍联系，即“历史之时间上的相续性，空间上的联系性以及客观条件与主观创造之不可分裂性的问题”〔1〕。2016 年 7 月 1 日，在庆祝中国共产党成立 95 周年的讲话中，习近平总书记指出：“中国共产党领导中国人民取得的伟大胜利，使具有五千多年文明历史的中华民族全面迈向现代化，让中华文明在现代化进程中焕发出新的蓬勃生机。”〔2〕2018 年 12 月 18 日，在庆祝改革开放 40 周年大会上的讲话中，习近平总书记指出：“几千年前，中华民族的先民们秉持‘周虽旧邦，其命维新’，开启了缔造中华文明的伟大实践。”〔3〕“以数千年大历史观之，变革和开放总体上是中国的历史常态。中华民族以改革开放的姿态继续走向未来，有着深远的历史渊源、深厚的文化根基。”〔4〕中共党史与新中国史、改革开放史、社会主义发展史密不可分，应真实、全面、联系地分析中国共产党的发展和奋斗历程。习近平总书记坚持辩证唯物主义和历史唯物主义的世

〔1〕翦伯赞：《历史哲学教程》，北京大学出版社 1990 年版，第 48 页。
〔2〕习近平：《论中国共产党历史》，中央文献出版社 2021 年版，第 118 页。
〔3〕习近平：《在庆祝改革开放 40 周年大会上的讲话》，《人民日报》2018 年 12 月 19 日。
〔4〕习近平：《论中国共产党历史》，中央文献出版社 2021 年版，第 235—236 页。

界观和方法论，运用大历史观，回顾往昔，直面现在，开创未来，立足中国，环顾世界，纵贯古今，总结回顾中国共产党的百年光辉历程，深刻论述党的历史上的重大事件、重要会议、重要人物等重大问题，把中国共产党的历史与中华民族伟大复兴的历史贯通起来，与人类社会发展联系起来。

2. 党的第三个历史决议通过党的百年奋斗，深刻回答了中国共产党是什么、要干什么的根本问题

在新的征程上，党的十九届六中全会审议通过党的第三个历史决议，具有极其重要的理论意义和深远的历史意义。

党的第三个历史决议全面总结党百年奋斗的重大成就、历史意义和宝贵历史经验。党的百年奋斗的历史意义总结为五个方面，即：从根本上改变了中国人民的前途命运，开辟了实现中华民族伟大复兴的正确道路，展示了马克思主义的强大生命力，深刻影响了世界历史进程，锻造了走在时代前列的中国共产党。党的历史就是革命、建设和改革的历史，只有继续开展许多具有新的历史特点的伟大斗争，才能带领中国人民从胜利走向胜利；党的历史就是引领中国走向现代化的历史，这条现代化道路不是西方模式的现代化道路，而是一条坚持社会主义根本方向，具有鲜明中国特色的中国式现代化新道路，创造了人类文明新形态。决议把党的百年奋斗历史经验总结为坚持党的领导、坚持人民至上、坚持理论创新、坚持独立自主、坚持中国道路、坚持胸怀天下、坚持开拓创新、坚持敢于斗争、坚持统一战线、坚持自我革命。这十个方面的历史经验深刻揭示，党只有直面各种矛盾，不断破解矛盾，才能在斗争中以伟大自我革命引领伟大社会革命，实现中华民族伟大复兴；同时处理好独立自主与开放包容之间的关系，胸怀两个大局、胸怀天下，积极推动构建人类命运共同体[1]，为人类谋进步、为世界谋大同。

党的第三个历史决议突出中国特色社会主义新时代这个重点。决议重点总结新时代党和国家事业取得的历史性成就、发生的历史性变革和积累的新鲜经验。中国特色社会主义进入新时代，我国社会主要矛盾已经转化为人民日益增长的美好生活需要和不平衡不充分的发展之间的矛盾。这是关系全局的历史性变化，对党和国家工作提出了许多新要求。以习近平同志为核心的党中央以伟大的历史主动精神、巨大的政治勇气、强烈的责任担当，统筹国内国际两个大局，贯彻党的基本理论、基本路线、基本方略，统揽伟大斗争、伟大工程、伟大事业、伟大梦想，坚持稳中求进工作总基调，出台一系列重大方针政策，推出一系列重大举措，推进一系列重大工作，战胜一系列重大风险挑战，解决了许多长期想解决而没有解决的难题，办成了许多过去想办而没有办成的大事，推动党和国家事业取得历史性成就、发生历史性变革。决议全面总结党的十八大以来的原创性思想、变革性实践、突破性进展、标志性成果，引导全党进一步坚定信心，聚焦党团结带领人民正在做的事情，以更加昂扬的姿态迈进新征程、建功新时代。[2]

党的第三个历史决议运用马克思主义世界观、历史观和方法论，既有政治高度，又体现出理论深度和实践广度，处处闪耀着马克思主义的思想光辉。决议对习近平新时代中国特色社会主义思想的历史地位作出新的重大判断。毛泽东思想是马克思主义中国化的第一次历史性飞跃，由邓小平理论、“三个代表”重要思想、科学发展观构成的中

[1]《中共中央关于党的百年奋斗重大成就和历史经验的决议》，《人民日报》2021 年 11 月 17 日。

[2]《中共中央关于党的百年奋斗重大成就和历史经验的决议》，《人民日报》2021 年 11 月 17 日。

国特色社会主义理论体系实现了马克思主义中国化新的飞跃。习近平新时代中国特色社会主义思想是党的历史上马克思主义基本原理同中国具体实际相结合、同中华优秀传统文化相结合，推动马克思主义中国化的新飞跃，推动党和国家事业取得13个方面的历史性变革和历史性成就。决议对习近平新时代中国特色社会主义思想的科学内涵进行新的提炼和概括，由党的十九大提出的“八个明确”提升到十九届六中全会的“十个明确”，进一步完善发展了这一科学理论体系的丰富内涵，系统回答了中国共产党在新时代的奋斗目标、历史使命和战略步骤等一系列重大问题，是党对中国特色社会主义建设规律认识深化和理论创新的重大成果。决议首次将“两个确立”并列提出来，这一重大政治论断，是历史的选择、时代的选择和人民的选择。决议总结的“十条历史经验”是一个系统完整、相互贯通的有机整体，相辅相成、不可分割[1]。这些论述充分体现了以习近平同志为核心的党中央坚持从整体、全局出发，坚持战略思维、历史思维、辩证思维、创新思维、法治思维、底线思维、精准思维等科学思维方法，不断推进马克思主义中国化、时代化。

3. 党的第三个历史决议对新时代中国共产党人树立正确党史观的深远指导意义

党的第三个历史决议是新时代中国共产党人牢记初心使命、坚持和发展中国特色社会主义的政治宣言，是以史为鉴、开创未来，实现中华民族伟大复兴的行动指南，彰显了百年大党的历史自信、政治自觉。

以习近平同志为核心的党中央坚持和运用唯物史观和正确党史观，

---

〔1〕《中共中央关于党的百年奋斗重大成就和历史经验的决议》，《人民日报》2021年11月17日。

洞察时代大势，回答时代之问，不断推进马克思主义中国化的百年历程，彰显中国化马克思主义既一脉相承又与时俱进的理论品质；深刻阐明党领导人民成功走出中国式现代化道路，创造了人类文明新形态，提供了实现现代化的全新选择，展现出人类社会现代化发展的光明前景；科学揭示党带领人民经过百年奋斗，取得伟大成就，开辟了实现中华民族伟大复兴的正确道路，中华民族迎来了从站起来、富起来到强起来的伟大飞跃，实现中华民族伟大复兴进入了不可逆转的历史进程。

党的第三个历史决议站在新的起点上，准确把握百年党史的主题主线、主流本质，与前两个历史决议既一脉相承，又与时俱进，体现了历史发展的连续性和历史自信的赓续性，有利于不断增强历史自信、历史自觉、历史主动，不断提升党的创造力、凝聚力、战斗力，对新时代推动党和国家事业发展、深化党史研究具有深远的指导意义。

（四）制定党的历史决议与确立和发展正确党史观的经验启示

党在百年奋斗中通过三个历史决议，确立和发展了正确党史观，为深刻认识党史、研究党史、把握历史规律、掌握历史主动提供了宝贵的经验启示。

1. 党的三个历史决议为确立和发展正确党史观，形成了一以贯之的原则要求

中国共产党非常重视在审视历史的基础上，把握历史逻辑，总结历史规律，形成新的理性认识，实现理论创新创造。党把马克思主义基本原理同中国具体实际相结合、同中华优秀传统文化相结合的过程，也是不断总结历史经验和推进理论创新创造的过程。在起草党的第三个历史决议的过程中，习近平总书记提出的总要求是，按照“总结历

史、把握规律、坚定信心、走向未来”[1]，把党走过的光辉历程总结好，把党团结带领人民取得的辉煌成就总结好，把党推进革命、建设、改革的宝贵经验总结好，把党的十八大以来党和国家事业砥砺奋进的理论和实践总结好。这些要求是党的百年奋斗历史经验的充分体现，也是确立和发展正确党史观、制定历史决议一以贯之原则要求的高度总结。

2. 党的三个历史决议为确立和发展正确党史观，形成了科学有效的研究方法

辩证唯物主义和历史唯物主义的世界观、方法论是科学总结党的历史经验的根本立场和根本方法，也是把握党的三个历史决议思想精髓的关键。只有坚持正确党史观、树立大历史观，才能准确把握党的历史发展的主题主线、主流本质，才能正确对待党在前进道路上的曲折，才能寻找到总结历史经验的正确方法。党的三个历史决议坚持站在人民立场、立足中国实际，依靠集体智慧，总结历史经验，准确把握党的历史发展的主题主线、主流本质。

3. 党的三个历史决议为确立和发展正确党史观，树立了团结一致向前看的目标导向和价值取向

重大历史关头，往往是党面临的客观形势和中心任务即将或已经出现重大转变的关键历史节点。党的三个历史决议所处的历史条件、时代背景、所要解决的问题有所不同，但都在重大历史关头统一了全党思想，对推动党和人民的事业胜利前进发挥了重要作用。第一个历史决议形成于争取抗日战争最后胜利的关头，“团结全党同志如同一个

---

〔1〕习近平:《关于〈中共中央关于党的百年奋斗重大成就和历史经验的决议〉的说明》,《求是》2021 年第 23 期。

和睦的家庭一样，如同一块坚固的钢铁一样”[1]。第二个历史决议形成于改革开放大潮初起，解放思想、拨乱反正，统一了全党思想，对推动党团结一致向前看、更好推进改革开放和社会主义现代化建设产生了重大影响。第三个历史决议形成于党和人民胜利实现第一个百年奋斗目标、全面建成小康社会，正在向着第二个百年奋斗目标迈进的重大历史关头，为全党从党的历史中汲取智慧和力量，推动全党统一思想、统一意志、统一行动，在新时代更好坚持和发展中国特色社会主义、实现中华民族伟大复兴产生重大而深远的影响。

党的三个历史决议，坚持辩证唯物主义和历史唯物主义，从确立正确党史观、丰富和发展正确党史观再到深化和拓展正确党史观；从深刻回答什么是党史、如何认识和研究党史，到如何正确评价毛泽东的历史地位和毛泽东思想、如何看待改革开放前后两个历史时期的关系，再到深刻回答中国共产党是什么、要干什么的根本问题；全面总结党百年奋斗的伟大成就和历史经验，极大增强了全党在政治上、思想上、组织上、行动上的高度团结统一，必定更好地指引新时代中国共产党人赢得更加伟大的胜利和荣光。

第三节　树立正确党史观

欲知大道，必先为史。习近平总书记在党史学习教育动员大会上指出，回望过往的奋斗路，眺望前方的奋进路，我们必须把党的历史学习好、总结好，把党的成功经验传承好、发扬好。[2]在关于党史的重

〔1〕《建党以来重要文献选编（1921—1949）》第22册，中央文献出版社2011年版，第76页。

〔2〕习近平：《在党史学习教育动员大会上的讲话》，人民出版社2021年版，第5页。

要论述中，习近平总书记首次明确提出要“树立正确党史观”〔1〕。正确党史观是唯物史观在认识和研究党史中的指导、运用和发展。

一、正确党史观的科学内涵和核心要义

党史学习教育，必须以正确党史观为思想理论基础，准确把握党的历史发展的主题主线、主流本质，从党的非凡历史中守初心、担使命，走好新时代的长征路。

（一）正确党史观的基本内涵

马克思主义是我们立党立国的根本指导思想，唯物史观是“唯一科学的历史观”〔2〕。我们党历来高度重视党史，坚持以唯物史观为指导，探索党的历史发展规律，以史鉴今，不断开辟党领导人民进行革命、建设和改革的前进道路，并作出了一系列关于党的历史发展的进程与成就、经验与规律的重要论述。这是正确党史观的基石与核心要义，并不断予以丰富和发展。

党史观的首要问题是何为党史，这关系到党的历史发展的主体性与实践内涵、必然性与规律性。2013 年 1 月 5 日，习近平总书记在新进中央委员会的委员、候补委员学习贯彻党的十八大精神研讨班上的重要讲话中指出，正确处理改革开放前后的社会主义实践探索的关系，不只是一个历史问题，更主要的是一个政治问题。为此，他建议“把《关于建国以来党的若干历史问题的决议》找出来再看看”〔3〕。2021 年 2 月 20 日，习近平总书记在党史学习教育动员大会上又一次指出，要坚持以我们党关于历史问题的两个决议和党中央有关精神为依据，准确

---

〔1〕习近平：《在党史学习教育动员大会上的讲话》，人民出版社 2021 年版，第 21 页。
〔2〕《列宁全集》第 1 卷，人民出版社 1984 年版，第 112 页。
〔3〕习近平：《关于坚持和发展中国特色社会主义的几个问题》，《求是》2019 年第 9 期。

把握党的历史发展的主题主线、主流本质，正确认识和科学评价党史上的重大事件、重要会议、重要人物。对于党的历史问题，党总是坚持实事求是的思想路线，分清主流和支流，坚持真理、修正错误，发扬经验、吸取教训，在这个基础上把党和人民事业继续推向前进。党的历史问题同党和国家的整个历史是分不开的，也同人们的世界观、人生观和价值观的培育养成紧密地联系在一起。不同的党史观，对“何为党史”这一问题就会有不同乃至截然相反的回答，进而影响到对党的历史发展中的理论与实践问题的认识和处理。能否坚持以唯物史观为指导，把科学社会主义理论逻辑和中国社会发展历史逻辑相统一，坚持人民历史主体地位，准确把握党的历史发展的主题主线、主流本质，是党史观合乎党的历史发展与否、正确与否的试金石。

正确党史观，坚持将马克思主义关于历史科学的基本理论与方法具体运用到对党史的认识和研究中，把党的理想信念、初心使命同中国人民和中华民族的前途命运紧密结合起来，把党的自我革命和推动社会革命统一起来，深刻反映其历史逻辑、理论逻辑和实践逻辑，探索和揭示共产党执政规律、社会主义建设规律和人类社会发展规律。正确党史观深刻揭示，党史就是党成立以来，在马克思主义指导下领导全国各族人民进行中国革命、建设和改革，推进马克思主义中国化，开辟新民主主义革命道路、社会主义革命道路、社会主义建设道路、中国特色社会主义道路，建立新中国、实行改革开放，开创、坚持和发展中国特色社会主义，实现中华民族伟大复兴的创业史、探索史和奋斗史，是永葆党的先进性、纯洁性的自身建设和发展壮大史。

树立正确党史观，有利于准确把握党的历史发展的主题主线、主流本质，探究其历史规律，不断增强中国特色社会主义道路自信、理论自信、制度自信和文化自信，坚定马克思主义信仰和中国特色社会主义信念。习近平总书记从思想理论、使命担当、政治本色和精神境界等方面，对党的历史发展作了深刻阐述和揭示：党的历史就是一部“不断推进马克思主义中国化的历史”，是一部“不断推进理论创新、进行理论创造的历史”；党的百年历史就是一部“践行党的初心使命的历史”，是一部“党与人民心连心、同呼吸、共命运的历史”；党的百年历史也是党“不断保持党的先进性和纯洁性，不断防范被瓦解、被腐化的危险的历史”。在一百年的非凡奋斗历程中，形成了一系列伟大精神，“构筑起了中国共产党人的精神谱系”。党的历史发展的主题主线、主流本质贯彻并蕴含于党史的整体与全貌，深刻彰显“党坚持解放思想和实事求是相统一、培元固本和守正创新相统一”的思想路线和与时俱进的理论品质，深刻揭示“江山就是人民，人民就是江山，人心向背关系党的生死存亡”的历史主体性和规律性，深刻昭示党之所以能成为百年大党、创造世纪伟业的关键所在，深刻阐明立党兴党强党的精神力量。〔1〕

（二）树立正确党史观，必须以党领导人民建设社会主义现代化强国、实现中华民族伟大复兴的历史进程为根本来源和依据

历史是历史观的根基和依据，党的历史发展是正确党史观的源头活水。习近平总书记深刻指出：“我们党的一百年，是矢志践行初心使命的一百年，是筚路蓝缕奠基立业的一百年，是创造辉煌开辟未来的一百年。”〔2〕百多年来，我们党始终初心如磐、使命在肩，团结带领全国各族人民不懈奋斗，就是为了把我国建设成为社会主义现代化强国，实现中华民族伟大复兴。坚持和发展中国特色社会主义，是建设社会主义现代化强国、实现中华民族伟大复兴的必由之路。

---

〔1〕习近平：《在党史学习教育动员大会上的讲话》，《求是》2021 年第 7 期。
〔2〕习近平：《在党史学习教育动员大会上的讲话》，《求是》2021 年第 7 期。

没有共产党就没有新中国。党领导人民取得新民主主义革命胜利，建立了新中国，彻底结束旧中国半殖民地半封建社会的历史，实现中国从几千年封建专制向人民民主的伟大跨越，为当代中国一切发展进步提供了根本政治前提和制度基础。中华民族发展进步从此开启新纪元，走上实现伟大复兴的壮阔道路。

全面建成社会主义社会，为实现中华民族伟大复兴奠定社会制度基础。党在领导人民迅速恢复在旧中国遭到严重破坏的国民经济、巩固新生人民政权、实现国家空前团结统一的基础上，根据社会主要矛盾的转变，制定并推行过渡时期总路线，对农业、手工业和资本主义工商业的生产资料私有制进行社会主义改造，实施了国民经济和社会发展第一个五年计划；形成和确立人民代表大会制度、中国共产党领导的多党合作和政治协商制度、民族区域自治制度。由此，新中国实现由新民主主义社会向社会主义社会的过渡，确立社会主义基本制度，进入社会主义社会。

全面开展社会主义建设，为实现中华民族伟大复兴积累宝贵历史经验。随着社会主要矛盾转化为人民日益增长的物质文化需要同落后的社会生产之间的矛盾，党领导人民探索适合我国国情的社会主义建设道路，开展全面的大规模的社会主义建设，在复杂而艰辛的社会历史条件下建成独立的比较完整的工业体系和国民经济体系，逐步建立起进行现代化建设的重要物质技术基础，探索、积累了社会主义建设和发展的重要经验。

实现中华民族伟大复兴的壮阔道路，在改革开放伟大实践中开创和发展。党的十一届三中全会作出把党的工作中心转移到经济建设上来、实行改革开放的历史性决策，实现新中国成立以来党的历史上具有深远意义的伟大转折，开启改革开放和社会主义现代化建设的伟大征程。在改革开放进程中，党领导人民深刻揭示社会主义本质，正确认识我国处于并将长期处于社会主义初级阶段的基本国情，确立社会主义初级阶段的基本路线。遵循社会主义初级阶段的基本路线，党领导人民从农村改革到城市改革，从经济体制的改革到各方面体制的改革，实现从高度集中的计划经济体制到充满活力的社会主义市场经济体制、从封闭半封闭到全方位对外开放的伟大历史转折，极大地解放和发展了社会生产力。历史发展表明，改革开放是决定当代中国命运的关键抉择，是当代中国发展进步的活力之源，只有改革开放才能发展中国、发展社会主义、发展马克思主义。

实现中华民族伟大复兴的壮阔道路，在奋进中国特色社会主义新时代中不断深化和拓展。党的十八大以来，中国特色社会主义进入新时代。这是我国发展新的历史方位。新时代，我国社会主要矛盾已经转化为人民日益增长的美好生活需要和不平衡不充分的发展之间的矛盾。党领导人民坚持以习近平新时代中国特色社会主义思想为指导，统揽伟大斗争、伟大工程、伟大事业、伟大梦想，统筹推进“五位一体”总体布局，协调推进“四个全面”战略布局，坚持以人民为中心的发展思想，坚定不移贯彻新发展理念，全面深化经济、政治、文化、社会、生态文明体制和党的建设制度改革，发展社会主义市场经济、社会主义民主政治、社会主义先进文化、社会主义和谐社会和社会主义生态文明，完善和发展中国特色社会主义制度，推进国家治理体系和治理能力现代化。

全面建成小康社会，是实现中华民族伟大复兴的关键一步。以习近平同志为核心的党中央领导人民决胜全面建成小康社会，深入实施科教兴国战略、人才强国战略、创新驱动发展战略、乡村振兴战略、区域协调发展战略、可持续发展战略和军民融合发展战略，坚决打好打赢防范化解重大风险、精准脱贫、污染防治的攻坚战。面向新时代，建设现代化经济体系，发展社会主义民主政治，推动社会主义文化繁荣兴盛，加强和创新社会治理，建设美丽中国，努力实现更高质量、更有效率、更加公平、更可持续的发展，奋力推进全面建成小康社会，乘势而上开启全面建设社会主义现代化国家新征程。

树立正确党史观，就要围绕党的自我革命推动社会革命的理论与实践，根据党领导人民建设社会主义现代化强国、实现中华民族伟大复兴的奋斗历程和伟大成就，正确认识和把握党情、国情和世情，深入理解为什么历史和人民选择了中国共产党的领导，为什么必须坚持走中国特色社会主义道路、实现中华民族伟大复兴，从而站在历史的深厚基础上，推动党和国家事业更加坚定地走向未来。

（三）树立正确党史观，必须旗帜鲜明反对历史虚无主义

历史，是一个国家和民族形成、发展及其盛衰兴亡的真实记录和安身立命的基础。古人云："灭人之国，必先去其史。"从正反两方面来说，尊重历史、维护历史极其重要。唯有心怀敬畏和良知，才能在汲取历史经验教训的基础上开创未来。

任何历史都离不开一定的社会历史条件和过程。马克思说："人们自己创造自己的历史，但是他们并不是随心所欲地创造，并不是在他们自己选定的条件下创造，而是在直接碰到的、既定的、从过去承继下来的条件下创造。"[1]认识和研究历史，应具体问题具体分析，不能撇开相应社会历史条件和过程。习近平总书记指出："不能用今天的时代条件、发展水平、认识水平去衡量和要求前人，不能苛求前人干出

〔1〕《马克思恩格斯选集》第1卷，人民出版社2012年版，第669页。

只有后人才能干出的业绩来。”[1]对于历史人物特别是革命领袖的评价，“尽管他们拥有很高的理论水平、丰富的斗争经验、卓越的领导才能，但这并不意味着他们的认识和行动可以不受时代条件限制”[2]。时代和社会历史条件，是历史发生发展的基础和前提，影响并参与到历史过程之中。认识和研究历史，若撇开或抹杀其所处时代和社会历史条件，将陷入历史虚无主义的泥潭。

历史虚无主义的危害性在于，从其所谓立场和观点出发，尽其所能地“变幻”历史事实、模糊历史认知，进而搞乱人们在历史问题上和社会生活上的是非观和价值观。历史虚无主义之所以将历史特别是党史、新中国史、中国近现代史、中国革命史作为主要对象而肆意“虚无化”，其要害在于从根本上否定马克思主义指导地位和中国走向社会主义的历史必然性，否定中国共产党的领导。习近平总书记一针见血地指出：“国内外敌对势力往往就是拿中国革命史、新中国历史来做文章，竭尽攻击、丑化、污蔑之能事，根本目的就是要搞乱人心，煽动推翻中国共产党的领导和我国社会主义制度。”[3]对历史的尊重与否，是能否正确认识和研究历史的逻辑起点。历史虚无主义问题是一种历史认识问题，从认识根源和作用对象来说更是一种历史观问题。历史虚无主义否定、歪曲或虚构历史事实，是对待历史及其问题的主观主义和实用主义，实质是历史认识和价值上的唯心史观。

树立正确党史观，要站在我国社会发展的历史方位，面向中华民

---

〔1〕习近平：《在纪念毛泽东同志诞辰120周年座谈会上的讲话》，《人民日报》2013年12月27日。

〔2〕习近平：《在纪念毛泽东同志诞辰120周年座谈会上的讲话》，《人民日报》2013年12月27日。

〔3〕习近平：《关于坚持和发展中国特色社会主义的几个问题》，《求是》2019年第7期。

族伟大复兴战略全局和世界百年未有之大变局，从党和国家事业发展大局上探究党的历史发展规律。坚持实事求是精神，牢牢把握党史的主题主线、基本内涵和精神实质。不断深化对近现代中国国情和中国社会发展规律的认识，全面把握整个社会的基本面貌和发展方向。推进党史学习教育，加强“四史”宣传教育，旗帜鲜明反对历史虚无主义，更好正本清源、固本培元，为新时代坚持和发展中国特色社会主义提供更加广泛而深厚的思想基础和历史依据，奋力开启全面建设社会主义现代化国家新征程，推动中国特色社会主义道路越走越宽广。

二、树立正确党史观的根本遵循

树立正确党史观是党史学习教育正本清源、固本培元的根本问题。习近平总书记关于党史的系列重要论述涵盖了对党的历史发展的总体看法和基本观点，集中体现在坚持以马克思主义唯物史观为指导，系统回顾和总结党领导人民从新民主主义革命到新中国成立，从社会主义革命和建设到开创和发展中国特色社会主义、再到中国特色社会主义进入新时代的光辉历程，准确把握党史发展的主题主线、主流本质，深刻揭示党不断推进马克思主义中国化的科学伟力，深刻阐明党矢志践行初心使命、筚路蓝缕奠基立业和创造辉煌开辟未来的伟大实践。这些重要论述是习近平新时代中国特色社会主义思想的重要组成部分，是党性和科学性的统一，是树立正确党史观的根本遵循。

（一）坚持马克思主义唯物史观的基本立场、观点和方法

中国共产党自成立起，就把马克思主义作为根本指导思想，以自我革命推动伟大社会革命，领导人民救国兴国强国。习近平总书记指出，我们党是在马克思主义指导下发展壮大起来的，党的世界观、历史观都根源于马克思主义基本原理。

马克思主义科学揭示客观世界特别是人类社会发展规律。在人类社会发展进步中，生产力和生产关系、经济基础和上层建筑相互作用、相互制约，构成整个社会的矛盾运动，支配着整个社会发展进程。习近平总书记强调："只有把生产力和生产关系的矛盾运动同经济基础和上层建筑的矛盾运动结合起来观察，把社会基本矛盾作为一个整体来观察，才能全面把握整个社会的基本面貌和发展方向。"〔1〕党是根据和遵循这一社会矛盾运动规律进行认识和改造世界的，在领导中国人民进行革命、建设和改革中不断探索共产党执政规律、社会主义建设规律和人类社会发展规律。习近平总书记指出，共产党员坚定理想信念，必须努力学习和掌握辩证唯物主义和历史唯物主义的强大思想武器，把理想信念建立在科学分析的理性基础之上。习近平总书记比较资本主义社会和社会主义社会的矛盾运动与前途命运，提出既要正确认识目前资本主义经济、科技发展的现实，更要正确认识资本主义社会的基本矛盾及其最终必然走向衰亡的历史趋势；既要正确认识社会主义发展过程中出现的曲折和反复，更要正确认识社会主义的发展前途是光明的；既要正确认识社会主义事业的长期性、艰巨性、复杂性，更要正确认识社会主义制度的强大生命力和巨大优越性。针对所谓"共产主义可望而不可即"问题，习近平总书记鲜明指出，这就涉及是唯物史观还是唯心史观的世界观问题，"我们一些同志之所以理想渺茫、信仰动摇，根本的就是历史唯物主义观点不牢固"〔2〕。他强调，只有坚持历史唯物主义，我们才能不断把对中国特色社会主义规律的认识提高到新的水平，不断开辟当代中国马克思主义发展新境界。

---

〔1〕习近平：《坚持历史唯物主义不断开辟当代中国马克思主义发展新境界》，《求是》2020 年第 2 期。

〔2〕《十八大以来重要文献选编》（上），中央文献出版社 2014 年版，第 116 页。

人民是历史的创造者和真正主人，是党的力量之源、执政之基和胜利之本。如何认识人民群众在历史上的作用，是社会历史观的重大问题。习近平总书记指出："同历史唯心主义英雄史观相对立，历史唯物主义群众史观第一次彻底解决了这个重大问题，提出人民是历史的创造者。遵循历史唯物主义这一观点，我们党提出了群众路线，并把它作为党的生命线和根本工作路线。"[1]历史是人民书写的，一切成就归功于人民。党的历史发展，就是党与人民心心相印、同甘共苦、团结奋斗的历史。他强调，在任何时候任何情况下，与人民同呼吸共命运的立场不能变，全心全意为人民服务的宗旨不能忘，群众是真正英雄的历史唯物主义观点不能丢，始终坚持立党为公、执政为民。

历史是过去的现实，现实是未来的历史，历史、现实、未来是相通的。只有正确认识历史，才能更好地开辟未来。党的十八大以来，习近平总书记科学回答了什么是历史，如何对待历史，怎样养成、树立历史思维和提高历史思维能力等一系列问题，强调要树立正确的历史观。2013 年岁末，习近平总书记在中共中央政治局第十二次集体学习时指出，要引导我国人民树立和坚持正确的历史观、民族观、国家观、文化观，增强做中国人的骨气和底气。2021 年 2 月 20 日，习近平总书记在党史学习教育动员大会上的讲话中指出，要树立正确党史观。这是树立正确历史观在认识、研究党史上的具体运用和发展。

（二）深刻揭示党史发展的主题主线、主流本质

习近平总书记关于党史的系列重要论述，在我们党把马克思主义基本原理同中国具体实际相结合中，坚持科学社会主义的理论逻辑和中国社会发展的历史逻辑的有机统一，与时俱进地继承和发展马克思

---

〔1〕习近平：《坚持历史唯物主义不断开辟当代中国马克思主义发展新境界》，《求是》2020 年第 2 期。

主义中国化的理论成果，同时根据党的历史发展进程，总结历史经验，深刻认识党的历史发展的性质、地位、作用与意义，深刻揭示党的历史发展的主题主线、主流本质，深刻把握党的历史发展规律，丰富发展关于认识和把握党的历史发展的世界观和方法论。

中国共产党的历史是一部不断推进马克思主义中国化时代化的历史。党的十八大以来，习近平总书记从不同角度对党的历史经验作了总结概括，深刻阐述了党领导人民开辟新民主主义革命道路、社会主义革命和建设道路、中国特色社会主义道路，并在新时代乘势开启全面建设社会主义现代化国家新征程，实现中华民族从站起来、富起来到强起来的伟大飞跃。他指出，中国的发展道路关键在于中国人民在中国共产党领导下，走出了一条适合中国国情的发展道路。这是一条“从本国国情出发确立的道路”，“把人民利益放在首位的道路”，“改革创新的道路”。[1]我们党之所以能够历经艰难困苦而不断发展壮大，很重要的一个原因就是党始终重视思想建党、理论强党，使全党始终保持统一的思想、坚定的意志、协调的行动、强大的战斗力。

党的历史发展是阶段性与连续性的统一。习近平总书记深刻阐述了党在中国革命、建设和改革的各个历史时期的贡献及其意义，特别指出建立中国共产党、成立中华人民共和国、推进改革开放和中国特色社会主义事业是五四运动以来“三大历史性事件”，是近代以来实现中华民族伟大复兴的“三大里程碑”。

中国共产党成立，深刻改变了近代以后中华民族发展的方向和进程、中国人民和中华民族的前途和命运、世界发展的趋势和格局。没有共产党，就没有新中国；有了共产党，中国的面貌就焕然一新。这

〔1〕《习近平出席世界经济论坛2017年年会开幕式并发表主旨演讲》，《人民日报》2017年1月18日。

是中国人民从长期奋斗中得出的最重要最基本的结论。新中国成立，实现了中国向人民民主制度的伟大跨越，实现了中国高度统一和各民族空前团结，彻底结束了旧中国半殖民地半封建社会的历史，中华民族发展进步开启新纪元。改革开放，是党在新的历史条件下领导人民进行的新的伟大革命，是决定当代中国命运的关键抉择。没有改革开放，就没有中国的今天；没有改革开放，也不会有中国的未来。党作出实行改革开放的历史性决策，是基于对党和国家前途命运的深刻把握，是基于对社会主义革命和建设实践的深刻总结，是基于对时代潮流的深刻洞察，是基于对人民群众期盼和需要的深刻体悟。中国特色社会主义，在改革开放中产生、又在改革开放中发展壮大，是科学社会主义理论逻辑和中国社会发展历史逻辑的辩证统一。2013 年 1 月 5 日，习近平总书记在新进中央委员会的委员、候补委员学习贯彻党的十八大精神研讨班开班式上的重要讲话中，就什么是中国特色社会主义，强调中国特色社会主义是社会主义而不是其他什么主义，科学社会主义基本原则不能丢，丢了就不是社会主义；就改革开放前后两个历史时期的关系，指出这是两个相互联系又有重大区别的时期，但本质上都是党领导人民进行社会主义建设的实践探索。习近平总书记还在认识论和方法论意义上进一步强调，正确处理改革开放前后的社会主义实践探索的关系，不只是一个历史问题，更主要的是一个政治问题。

在党的历史发展中，我们党矢志践行初心使命，筚路蓝缕奠基立业，创造辉煌开辟未来。党的历史是一部不断推进理论创新、进行理论创造的历史，是一部党与人民心连心、同呼吸、共命运的历史，也是我们党不断保持党的先进性和纯洁性，不断防范被瓦解、被腐化的危险的历史。红色政权来之不易，新中国来之不易，中国特色社会主义来之不易。马克思主义深刻改变了中国，中国也极大丰富了马克思主义。旗帜鲜明讲政治、保证党的团结和集中统一，是我们党能成为百年大党、创造世纪伟业的关键所在。

习近平总书记关于党史的系列重要论述，以关于党的历史发展的进程、成就、经验与规律为本体论，以关于党史的基本立场、观点和方法为认识论和方法论。树立正确党史观，主要是要坚持用唯物史观来认识历史，坚持实事求是的思想路线；要坚持以党关于历史问题的两个决议和党中央有关精神为依据，准确把握党的历史发展的主题主线、主流本质，正确认识和科学评价党史上的重大事件、重要会议、重要人物；要实事求是看待党史上的一些重大问题，加强思想引导和理论辨析；旗帜鲜明反对历史虚无主义，正本清源、固本培元。

（三）彰显推进党史学习研究、宣传教育的意义和价值

习近平总书记关于党史的系列重要论述，坚持我们党对党的历史的一贯立场和态度，丰富发展了对学习运用党的历史重要性和必要性的认识，是党史学习研究、宣传教育的基本遵循。

以史鉴今。历史是最好的教科书。习近平总书记指出，历史是一面镜子，从历史中，我们能够更好看清世界、参透生活、认识自己；历史也是一位智者，同历史对话，我们能够更好认识过去、把握当下、面向未来。习近平总书记强调："今天世界遇到的很多事情可以在历史上找到影子，历史上发生的很多事情也可以作为今天的镜鉴。"[1]因此，重视历史、研究历史、借鉴历史，可以给人类带来很多了解昨天、把握今天、开创明天的智慧。习近平总书记反复强调，回顾历史，不是为了从成功中寻求慰藉，更不是为了躺在功劳簿上、为回避今天面临

〔1〕《习近平致第二十二届国际历史科学大会的贺信》，《人民日报》2015年8月24日。

的困难和问题寻找借口，而是为了总结历史经验、把握历史规律，增强开拓前进的勇气和力量。习近平总书记强调，要推动全党学习马克思主义哲学、掌握历史唯物主义基本原理和方法论，指出学习的目的是要更好认识国情，更好认识党和国家事业发展大势，更好认识历史发展规律，更加能动地推进各项工作。

正确认识党情国情。中国共产党把党史的学习研究、宣传教育作为党和国家工作大局中一项十分重要的工作。习近平总书记指出，了解党和国家事业的来龙去脉，汲取党和国家的历史经验，正确了解党和国家历史上的重大事件和重要人物，对正确认识党情、国情十分必要。为此，他强调，要认真学习党史、国史，知史爱党，知史爱国；学习党的历史，是坚持和发展中国特色社会主义、把党和国家各项事业继续推向前进的必修课，这门功课不仅必修，而且必须修好；要以各级党员领导干部为重点，把党史教育纳入干部教育培训的必修课，把全面了解和正确认识党的历史作为一项基本要求，教育引导党员领导干部特别是年轻干部认真学习党的历史，努力提高思想政治素质和领导水平。

坚定文化自信。中华优秀传统文化是中华民族的精神命脉。习近平总书记指出，要努力从中华优秀传统文化中汲取营养和智慧，延续文化基因，萃取思想精华，展现精神魅力。要以时代精神激活中华优秀传统文化的生命力，推进中华优秀传统文化创造性转化和创新性发展，把传承和弘扬中华优秀传统文化同培育和践行社会主义核心价值观统一起来。为宣传阐释中国特色，习近平总书记提出，要讲清楚每个国家和民族的历史传统、文化积淀、基本国情不同，其发展道路必然有着自己的特色；讲清楚中华文化积淀着中华民族最深沉的精神追求，是中华民族生生不息、发展壮大的丰厚滋养；讲清楚中华优秀传统文化是中华民族的突出优势，是我们最深厚的文化软实力；讲清楚中国特色社会主义植根于中华文化沃土、反映中国人民意愿、适应中国和时代发展进步要求，有着深厚历史渊源和广泛现实基础。[1]

习近平总书记关于党史的系列重要论述，思想深邃、内涵丰富，具有鲜明时代特征。树立正确党史观，就要深入学习贯彻习近平总书记关于党史系列重要论述要求，把马克思主义论历史科学贯穿于党史学习研究、宣传教育之中，培育和践行马克思主义的史识、史才、史德，不断增强历史定力，坚定并不断增强中国特色社会主义道路自信、理论自信、制度自信和文化自信。

第四节　坚守党的文化领导权

习近平总书记在文化传承发展座谈会上对文化建设守正创新作出深刻阐述："守正，守的是马克思主义在意识形态领域指导地位的根本制度，守的是'两个结合'的根本要求，守的是中国共产党的文化领导权和中华民族的文化主体性。"[2]

一、坚守党的文化领导权和中华民族的文化主体性

文化建设守正创新，是习近平总书记深刻总结党的历史经验、洞察时代发展大势提出的重大创新观点，彰显了对新时代文化地位作用的深刻认识、对党的意识形态工作的科学把握，为全党全国各族人民向着强国建设、民族复兴宏伟目标奋勇前行提供坚强政治保证和强大精神力量。

---

〔1〕习近平：《论党的宣传思想工作》，中央文献出版社 2020 年版，第 17 页。

〔2〕习近平：《在文化传承发展座谈会上的讲话》，《求是》2023 年第 17 期。

（一）坚持党的文化领导权事关党和国家前途命运

文化关乎国本、国运。中国共产党历来高度重视运用文化引领前进方向、凝聚奋斗力量，团结带领全国各族人民不断以思想文化新觉醒、理论创造新成果、文化建设新成就推动党和人民的事业向前发展。党的十八大以来，习近平总书记鲜明提出坚持党的文化领导权，深刻阐明了党的领导对于宣传思想文化工作的极端重要性，把党对宣传思想文化工作的全面领导提升到一个新的历史高度。

坚持党的文化领导权，是我们党不断发展壮大的一大政治优势。确立和巩固文化领导权，对一个政党来说至关重要。马克思、恩格斯强调，无产阶级政党作为无产阶级最可靠的领导者，既要不断强化“占统治地位的经济力量”〔1〕，也要坚持巩固“占统治地位的精神力量”〔2〕。在革命、建设、改革各个历史时期，我们党始终把坚持文化领导权建设放在重要战略地位，一直是先进文化的倡导者和引领者。党的一大通过的党的第一个决议即提出：“一切书籍、日报、标语和传单的出版工作，均应受中央执行委员会或临时中央执行委员会的监督。”〔3〕毛泽东同志曾指出，思想政治工作是经济工作和其他一切工作的生命线。〔4〕邓小平同志则提出，我们不仅要建设高度的物质文明，还要建设高度的精神文明，“两手抓，两手都要硬”。在探索中国特色社会主义文化建设过程中，我们党对文化建设规律的认识不断深化，对党的文化领导权的把握更加自觉、更加主动、更加坚定。事实充分证

---

〔1〕《列宁选集》第3卷，人民出版社2012年版，第45页。

〔2〕《马克思恩格斯选集》第1卷，人民出版社2012年版，第178页。

〔3〕《建党以来重要文献选编（1921—1949）》第1册，中央文献出版社2011年版，第4页。

〔4〕《中共中央文件选集》第1册，人民出版社2013年版，第43页。

明，我们党的发展和壮大，与卓有成效的宣传思想文化工作密不可分。

坚持党的文化领导权，是坚守马克思主义这个魂脉和中华优秀传统文化这个根脉的必然要求。中国共产党既是马克思主义的坚定信仰者和践行者、中华优秀传统文化的忠实继承者和弘扬者，也是不断推进“两个结合”、巩固文化主体性的领导力量。百余年来，我们党始终毫不动摇坚持马克思主义在意识形态领域的指导地位，坚定不移传承弘扬中华优秀传统文化，推动“两个结合”，通过“结合”筑牢道路根基、打开创新空间、巩固文化主体性。一方面，马克思主义以真理之光激活了中华文明的基因，引领中国走进现代世界，推动了中华文明的生命更新和现代转型；另一方面，中华优秀传统文化充实了马克思主义的文化生命，推动马克思主义不断实现中国化时代化的新飞跃，显示出日益鲜明的中国风格与中国气派。正是坚持了党的文化领导权，中华优秀传统文化这个根脉才重焕光彩，马克思主义这个魂脉才生机勃发。

坚持党的文化领导权，是担负起新时代新的文化使命的重要保证。党的十八大以来，世界百年未有之大变局加速演进，中华民族伟大复兴进入关键时期，文化多元多样多变更加凸显、交流交融交锋日益频繁。实现全党全社会思想上的团结统一，从根本上保证中国特色社会主义不变质、不变色，必须坚持党的文化领导权。“两个巩固”“九个坚持”“十四个强调”“七个着力”，习近平文化思想、习近平总书记对宣传思想文化工作作出的一系列重要论述和重大决策部署，始终突出坚持和加强党的全面领导，确保全党步调一致向前进，推动新时代宣传思想文化事业取得历史性成就，意识形态领域形势发生全局性、根本性转变。在新的起点上继续推动文化繁荣、建设文化强国、建设中华民族现代文明，是我们在新时代新的文化使命。通过进一步加强思想引领和宣传教育，必将更好引领全党全社会坚定文化自信，为推进中国特色社会主义文化建设提供坚强政治保证。

（二）坚持党对宣传思想文化工作的全面领导

坚守党的文化领导权和中华民族的文化主体性，不断巩固和壮大党引领时代的强大文化力量，事关建设什么样的文化强国、怎样建设中华民族现代文明。要坚持党对宣传思想文化工作的全面领导，落实政治责任，勇于改革创新，强化法治保障，建强干部人才队伍，为建设中华民族现代文明提供坚强政治保证。

坚定文化自信，不断巩固中华民族文化主体性。中华民族文化主体性，是中国共产党带领中国人民在中国大地上建立起来的；是在创造性转化、创新性发展中华优秀传统文化，继承革命文化，发展社会主义先进文化的基础上，借鉴吸收人类一切优秀文明成果的基础上建立起来的；是通过把马克思主义基本原理同中国具体实际、同中华优秀传统文化相结合建立起来的。不断巩固中华民族文化主体性，就要牢牢把握新时代新的文化使命，着力巩固马克思主义在意识形态领域的指导地位、巩固全党全国人民团结奋斗的共同思想基础，着力建设具有强大凝聚力和引领力的社会主义意识形态、具有强大生命力和创造力的社会主义精神文明、具有强大感召力和影响力的中华文化软实力，不断铸就中华文化新辉煌，为建成社会主义文化强国奠定坚实基础。

把培育和践行社会主义核心价值观作为凝魂聚气、强基固本的基础工程。核心价值观是一个民族赖以维系的精神纽带，是一个国家共同的思想道德基础。要完善培育和践行社会主义核心价值观制度机制，发挥政策导向作用，把社会主义核心价值观的要求体现到宪法法律、法规规章和公共政策之中，转化为具有刚性约束力的法律规定。充分发挥社会主义核心价值观凝聚人心、汇聚民力的强大力量，弘扬以伟大建党精神为源头的中国共产党人精神谱系，深化爱国主义、集体主义、社会主义教育，加强全社会的思想道德建设，激发人们形成善良的道德意愿、道德情感，着力培养担当民族复兴大任的时代新人。

旗帜鲜明坚持党管宣传、党管意识形态。坚持党管宣传，就是坚持马克思主义基本立场、观点、方法，旗帜鲜明坚持党性原则，牢牢把握正确政治方向，站稳政治立场。坚决维护党中央权威和集中统一领导，从宏观上把握和反映事件或事物的全貌，坚定宣传党的理论和路线方针政策、中央重大工作部署和中央关于形势的重大分析判断，坚决同党中央保持高度一致。树立以人民为中心的工作导向，把服务群众同教育引导群众结合起来，把满足需求同提高素养结合起来，多宣传报道人民群众的伟大奋斗和火热生活，多宣传报道人民群众中涌现出来的先进典型和感人事迹，丰富人民精神世界，增强人民精神力量。要坚持宣传工作以团结稳定鼓劲、正面宣传为主，坚持巩固壮大主流思想舆论，弘扬主旋律，传播正能量，把握好时、度、效，提高宣传质量和水平，增强吸引力和感染力，激发全社会团结奋进的强大力量。

意识形态工作是为国家立心、为民族立魂的工作。要坚持马克思主义在意识形态领域指导地位的根本制度，建设具有强大凝聚力和引领力的社会主义意识形态。按照高举旗帜、围绕大局、服务人民、改革创新的总要求，强化政治意识、政权意识、阵地意识，做好宣传思想工作，加强社会主义文化建设，壮大主流思想舆论，重点推动统一思想、凝聚力量。靠马克思主义真理的力量，靠深入细致的思想政治工作，用真理揭露谎言，让科学战胜谬误。把做好意识形态工作摆在重要位置，加强对意识形态阵地的管理，落实谁主管谁主办和属地管理，敢抓敢管、敢于亮剑，牢牢掌握意识形态工作主动权。

把思想舆论阵地牢牢掌握在自己手中。牢牢掌握党对意识形态工作领导权，最基本也是最关键的就是要把思想舆论阵地牢牢掌握在自己手中，无论是对广播电视、新闻出版单位，还是对社科理论、文化艺术单位，无论是对传统媒体，还是对新兴媒体。习近平总书记高度重视阵地建设，强调“我们的同志一定要增强阵地意识”[1]。党的十八大以来，以习近平同志为核心的党中央坚持党管媒体，坚持政治家办报、办刊、办台、办新闻网站，不断巩固壮大奋进新时代的主流思想舆论，筑牢全党全国人民团结奋斗的共同思想基础。

要尊重新闻传播规律，确保媒体牢牢把握正确舆论导向，唱响主旋律，壮大正能量，做大做强主流思想舆论。强化互联网思维，推动传统媒体和新兴媒体优势互补、一体发展，在内容、渠道、平台、经营、管理等方面的深度融合，着力打造一批形态多样、手段先进、具有竞争力的新型主流媒体，形成立体多样、融合发展的现代传播体系。牢牢掌握网络意识形态工作领导权，坚决打赢网络意识形态斗争，确保网信事业始终沿着正确方向前进，过好互联网这一关。把各级各类媒体都置于党的领导之下，确保新闻宣传工作的领导权始终掌握在对党忠诚可靠的人手中。

（三）在担负起新的文化使命上积极作为

习近平总书记指出，在新的起点上继续推动文化繁荣、建设文化强国、建设中华民族现代文明，是我们在新时代新的文化使命。坚守党的文化领导权和中华民族的文化主体性，就要坚持以习近平文化思想为指导，推动新时代新征程宣传思想文化工作不断强起来，在新的

---

〔1〕《习近平关于社会主义精神文明建设论述摘编》，中央文献出版社 2022 年版，第 67 页。

起点上继续担负起建设文化强国、建设中华民族现代文明的新的文化使命。

全面落实意识形态工作责任制。要坚持党对文化的领导权，在面对社会思想观念和价值取向日趋活跃、主流和非主流同时并存、社会思潮纷纭激荡中，巩固和增强马克思主义在意识形态领域的指导地位，巩固和增强全党全国各族人民团结奋斗的共同思想基础，加快建设社会主义文化强国、增强文化软实力、提高中国在国际上的话语权。完善意识形态工作责任制，健全用党的创新理论武装全党、教育人民、指导实践工作体系，完善党委（党组）理论学习中心组学习制度，完善思想政治工作体系。严格执行党对意识形态工作全面领导的制度安排，推动全党动手抓宣传思想工作，守土有责、守土负责、守土尽责，敢抓敢管、敢于斗争，旗帜鲜明反对和抵制各种错误观点。加快构建中国自主的知识体系，推进中国特色哲学社会科学学科体系、学术体系、话语体系建设，立足中华民族伟大历史实践和当代实践，用中国道理总结好中国经验，把中国经验提升为中国理论，实现精神上的独立自主。加强国际传播能力建设，发挥好新兴媒体作用，增强对外话语的创造力、感召力、公信力，构建更有效力的国际传播体系。

增强担负起新的文化使命的素质本领。坚持用党的创新理论指导文化发展方向，不断增强担负起新的文化使命的素质本领，打造勇担使命责任的宣传思想文化工作队伍，是做好文化工作的重要基础。要坚持习近平文化思想的科学指引，深化对文化建设的规律性认识，并自觉贯彻落实到宣传思想文化工作各方面和全过程。深入推进宣传思想文化工作改革创新，重点要抓好理念创新、手段创新、基层工作创新。构建适应全媒体生产传播工作机制和评价体系，推进主流媒体系统性变革，充分运用新技术新应用创新媒体传播方式，占领信息传播制高点。加快培养造就一支政治过硬、本领高强、求实创新、能打胜仗的宣传工作队伍，不断提高业务水平，奋力开创新时代宣传思想文化工作新局面。

坚持和完善党领导文化发展的体制机制。坚持党的文化领导权，要着力形成在党委（党组）统一领导下的职责明确、齐抓共管的工作机制，构建起覆盖全党全社会的“大宣传”格局。完善正确导向的舆论引导机制，建立健全传统媒体和新兴媒体一体化管理的工作机制，构建网上网下一体、内宣外宣联动的主流舆论格局，建立以内容建设为根本、先进技术为支撑、创新管理为保障的全媒体传播体系。改进和创新正面宣传，健全重大舆情引导机制和舆情应对协同机制，建立健全网络综合治理体系。完善党委和政府监管有机结合、宣传部门有效主导的国有文化资产管理体制机制，建立健全把社会效益放在首位、社会效益和经济效益相统一的文化创作生产体制机制。完善公共文化服务体系，建立优质文化资源直达基层机制，健全社会力量参与公共文化服务机制，推进公共文化设施所有权和使用权分置改革。深化文化领域国资国企改革，分类推进文化事业单位深化内部改革，完善文艺院团建设发展机制。健全志愿服务体系，完善诚信建设长效机制，教育引导全社会自觉遵守法律、遵循公序良俗。

二、坚守党的文化领导权与推动新时代文化建设

中国共产党把马克思主义作为立党立国、兴党兴国的根本指导思想，始终代表中国先进文化的前进方向。党的文化领导权是党对宣传思想文化工作的全面领导权，决定着宣传思想文化工作的发展方向、科学内涵和价值导向。习近平总书记在文化传承发展座谈会上发表重要讲话并指出：“对文化建设来说，守正才能不迷失自我、不迷失方向，

创新才能把握时代、引领时代。守正，守的是马克思主义在意识形态领域指导地位的根本制度，守的是‘两个结合’的根本要求，守的是中国共产党的文化领导权和中华民族的文化主体性。”[1]中国共产党是具有高度文化自觉的马克思主义政党，坚守党的文化领导权就是要坚持举旗定向、守正创新，加强党对宣传思想文化工作的全面领导，不断开辟马克思主义中国化时代化新境界。

（一）习近平文化思想的核心命题

文化是一个国家、一个民族的灵魂。马克思主义认为，文化是“一定社会的政治和经济的反映”，同时又作用于“一定社会的政治和经济”。[2]先进文化是推动社会发展进步的重要力量源泉。中国共产党历来高度重视文化，既是中国先进文化的积极引领者和践行者，又是中华优秀传统文化的忠实传承者和弘扬者。党始终站在时代前沿，把“建设民族的科学的大众的中华民族新文化”[3]作为自己的使命，自觉担负起宣传思想文化工作的政治责任和领导责任，领导人民在实践创造中进行文化创造，在历史进步中实现文化进步，不断铸就中华文化新辉煌。

习近平文化思想是新时代党领导文化建设实践经验的理论总结，丰富和发展了马克思主义文化理论，构成了习近平新时代中国特色社会主义思想的文化篇。新时代宣传思想文化工作之所以取得历史性成就，最根本的就在于有习近平总书记领航掌舵，有习近平新时代中国特色社会主义思想科学指引。习近平文化思想既有文化理论观点上的

---

〔1〕习近平：《在文化传承发展座谈会上讲话》，《求是》2023 年第 17 期。

〔2〕《毛泽东选集》第 2 卷，人民出版社 1991 年版，第 663—664 页。

〔3〕习近平：《在中国文联十一大、中国作协十大开幕式上的讲话》，人民出版社 2021 年版，第 2 页。

创新和突破，又有文化工作布局上的部署要求，明体达用、体用贯通，明确了新时代文化建设的路线图和任务书，为做好新时代新征程宣传思想文化工作、担负起新的文化使命提供了强大思想武器和科学行动指南。在这一科学思想体系中，坚守党的文化领导权是核心命题，是推动新时代文化建设的重要政治基础和最集中体现。

坚守党的文化领导权，是坚持党性和人民性相统一的重要基点，事关党的宣传思想文化工作的根基与方向。习近平总书记强调，做好宣传思想文化工作，必须坚持党性和人民性相统一。坚持党性，核心就是坚持正确政治方向，站稳政治立场，让党的旗帜在宣传思想文化战线高高飘扬；坚持人民性，就是坚持以人民为中心的发展思想，把实现好、维护好、发展好最广大人民的根本利益作为出发点和落脚点，使文化建设不断为人民提供精神指引、振奋民族精神。坚守党的文化领导权，是以坚持党性与人民性相统一为核心意涵的思想自觉、政治自觉和行动自觉。宣传思想文化工作只有坚持党性和人民性相统一，才能坚持正确政治方向，把体现党的主张和反映人民心声统一起来，更好、更全面反映人民愿望，丰富人民精神世界，增强人民精神力量，满足人民精神需求。

坚守党的文化领导权，是建设具有强大凝聚力和引领力的社会主义意识形态的重要立足点，事关马克思主义在意识形态领域的指导地位。习近平总书记指出，意识形态决定文化前进方向和发展道路，做好意识形态工作，事关党的前途命运、国家长治久安、民族凝聚力和向心力。坚守党的文化领导权，必须牢牢掌握意识形态工作领导权，建设具有强大凝聚力和引领力的社会主义意识形态。这是新时代坚持和发展中国特色社会主义的一个重大命题，也是全党特别是宣传思想文化战线必须担负起的一个战略任务。面对新时代巩固发展稳定复杂局面和社会思想意识多元多样，必须把意识形态工作的领导权、管理权和话语权牢牢掌握在手中，任何时候都不能旁落，否则就要犯无可挽回的历史性错误。

（二）促进历史经验与时代大势有机结合

中国共产党在领导人民进行中国革命、建设和改革的伟大实践中，在推进实现中华民族伟大复兴的历史进程中，不断深化对宣传思想文化工作的规律性认识，坚持宣传思想文化工作“两个巩固”的根本任务，坚持用马克思主义中国化时代化的最新理论成果武装全党、教育人民，坚持文化自信是更基础、更广泛、更深厚的自信，是更基本、更深沉、更持久的力量。这既是坚持党的文化领导权的宝贵历史经验，又是必须长期坚持、不断发展的重要遵循。

坚守党的文化领导权，必须坚持社会主义先进文化前进方向，坚持走中国特色社会主义文化发展道路。中国特色社会主义文化，源自于中华民族五千多年文明历史所孕育的中华优秀传统文化，熔铸于党领导人民在革命、建设、改革中创造的革命文化和社会主义先进文化，植根于中国特色社会主义伟大实践。文化兴则国运兴，文化强则民族强，没有文化的繁荣兴盛，就没有中华民族伟大复兴。发展中国特色社会主义文化，就要以马克思主义为指导，坚守中华文化立场，立足当代中国现实，结合当今时代条件，发展面向现代化、面向世界、面向未来的，民族的科学的大众的社会主义文化。坚持以改革创新为核心的时代精神，牢牢掌握改革的领导权，不断深化文化体制改革，推动社会主义文化大发展大繁荣。

坚守党的文化领导权，必须坚持和加强党对社会主义精神文明建设的领导，正确处理物质文明和精神文明的关系。一个民族的复兴需要强大的物质力量，也需要强大的精神力量。辩证唯物主义是中国共产党人的世界观和方法论，强调世界的统一性在于它的物质性，但并不否认意识对物质的反作用，而是认为这种反作用有时是十分巨大的。习近平总书记指出：“我们必须毫不放松理想信念教育、思想道德建设、意识形态工作，大力培育和弘扬社会主义核心价值观，用富有时代气息的中国精神凝聚中国力量。”[1]党坚持和运用精神变物质、物质变精神的辩证法，一以贯之抓好社会主义精神文明建设，培育和弘扬社会主义核心价值观，为全国各族人民不断前进提供坚强的思想保证、强大的精神力量、丰润的道德滋养，推动物质文明和精神文明协调发展。

坚守党的文化领导权，必须坚持党对意识形态工作的领导权，不断增强意识形态领域主导权、主动权和话语权。经济建设是党的中心工作，意识形态工作是党的一项极端重要的工作，坚守党的文化领导权就要从宣传思想文化工作的根本任务出发，牢牢把握正确政治方向，胸怀大局、把握大势、着眼大事，找准工作切入点和着力点，巩固壮大主流思想舆论，弘扬主旋律，传播正能量。坚持守土有责、守土负责、守土尽责。做到因势而谋、应势而动、顺势而为，在事关大是大非和政治原则问题上勇于和善于进行意识形态斗争，不断增强意识形态工作的主动性、掌握主动权、打好主动仗。

（三）全面推进强国建设和民族复兴

坚守党的文化领导权，是党引领时代的文化力量之重要源泉，是党领导人民推进文化强国建设的重要基石。

文化根源于经济社会，其一经形成，便会对经济社会产生重大影响。习近平总书记指出，“人类社会每一次跃进，人类文明每一次升华，无不伴随着文化的历史性进步”[2]。中国特色社会主义是全面发展、全

---

〔1〕习近平:《辩证唯物主义是中国共产党人的世界观和方法论》,《求是》2019 年第 1 期。

〔2〕习近平:《在文艺工作座谈会上的讲话》,《人民日报》2015 年 10 月 15 日。

面进步的伟大事业，没有社会主义文化繁荣发展，就没有社会主义现代化。党领导人民全面推进强国建设、民族复兴伟业，在文化建设上坚持社会主义先进文化前进方向，建设具有强大凝聚力和引领力的社会主义意识形态，用社会主义核心价值观凝聚共识、汇聚力量，用中华优秀传统文化为人民提供丰润的道德滋养，提高精神文明建设水平，为强国建设、民族复兴注入强大精神力量。这既是坚持党的文化领导权所规定和要求的，又是文化强国建设所遵循并不断丰富发展的。

国无德不兴，人无德不立。核心价值观是决定文化性质和方向的最深层次要素，是一个国家的重要稳定器。一个民族、一个人能不能把握自己，很大程度上取决于道德价值。习近平总书记指出："如果我们的人民不能坚持在我国大地上形成和发展起来的道德价值，而不加区分、盲目地成为西方道德价值的应声虫，那就真正要提出我们的国家和民族会不会失去自己的精神独立性的问题了。如果没有自己的精神独立性，那政治、思想、文化、制度等方面的独立性就会被釜底抽薪。"[1]坚守党的文化领导权，就要大力培育和弘扬社会主义核心价值体系和核心价值观，加快构建充分反映中国特色、民族特性、时代特征的价值体系，以共同的理想信念作支撑，引导人民树立和坚持正确的历史观、民族观、国家观、文化观，统一思想行动，凝聚奋进力量。

坚守党的文化领导权，是坚定文化自信自强的重要决定性因素和支撑力量。当今世界正处于百年未有之大变局，各种思想文化交流交融交锋更加频繁，文化在综合国力竞争中的地位和作用更加凸显。谁占据了文化发展的制高点，谁就能够更好地在激烈的国际竞争中掌握主动权。因此，文化越来越成为民族凝聚力和创造力的重要源泉、经

---

〔1〕《习近平关于全面深化改革论述摘编》，中央文献出版社 2014 年版，第 88 页。

济社会发展的重要支撑、综合国力竞争的重要因素。中华民族在五千多年文明发展中孕育的中华优秀传统文化，在党和人民伟大斗争中孕育的革命文化和社会主义先进文化，积淀着中华民族最深层的精神追求，代表着中华民族独特的精神标识。习近平总书记指出，“无论哪一个国家、哪一个民族，如果不珍惜自己的思想文化，丢掉了思想文化这个灵魂，这个国家、这个民族是立不起来的”〔1〕。文化自信是更基础、更广泛、更深厚的自信，坚定中国特色社会主义道路自信、理论自信、制度自信，说到底就是要坚定文化自信，让中华民族以更加自信自强的姿态屹立于世界民族之林。

（四）坚持举旗定向、守正创新

坚守党的文化领导权，是党关于文化建设的主体责任、引领和推动宣传思想文化工作的政治责任和领导责任，主要是坚守什么样的党的文化领导权，怎样实现和行使党的文化领导权，如何坚持和加强党对宣传思想文化工作的全面领导。坚守党的文化领导权，就是围绕“为了谁、依靠谁、我是谁”这个根本问题，坚守党举旗定向，坚持党管宣传、党管意识形态、党管媒体和党管互联网，不断提高党的宣传思想文化工作的能力和水平，不断推进中国特色社会主义文化强国建设。

旗帜决定方向，方向决定道路。马克思主义政党的先进性，首先体现为思想理论上的先进性。马克思主义创造性地揭示了人类社会发展规律，是“客观实际产生出来又在客观实际中获得了证明的最正确最科学最革命的真理”〔2〕，是认识世界、把握规律、追求真理、改造世

〔1〕习近平：《在纪念孔子2565周年国际学术研讨会暨国际儒学联合会第五届会员大会开幕会上的讲话》，人民出版社2014年版，第9页。

〔2〕《毛泽东选集》第3卷，人民出版社1991年版，第817页。

界的强大思想武器，始终站在时代前沿。马克思主义是我们立党立国、兴党兴国的根本指导思想，拥有马克思主义科学理论指导是党坚定信仰信念、把握历史主动的根本所在。坚守举旗定向，就是高举马克思主义、中国特色社会主义的旗帜，坚持对马克思主义的坚定信仰、对中国特色社会主义的坚定信念，坚持马克思主义基本原理不动摇，坚持党的全面领导不动摇，坚持中国特色社会主义不动摇。坚持把马克思主义基本原理同中国具体实际相结合、同中华优秀传统文化相结合，不断推进马克思主义中国化时代化，坚定中国特色社会主义道路自信、理论自信、制度自信、文化自信，以更加积极的历史担当和创造精神不断谱写马克思主义中国化时代化的当代华章。

党的十八大以来，党把文化建设摆在治国理政的突出位置，在理论与实践的结合上回答宣传思想文化工作的方向性、根本性、全局性、战略性重大问题，不断深化对文化建设的规律性认识。党中央从全局和战略高度对宣传思想文化工作作出系统谋划、制度安排和战略部署，推动新时代宣传思想文化事业取得历史性成就，意识形态领域形势发生全局性、根本性转变，全党全国各族人民文化自信明显增强、精神面貌更加奋发昂扬，社会主义文化强国建设迈出坚实步伐。坚持党的文化领导权，就要自觉承担起举旗帜、聚民心、育新人、兴文化、展形象的使命任务，坚持不懈用习近平新时代中国特色社会主义思想武装全党、教育人民、推动工作，推动当代中国马克思主义、二十一世纪马克思主义深入人心、落地生根。

站在新征程的历史起点上坚守党的文化领导权，必须坚持以习近平文化思想为指导，深刻认识和把握坚守党的文化领导权这一核心命题，把文化建设放在党和国家全局工作的战略地位和突出位置，围绕举旗帜、聚民心、育新人、兴文化、展形象的职责任务和使命担当，坚持中国特色社会主义文化发展道路，增强文化自信自强，发展面向现代化、面向世界、面向未来的，民族的科学的大众的社会主义文化，建设社会主义文化强国。

总之，坚守党的文化领导权是习近平文化思想的核心命题，是坚持马克思主义在意识形态领域指导地位的根本制度的重要基石，是与坚守“两个结合”的根本要求和巩固壮大中华民族的文化主体性相统一的。在新起点上坚守党的文化领导权，党必将领导人民以守正创新的正气和锐气，不断开辟马克思主义中国化时代化新境界，赓续历史文脉，谱写当代中国新的时代华章。

第二章

论新中国史的主题主线、主流本质

在人类社会发展史上，马克思主义不仅深刻改变了世界，也深刻改变了中国。中国共产党在百年奋斗中不断推进马克思主义中国化时代化，团结带领全国各族人民为争取民族独立、人民解放和实现国家富强、人民幸福而不懈奋斗。《中共中央关于党的百年奋斗重大成就和历史经验的决议》（以下简称《决议》）将“建设什么样的社会主义现代化强国、怎样建设社会主义现代化强国”同“新时代坚持和发展什么样的中国特色社会主义、怎样坚持和发展中国特色社会主义”“建设什么样的长期执政的马克思主义政党、怎样建设长期执政的马克思主义政党”[1]一起，丰富发展为习近平新时代中国特色社会主义思想科学回答的重大时代课题，深刻彰显党在百年奋斗中矢志践行为中国人民谋幸福、为中华民族谋复兴的初心使命，深刻揭示党在百年奋斗中进行理论创新、理论创造的鲜明时代主题、基本内涵和核心要义。没有共产党就没有新中国，只有社会主义才能救中国，只有中国特色社会主义才能发展中国。建设社会主义现代化强国具有深厚历史底蕴、广泛现实基础和时代发展进步要求。党经过百年奋斗，以伟大自我革命推动伟大社会革命，开辟中国特色社会主义道路，在全面建成小康社

〔1〕《中共中央关于党的百年奋斗重大成就和历史经验的决议》，人民出版社 2021 年版，第 25—26 页。

会的基础上乘势而上开启全面建设社会主义现代化国家新征程，为全面建成社会主义现代化强国、实现中华民族伟大复兴而锐意进取、不懈奋斗，中华民族伟大复兴进入了不可逆转的历史进程。

第一节　中国共产党百年来对建设社会主义现代化强国的探求和发展

习近平总书记指出："有中国共产党的坚强领导，总揽全局、协调各方，为沉着应对各种重大风险挑战提供根本政治保证。"[1]这一重要论述深刻阐明，党的坚强领导是党和国家事业不断向前发展的根本政治保证。

一、中国共产党的坚强领导

中国共产党的领导是历史必然、人民选择，是党和国家的根本所在、命脉所在，是全国各族人民的利益所系、命运所系。

始终坚持人民至上，站稳人民立场。党的根基在人民、血脉在人民、力量在人民。党尊重人民历史主体地位，把人民放在心中最高位置，一切为了人民、一切依靠人民，全心全意为人民服务，人民立场是党的根本政治立场，始终致力于实现好、维护好、发展好最广大人民的根本利益。中国人民之所以能够从近代以后被欺负、被压迫、被奴役的悲惨命运中彻底解放出来，成为国家、社会和自己命运的真正主人，是党团结带领人民在波澜壮阔的伟大斗争中成立新中国，完成新民主主义革命任务、取得新民主主义革命伟大成就的结果。新中国

〔1〕《把提高农业综合生产能力放在更加突出的位置　在推动社会保障事业高质量发展上持续用力》，《人民日报》2022年3月7日。

成立后，人民是党治国理政的最大底气，党植根人民，同人民群众想在一起、干在一起，把人民的智慧和力量凝聚到党和国家事业中来，依靠人民推动经济社会发展进步，取得了社会主义革命和建设、改革开放和社会主义现代化建设、新时代中国特色社会主义的伟大成就。特别是党的十八大以来，中国人民全面建成小康社会，更加自信、自立、自强，人民生活更加幸福安康，获得感、幸福感、安全感大幅提升，这是党坚持以人民为中心的发展思想，团结带领中国人民充分发挥历史主动精神、历史创造精神，在世界形势深刻变化的历史进程中，在应对国内外各种风险挑战的历史进程中艰辛探索、不懈奋斗的结果。这也充分说明了习近平总书记指出的，“江山就是人民，人民就是江山”[1]。党的领导和执政从根本上改变了中国人民的前途命运，人民的拥护和支持是党不竭的力量源泉。

始终牢记初心使命。我们党是一个坚持科学理论武装、先进性特征鲜明的马克思主义政党。党把马克思主义作为立党立国、兴党兴国的根本指导思想，坚守理想信念，始终践行为中国人民谋幸福、为中华民族谋复兴的初心使命，始终走在时代前列。为实现“两个一百年”的奋斗目标，党不忘初心、牢记使命，在中国革命、建设、改革的伟大实践中经受住了各种风险、挑战和考验，不断成熟自信、发展壮大，在推动引领伟大社会革命中接续奋斗、开辟未来。在这一伟大历史进程中，党团结带领全国各族人民实现民族独立、人民解放，为实现中华民族伟大复兴创造了根本社会条件；完成社会主义革命，确立社会主义制度，推进社会主义建设，为实现中华民族伟大复兴奠定了根本政治前提和制度基础；解放思想、锐意进取，继续探索中国建设社会

〔1〕习近平：《在党史学习教育动员大会上的讲话》，《求是》2021 年第 7 期。

主义的正确道路，为实现中华民族伟大复兴提供了充满新的活力的体制保证和快速发展的物质条件。特别是党的十八大以来，中国特色社会主义进入新时代，中国社会主要矛盾发生关系全局的历史性变化，对党和国家工作提出了许多新要求。以习近平同志为核心的党中央团结带领全国各族人民，立足社会主义初级阶段，不断深化对共产党执政规律、社会主义建设规律和人类社会发展规律的认识，统揽“四个伟大”，统筹推进“五位一体”总体布局、协调推进“四个全面”战略布局，全面建成小康社会，乘势而上、顺势而为，为全面建成社会主义现代化强国、实现中华民族伟大复兴的中国梦而奋斗，党和国家事业取得历史性成就、发生历史性变革，党领导人民成功走出中国式现代化道路，创造了人类文明新形态，为实现中华民族伟大复兴提供了更为完善的制度保证、更为坚实的物质基础、更为主动的精神力量，中华民族迎来了从站起来、富起来到强起来的伟大飞跃。历史发展鲜明昭示，只有坚持党的领导，才能为人民创造更加美好生活，实现中华民族伟大复兴。

始终充分发挥总揽全局、协调各方的领导核心作用。中国共产党是执政党，是党和国家事业发展的核心领导力量，处在总揽全局、协调各方的地位。党和国家事业之所以保持正确政治方向，拥有团结奋斗的强大政治凝聚力、发展自信心和共克时艰的强大力量，就在于坚定不移坚持党的全面领导、维护党中央权威和集中统一领导，使全党思想上更加统一、政治上更加团结、行动上更加一致。党的领导制度是党和国家事业发展的根本领导制度，是做好党和国家各项工作的根本保证。党的领导是全面的、系统的、整体的，贯彻到党和国家事业的各领域和全过程，体现到经济建设、政治建设、文化建设、社会建设、生态文明建设和国防军队、祖国统一、外交工作、党的建设等各方面。新中国成立以来特别是改革开放以来，党领导人民不断探索完善中国特色社会主义制度，使当代中国焕发出旺盛的生机活力。特别是党的十八大以来，我们党把完善和发展中国特色社会主义制度、推进国家治理体系和治理能力现代化，作为全面深化改革的总目标，推动健全完善党的领导制度体系，党的领导方式更加科学，党的政治领导力、思想引领力、群众组织力、社会号召力显著增强，党和国家事业的各方面制度更加科学、更加完善、更加成熟，国家和社会治理更加制度化、规范化、程序化。中华民族之所以能迎来从站起来、富起来到强起来的伟大飞跃，最根本的是党领导人民建立和完善了中国特色社会主义制度，形成和发展了党的领导和国家建设的各方面制度，不断加强和完善国家治理。实践发展证明，中国特色社会主义制度和国家治理体系具有深厚的历史底蕴和显著优势，既体现了科学社会主义基本原则，又彰显了中国特色、民族特色和时代特色，为党科学执政、民主执政、依法执政提供了坚强有力的制度支撑。

始终敢于斗争，善于斗争。党的领导是中国特色社会主义最本质的特征，是中国特色社会主义制度的最大优势。党具有无比坚强的领导力、组织力、执行力，是团结带领中国人民攻坚克难、开拓前进最可靠的领导力量。坚持和发展中国特色社会主义是一项长期而艰巨的历史任务。当今世界正经历百年未有之大变局，我国正处于实现中华民族伟大复兴关键时期，改革发展稳定任务艰巨繁重，矛盾风险挑战严峻复杂。党顺应历史潮流，保持历史主动，领导人民进行具有许多新的历史特点的伟大斗争，研究和回答时代之问、人民之问，对历史和人民赋予的使命更加清晰，对自身担负的责任更加自觉。进入新时代新征程，我们党不断增强忧患意识，察大势、应变局、观未来，凝心聚力、担当作为，不断提升斗争本领，抵御风险挑战、聚力攻坚克难，解决重大矛盾问题，不断战胜前进道路上的艰难险阻，既敢于斗争，又善于斗争。历史和现实充分说明，党是风雨来袭时中国人民最可靠的主心骨，脱贫攻坚战的伟大胜利，深刻彰显了党所具有的无比坚强的领导力引领力组织力号召力，也充分印证了我们党提出进行具有许多新的历史特点的伟大斗争的必然性和必要性。正因为党经受住了各种风险考验，才使党和国家事业永远立于不败之地，取得一个又一个胜利。

始终自我革命，永葆先进性。自我革命就要求从“中国共产党是什么、要干什么这个根本问题”出发，以彻底的革命性、顽强的斗争性，坚守党的理想信念、性质宗旨，坚持党性和人民性的统一，应对“四大考验”，抵御“四种危险”，不断自我净化、自我完善、自我革新、自我提高，确保党永远不变质、不变色、不变味。勇于自我革命，从严管党治党，是我们党作为马克思主义政党最鲜明的品格。党自成立以来，始终坚持直面自身存在的问题、坚持党要管党，在推动社会革命的同时进行彻底的自我革命。党的百年奋斗，深刻蕴含着勇于自我革命的精神，贯穿着推进自我革命的实践，彰显着自我革命的宝贵历史经验。特别是党的十八大以来，我们党观察时代、把握时代、引领时代，以永远在路上的清醒和坚定，贯彻落实新时代党的建设总要求，以加强党的长期执政能力建设、先进性和纯洁性建设为主线，以党的政治建设为统领，坚持思想建党和制度治党同向发力，不断推进全党做到理想信念坚定、组织体系严密、纪律规矩严明，不断提高党的建设质量。我们以壮士断腕的勇气推进全面从严治党，坚决清除一切弱化党的先进性、损害党的纯洁性的因素，完善党和国家监督体系，一体推进不敢腐、不能腐、不想腐，全面从严治党的政治引领和政治保障作用充分发挥，党的自我净化、自我完善、自我革新、自我提高能力显著增强，管党治党宽松软状况得到根本扭转，反腐败斗争取得压倒性胜利并全面巩固，消除了党、国家、军队内部存在的严重隐患，党在革命性锻造中更加坚强，全面从严治党取得历史性、开创性成就，产生了全方位、深层次影响。实践充分证明，自我革命是党跳出历史周期率，永葆马克思主义政党本色，始终成为坚强领导核心的重要法宝，必须长期坚持、不断前进。

二、建设社会主义现代化强国的根本政治前提和历史底蕴

《共产党宣言》科学揭示人类社会最终走向共产主义的必然趋势，并就阶级与国家指出“工人革命的第一步就是使无产阶级上升为统治阶级，争得民主”，“把一切生产工具集中在国家即组织成为统治阶级的无产阶级手里，并且尽可能快地增加生产力的总量”。〔1〕习近平总书记在纪念马克思诞辰 200 周年大会上的讲话中指出：“马克思、恩格斯高度肯定中华文明对人类文明进步的贡献，科学预见了‘中国社会主义’的出现，甚至为他们心中的新中国取了靓丽的名字——‘中华共和国’。”〔2〕然而，1840 年鸦片战争以后，西方列强凭着坚船利炮侵入了中国，使中国沦为半殖民地半封建社会，中华民族陷入内忧外患的悲惨境地。国家危矣，不破则不立。中国共产党在中国人民和中华民族的伟大觉醒中、在马克思列宁主义同中国工人运动的紧密结合中诞生，自成立之日起就把为中国人民谋幸福、为中华民族谋复兴作为自己的初心使命，坚持共产主义理想和社会主义信念，按照共产主义者的理想，创造一个新的国家和社会。

---

〔1〕《马克思恩格斯选集》第 1 卷，人民出版社 2012 年版，第 421 页。

〔2〕习近平：《在纪念马克思诞辰 200 周年大会上的讲话》，人民出版社 2018 年版，第 12 页。

社会基本矛盾和主要矛盾规定着国家的社会性质和发展状态。在新民主主义革命时期，面对江河破碎、国弊民穷的旧中国，党根据近代中国社会主要矛盾是帝国主义和中华民族的矛盾、封建主义和人民大众的矛盾，进行反帝反封建斗争，开辟了农村包围城市、武装夺取政权的革命道路。在国家政权建设上，党的二大宣言提出“建立一个真正民主共和国”[1]。1931 年 11 月，党领导的中华苏维埃共和国临时中央政府宣告成立，实行工农兵代表大会制度。这是中国历史上第一个全国性的工农民主政权，是党在局部地区执政的历史性尝试。1937 年 9 月，党在延安成立陕甘宁边区政府，实行一系列民主改革，发展经济、文化教育和卫生事业，使之成为“抗日和民主的模范区”。1940 年 1 月，毛泽东在《新民主主义论》中回答中国向何处去的问题，鲜明指出：“我们共产党人，多年以来，不但为中国的政治革命和经济革命而奋斗，而且为中国的文化革命而奋斗；一切这些的目的，在于建设一个中华民族的新社会和新国家。在这个新社会和新国家中，不但有新政治、新经济，而且有新文化。这就是说，我们不但要把一个政治上受压迫、经济上受剥削的中国，变为一个政治上自由和经济上繁荣的中国，而且要把一个被旧文化统治因而愚昧落后的中国，变为一个被新文化统治因而文明先进的中国。一句话，我们要建立一个新中国。”[2]为争取抗战胜利，1944 年 5 月 26 日《解放日报》发表《毛泽东同志号召发展工业打倒日寇》的文章指出：“要打倒日本帝国主义，必需有工业；要中国的民族独立有巩固的保障，就必需工业化。我们

〔1〕《建党以来重要文献选编（1921—1949）》第 1 册，中央文献出版社 2011 年版，第 130 页。

〔2〕《毛泽东选集》第 2 卷，人民出版社 1991 年版，第 663 页。

共产党是要努力于中国的工业化的。”[1]在党的七大上，毛泽东作《论联合政府》的政治报告，提出要“将中国建设成为一个独立、自由、民主、统一和富强的新国家”[2]。“在革命胜利以后，迅速地恢复和发展生产，对付国外的帝国主义，使中国稳步地由农业国转变为工业国，把中国建设成一个伟大的社会主义国家。”[3]在解放战争中，随着党领导的新民主主义革命即将在全国胜利，党的七届二中全会着重讨论了党的工作重心的战略转移，即工作重心由乡村转移到城市的问题，确定了使中国稳步地由农业国转变为工业国，由新民主主义社会转变为社会主义社会的发展方向。

中国实现由旧到新的伟大历史性变革。新民主主义革命的胜利、新中国的成立，彻底结束了旧中国半殖民地半封建社会的历史，实现了民族独立、人民解放，中国人民从此站起来了，中国发展从此开启新纪元，为实现中华民族伟大复兴创造了根本社会条件。

中国共产党不仅善于破坏一个旧世界，而且善于建设一个新世界。《决议》指出：“社会主义革命和建设时期，党面临的主要任务是，实现从新民主主义到社会主义的转变，进行社会主义革命，推进社会主义建设，为实现中华民族伟大复兴奠定根本政治前提和制度基础。”[4]新中国成立之后，如何从落后的农业国转变为先进的工业国，从新民主主义社会转变为社会主义社会，是党面临的重大考验。按照毛泽东起初的设想，新中国应该“稳步前进，经过战争，经过新民主主义的

---

〔1〕《毛泽东文集》第3卷，人民出版社1996年版，第146页。

〔2〕《毛泽东选集》第3卷，人民出版社1991年版，第1030页。

〔3〕《毛泽东选集》第4卷，人民出版社1991年版，第1437页。

〔4〕《中共中央关于党的百年奋斗重大成就和历史经验的决议》，人民出版社2021年版，第9页。

改革，而在将来，在国家经济事业和文化事业大为兴盛了以后，在各种条件具备了以后，在全国人民考虑成熟并在大家同意了以后，就可以从容地和妥善地走进社会主义的新时期”[1]。随着新中国迅速恢复了在旧中国遭到严重破坏的国民经济，全国工农业生产 1952 年底已经达到了历史的最高水平。根据经济社会关系的发展变化，毛泽东在 1953 年提出了过渡时期的总路线，即“要在一个相当长的时期内，逐步实现国家的社会主义工业化，并逐步实现国家对农业、对手工业和对资本主义工商业的社会主义改造”[2]。从 1953 年到 1956 年底，我国逐步开展了对生产资料私有制的社会主义改造，建立起了社会主义基本制度，实现了从新民主主义向社会主义的历史性转变。

为探索一条适合中国国情的社会主义建设道路，毛泽东在党的八大前后发表了《论十大关系》《关于正确处理人民内部矛盾的问题》等历史文献，把马克思主义基本原理同中国实际进行“第二次结合”。1956 年 9 月召开的党的八大，正确分析国内主要矛盾的变化，进一步明确了社会主义建设的战略目标，即“尽可能迅速地实现国家工业化，有系统、有步骤地进行国民经济的技术改造，使中国具有强大的现代化的工业、现代化的农业、现代化的交通运输业和现代化的国防”[3]。在开展全面的大规模的社会主义建设中，我国逐步建立起独立的比较完整的工业体系和国民经济体系。尽管在这一探索过程中出现了严重曲折，对建设社会主义的艰巨性和复杂性估计不足，对“社会主义是什么，马克思主义是什么，过去我们并没有完全搞清楚”[4]，但党在社

〔1〕《毛泽东文集》第 6 卷，人民出版社 1999 年版，第 80 页。

〔2〕《毛泽东文集》第 6 卷，人民出版社 1999 年版，第 316 页。

〔3〕《建国以来重要文献选编》第 9 册，中央文献出版社 1994 年版，第 315—316 页。

〔4〕《邓小平文选》第 3 卷，人民出版社 1993 年版，第 137 页。

会主义革命和建设中取得的巨大成就，为继续探索建设社会主义、在新的历史时期开创中国特色社会主义提供了宝贵经验、理论准备和物质基础。

三、建设社会主义现代化强国的道路探索和推进发展

时代在发展，国家在前进，历史车轮滚滚向前。在党和国家事业发展面临重大转折的历史关头，党基于对党和国家前途命运的深刻把握、对社会主义革命和建设实践的深刻总结、对时代潮流的深刻洞察、对人民群众期盼和需要的深刻体悟，于1978年12月召开十一届三中全会，作出了实行改革开放的历史性决策，实现了党和国家工作中心的转移，开启了改革开放和社会主义现代化建设的伟大征程。邓小平指出："贫穷不是社会主义。"〔1〕"如果现在再不实行改革，我们的现代化事业和社会主义事业就会被葬送。"〔2〕党在推进改革开放和社会主义现代化建设中继续探索中国建设社会主义的正确道路。

提出建设有中国特色的社会主义的重大命题。使我国赶上时代发展，是党进行改革开放要达到的目的。1979年12月6日，邓小平在会见日本首相大平正芳时，根据我国经济社会发展的实际情况，第一次提出了"小康"概念以及在20世纪末我国达到"小康社会"的构想。1982年9月，邓小平在党的十二大上的开幕词中指出："我们的现代化建设，必须从中国的实际出发。无论是革命还是建设，都要注意学习和借鉴外国经验。但是，照抄照搬别国经验、别国模式，从来不能得到成功。这方面我们有过不少教训。把马克思主义的普遍真理同我国的具体实际结合起来，走自己的道路，建设有中国特色的社会

〔1〕《邓小平文选》第3卷，人民出版社1993年版，第225页。

〔2〕《邓小平年谱（1975—1997）》（上），中央文献出版社2004年版，第451页。

主义，这就是我们总结长期历史经验得出的基本结论。”[1]他强调：“中国的事情要按照中国的情况来办，要依靠中国人自己的力量来办。独立自主，自力更生，无论过去、现在和将来，都是我们的立足点。”[2]党提出“建设有中国特色的社会主义”的重大命题，回答了新时期中国应走什么样的道路问题。为全面开创社会主义现代化建设的新局面，党的十二大确定了党在新的历史时期的总任务是：“团结全国各族人民，自力更生，艰苦奋斗，逐步实现工业、农业、国防和科学技术现代化，把我国建设成为高度文明、高度民主的社会主义国家。”[3]根据我国经济落后和发展很不平衡的实际情况，党的十二大将我国在 20 世纪末的奋斗目标由实现四个现代化具体表述为实现小康[4]。

确立社会主义初级阶段基本路线，制定了到 21 世纪中叶分三步走、基本实现社会主义现代化的发展战略。正确认识我国社会所处历史方位和发展阶段，是建设中国特色社会主义的首要问题。党的十三大明确指出，我国正处在社会主义的初级阶段，基本路线是领导和团结全国各族人民，以经济建设为中心，坚持四项基本原则，坚持改革开放，自力更生，艰苦创业，为把我国建设成为富强、民主、文明的社会主义现代化国家而奋斗。在此基础上，党将“实现小康”的目标深化为“三步走”战略，并增加了“第三步，到下个世纪中叶，人均国民生产总值达到中等发达国家水平，人民生活比较富裕，基本实现现代化。然后，在这个基础上继续前进”[5]的目标。

全面建设小康社会。党团结带领人民实现了现代化建设“三步走”

---

〔1〕《邓小平年谱（1975—1997）》（下），中央文献出版社 2004 年版，第 844 页。
〔2〕《邓小平文选》第 3 卷，人民出版社 1993 年版，第 3 页。
〔3〕《十二大以来重要文献选编》（上），人民出版社 1986 年版，第 13 页。
〔4〕参见《十二大以来重要文献选编》（上），人民出版社 1986 年版，第 14 页。
〔5〕《十三大以来重要文献选编》（上），人民出版社 1991 年版，第 16 页。

战略的第一步、第二步目标后，人民生活总体上达到小康水平，我国进入全面建设小康社会、加快推进社会主义现代化的新的发展阶段。全面建设小康社会的目标，是中国特色社会主义经济、政治、文化全面发展的目标，是与加快推进现代化相统一的目标，符合我国国情和现代化建设的实际，符合人民的愿望。全面建设小康社会，最根本的是坚持以经济建设为中心，不断解放和发展社会生产力。为此，党在21世纪头20年，集中力量，全面建设惠及十几亿人口的更高水平的小康社会，使经济更加发展、民主更加健全、科教更加进步、文化更加繁荣、社会更加和谐、人民生活更加殷实。

开创、捍卫和发展中国特色社会主义，推进改革开放和社会主义现代化建设，我国实现了从高度集中的计划经济体制到充满活力的社会主义市场经济体制、从封闭半封闭到全方位开放的历史性转变，实现了从生产力相对落后的状况到经济总量跃居世界第二的历史性突破，实现了人民生活从温饱不足到总体小康、奔向全面小康的历史性跨越，推进了中华民族从站起来到富起来的伟大飞跃。《决议》指出："改革开放是决定当代中国前途命运的关键一招，中国特色社会主义道路是指引中国发展繁荣的正确道路，中国大踏步赶上了时代。"[1]改革开放是党和人民大踏步赶上时代的重要法宝，是强国之路、富民之路，是发展中国特色社会主义的必由之路。

四、建设社会主义现代化强国开辟新征程、迈进新发展阶段

中国特色社会主义进入新时代是我国发展新的历史方位。以习近平同志为核心的党中央坚持和发展中国特色社会主义，在新的历史条

[1]《中共中央关于党的百年奋斗重大成就和历史经验的决议》，人民出版社2021年版，第23页。

件下全面建成小康社会、进而全面建设社会主义现代化国家，不断创造人民美好生活、逐步实现全体人民共同富裕，开创中国特色社会主义新时代。

从全面建成小康社会到基本实现现代化，再到全面建成社会主义现代化强国，是新时代中国特色社会主义发展的战略安排。根据经济建设、政治建设、文化建设、社会建设、生态文明建设五位一体的中国特色社会主义事业总体布局和全面建设社会主义现代化国家、全面深化改革、全面依法治国、全面从严治党四个全面的战略布局，党向历史和人民作出庄严承诺：如期全面建成小康社会，实现第一个百年奋斗目标。全面建成小康社会是全面建设社会主义现代化国家的关键一步，全面深化改革、全面依法治国、全面从严治党是全面建设社会主义现代化国家的战略举措。党统筹把握中华民族伟大复兴战略全局和世界百年未有之大变局，统筹推进“五位一体”总体布局，协调推进“四个全面”战略布局。2017 年 10 月，党的十九大指出，到 2020 年是全面建成小康社会决胜期。为决胜全面建成小康社会，党根据我国社会主要矛盾变化，在继续推动发展的基础上，着力解决好发展不平衡不充分问题，大力提升发展质量和效益，更好满足人民在经济、政治、文化、社会、生态等方面日益增长的需要，更好推动人的全面发展、社会全面进步。统筹推进经济建设、政治建设、文化建设、社会建设、生态文明建设，坚定实施科教兴国战略、人才强国战略、创新驱动发展战略、乡村振兴战略、区域协调发展战略、可持续发展战略、军民融合发展战略，特别是坚决打好防范化解重大风险、精准脱贫、污染防治的攻坚战。在庆祝中国共产党成立 100 周年大会上的讲话中，习近平总书记代表党和人民庄严宣告：“经过全党全国各族人民持续奋斗，我们实现了第一个百年奋斗目标，在中华大地上全面建成

了小康社会，历史性地解决了绝对贫困问题，正在意气风发向着全面建成社会主义现代化强国的第二个百年奋斗目标迈进。”〔1〕

全面建设社会主义现代化国家、基本实现社会主义现代化，既是社会主义初级阶段我国发展的要求，也是我国社会主义从初级阶段向更高阶段迈进的要求。《决议》指出：“党的十八大以来，党不断推动全面深化改革向广度和深度进军，中国特色社会主义制度更加成熟更加定型，国家治理体系和治理能力现代化水平不断提高，党和国家事业焕发出新的生机活力。”〔2〕党团结带领人民坚持和完善中国特色社会主义制度，推进国家治理体系和治理能力现代化。坚持和发展我国国家制度和国家治理体系的显著优势，坚持和完善党的领导制度体系、人民当家作主制度体系、中国特色社会主义法治体系、中国特色社会主义行政体制、社会主义基本经济制度、繁荣发展社会主义先进文化的制度、统筹城乡的民生保障制度、共建共治共享的社会治理制度、生态文明制度体系、党对人民军队的绝对领导制度、“一国两制”制度体系、独立自主的和平外交政策、党和国家监督体系，加强党对坚持和完善中国特色社会主义制度、推进国家治理体系和治理能力现代化的领导。

把握新发展阶段，贯彻新发展理念，构建新发展格局，推动高质量发展。在全面建成小康社会的基础上向着全面建成社会主义现代化强国的第二个百年奋斗目标迈进，标志着我国进入了一个新发展阶段。新发展阶段是党团结带领人民迎来从站起来、富起来到强起来历史性

〔1〕习近平：《在庆祝中国共产党成立100周年大会上的讲话》，人民出版社2021年版，第2页。

〔2〕《中共中央关于党的百年奋斗重大成就和历史经验的决议》，人民出版社2021年版，第38—39页。

跨越的新阶段。进入新发展阶段，到 2035 年，基本实现社会主义现代化；到 21 世纪中叶，把我国建成富强民主文明和谐美丽的社会主义现代化强国。我国现代化建设是具有中国特色、符合中国实际的，坚持人口规模巨大的现代化、全体人民共同富裕的现代化、物质文明和精神文明相协调的现代化、人与自然和谐共生的现代化、走和平发展道路的现代化。新发展阶段明确了我国发展的历史方位，是贯彻新发展理念、构建新发展格局的现实依据；贯彻新发展理念明确了我国现代化建设的指导原则，为把握新发展阶段、构建新发展格局提供了行动指南；构建新发展格局明确了我国经济现代化的路径选择和应对新发展阶段机遇和挑战、贯彻新发展理念的战略选择。习近平总书记指出："高质量发展，就是能够很好满足人民日益增长的美好生活需要的发展，是体现新发展理念的发展，是创新成为第一动力、协调成为内生特点、绿色成为普遍形态、开放成为必由之路、共享成为根本目的的发展。"[1]国民经济和社会发展"十四五"时期是开启全面建设社会主义现代化国家新征程、向第二个百年奋斗目标迈进的第一个五年，以推动高质量发展为主题，推动质量变革、效率变革、动力变革，着力提高发展质量和效益，奋力实现更高质量、更有效率、更加公平、更可持续、更为安全的发展。

《决议》在《关于若干历史问题的决议》《关于建国以来党的若干历史问题的决议》的基础上，回顾和总结党百年奋斗的历史进程、光辉成就与宝贵经验，系统阐述了坚持党的全面领导、全面从严治党、经济建设、全面深化改革开放、政治建设、全面依法治国、文化建设、社会建设、生态文明建设、国防和军队建设、维护国家安全、坚

---

〔1〕《习近平谈治国理政》第 3 卷，外文出版社 2020 年版，第 238 页。

持“一国两制”和推进祖国统一、外交工作等 13 个方面和领域的历史性成就与历史性变革。《决议》指出，全面建成小康社会目标如期实现，党和国家事业取得历史性成就、发生历史性变革，彰显了中国特色社会主义的强大生机活力，党心军心民心空前凝聚振奋，为实现中华民族伟大复兴提供了更为完善的制度保证、更为坚实的物质基础、更为主动的精神力量。中华民族迎来了从站起来、富起来到强起来的伟大飞跃。

坚持和发展中国特色社会主义，党团结带领人民推动物质文明、政治文明、精神文明、社会文明、生态文明协调发展，创造了中国式现代化新道路，创造了人类文明新形态。在全面建成社会主义现代化强国的伟大历史进程中，到 2035 年基本实现社会主义现代化，我国经济实力、科技实力将大幅跃升，跻身创新型国家前列；人民平等参与、平等发展权利得到充分保障，法治国家、法治政府、法治社会基本建成，各方面制度更加完善，国家治理体系和治理能力现代化基本实现；社会文明程度达到新的高度，国家文化软实力显著增强，中华文化影响更加广泛深入；人民生活更为宽裕，中等收入群体比例明显提高，城乡区域发展差距和居民生活水平差距显著缩小，基本公共服务均等化基本实现，全体人民共同富裕迈出坚实步伐；现代社会治理格局基本形成，社会充满活力又和谐有序；生态环境根本好转，美丽中国目标基本实现。从 2035 年到 21 世纪中叶，把我国建成富强民主文明和谐美丽的社会主义现代化强国，我国物质文明、政治文明、精神文明、社会文明、生态文明将全面提升，实现国家治理体系和治理能力现代化，成为综合国力和国际影响力领先的国家，全体人民共同富裕基本实现，我国人民将享有更加幸福安康的生活，中华民族将以更加昂扬的姿态屹立于世界民族之林。

道路壮阔，前途光明。《决议》指出："马克思主义是我们立党立国、兴党强国的根本指导思想。"[1]建设社会主义现代化强国，必将使马克思主义的科学性和真理性在中国得到充分检验，马克思主义的人民性和实践性在中国得到充分贯彻，马克思主义的开放性和时代性在中国得到充分彰显。

第二节 科学认识新中国史发展规律与特点

新中国史，是指 1949 年新中国成立以来，中国共产党团结带领人民进行国家建设和发展的历史，即中华人民共和国史，或称之为当代中国史。新中国的国体、政体规定了国家建设和发展的主体力量和制度基础，因而新中国史就是党治国理政发展史。从这个意义上说，新中国史也就是党以自我革命推动伟大社会革命的不懈奋斗史、理论探索史、自身建设史。

新中国成立以来，党初心如磐、使命在肩，栉风沐雨、砥砺前行，为把我国建设成为富强民主文明和谐美丽的社会主义现代化强国而艰辛探索、不懈奋斗，使中国人民、中华民族迎来了从站起来、富起来到强起来的伟大飞跃，实现了从赶上时代到引领时代的伟大跨越。新中国史是中华民族发展史上的时代画卷，是世界社会主义发展史、人类文明发展史上的辉煌篇章。

一、新中国史是一部马克思主义中国化时代化发展史

马克思主义是我们立党立国的根本指导思想，马克思主义唯物史

[1]《中共中央关于党的百年奋斗重大成就和历史经验的决议》，人民出版社 2021 年版，第 66 页。

观是“唯一科学的历史观”[1]。党在中国革命、建设、改革的各个历史时期，将马克思主义基本原理与中国具体实际相结合，运用辩证唯物主义和历史唯物主义认识世界、改造世界，不断探索共产党执政规律、社会主义建设规律和人类社会发展规律，推动党和人民事业广泛而深入地向前发展。习近平总书记在庆祝中国共产党成立100周年大会上的重要讲话中指出：“中国共产党为什么能，中国特色社会主义为什么好，归根到底是因为马克思主义行！”[2]马克思主义深刻改变了中国，中国也极大丰富了马克思主义。

学习新中国史，就要完整、准确地认识和把握马克思主义中国化时代化。为了立国、兴国和强国，为了实现中华民族伟大复兴，党坚持马克思主义的基本立场、观点和方法，立足中国实际，洞察时代大势，把握历史主动，解放思想、实事求是、与时俱进、求真务实，不断探索适合中国国情的社会发展道路。党在社会主义革命和建设中丰富和发展了毛泽东思想，在改革开放和社会主义现代化建设中产生了邓小平理论、“三个代表”重要思想、科学发展观，在开创新时代中国特色社会主义事业中创立了习近平新时代中国特色社会主义思想，科学回答了什么是马克思主义、怎样对待马克思主义，什么是社会主义、怎样建设社会主义，建设一个什么样的党、怎样建设党，实现什么样的发展、怎样发展，新时代坚持和发展什么样的中国特色社会主义、怎样坚持和发展中国特色社会主义等重大问题。马克思主义中国化时代化的理论成果是党和人民事业发展的科学理论指导，是推进伟大社会革命的科学伟力。新中国70多年来的建设和发展表明，只有社会主

[1]《列宁全集》第1卷，人民出版社2013年版，第112页。

[2] 习近平：《在庆祝中国共产党成立100周年大会上的讲话》，人民出版社2021年版，第13页。

义才能救中国，只有社会主义才能发展中国；改革开放是党的一次伟大觉醒，正是这个伟大觉醒孕育了党从理论到实践的伟大创造；习近平新时代中国特色社会主义思想是当代中国马克思主义、二十一世纪马克思主义，是全党全国人民为实现中华民族伟大复兴而奋斗的行动指南，必须长期坚持并不断发展。

新中国史，是党的历史自觉、理论自觉和实践自觉，彰显、蕴含着国家建设和发展的历史与现实、理论与实践。走自己的路是党的全部理论和实践立足点，更是党百年奋斗得出的历史结论，也是新中国建设和发展的历史逻辑、理论逻辑和实践逻辑。学习新中国史，就要从党团结带领人民开辟的社会主义革命和建设道路、中国特色社会主义道路中，从创造的社会主义革命和建设的伟大成就、改革开放和社会主义现代化建设的伟大成就、新时代中国特色社会主义的伟大成就中，深刻领会马克思主义是如何深刻改变中国、改变世界的，感悟马克思主义的真理力量和实践力量，深化对中国化马克思主义既一脉相承又与时俱进的理论品质的认识，坚持不懈用党的创新理论最新成果武装头脑、指导实践、推动工作。习近平总书记指出，马克思、恩格斯关于资本主义社会基本矛盾的分析没有过时，关于资本主义必然消亡、社会主义必然胜利的历史唯物主义观点也没有过时。这是社会历史发展不可逆转的总趋势，但道路是曲折的。资本主义最终消亡、社会主义最终胜利，必然是一个很长的历史过程。

人民是党的力量之源、执政之基和胜利之本。践行以人民为中心的发展思想，体现了党全心全意为人民服务的根本宗旨，体现了人民是推动发展的根本力量的唯物史观。习近平总书记在庆祝中国共产党成立 100 周年大会上的重要讲话中强调：“江山就是人民、人民就是江山，打江山、守江山，守的是人民的心。中国共产党根基在人民、血脉在人民、力量在人民。”[1]一部党的历史，就是党与人民心心相印、与人民同甘共苦、与人民团结奋斗的历史。习近平总书记强调，在任何时候任何情况下，与人民同呼吸共命运的立场不能变，全心全意为人民服务的宗旨不能忘，群众是真正英雄的历史唯物主义观点不能丢，必须始终坚持立党为公、执政为民。

解放思想、实事求是、与时俱进，是马克思主义活的灵魂，是适应新形势、认识新事物、完成新任务的根本思想武器。必须坚持实践是检验真理的唯一标准，发挥历史的主动性和创造性，清醒认识世情、国情、党情的变和不变，不断有所发现、有所创造、有所前进，不断推进理论创新、实践创新、制度创新。

树立正确党史观为我们正确看待党史、学习党史、运用党史提供了科学指导和根本遵循。坚持用唯物史观来认识历史，坚持实事求是的思想路线；坚持以党关于历史问题的两个决议和党中央有关精神为依据，准确把握党的历史发展的主题主线、主流本质，正确认识和科学评价党史上的重大事件、重要会议、重要人物；实事求是看待党史上的一些重大问题，加强思想引导和理论辨析，旗帜鲜明反对历史虚无主义，更好正本清源、固本培元。

“欲知大道，必先为史。”新中国史，是新中国成立以来国家建设和发展史，认识新中国、把握国情世情党情，是以这一历史为基础和依据的。从国家事业发展的内涵与布局来说，新中国史包括经济建设、政治建设、文化建设、社会建设、国防和军队建设、外交、生态文明建设、党的建设等各方面，集中体现在物质文明、政治文明、精神文明、社会文明和生态文明建设之中，是国家的“百科全书”；新中国史

[1] 习近平:《在庆祝中国共产党成立100周年大会上的讲话》，人民出版社2021年版，第11页。

是党领导人民创造的，与党史紧密联系、同步化、一体化发展，而且又都是正在发展着、与国家的现实和未来相通的。因此，新中国史在党史、中华民族发展史和人类社会发展史上具有重要意义。

实现中华民族伟大复兴，是中华民族近代以来最伟大的梦想。习近平总书记在庆祝中国共产党成立100周年大会上的重要讲话中指出："一百年来，中国共产党团结带领中国人民进行的一切奋斗、一切牺牲、一切创造，归结起来就是一个主题：实现中华民族伟大复兴。"[1]从党史观照新中国史，新中国史发展的主题同样是实现中华民族伟大复兴。历史地看，在社会主义革命和建设中，确立社会主义基本制度，推进社会主义建设，为实现中华民族伟大复兴奠定了根本政治前提和制度基础；在改革开放和社会主义现代化建设中，确立党在社会主义初级阶段的基本路线，坚定不移推进改革开放，开创、坚持、捍卫、发展中国特色社会主义，为实现中华民族伟大复兴提供了充满新的活力的体制保证和快速发展的物质条件；在中国特色社会主义新时代中，坚持和加强党的全面领导，统筹推进"五位一体"总体布局、协调推进"四个全面"战略布局，坚持和完善中国特色社会主义制度、推进国家治理体系和治理能力现代化，全面建成小康社会，为实现中华民族伟大复兴提供了更为完善的制度保证、更为坚实的物质基础、更为主动的精神力量。经过长期发展，实现中华民族伟大复兴进入了不可逆转的历史进程。

新中国是社会主义国家，实行社会主义制度，坚持走社会主义发展道路，解放和发展社会生产力，全面建设社会主义现代化国家。新中国坚持"一国两制"，推进祖国统一。新中国坚定维护国家主权、安

〔1〕习近平：《在庆祝中国共产党成立100周年大会上的讲话》，人民出版社2021年版，第3页。

全和发展利益，独立自主、和平发展，反对霸权主义，构建人类命运共同体。新中国史的主线是由我国社会主要矛盾和各个历史时期国家建设和发展的形势和任务所决定的。在由新民主主义实现向社会主义过渡后，我国社会主要矛盾是人民日益增长的物质文化需要同落后的社会生产之间的矛盾。中国特色社会主义进入新时代，我国社会主要矛盾已经转化为人民日益增长的美好生活需要和不平衡不充分的发展之间的矛盾。我国社会主要矛盾的变化是关系全局的历史性变化，国家建设和发展要在继续推动发展的基础上，着力解决好发展不平衡不充分问题，大力提升发展质量和效益，更好满足人民在经济、政治、文化、社会、生态等方面日益增长的需要，更好推动人的全面发展、社会全面进步。但我国社会主要矛盾的这一变化，没有改变我国社会主义所处历史阶段，我国仍处于并将长期处于社会主义初级阶段，我国仍是世界最大发展中国家。因此，新时代的国家建设和发展，必须立足社会主义初级阶段，以经济建设为中心，坚持四项基本原则，坚持改革开放，自力更生，艰苦创业，为把我国建设成为富强民主文明和谐美丽的社会主义现代化强国而奋斗。

二、新中国史体现了中国革命、建设和改革的阶段性与连续性的统一

关于新中国成立以来的历史发展，根据党的第二个历史决议，从总体上将 1949 年至 1981 年的历史划分为如下时期：（1）基本完成社会主义改造的七年。党领导全国各族人民有步骤地实现从新民主主义到社会主义的转变，迅速恢复了国民经济并开展了有计划的经济建设，在全国绝大部分地区基本上完成了对生产资料私有制的社会主义改造。在过渡时期，党创造性地开辟了一条适合中国特点的社会主义改造道

路。（2）开始全面建设社会主义的十年。社会主义改造基本完成以后，党领导全国各族人民开始转入全面的大规模的社会主义建设。（3）“文化大革命”的十年。（4）历史的伟大转折。党的十一届三中全会是新中国成立以来党的历史上具有深远意义的伟大转折。自此以来，党逐步确立了一条符合我国实际的社会主义现代化建设的正确道路。这是就新中国成立至建党60周年的历史而言的，为新中国史的分期划分提供了坚实认识基础。

对新中国史分期问题的认识，是随着这一历史的发展而不断深入和拓展的。习近平总书记在庆祝中国共产党成立100周年大会上的重要讲话，根据实现中华民族伟大复兴的历史进程，科学阐述了新中国成立以来党团结带领人民创造了社会主义革命和建设的伟大成就，创造了改革开放和社会主义现代化建设的伟大成就，创造了新时代中国特色社会主义的伟大成就。依此，至中国共产党成立100周年的新中国史，可以相应地划分为社会主义革命和建设时期、改革开放和社会主义现代化建设历史新时期、中国特色社会主义新时代。

历史是过去的现实，现实是未来的历史。学习新中国史，要树立大历史观，从历史长河、时代大潮、全球风云中分析演变机理、探究历史规律。关于新中国史上各个历史时期发展的阶段性特征，应从历史和现实、理论和实践、国内和国际等的结合上进行思考，从社会发展的历史方位上来思考，从党和国家事业发展大局出发进行思考。改革开放前后两个历史时期，是两个相互联系又有重大区别的时期，但本质上都是党领导人民进行社会主义建设的实践探索。没有改革开放就没有中国的今天，没有改革开放也不会有中国的未来，但党在社会主义革命和建设中取得的独创性理论成果和巨大成就，为在新的历史时期开创中国特色社会主义提供了宝贵经验、理论准备、物质基础。

正确处理改革开放前后的社会主义实践探索的关系，不只是一个历史问题，更是一个政治问题。

中国特色社会主义，是坚持科学社会主义的理论逻辑和中国社会发展的历史逻辑的有机统一，是实现中华民族伟大复兴的正确道路。2021 年是中国共产党成立 100 周年，经过全党全国各族人民持续奋斗，我们实现了第一个百年奋斗目标，在中华大地上全面建成了小康社会，历史性地解决了绝对贫困问题，正在意气风发向着全面建成社会主义现代化强国的第二个百年奋斗目标迈进。

三、加快构建新发展格局是推动高质量发展的战略基点

习近平总书记在参加十四届全国人大一次会议江苏代表团审议时，对加快构建新发展格局的重大意义作出深刻阐述，指出必须将构建新发展格局作为推动高质量发展的战略基点。构建新发展格局，就是要构建以国内大循环为主体、国内国际双循环相互促进的新发展格局，实现经济质的有效提升和量的合理增长。构建新发展格局和推动高质量发展是密不可分的系统性、长期性和全局性的战略工程。我们必须在理论与实践的结合中科学认识两者的关系、深刻把握其重要着力点，不断开创事业发展新局面。

（一）科学认识构建新发展格局和推动高质量发展的关系

在全面建设社会主义现代化国家中，构建新发展格局是手段和途径，推动高质量发展是目的，两者相辅相成、辩证统一。构建新发展格局，发挥国内国际两个市场的资源优势，使国内循环和国际循环形成良性互动，有利于为高质量发展提供需求支撑、市场规模和制度保障，为推动高质量发展找准战略基点。

构建新发展格局和推动高质量发展是内在统一的。“畅通经济循

环”是彼此的共同内涵，各种要素在政府、企业、家庭和国外之间形成有序循环，以降低交易成本，提高资源配置效率与产出效率，使经济运行更加高效畅通，为构建新发展格局和推动高质量发展创造经济、技术和环境条件。贯彻新发展理念是彼此的共同要求，具有指引性、纲领性和战略性，其以创新、协调、绿色、开放、共享的内在统一，把握发展、衡量发展、推动发展，促进发展方式的转变，更好统筹质的有效提升和量的合理增长，实现经济从高速度增长向高质量发展的根本转变。高质量发展深刻揭示和彰显新发展理念。构建新发展格局是在新发展理念的推动下，从我国实际情况出发，根据历史经验和实践要求，总结我国客观经济规律和发展趋势而作出的重大战略决策，始终围绕新发展理念而展开。

（二）深刻把握构建新发展格局、推动高质量发展的重要着力点

在加快构建新发展格局、推动高质量发展过程中，应着力认识和把握如下理论与实践问题。

生产力与生产关系的矛盾运动和协同演进。在新发展格局下，推动高质量发展，必须始终以是否有利于生产力发展进步和综合国力提升为标准。当今，中国发展面临着严峻复杂的国际形势，挑战性加剧，不确定性显著增加。为此，要从国内经济循环入手，在提升全要素生产率上下功夫，把握关键性的产业链、供应链，牢牢掌握经济发展的主动权。生产力的发展取决于科技进步，要集中力量实现核心科技突破，实现高水平科技自立自强，把生产力发展的重点放在新兴产业的战略性发展、创新产品的应用和标准质量品牌建设上，加快推进科技创新成果向现实生产力转化。实体经济是一国经济的立身之本，是社会生产力的直接体现。要坚持把发展经济的着力点放在实体经济上，促进传统产业改造升级，加大对制造业的支持力度，推动制造业高端

化、智能化、绿色化发展。要推进科技体制改革，完善国家创新体系，以勇于探索的精神攻破重点领域的“卡脖子”技术，以开放的姿态参与全球科技治理。

生产力的进步不仅体现在技术水平的提高，还表现在为了适应生产力发展进步而进行的生产关系调整。建设现代化经济体系的主要目的，就是为了建立起一套与新发展阶段生产力发展相协调的社会主义经济制度体系，将适合生产力发展要求的生产关系制度化，对分工体系进行拓展和深化，不断适应生产力的发展要求。这套制度体系从产业体系、市场体系、收入分配体系、城乡区域发展体系、绿色发展体系、全面开放体系进行完善，革除生产关系对生产力发展造成束缚的体制性障碍，推动经济、技术、生活高质量发展。

供给侧结构性改革与扩大内需战略的高效统筹。新时代我国社会主要矛盾是人民日益增长的美好生活需要和不平衡不充分的发展之间的矛盾。从供给侧进行结构性改革，就是要提高供给端的质量，优化调整产业结构、区域结构、微观主体结构、要素投入结构，减少无效和低端供给，扩大有效和中高端供给，使供给更加高效，提高供给结构对需求变化的适用性和灵活性，满足人民对美好生活多样化、多层次、多方面的需要。扩大内需作为构建新发展格局、推动高质量发展的重要支撑，就是要充分发挥好我国市场资源优势，从生产、分配、流通、消费和投资再生产的全链条加快培育完整内需体系。利用居民消费和企业投资挖掘内需潜力，特别是通过城乡融合和区域协调发展，扩大国内市场规模，增强消费对经济发展的基础性作用和投资对优化供给结构的关键作用，释放内需潜能。加快各种要素的流动和衔接，畅通国内经济循环，实现质量变革、效率变革、动力变革，促进供需在更高水平上实现动态平衡。

国内循环与国际循环的良性互动。随着国际环境和中国经济增长方式、发展阶段和发展动能的深刻变化，以资源禀赋、要素驱动为主的传统发展方式已不适应时代发展需要，资源约束成为影响经济社会发展的重大问题。近些年，进出口对中国经济增长的贡献率逐渐下降，中国经济由高速增长阶段转向高质量发展阶段，亟须构建“以国内大循环为主体、国内国际双循环相互促进的新发展格局”。以国内大循环为主体强调的是内需为主导、内部可循环，以高质量供给创造和引领需求，对资源要素进行优化配置，延长国内价值链，拓展全球价值链在国内的延伸。扩大市场规模，促进市场竞争，创造出巨大的市场需求。以国内大循环为主体，绝不是封闭的国内单循环，而是开放的国内国际双循环。通过挖掘内需潜能，联通国内市场和国际市场，利用好国内国际两种资源，以高水平的对外开放掌握战略主动，建设更高水平开放型经济新体制，实施更大范围、更宽领域、更深层次的对外开放。

整体与局部的协调发展。新发展格局立足于宏观总体布局，清晰地阐明了整体与局部相协调的空间发展目标。构建新发展格局，是以全国统一大市场基础上的国内大循环为主体，不是各地都搞自我小循环。在推动高质量发展中，注重整体与局部的协调发展，各地区找准各自在国内大循环和国内国际双循环中的位置和比较优势，打破省内、市内、县内的自我小循环，推动资源优化配置，促进各地区经济、社会、文化等领域的协调发展。在“一带一路”倡议与国内发展战略相结合的前提下，促进国内各地区与沿线国家的经济合作与交流，形成更加开放、协调、共赢的发展格局。构建新发展格局要同实施区域协调发展战略、城乡融合发展战略和乡村振兴战略等有效衔接，提高国内大循环的覆盖面，以局部发展带动整体的高质量发展。区域协调发展是高质量发展的重要方面，旨在实现不同地区间的协调和优势互补，加强区域间的经济联系和互动，促进各种要素的循环流动，拓展国内大循环的空间。城乡融合发展是国内大循环的重要内容，也是确保国内国际两个循环比例关系健康的关键因素。顺应城乡融合发展的大趋势，要在县域内破除城乡二元结构，促进要素的平等交换，保护进城落户农民的合法权利，使他们能更好更快地融入城市生活。乡村振兴则强调优先发展农业农村，巩固拓展脱贫攻坚成果同乡村振兴有效衔接，推动农业供给侧结构性改革，保障粮食等重要农产品供给安全，以建设农业强国来推动高质量发展和实现中国式现代化。

（三）不断提高党领导构建新发展格局、推动高质量发展的能力和水平

新时代社会主要矛盾的变化，对我国经济社会发展提出了新的要求，构建新发展格局、推动高质量发展面临诸多挑战和考验。以习近平同志为核心的党中央科学把握国内外经济发展大势，作出我国经济已由高速增长阶段转向高质量发展阶段的重大判断，以及要构建以国内大循环为主体、国内国际双循环相互促进的新发展格局重大决策。面对百年变局加速演进的严峻复杂局面，必须发挥党的领导这一中国特色社会主义制度的最大优势，把坚决拥护“两个确立”、坚决做到“两个维护”作为战胜一切艰难险阻、应对一切不确定性的最大确定性、最大底气、最大保证。

坚持发展从人民的根本利益出发，实现人民的幸福安康，是高质量发展的最终目的，也是新发展格局下国内国际双循环相互促进的关键联结点。在构建新发展格局、推动高质量发展的进程中，人民生活品质的提高是以生产力的发展为前提的，而发展生产力是提高人民生活品质的基础。习近平总书记强调：“我们推动经济社会发展，归根结

底是要实现全体人民共同富裕。”[1]在高质量发展中推进共同富裕，要坚持以人民为中心的发展思想，处理好效率与公平的关系，促进人民物质精神生活的全面富裕。构建新发展格局、推动高质量发展，要把处理好提升人民生活品质与发展生产力的关系作为出发点和落脚点，着力促进全体人民共同富裕。

“加快构建新发展格局，着力推动高质量发展”[2]，是党根据新形势和新趋势作出的战略选择，是适应我国发展新阶段要求、贯彻新发展理念、提升国际竞争力的重大决策。在新征程上，要深刻认识和把握“加快构建新发展格局，是推动高质量发展的战略基点”[3]，以矢志不渝的定力和坚定不移的信心，扎实推进全面建设社会主义现代化国家，以中国式现代化全面推进中华民族伟大复兴。

四、新质生产力本身就是绿色生产力

2024年全国“两会”期间，习近平总书记在看望参加政协会议的民革、科技界、环境资源界委员并参加联组会时强调：“要在加强生态环境保护、以高水平保护支撑高质量发展上作出贡献。”[4]此前，习近平总书记在主持二十届中央政治局第十一次集体学习时指出，“绿色发展是高质量发展的底色，新质生产力本身就是绿色生产力”[5]。这些重

〔1〕《中共中央关于制定国民经济和社会发展第十四个五年规划和二〇三五年远景目标的建议》，人民出版社2020年版，第54页。
〔2〕习近平：《高举中国特色社会主义伟大旗帜　为全面建设社会主义现代化国家而奋斗——在中国共产党第二十次全国代表大会上的报告》，人民出版社2022年版，第28页。
〔3〕《牢牢把握高质量发展这个首要任务》，《人民日报》2023年3月6日，第1版。
〔4〕《积极建言资政广泛凝聚共识　助力中国式现代化建设》，《人民日报》2024年3月7日，第1版。
〔5〕《加快发展新质生产力　扎实推进高质量发展》，《人民日报》2024年2月2日，第1版。

要论述深刻阐明：绿色发展是推动高质量发展的重要立足点、基本出发点和实践落脚点，融入并赋予新质生产力以绿色底蕴、内在机理和鲜明品质，是新质生产力形成和发展的根基、源泉与动力。新质生产力是在不断解放和发展生产力基础上的高质量发展，是在不断推动绿色发展进程中的全面发展。

必须加快发展方式绿色转型，助力碳达峰碳中和。人类社会是在同自然的共存互动中生产、生活和发展的，保护和发展生态环境是人类生存和发展的根基。生产力来源于人类社会依托并作用于自然，发展生产力则要处理和解决复杂多变的生态环境问题，使生产方式、发展方式适应和满足人与自然和谐共生的需要，培育和供给发展的绿色底色与意蕴。

实现碳达峰碳中和是一场广泛而深刻的经济社会系统性变革。随着新时代我国经济由高速增长阶段转向高质量发展阶段，发展理念和发展方式发生深刻转变，坚决摒弃了“先污染、后治理”的老路和损害甚至破坏生态环境的增长模式，走上了生产发展、生活富裕、生态良好的文明发展道路。新时代推进生态文明建设，要站在人与自然和谐共生的高度谋划发展，把资源环境承载力作为重要前提和基础，自觉把经济活动、人的行为限制在自然资源和生态环境能够承受的限度内，有效降低发展的资源环境代价。大力发展和提升生态系统多样性、稳定性和持续性，积极稳妥推进绿色低碳发展，推动经济社会发展绿色化、低碳化，不断塑造发展的新动能、新优势，在发展中降碳、在降碳中实现更高质量发展。坚持用最严格制度最严密法治保护生态环境，以高品质生态环境支撑新时代高质量发展。

牢固树立和践行绿水青山就是金山银山的理念，坚定不移走生态优先、绿色发展之路。生态文明建设事关中华民族永续发展，是建设美丽中国、推进中华民族现代文明建设的必然要求。绿水青山就是金山银山的理念，阐述了经济发展和生态环境保护的关系，揭示了保护和改善生态环境就是保护和发展生产力的理论与实践逻辑，丰富发展了马克思主义生态观，深刻彰显自然规律和经济社会发展规律的辩证统一，指明了生态优先、绿色发展是实现发展和保护协同共生的必由之路。

加快推进人与自然和谐共生的现代化。充分尊重和顺应自然，把生态文明建设融入经济、政治、文化、社会建设各方面和全过程，协同推进新型工业化、城镇化、信息化、农业现代化和绿色低碳的高质量发展。正确处理高质量发展和高水平保护、重点攻坚和协同治理、自然恢复和人工修复、外部约束和内生动力、“双碳”承诺和自主行动等重大关系，建立健全以产业生态化和生态产业化为主体的生态经济体系，以治理体系和治理能力现代化为保障的生态文明制度体系，以生态系统良性循环和环境风险有效防控为重点的生态安全体系，推动生态优先、绿色低碳的高质量发展。

加快绿色科技创新和先进绿色技术推广应用，构建绿色低碳循环经济体系。绿色科技成为科技为社会服务的基本方向，这是人类建设美丽地球的重要手段。新时代以科技创新引领绿色发展，一方面要立足现有产业基础，整合科技创新资源，加快推动传统产业升级和数字化、网络化、智能化改造；另一方面要加快节能降碳先进技术研发和推广应用，以先进绿色技术积极培育新能源、新材料、先进制造、电子信息等战略性新兴产业和未来产业，特别是以颠覆性技术和前沿技术催生新产业、新模式、新动能，不断推动科技赋能绿色发展。

建立健全绿色低碳循环经济体系。主动对接国家战略需求和产业链供应链，在优势产业和产业优势领域深耕细作，更好融入全国统一大市场。坚持系统观念，保持战略定力，调整优化产业结构，做强绿色制造业，发展绿色服务业，壮大绿色能源产业，发展绿色低碳产业和供应链，不断形成绿色低碳产业竞争优势，以更加积极的姿态参与全球生态环境治理。加强质量支撑和标准引领，提升绿色低碳产业链供应链韧性和安全水平。把发展的基点放到创新上来，把企业作为科技成果转化核心载体，提高科技成果落地转化率，强化企业科技创新主体地位。

持续优化支持绿色低碳发展的经济政策工具箱，发挥绿色金融的牵引作用。统筹认识和把握环境要素的复杂性、生态系统的完整性、自然地理单元的连续性、经济社会发展的可持续性，协同推进降碳、减污、扩绿、增长，使发展建立在高效利用资源、严格保护生态环境、有效控制温室气体排放的基础上。坚持全国统筹、节约优先、双轮驱动、内外畅通、防范风险的原则，积极稳妥实施碳达峰碳中和“1+N”政策体系，推进能源绿色低碳转型和产业结构绿色升级，强化科技支撑和财税金融支持，推进生态优先、节约集约、绿色低碳发展。

大力发展绿色金融，打造高效生态绿色产业集群。着力营造良好的绿色金融环境，充实货币政策工具箱，优化资金供给结构，稳步扩大绿色金融领域制度型开放，打造现代绿色金融机构和市场体系。完善支持绿色发展的财税、金融、投资、价格政策和标准体系，实施全面节约战略，推进各类资源节约集约利用，加快构建废弃物循环利用体系，健全资源环境要素市场化配置体系，构建清洁低碳安全高效的能源体系，健全保障体系。加快产业绿色转型升级，加强对绿色产业重大战略、重点领域和薄弱环节的金融服务和支持，打造绿色发展高地，推进发展绿色低碳产业。

在全社会大力倡导绿色健康生活方式。生态环境问题归根结底是发展方式和生活方式问题，生态环境是关系民生的重大社会问题，良好生态环境则是最公平的公共产品、最普惠的民生福祉。新时代生态文明建设，要坚持生态惠民、生态利民、生态为民，以提供更多优质生态产品不断满足人民日益增长的优美生态环境需要，让良好生态环境成为人民生活的增长点和经济社会持续健康发展的支撑点。

推动形成和发展绿色健康生活方式。强化公民环境意识，增强全社会节约意识、环保意识、生态意识，培育生态道德和行为准则，使人们日益养成像保护自己的眼睛一样保护生态环境、像对待生命一样对待生态环境的自觉意识和生活习惯。倡导推广绿色消费，广泛开展全民绿色行动，建设节约型机关、绿色家庭、绿色学校、绿色社区，推动形成节约适度、绿色低碳、文明健康的生活方式和消费模式，把建设美丽中国转化为全体人民自觉行动，推动全社会同筑生态文明之基、同走绿色发展之路。

第三节　牢牢把握新中国史的主题主线、主流本质

在中华人民共和国国史学会成立 30 周年之际，习近平总书记发来贺信，向学会全体同志、向全国广大国史研究工作者致以热烈祝贺和诚挚问候，并提出殷切期望。贺信坚持唯物史观和正确党史观，深刻揭示新中国史研究、宣传和教育事业发展的规律性认识，强调牢牢把握国史的主题主线、主流本质，不断提高研究水平，创新宣传方式，加强教育引导，激励人们坚定历史自信、增强历史主动，更好凝聚团结奋斗的精神力量，为全面建设社会主义现代化国家、全面推进中华民族伟大复兴作出新贡献。深入学习贯彻贺信精神，必须在客观、全面、准确把握新中国史发展进程、成就与经验的基础上，深化对新中

国史主题主线、主流本质的认识，深入推进新中国史研究、宣传、教育事业高质量发展。

一、深刻揭示新中国史的主题与主线

历史是一个国家和民族安身立命的基础。人民是历史的创造者，党把人民对美好生活的向往作为奋斗目标，扎根人民、依靠人民创造历史伟业。新中国史是党领导人民全面把握整个社会的基本面貌和发展方向，在自力更生、艰苦奋斗、砥砺奋进中创造和书写出来的，红色政权来之不易，新中国来之不易，中国特色社会主义来之不易。这是历史发展的必然、人民的坚定选择。

新中国成立以来，党根据我国所处历史方位、发展阶段，以及面临的社会主要矛盾和形势任务，立足自身国情实际，观照时代，不断探索共产党执政规律、社会主义建设规律和人类社会发展规律。党在领导人民进行新中国建设中，始终以建设一个什么样的新中国为引领，制定和实施路线方针政策，把党和国家事业一步步推向前进。在社会主义革命和建设时期，党提出努力把我国逐步建设成为一个具有现代农业、现代工业、现代国防和现代科学技术的社会主义强国，领导人民开展全面的大规模的社会主义建设。在改革开放和社会主义现代化建设新时期，党明确我国社会主要矛盾是人民日益增长的物质文化需要同落后的社会生产之间的矛盾，中心任务就是解决这个主要矛盾，并提出了全面建设小康社会的奋斗目标。中国特色社会主义进入新时代，我国社会主要矛盾转化为人民日益增长的美好生活需要和不平衡不充分的发展之间的矛盾，以习近平同志为核心的党中央统筹把握中华民族伟大复兴战略全局和世界百年未有之大变局，明确坚持和发展中国特色社会主义的总任务是实现社会主义现代化和中华民族伟大复兴，在全面建成小康社会的基础上，分两步走在21世纪中叶把我国建成富强民主文明和谐美丽的社会主义现代化强国。

新中国由新民主主义走向社会主义，开创和拓展中国特色社会主义道路，为中华民族实现伟大复兴提供了基础和保障。新中国史就是在民族独立、人民解放的基础上实现国家富强、人民幸福，奠基、开创、坚持和发展中国特色社会主义，不断推进实现中华民族伟大复兴的创业史、探索史和奋斗史。新中国史充分证明，只有社会主义才能救中国，只有社会主义才能发展中国，中国特色社会主义道路是指引中国发展繁荣的正确道路。由此，新中国史的主题集中概括起来，就是不断推进马克思主义中国化时代化，奠基、开创、坚持和发展中国特色社会主义，奋力把我国建成富强民主文明和谐美丽的社会主义现代化强国，全面推进中华民族伟大复兴。恩格斯指出，人们创造历史的活动，如同无数力的平行四边形形成的一种总的合力。新中国史的主线归纳起来，一是维护国家主权、安全和发展利益，维护世界和平和人类发展进步，推动中华文明和世界文明交流互鉴，推动构建人类命运共同体；二是坚持以马克思主义为立党立国、兴党兴国的根本指导思想，不断推进马克思主义中国化时代化，以自我革命推进伟大社会革命；三是推进中国国民经济和社会发展，推进中国式现代化，推进中国特色社会主义物质文明、政治文明、精神文明、社会文明和生态文明建设协调发展，逐步实现全体人民共同富裕；四是推进祖国完全统一，铸牢中华民族共同体意识，共同建设伟大祖国，共同创造美好生活。新中国史的主题主线，充分反映和鲜明彰显党领导人民推进新中国建设和发展的目标任务、道路指引和实践特色。

遵循历史发展规律，把握历史发展大势，才能推动历史潮流奔腾向前。新中国成立，彻底结束了旧中国半殖民地半封建社会的历史，中国发展从此开启新纪元。新中国在恢复国民经济的基础上，完成社会主义革命、推进社会主义建设，实现了中华民族有史以来最为广泛而深刻的社会变革，建立起独立的比较完整的工业体系和国民经济体系，从一穷二白大步迈进社会主义社会。进行改革开放和社会主义现代化建设，不断解放和发展社会生产力，实现了人民生活从温饱不足到总体小康、奔向全面小康的历史性跨越，中国大踏步赶上了时代。党的十八大以来，党领导人民开创中国特色社会主义新时代，统筹推进“五位一体”总体布局、协调推进“四个全面”战略布局，全面建成小康社会，进而全面建设社会主义现代化国家、全面推进中华民族伟大复兴。新中国史深刻蕴含坚持和发展中国特色社会主义的历史必然性、发展阶段性和规律性。这就是，坚持党的全面领导是坚持和发展中国特色社会主义的必由之路，中国特色社会主义是实现中华民族伟大复兴的必由之路，团结奋斗是中国人民创造历史伟业的必由之路，贯彻新发展理念是新时代我国发展壮大的必由之路，全面从严治党是党永葆生机活力、走好新的赶考之路的必由之路。

新中国历史发展波澜壮阔、浩荡前行，从根本上改变了中国人民的前途命运，开辟和拓展了实现中华民族伟大复兴的正确道路。但这一历史进程并不是一帆风顺的。国家的建设和发展面临各种风险挑战考验，出现过由于主、客观因素导致的一些失误和波折。特别是党在社会主义革命和建设中经历了严重曲折，但这毕竟是在探索中的，同时党在这一时期取得的独创性理论成果和巨大成就，为在新的历史时期开创中国特色社会主义提供了宝贵经验、理论准备、物质基础，并且在其后通过总结和吸取历史经验教训，推进理论创新、实践创新和制度创新，开辟了新天地。新中国史是党领导人民进行革命、建设和改革并取得巨大成就的历史，总是向前发展的。归结起来，新中国史的主流可表述为，立国兴国强国，走自己的路，为民造福，推动建设美好世界，成就辉煌、前景广阔。新中国史的本质则在于，推进马克思主义中国化时代化的社会主义发展史、人民团结奋斗史、全面推进中华民族伟大复兴史。

二、深刻揭示新中国史的主流与本质

习近平总书记的贺信精神和关于新中国史的重要论述，是新时代新征程深入推进新中国史研究的根本遵循和行动指南。新中国史的主题主线、主流本质，深刻蕴含新中国史发展的方向、道路、制度、进程、成就与经验，集中反映新中国史发展的主体脉络乃至整体和全貌，也是人们认识和研究新中国史的基本历史依据和主要线索。牢牢把握新中国史的主题主线、主流本质，必须坚持正确政治方向，坚持历史唯物主义，以马克思主义中国化时代化最新成果为指导，深入推进新中国史研究繁荣发展，坚定历史自信、增强历史主动，为时代凝心聚力铸魂。

新中国史研究要着力于深刻认识中国特色社会主义道路的历史进程、历史必然性和发展规律性。中国特色社会主义道路关乎国家前途、民族命运、人民福祉，是党在中国革命、建设和改革各个历史时期，坚持辩证唯物主义和历史唯物主义的世界观和方法论，具体、历史和系统分析新中国社会矛盾运动及其发展规律，不断把握规律、积极运用规律而奠基、开创和发展的，深刻蕴含于新中国史的主题主线、主流本质之中。新中国史研究要将历史与现实、理论与实践、国内与国际相结合，讲清楚中国特色社会主义道路是从哪里来的、要到哪里去，深刻阐明这一道路的深厚历史底蕴、广泛现实基础和深远历史意义，激励人们不断增强中国特色社会主义道路自信、理论自信、制度自信、文化自信。

新中国史研究要聚焦于深刻认识以中国式现代化全面推进中华民族伟大复兴的历史进程和光明前景。中国式现代化是党领导的社会主义现代化，是党在新中国成立特别是改革开放以来长期探索和实践基础上，经过党的十八大以来在理论和实践上的创新突破，成功推进和拓展的。中国式现代化不仅开启和发展于新中国历史发展进程之中，而且作为基本实践方式贯穿于实现中华民族伟大复兴的历史进程，成为新中国史的主题主线、主流本质的深厚时代内涵。为此，新中国史研究要根据新中国的国情和历史发展，深入研究中国式现代化既有各国现代化的共同特征，更有基于自己国情的中国特色，深刻阐明中国式现代化的本质要求、全面建设社会主义现代化国家必须把握的重大原则、全面建成社会主义现代化强国的总的战略安排，激励人们坚定历史自信、增强历史主动，更好凝聚团结奋斗的精神力量。

新中国史研究是以马克思主义为指导的中国特色哲学社会科学的重要组成部分，是全面、系统认识和传播新中国自主知识体系的基础和骨干学科，要在新时代新征程上加快构建新中国史研究的学科体系、学术体系和话语体系。推进新中国史基础理论研究和应用研究融合发展。史论结合，积极开展新中国史史料的搜集和整理，加强新中国史理论与方法研究，推进新时代中国学发展。新中国史研究要加强思想引导和理论辨析，旗帜鲜明反对历史虚无主义，正本清源、固本培元，为时代画像、为时代立传、为时代明德，为全面建设社会主义现代化国家、全面推进中华民族伟大复兴提供强大精神力量，坚定不移沿着中国特色社会主义道路守护、建设好伟大国家。

第三章

论新中国建设和发展的历史进程与历史逻辑

创造，使事物从无到有、由低到高、由弱到强、由旧到新，深刻蕴含历史发展辩证法，是人类社会发展进步的重要基础、源泉与动力。100 多年来，中国共产党团结带领中国人民开辟的伟大道路、创造的伟大事业、取得的伟大成就，必将载入中华民族和人类文明的发展史册。习近平总书记“七一”重要讲话回顾中国共产党百年奋斗的光辉历程，展望中华民族伟大复兴的光明前景，将创造作为党的历史发展的一大关键因素和核心要义，深刻阐述实现中华民族伟大复兴是党一切创造的鲜明主题，以及党为了实现中华民族伟大复兴而进行伟大创造的历史进程与成就、经验与意义。党百年奋斗史上的伟大创造，是实现中华民族伟大复兴的深厚历史底蕴、坚实发展基础和重要推动力量。

第一节　论中国共产党百年奋斗史上的伟大创造

中国共产党立志于中华民族千秋伟业，矢志践行为中国人民谋幸福、为中华民族谋复兴的初心使命。在实现中华民族伟大复兴的征程上，党向人民和历史做出庄严承诺，到建党 100 周年时全面建成小康社会。

一、伟大创造的鲜明主题

2021 年 7 月 1 日，是党史和中华民族历史上一个重大而庄严的日子，在庆祝中国共产党成立 100 周年大会上，习近平总书记庄严宣告："经过全党全国各族人民持续奋斗，我们实现了第一个百年奋斗目标，在中华大地上全面建成了小康社会，历史性地解决了绝对贫困问题，正在意气风发向着全面建成社会主义现代化强国的第二个百年奋斗目标迈进。"全面建成小康社会，中华民族伟大复兴向前迈出了新的一大步。这是党在中国人民、中华民族发展史上做出的又一新的伟大创造，是道路、理论、制度、文化中一系列伟大创造的实践集成。

回溯中国历史，中华民族为人类文明进步做出了不可磨灭的贡献，但 1840 年鸦片战争以后，中华民族遭受了前所未有的劫难。由此，实现中华民族伟大复兴成为中国人民和中华民族追求的最伟大的梦想。为此，中国人民曾在近代接续进行了各种复兴尝试，但都以失败告终。直至 1921 年中国共产党成立才发生开天辟地的深刻改变，中华民族从此由沉沦危亡到乾坤扭转、由奋力崛起到繁荣富强。"七一"重要讲话指出："一百年来，中国共产党团结带领中国人民进行的一切奋斗、一切牺牲、一切创造，归结起来就是一个主题：实现中华民族伟大复兴。"[1] 100 多年来，党团结带领中国人民英勇无畏、艰辛探索、顽强奋斗，终于找到了实现中华民族伟大复兴的正确道路，并沿着这条道路砥砺奋进，创造了一个又一个彪炳史册的辉煌成就和人间奇迹，使中华民族迎来了从站起来到富起来再到强起来的伟大飞跃，实现了从落后时代到赶上时代再到引领时代的伟大跨越，并日益展现出伟大复

〔1〕习近平：《在庆祝中国共产党成立 100 周年大会上的讲话》，《人民日报》2021 年 7 月 2 日。

兴的光明前景。

道路决定前途和命运。习近平总书记指出:“道路问题是关系党的事业兴衰成败第一位的问题,道路就是党的生命。”[1]在中国革命、建设和改革的伟大历史进程中,党团结带领中国人民先后开辟了符合中国实际、适应时代要求的新民主主义革命道路、社会主义革命和建设道路、中国特色社会主义道路。“七一”重要讲话围绕实现中华民族伟大复兴这一奋斗目标,把党对社会主要矛盾的认识和把握、道路的探索和确立,与团结带领中国人民沿着正确道路而创造的伟大成就结合起来,回顾和总结正确道路是怎样走过来的、又走向哪里,历史地记述和凝练了党接续创造的新民主主义革命、社会主义革命和建设、改革开放和社会主义现代化建设、新时代中国特色社会主义的伟大成就,深刻阐明这些伟大创造在实现中华民族伟大复兴中的历史地位、作用和意义。新民主主义革命胜利、中华人民共和国成立,中华民族发展进步开启新纪元;新中国由新民主主义社会过渡到社会主义社会,实现中华民族有史以来最为广泛而深刻的社会变革;改革开放,实现新中国成立以来党的历史上具有深远意义的伟大转折,开创、坚持、捍卫、发展中国特色社会主义,中国大踏步赶上了时代;中国特色社会主义进入新时代,坚持和完善中国特色社会主义制度、推进国家治理体系和治理能力现代化,实现中华民族伟大复兴进入了不可逆转的历史进程。

道路的开辟和不断拓展,深刻蕴含着理论与制度的创新和创造、文明的进步和创造,为实现中华民族伟大复兴不断提供日益坚实的基础和保证。新民主主义革命的胜利,为实现中华民族伟大复兴创造了根本社会条件;进行社会主义革命,确立社会主义基本制度,推进社会主义建

---

[1] 习近平:《关于坚持和发展中国特色社会主义的几个问题》,《求是》2019年第7期。

设，为实现中华民族伟大复兴奠定了根本政治前提和制度基础；开创、坚持、捍卫、发展中国特色社会主义，为实现中华民族伟大复兴提供了充满新的活力的体制保证和快速发展的物质条件；中国特色社会主义进入新时代，党和国家事业取得历史性成就、发生历史性变革，为实现中华民族伟大复兴提供了更为完善的制度保证、更为坚实的物质基础、更为主动的精神力量。党在中国革命、建设和改革的各个历史时期开辟的道路，是承前启后、接续纵深发展和螺旋式上升的，也是相辅相成、相得益彰的，无不显现出党团结带领中国人民实现中华民族伟大复兴的历史逻辑、政治逻辑、理论逻辑和实践逻辑的有机统一。

二、伟大创造的根基与灵魂

100 多年来，中国共产党矢志践行初心使命，筚路蓝缕奠基立业，创造辉煌开辟未来，不断开辟伟大道路、创造伟大事业、取得伟大成就。这是党团结带领中国人民和中华民族共同奋斗的结果，是把马克思主义基本原理同中国具体实际相结合的结果。伟大创造扎根人民、依靠人民、为了人民，马克思主义中国化时代化是贯穿于伟大创造之中的思想指导和活的灵魂。

历史是人民创造的，为人民利益而奋斗是立党兴党强党的根本出发点和落脚点。马克思主义科学揭示人类社会发展规律，并在人类社会发展史上第一次提出人民是历史的创造者，彻底解决了如何认识人民群众的历史作用这一社会历史观的重大问题。党在中国人民和中华民族的伟大觉醒中、在马克思列宁主义同中国工人运动的紧密结合中光荣诞生，并从登上中国政治舞台的那一刻起，就始终尊重人民群众的历史主体地位和首创精神，全心全意为人民服务。

中国共产党与人民紧密地联系在一起。人民是党的力量之源、执政之基和胜利之本。党来自人民，为人民而生，因人民而兴，始终同人民在一起，始终不渝为中国人民谋幸福、为中华民族谋复兴。党把人民对美好生活的向往作为奋斗目标，以最广大人民根本利益作为一切工作的根本出发点和落脚点，坚持群众观点、群众路线和群众工作方法，依靠人民创造历史伟业。“七一”重要讲话高扬“人民是历史的创造者，是真正的英雄”的历史唯物论，阐明“江山就是人民、人民就是江山，打江山、守江山，守的是人民的心”的党性与人民性的统一，指出新的征程上“必须紧紧依靠人民创造历史，坚持全心全意为人民服务的根本宗旨，站稳人民立场，贯彻党的群众路线，尊重人民首创精神，践行以人民为中心的发展思想”的人民主体论和实践论。〔1〕党的根基在人民、血脉在人民、力量在人民。在中国革命、建设和改革中，党坚持一切为了人民、一切依靠人民，始终把人民放在心中最高位置。党的历史就是党与人民心心相印、同甘共苦、团结奋斗的历史。人民，只有人民，是党进行伟大创造的历史和实践根基，人民英雄史观是正确党史观的核心要义和精神实质。

马克思主义是党的灵魂和旗帜，中国共产党为什么能，中国特色社会主义为什么好，归根到底是因为马克思主义行。党举什么旗、走什么路，关系到党和人民事业的兴衰成败。党从诞生之日起，就把马克思主义写在自己的光辉旗帜上。党坚持解放思想、实事求是、与时俱进，自觉运用马克思主义的立场、观点和方法来观察世界、指导实践。党的历史，就是一部不断推进马克思主义中国化、不断推进理论创新和进行理论创造的历史。习近平总书记指出：“回顾党的奋斗历程可以发现，中国共产党之所以能够历经艰难困苦而不断发展壮大，很

---

〔1〕习近平：《在庆祝中国共产党成立100周年大会上的讲话》，《人民日报》2021年7月2日。

重要的一个原因就是我们党始终重视思想建党、理论强党，使全党始终保持统一的思想、坚定的意志、协调的行动、强大的战斗力。”[1]马克思主义深刻改变了中国，中国也极大地丰富了马克思主义。

马克思主义在十月革命的影响下传播到中国。李大钊在《再论问题与主义》中指出：“我们只要把这个那个的主义，拿来作工具，用以为实际的运动，他会因时、因所、因事的性质情形生一种适应环境的变化。”他认为：“一个社会主义者，为使他的主义在世界上发生一些影响，必须要研究怎么可以把他的理想尽量应用于环绕着他的实境。”[2]马克思主义中国化的思想基础在酝酿中发育、在斗争中生成。1930 年，毛泽东在《反对本本主义》中强调，“马克思主义的‘本本’是要学习的，但是必须同我国的实际情况相结合”[3]。1938 年 10 月，毛泽东在党的扩大的六届六中全会的政治报告中强调，“马克思主义必须通过民族形式才能实现”，“把马克思主义应用到中国具体环境的具体斗争中去，而不是抽象地应用它”，“离开中国特点来谈马克思主义，只是抽象的空洞的马克思主义”。他指出：“马克思主义的中国化，使之在其每一表现中带着中国的特性，即是说，按照中国的特点去应用它，成为全党亟待了解并亟须解决的问题。”[4]党由此正式提出“马克思主义中国化”这一重大理论命题和历史性课题。党把马克思主义基本原理同中国具体实际和时代特征相结合，相继创立了毛泽东思想、邓小平理论，形成了“三个代表”重要思想、科学发展观，创立了习

[1] 习近平:《在纪念马克思诞辰 200 周年大会上的讲话》,《人民日报》2018 年 5 月 5 日。
[2] 中国李大钊研究会编注:《李大钊全集》第 3 卷，人民出版社 2013 年版，第 51 页。
[3]《毛泽东选集》第 1 卷，人民出版社 1991 年版，第 111—112 页。
[4]《建党以来重要文献选编（1921—1949）》第 15 册，中央文献出版社 2011 年版，第 651 页。

近平新时代中国特色社会主义思想。马克思主义中国化的理论成果既一脉相承又与时俱进，是党进行伟大创造的科学理论指导，是中国人民团结奋斗的共同思想基础。

马克思主义中国化是实现中华民族伟大复兴的科学伟力。“七一”重要讲话指出：“中国共产党为什么能，中国特色社会主义为什么好，归根到底是因为马克思主义行！”在半殖民地半封建社会历史条件下，党创造性地运用马克思主义的基本原理，把它同中国革命的具体实践结合起来，找到了以农村包围城市、武装夺取政权的新民主主义革命胜利的正确道路，建立新中国，彻底结束了旧中国半殖民地半封建社会的历史。为确立社会主义基本制度，党团结带领中国人民在“一穷二白”的基础上恢复发展国民经济，巩固新生人民政权，创造性地开辟了“一化三改”向社会主义过渡的道路，并在此基础上独立自主地探索适合中国国情的社会主义建设道路，建立起独立的比较完整的工业体系和国民经济体系。党的十一届三中全会深刻总结社会主义革命和建设实践，深刻洞察时代潮流，做出把党和国家工作中心转移到经济建设上来、实行改革开放的历史性决策。在改革开放的历史进程中，党深刻揭示社会主义本质，确立社会主义初级阶段基本路线，开创、坚持和发展中国特色社会主义。党的十八大以来，以习近平同志为核心的党中央统筹推进“五位一体”总体布局，协调推进“四个全面”战略布局，全面建成小康社会，并乘势而上开启全面建设社会主义现代化国家新征程，向着实现中华民族伟大复兴的第二个百年奋斗目标迈进。

三、伟大创造的精神源泉与实践启示

习近平总书记指出：“实现中华民族伟大复兴的中国梦，物质财富要极大丰富，精神财富也要极大丰富。”[1]100多年来，党团结带领中国人民进行的伟大创造，既来源于巨大的物质力量、又须臾离不开深厚的精神力量，且精神力量在社会生产生活实践中是会转化为物质力量的。在新的征程上继承和发扬伟大建党精神，赓续红色血脉，必将为全面建成社会主义现代化强国、实现中华民族伟大复兴提供源源不断的精神力量。

党在创建中形成了伟大建党精神，在中国革命、建设和改革中大力推动伟大建党精神不断丰富和发展。“七一”重要讲话首次提出并科学阐释伟大建党精神，指出：“一百年前，中国共产党的先驱们创建了中国共产党，形成了坚持真理、坚守理想，践行初心、担当使命，不怕牺牲、英勇斗争，对党忠诚、不负人民的伟大建党精神，这是中国共产党的精神之源”，强调党弘扬伟大建党精神，“在长期奋斗中构建起中国共产党人的精神谱系，锤炼出鲜明的政治品格”。[2]伟大建党精神贯彻于中国革命、建设和改革的理论与实践。“七一”重要讲话将伟大建党精神的丰富内涵展现于党团结带领中国人民进行伟大创造的重要论述之中，彰显了伟大创造在各个历史时期的鲜明内涵与时代特征。100多年来，党团结带领中国人民在创造新民主主义革命的伟大成就中，浴血奋战、百折不挠；在创造社会主义革命和建设的伟大成就中，自力更生、发愤图强；在创造改革开放和社会主义现代化建设的伟大成就中，解放思想、锐意进取；在创造新时代中国特色社会主义的伟大成就中，自信自强、守正创新。伟大建党精神，是中国共产党人精

---

〔1〕《人民有信仰民族有希望国家有力量　锲而不舍抓好社会主义精神文明建设》，《人民日报》2015年3月1日。

〔2〕习近平：《在庆祝中国共产党成立100周年大会上的讲话》，《人民日报》2021年7月2日。

神谱系的源头活水，是党团结带领中国人民进行的一切奋斗、一切牺牲、一切创造的真实写照和精神血脉，也是党的创造力、创造精神的志气、骨气和底气之所在。

伟大创造深刻蕴含并贯彻着独立自主的探索精神和改革创新的时代精神。每个国家和民族的历史传统、文化积淀、基本国情不同，发展道路必然有着自己的特色。党团结带领中国人民进行的新民主主义革命、社会主义革命和建设、中国特色社会主义事业，都植根于中华文化沃土、反映中国人民意愿、适应中国和时代发展进步要求，有着深厚历史渊源、广泛现实基础。习近平总书记指出："当代中国的伟大社会变革，不是简单延续我国历史文化的母版，不是简单套用马克思主义经典作家设想的模板，不是其他国家社会主义实践的再版，也不是国外现代化发展的翻版。"他进一步强调："社会主义并没有定于一尊、一成不变的套路，只有把科学社会主义基本原则同本国具体实际、历史文化传统、时代要求紧密结合起来，在实践中不断探索总结，才能把蓝图变为美好现实。"[1]党在马克思主义基本原理与中国具体实际和时代特征相结合中探索和选择中国发展道路，进行理论创新、制度创新和实践创新，是从中国实际出发，坚持实事求是，为解决中国问题而洞察时代大势、把握历史主动、进行艰辛探索，这也就决定了走自己的路的历史必然性，并赋予其中国特色与内涵。从实际出发，走自己的路，富有中国特色，是党进行伟大创造的鲜明特质。

中国特色社会主义是实现中华民族伟大复兴的必由之路。"七一"重要讲话指出："中国特色社会主义是党和人民历经千辛万苦、付出巨

---

〔1〕习近平:《在纪念马克思诞辰200周年大会上的讲话》,《人民日报》2018年5月5日。

大代价取得的根本成就，是实现中华民族伟大复兴的正确道路。”[1]习近平总书记同时强调：“我们坚持和发展中国特色社会主义，推动物质文明、政治文明、精神文明、社会文明、生态文明协调发展，创造了中国式现代化新道路，创造了人类文明新形态。”[2]文明引航道路，道路创造文明。我国现代化是人口规模巨大的现代化、全体人民共同富裕的现代化、物质文明和精神文明相协调的现代化、人与自然和谐共生的现代化、走和平发展道路的现代化。党团结带领中国人民，在推进国家现代化建设和发展中，将中国由一个农业国变成一个工业国，由实现四个现代化到全面建成小康社会，在新时代坚持和完善中国特色社会主义制度、推进国家治理体系和治理能力现代化，到新中国成立 100 周年时全面建成社会主义现代化强国、实现中华民族伟大复兴，不仅拓展了发展中国家走向现代化的途径，而且充分地展示出党团结带领中国人民进行的伟大社会革命的历史意义。历史和实践昭示，只有社会主义才能救中国，只有中国特色社会主义才能发展中国。这是历史的结论、人民的选择。在新的征程上，坚持和发展中国特色社会主义，实现中华民族伟大复兴的道路必将越走越宽广。

第二节　论中华民族伟大复兴的历史进程

在人类社会发展进步的历史长河中，中华民族屹立于世界民族之林，是世界上古老而伟大的民族。中华民族创造了源远流长的中华文

[1] 习近平：《在庆祝中国共产党成立 100 周年大会上的讲话》，《人民日报》2021 年 7 月 2 日。

[2] 习近平：《在庆祝中国共产党成立 100 周年大会上的讲话》，《人民日报》2021 年 7 月 2 日。

明、生生不息的中华民族精神。然而，1840 年鸦片战争以后，西方列强以强盗逻辑入侵中国，使中国陷入半殖民地半封建社会的悲惨境地。面对民族危亡，中华民族自强不息，从奋起抗争、救亡图存到中国共产党成立以来团结带领人民实现民族独立、人民解放，再到新中国成立以来推进实现国家富强、人民幸福，坚定不移推动中华民族伟大复兴的历史进程向前发展、深化和拓展。实现中华民族伟大复兴，体现了中华民族和中国人民的整体利益和共同意志，彰显着中华文明发展进步的前进动力和历史主动精神。历史和实践表明，中国特色社会主义是实现中华民族伟大复兴的必由之路。新时代新征程，党团结带领全国各族人民全面建设社会主义现代化国家，以中国式现代化全面推进中华民族伟大复兴，实现中华民族伟大复兴展现出前所未有的宏伟蓝图和光明前景。

一、实现中华民族伟大复兴的历史由来与文明底蕴

中国人民是具有伟大梦想精神的人民，中华民族是勤劳、勇敢、善良、有志气的民族。实现中华民族伟大复兴，是中华民族近代以来最伟大的梦想，凝聚起中华民族不屈不挠、生生不息的精神力量。

中华文明历史悠久、连绵不断，推动中华民族在不懈奋斗中向前发展进步。具有 5000 多年历史的中华文明，厚德载物，博大精深。中华各民族共同缔造、发展、巩固统一的伟大祖国，共同开拓辽阔的疆域，共同创造灿烂的文化，彼此交往交流交融汇聚成“多元一体”的中华民族。中华优秀传统文化蕴含着“大道之行、天下为公的大同理想，六合同风、四海一家的大一统传统，德主刑辅、以德化人的德治主张，民贵君轻、政在养民的民本思想，等贵贱均贫富、损有余补不足的平等观念，法不阿贵、绳不挠曲的正义追求，孝悌忠信、礼义廉

耻的道德操守，任人唯贤、选贤与能的用人标准，周虽旧邦、其命维新的改革精神，亲仁善邻、协和万邦的外交之道，以和为贵、好战必亡的和平理念”[1]等世界观、社会观、道德观和国际观，这些思想文化深深嵌入中华民族的价值观和精神世界，形成并积淀为古代中国在国家制度、社会治理和对外交往方面的传统道德观念，推动中华文化、中华文明延续和发展，使中华民族保持了民族自信，培育了共同的情感和价值，使中国历史上长期处于世界最强国家之列，为人类文明进步作出了不可磨灭的贡献。这是中华民族生生不息、文明进步的深厚历史底蕴和重要力量源泉。

近代中国沦为半殖民地半封建社会，中华文明蒙尘，中华民族奋起抗争，在风雨飘摇中前行。人类社会总是在矛盾运动中变化发展的。泱泱中华在近代以后，由于西方列强入侵和封建统治腐朽没落，国家蒙辱、人民蒙难、文明蒙尘，被世界快速发展的浪潮甩在了后面，中华民族遭受世界历史上罕见的苦难，“到了最危险的时候”，中华传统思想文化经历剧烈变革的阵痛。为救亡图存，林则徐感怀“苟利国家生死以，岂因祸福避趋之”[2]，魏源强调“天下无数百年不弊之法，无穷极不变之法，无不除弊而能兴利之法，无不易简而能变通之法”[3]，严复翻译《天演论》，宣扬世道必进，后胜于今。近代中国人从“睁眼看世界”“师夷长技以制夷”，到太平天国运动、洋务运动、戊戌变法、义和团运动等，种种救国方案和策略都相继失败。历史发展复杂变化、辩证统一，中华民族在救亡图存的道路上一次次抗争、一次次求索，

〔1〕习近平：《坚持和完善中国特色社会主义制度 推进国家治理体系和治理能力现代化》，《求是》2020年第1期。

〔2〕《林则徐全集》第6册，海峡文艺出版社2002年版，第209页。

〔3〕《魏源全集》第13册，岳麓书社2011年版，第356页。

展现了不畏强暴、自强不息的顽强意志和精神品格。

中华民族共同体意识在艰困中更显增强，辛亥革命打开了中国进步的闸门，为实现中华民族伟大复兴探索了前进路径。中华民族是自古以来中华各民族的共同体，是对中华各民族的统称和总称。1902 年梁启超正式提出“中华民族”这一概念，在《论中国学术思想变迁之大势》中，就当时的认识和观念，概述什么是“中华”时说，“中华”是“立于五洲中之最大洲，而为其洲中之最大国者”，“人口居全地球三分之一者”,“四千余年之历史未尝一中断者”〔1〕。1905 年梁启超还在《历史上中国民族之观察》中强调：“中华民族自始本非一族，实由多民族混合而成。”〔2〕中华民族概念的形成及其日渐深入人心，标志着中华民族作为“共同体”意识的觉醒。中国民主革命的先驱孙中山誓言“亟拯斯民于水火，切扶大厦之将倾”，喊出“振兴中华”的口号，领导了震惊世界的辛亥革命，“这是中国人民和中国先进分子为实现民族独立、人民解放进行的一次伟大而艰辛探索”〔3〕。辛亥革命推翻了统治中国几千年的封建君主专制制度，开创了完全意义上的近代民族民主革命，极大推动了中华民族思想解放和近代中国社会变革。然而，由于历史环境、进程和社会条件的制约，辛亥革命并未能改变中国半殖民地半封建的社会性质和中国人民的悲惨命运。“雄关漫道真如铁”，中华民族在苦难和挫折中求索，期盼中国强盛起来，“恢复民族的地位”，“对于世界负一个大责任”〔4〕。

中华文明在长期奋斗中培育、继承和发展中华民族精神。爱国主

---

〔1〕梁启超:《饮冰室合集》第 1 册，中华书局 1989 年版，第 1 页。

〔2〕梁启超:《饮冰室合集》第 8 册，中华书局 1989 年版，第 4 页。

〔3〕习近平:《在纪念辛亥革命 110 周年大会上的讲话》，人民出版社 2021 年版，第 1 页。

〔4〕《孙中山选集》，人民出版社 1981 年版，第 691 页。

义是中华民族精神的核心和精神基因，体现在中国人民的奋斗历程和奋斗业绩中，体现在中国人民的精神生活和精神世界中，深深融进了各族人民的血液和灵魂，维系着中华大地上各个民族的团结统一，激励着一代又一代中华儿女为祖国发展繁荣而不懈奋斗。中华民族之所以能够经受住无数难以想象的风险、挑战和考验，始终保持旺盛生命力，生生不息、薪火相传，同中华民族有着深厚持久的爱国主义传统是密不可分的。拥有深远历史底蕴和丰富时代内涵的爱国主义，是推动中华民族发展进步的不竭精神源泉和强大精神动力。

二、中华民族走向伟大复兴道路的探索和开启

正当近代中国“危机四起、人民苦难深重”[1]，中华民族在苦难和挫折中艰辛求索、奋起抗争之时，《共产党宣言》于1848年问世，马克思主义光辉诞生，“照亮了人类探索历史规律和寻求自身解放的道路”[2]。这是人类思想史上的一个伟大事件。马克思主义经典作家根据人类社会历史发展和各个国家、民族从低级到高级的社会形态演进，科学揭示人类社会发展规律。马克思、恩格斯高度肯定中华文明对人类文明进步的贡献，针对近代中国所处悲惨境地，“向世界揭露西方列强侵略中国的真相，为中国人民伸张正义”[3]。习近平总书记在纪念马克思诞辰200周年大会上的讲话中指出，马克思、恩格斯科学预见了“中国社会主义”的出现，甚至为他们心中的新中国取了靓丽的名

〔1〕习近平:《在纪念毛泽东同志诞辰120周年座谈会上的讲话》，人民出版社2013年版，第2页。

〔2〕习近平:《在纪念马克思诞辰200周年大会上的讲话》，人民出版社2018年版，第6页。

〔3〕习近平:《在纪念马克思诞辰200周年大会上的讲话》，人民出版社2018年版，第12页。

字——“中华共和国”[1]。马克思也曾说，“中国社会主义之于欧洲社会主义，也许就像中国哲学与黑格尔哲学一样”[2]。在欧洲的资产阶级民主革命爆发时，马克思积极投入并指导这场革命斗争，同时观照中国社会的历史发展和前途命运。中国人民、中华民族面对国家和民族生死存亡，一批爱国青年挺身而出，全国民众奋起抗争，誓言“国土不可断送、人民不可低头”。

马克思主义一经传到中国，中国的先进分子就将之作为认识世界、改造世界和解决中国问题的世界观和方法论，不断把中华民族推向实现伟大复兴的正确道路。1918 年 12 月，李大钊在《Bolshevism 的胜利》中预言：“试看将来的环球，必是赤旗的世界！”[3]正是在这一社会历史条件下，五四运动爆发，其“以彻底反帝反封建的革命性、追求救国强国真理的进步性、各族各界群众积极参与的广泛性”[4]，激发中国人民和中华民族伟大觉醒，促进马克思主义在中国的传播，推动中国社会进步和近代以来中华民族追求民族独立和发展进步的历史进程。1919 年 7 月 14 日，毛泽东在《湘江评论》“创刊宣言”中说：“自‘世界革命’的呼声大倡，‘人类解放’的运动猛进，从前吾人所不置疑的问题，所不遽取的方法，多所畏缩的说话，于今都要一改旧观”，“这种潮流，任是什么力量，不能阻住。任是什么人物，不能不受他的软化”。[5] 1920 年 8 月到 1921 年 1 月，毛泽东与蔡和森以书信的方

---

〔1〕习近平:《在纪念马克思诞辰 200 周年大会上的讲话》，人民出版社 2018 年版，第 12 页。

〔2〕《马克思恩格斯全集》第 10 卷，人民出版社 1998 年版，第 277 页。

〔3〕中国李大钊研究会编注:《李大钊全集》第 2 卷，人民出版社 2013 年版，第 367 页。

〔4〕习近平:《在纪念五四运动 100 周年大会上的讲话》，人民出版社 2019 年版，第 2 页。

〔5〕《“一大”前后——中国共产党第一次代表大会前后资料选编》(一)，人民出版社 1985 年版，第 58 页。

式探讨改造中国与世界的方式，明确提出“唯物史观是吾党哲学的根据”[1]。中国共产党在马克思列宁主义同中国工人运动相结合中诞生，中国革命面貌焕然一新。从此，中国人民谋求民族独立、人民解放和国家富强、人民幸福的斗争就有了主心骨，从精神上由被动转为主动，深刻改变了近代以后中华民族发展的方向和进程，深刻改变了中国人民和中华民族的前途和命运、世界发展的趋势和格局。中国共产党一经诞生，就把为中国人民谋幸福、为中华民族谋复兴确立为自己的初心使命，形成、传承和弘扬伟大建党精神，在推进马克思主义中国化时代化中开辟和拓展实现中华民族伟大复兴的正确道路。

没有中国共产党，就没有新中国，就没有中华民族伟大复兴。在新民主主义革命时期，党制定反帝反封建的民主革命纲领，团结带领人民开展北伐战争、土地革命战争、抗日战争、解放战争，开辟了农村包围城市、武装夺取政权的正确革命道路，在推进马克思主义中国化时代化中创立了毛泽东思想，创造了新民主主义革命胜利的伟大成就。新民主主义革命为改变旧中国、成立新中国，实现民族独立、人民解放而发生和发展。1920 年 11 月，《中国共产党宣言》强调：“共产主义者的目的是要按照共产主义者的理想，创造一个新的社会。”[2]1922 年 7 月，党的二大在大会宣言第三部分“中国共产党的任务及其目前的奋斗”中指出，“推翻国际帝国主义的压迫，达到中华民族完全独立”。[3]在土地革命战争中建立的中国历史上第一个全国性的

[1]《毛泽东文集》第 1 卷，人民出版社 1993 年版，第 4 页。
[2]《建党以来重要文献选编（1921—1949）》第 1 册，中央文献出版社 2011 年版，第 486 页。
[3]《建党以来重要文献选编（1921—1949）》第 1 册，中央文献出版社 2011 年版，第 132、133 页。

工农民主政权——中华苏维埃共和国，是党在局部地区执政的重要探索和尝试。中华儿女在抗日战争和世界反法西斯战争中不屈不挠、浴血奋战。毛泽东在《新民主主义论》中指出，“我们要建立一个新中国”，“一切这些的目的，在于建设一个中华民族的新社会和新国家”。[1]抗战胜利是近代以来中国抗击外敌入侵的第一次完全胜利，捍卫了中华民族5000多年发展的文明成果，重新确立了中国在世界上的大国地位。随后，党领导人民进行了三年的人民解放战争，在新民主主义革命胜利的基础上成立了人民当家作主的新中国。毛泽东在新政协会议筹备会上的讲话中指出：“中国人民将会看见，中国的命运一经操在人民自己的手里，中国就将如太阳升起在东方那样，以自己的辉煌的光焰普照大地，迅速地荡涤反动政府留下来的污泥浊水，治好战争的创伤，建设起一个崭新的强盛的名副其实的人民共和国。”[2]新民主主义革命胜利，实现了民族独立、人民解放，彻底结束了旧中国半殖民地半封建社会的历史，实现了中国从几千年封建专制政治向人民民主的伟大飞跃，中华民族任人宰割、饱受欺凌的时代一去不复返，中国发展进步开启历史新纪元。

三、中华民族伟大复兴道路的开创和发展

实现中华民族伟大复兴，就是要实现国家富强、民族振兴、人民幸福，凝结着无数仁人志士的不懈努力，承载着全体中华儿女的共同向往，昭示着中国和中华文明发展进步的美好前景。新中国成立，中国人民从此站起来了，成为自己和国家命运的真正主人，开始了建设自己国家的伟大进程，为实现现代化创造了根本社会条件。

---

〔1〕《毛泽东选集》第2卷，人民出版社1991年版，第663页。

〔2〕《毛泽东选集》第4卷，人民出版社1991年版，第1467页。

新中国在恢复国民经济的基础上进行社会主义革命，实现了从新民主主义到社会主义社会的转变，为实现中华民族伟大复兴奠定根本政治前提和制度基础。为推动新中国由农业国转变为工业国，由新民主主义国家转变为社会主义国家，党领导人民迅速恢复国民经济，进行社会各方面民主改革，并有计划地开展经济建设。1953年，党确立“一化三改”的过渡时期总路线，即在一个相当长的时期内，逐步实现国家的社会主义工业化，并逐步实现国家对农业、手工业和资本主义工商业的社会主义改造。在这一过渡时期中，党在全国绝大部分地区基本上完成了对生产资料私有制的社会主义改造，实施国民经济和社会发展“一五”计划，基本上实现了生产资料公有制和按劳分配，建立起社会主义经济制度，创造性地开辟了一条适合中国特点的社会主义改造道路；召开第一次全国人民代表大会，制定宪法，确立人民代表大会制度、中国共产党领导的多党合作和政治协商制度、民族区域自治制度，为人民当家作主提供了坚实制度保证。社会主义制度的建立，为我国一切进步和发展奠定了重要基础，有步骤地实现了从新民主主义到社会主义的转变，实现了中华民族有史以来最为广泛而深刻的社会变革。这是新中国成立以来历史发展的必然。1956年4月，毛泽东发表《论十大关系》的讲话，初步总结了我国社会主义建设的基本经验，提出了探索适合我国国情的社会主义建设道路的任务。党的八大指出，社会主义制度在我国已经基本上建立起来，国内主要矛盾已经是人民对于经济文化迅速发展的需要同当前经济文化不能满足人民需要的状况之间的矛盾，全国人民的主要任务是集中力量发展社会生产力，实现国家工业化，逐步满足人民日益增长的物质和文化需要[1]。

---

〔1〕参见《中共中央文件选集》第1册，人民出版社2013年版，第15页。

新中国在实现由新民主主义向社会主义社会过渡后，把党和国家的工作重点转到技术革命和社会主义建设上来，开始全面大规模的社会主义建设，实现了中华民族命运根本扭转、走向繁荣富强的伟大飞跃。党提出努力把我国逐步建设成为一个具有现代农业、现代工业、现代国防和现代科学技术的社会主义强国，领导人民在不断探索中开展全面的大规模的社会主义建设[1]。1964 年，三届全国人大一次会议《政府工作报告》提出，“要在不太长的历史时期内，把我国建设成为一个具有现代农业、现代工业、现代国防和现代科学技术的社会主义强国”[2]。社会主义现代化建设是国家富强、人民幸福的当然要求和必要条件。1975 年 1 月，周恩来在四届全国人大一次会议上作《政府工作报告》时强调，“在本世纪内，全面实现农业、工业、国防和科学技术的现代化，使我国国民经济走在世界的前列”[3]。这一时期，国家建设和发展虽然经历了严重曲折，但依然建立起独立的比较完整的工业体系和国民经济体系，农业生产条件显著改善，教育、科学、文化、卫生、体育事业有很大发展，实现了一穷二白、人口众多的东方大国大步迈进社会主义社会的伟大飞跃，为在新的历史时期开创中国特色社会主义提供了宝贵经验、理论准备和物质基础。

实行改革开放，开创、坚持和发展中国特色社会主义，推动中国大踏步赶上了时代。党的十一届三中全会作出实行改革开放的历史性决策，是在社会主义革命和建设实践经验的基础上，对党和国家前途命运的深刻把握、对时代潮流的深刻洞察、对人民群众期盼和需要的

---

〔1〕参见《中共中央关于党的百年奋斗重大成就和历史经验的决议》，人民出版社 2021 年版，第 11 页。

〔2〕《建国以来重要文献选编》第 19 册，中央文献出版社 1998 年版，第 483 页。

〔3〕周恩来：《政府工作报告》，《人民日报》1975 年 1 月 21 日。

深刻体悟。邓小平指出：“如果现在再不实行改革，我们的现代化事业和社会主义事业就会被葬送。”[1]在1979年党的理论工作务虚会议上，邓小平明确指出当前以及今后相当长一个历史时期的主要任务，就是“搞现代化建设”，“能否实现四个现代化，决定着我们国家的命运、民族的命运”。[2]改革开放是党的一次伟大觉醒、中国人民和中华民族发展史上一次伟大革命，是决定当代中国前途命运的关键一招。改革开放破除阻碍国家和民族发展的一切思想和体制障碍，进行经济建设、政治建设、文化建设、社会建设，解放和发展社会生产力，实现国家现代化，让中国人民富裕起来，振兴伟大的中华民族；推动我国社会主义制度自我完善和发展，赋予社会主义新的生机活力，建设和发展有中国特色的社会主义；在引领当代中国发展进步中加强和改进党的建设，保持和发展党的先进性，确保党始终走在时代前列。中国特色社会主义是在新中国已经建立起社会主义基本制度并进行了多年建设的基础上，在改革开放和社会主义现代化建设新时期开创的。邓小平在党的十二大开幕词中指出：“把马克思主义的普遍真理同我国的具体实际结合起来，走自己的道路，建设有中国特色的社会主义，这就是我们总结长期历史经验得出的基本结论”，强调“中国的事情要按照中国的情况来办，要依靠中国人自己的力量来办。独立自主，自力更生，无论过去、现在和将来，都是我们的立足点”。[3]党重新确立了马克思主义的思想路线、政治路线、组织路线，创立邓小平理论，形成“三个代表”重要思想和科学发展观，作出我国仍处于并将长期处于社会主义初级阶段的科学判断，指出社会主要矛盾是人民日益增长的物质

[1]《邓小平文选》第2卷，人民出版社1994年版，第150页。
[2]《邓小平文选》第2卷，人民出版社1994年版，第162页。
[3]《邓小平文选》第3卷，人民出版社1993年版，第3页。

文化需要同落后的社会生产之间的矛盾，确立和贯彻社会主义初级阶段基本路线，实现了从生产力相对落后的状况到经济总量跃居世界第二的历史性突破，实现了人民生活从温饱不足到总体小康、奔向全面小康的历史性跨越，促使中华民族从站起来到富起来。

中国特色社会主义道路是指引中国发展繁荣的正确道路，推动了改革开放和社会主义现代化建设，为实现中华民族伟大复兴提供充满新的活力的体制保证和快速发展的物质条件。中国特色社会主义根植于中国大地、反映中国人民意愿、适应中国和时代发展进步要求，是科学社会主义理论逻辑和中国社会发展历史逻辑的辩证统一，既坚持了科学社会主义基本原则，又根据时代条件赋予其鲜明的中国特色。中国特色社会主义道路，坚持以经济建设为中心，全面推进经济建设、政治建设、文化建设、社会建设、生态文明建设以及其他各方面建设；坚持四项基本原则，坚持改革开放；不断解放和发展社会生产力，逐步实现全体人民共同富裕、促进人的全面发展。中国特色社会主义道路是全面建成小康社会、加快推进社会主义现代化、实现中华民族伟大复兴的必由之路。邓小平强调："我们搞的现代化，是中国式的现代化。我们建设的社会主义，是有中国特色的社会主义。"〔1〕江泽民从全面建设小康社会的实践要求上指出："全面建设小康社会，开创中国特色社会主义事业新局面，就是要在中国共产党的坚强领导下，发展社会主义市场经济、社会主义民主政治和社会主义先进文化，不断促进社会主义物质文明、政治文明和精神文明的协调发展，推进中华民族的伟大复兴。"〔2〕胡锦涛从中国特色社会主义道路与全面建设小康社会的实践逻辑关系上指出："在改革开放和社会主义现代化建设时期，我

〔1〕《邓小平文选》第3卷，人民出版社1993年版，第29页。
〔2〕《江泽民文选》第3卷，人民出版社2006年版，第574页。

们开创了中国特色社会主义道路，坚持以经济建设为中心、坚持四项基本原则、坚持改革开放，初步建立起社会主义市场经济体制，大幅度提高了我国的综合国力和人民生活水平，为全面建设小康社会、基本实现社会主义现代化开辟了广阔的前景。”[1]中国特色社会主义道路、理论体系、制度和文化统一于中国特色社会主义的伟大实践。中国特色社会主义理论体系是指导党和人民实现中华民族伟大复兴的正确理论，中国特色社会主义制度是当代中国发展进步的根本制度保障，中国特色社会主义文化是激励全党全国各族人民奋勇前进的强大精神力量。始终坚持和发展中国特色社会主义，要更加自觉地增强道路自信、理论自信、制度自信、文化自信，既不走封闭僵化的老路，也不走改旗易帜的邪路，不断把改革开放和社会主义现代化建设事业推向前进。

四、实现中华民族伟大复兴进入了不可逆转的历史进程

党的十八大以来，中国特色社会主义进入了新时代。2012 年 11 月 29 日，习近平总书记在国家博物馆参观《复兴之路》展览，回顾近代以来中国人民为实现民族复兴走过的历史进程，指出中华民族的昨天“雄关漫道真如铁”，中华民族的今天“人间正道是沧桑”，中华民族的明天“长风破浪会有时”，强调现在我们比历史上任何时期都更接近中华民族伟大复兴的目标，比历史上任何时期都更有信心、有能力实现这个目标，坚信到党成立 100 年时全面建成小康社会的目标一定能实现，到新中国成立 100 年时建成富强民主文明和谐的社会主义现代化国家的目标一定能实现，中华民族伟大复兴的梦想一定能实现[2]。

实现中华民族伟大复兴，必须走中国特色社会主义道路，弘扬以

〔1〕《十六大以来重要文献选编》(下)，中央文献出版社 2008 年版，第 520 页。
〔2〕参见《习近平谈治国理政》第 1 卷，外文出版社 2018 年版，第 35—36 页。

爱国主义为核心的民族精神和以改革创新为核心的时代精神，凝聚全国各族人民大团结的力量。中国特色社会主义进入新时代，我国社会主要矛盾已经转化为人民日益增长的美好生活需要和不平衡不充分的发展之间的矛盾。我国发展的这一新的历史方位，意味着近代以来久经磨难的中华民族迎来了从站起来、富起来到强起来的伟大飞跃，迎来了实现中华民族伟大复兴的光明前景，为实现中华民族伟大复兴提供了更为完善的制度保证、更为坚实的物质基础、更为主动的精神力量，实现中华民族伟大复兴进入了不可逆转的历史进程。坚定不移推进中华民族伟大复兴的历史进程，要在继续推动发展的基础上，着力解决好发展不平衡不充分问题，大力提升发展质量和效益，更好满足人民在经济、政治、文化、社会、生态等方面日益增长的需要，更好推动人的全面发展、社会全面进步。

完成脱贫攻坚、全面建成小康社会，实现中华民族伟大复兴迈出关键一步。到 2020 年全面建成小康社会，实现第一个百年奋斗目标，是党对人民和历史作出的庄严承诺。贫穷不是社会主义，消除贫困、改善民生、逐步实现共同富裕，是社会主义的本质要求。党把脱贫攻坚作为全面建成小康社会的底线任务，立足我国国情，提出实现脱贫攻坚目标的总体要求，把脱贫攻坚与坚决打好防范化解重大风险、污染防治的攻坚战相结合，纳入“五位一体”总体布局、“四个全面”战略布局。在脱贫攻坚中，实行扶持对象、项目安排、资金使用、措施到户、因村派人、脱贫成效“六个精准”和发展生产、易地搬迁、生态补偿、发展教育、社会保障兜底“五个一批”，全面部署精准脱贫[1]。决战决胜脱贫攻坚，出台一系列超常规政策举措，构建了一整套

〔1〕参见习近平:《在全国脱贫攻坚总结表彰大会上的讲话》，人民出版社 2021 年版，第 4 页。

行之有效的政策体系、工作体系、制度体系，走出了一条中国特色减贫道路，形成了中国特色反贫困理论。全国 832 个贫困县全部摘帽，近 1 亿农村贫困人口实现脱贫，960 多万贫困人口实现易地搬迁，历史性地解决了绝对贫困问题，为实现全面建成小康社会目标任务和全球减贫事业作出历史性贡献[1]。脱贫攻坚战的全面胜利，标志着党在团结带领人民创造美好生活、实现共同富裕的道路上迈出了坚实的一大步。脱贫攻坚伟大斗争，锻造形成了“上下同心、尽锐出战、精准务实、开拓创新、攻坚克难、不负人民”[2]的脱贫攻坚精神。这是党的性质宗旨、中国人民意志品质、中华民族精神的生动写照，是爱国主义、集体主义、社会主义思想的集中体现，是中国精神、中国价值、中国力量的充分彰显，赓续传承了伟大民族精神和时代精神。

新时代的伟大变革，在党史、新中国史、改革开放史、社会主义发展史、中华民族发展史上具有里程碑意义，中国人民、中华民族焕发出更为强烈的历史自觉和主动精神。新时代十年的伟大变革，党和国家事业取得历史性成就、发生历史性变革，经受住了来自政治、经济、意识形态、自然界等方面的风险挑战考验，有力解决了影响党长期执政、国家长治久安、人民幸福安康的突出矛盾和问题，消除了党、国家、军队内部存在的严重隐患。我国发展具备了更为坚实的物质基础、更为完善的制度保证，从根本上确保实现中华民族伟大复兴进入了不可逆转的历史进程。习近平新时代中国特色社会主义思想是当代中国马克思主义、二十一世纪马克思主义，是中华文化和中国精神的

---

〔1〕参见习近平：《高举中国特色社会主义伟大旗帜 为全面建设社会主义现代化国家而团结奋斗——在中国共产党第二十次全国代表大会上的报告》，人民出版社 2022 年版，第 7 页。

〔2〕习近平：《在全国脱贫攻坚总结表彰大会上的讲话》，人民出版社 2021 年版，第 19 页。

时代精华，实现了马克思主义中国化时代化新的飞跃。党确立习近平同志党中央的核心、全党的核心地位，确立习近平新时代中国特色社会主义思想的指导地位，反映了全党全军全国各族人民共同心愿，对新时代党和国家事业发展、对推进中华民族伟大复兴历史进程具有决定性意义[1]。中国人民、中华民族更加自信、自立、自强，在历史进程中积累的强大能量充分爆发出来，极大增强了志气、骨气、底气，焕发出前所未有的历史主动精神、历史创造精神，正在信心百倍、意气风发地书写着新时代中国发展的伟大历史。

全面建设社会主义现代化国家，以中国式现代化全面推进中华民族伟大复兴。党团结带领人民在全面建成小康社会的基础上，乘势而上开启全面建设社会主义现代化国家新征程。全面建成社会主义现代化强国的总的战略安排是，从 2020 年到 2035 年基本实现社会主义现代化：从 2035 年到 21 世纪中叶把我国建成富强民主文明和谐美丽的社会主义现代化强国。中国式现代化则贯穿于全面建成社会主义现代化强国、实现中华民族伟大复兴的历史进程。党的二十大概括提出并深入阐述中国式现代化理论。中国式现代化既有各国现代化的共同特征，更有基于自己国情的鲜明特色，蕴含独特世界观、价值观、历史观、文明观、民主观、生态观等[2]。习近平新时代中国特色社会主义思想，实现了马克思主义中国化时代化新的飞跃，为中国式现代化提供了根本遵循。党的领导直接关系中国式现代化的根本方向、前途命运、最终成败。党的领导决定中国式现代化的根本性质。中国式现代化的本质要求是，坚持中国共产党领导，坚持中国特色社会主义，实现高

---

〔1〕参见《中共中央关于党的百年奋斗重大成就和历史经验的决议》，人民出版社 2021 年版，第 26 页。

〔2〕参见《正确理解和大力推进中国式现代化》，《人民日报》2023 年 2 月 8 日。

质量发展，发展全过程人民民主，丰富人民精神世界，实现全体人民共同富裕，促进人与自然和谐共生，推动构建人类命运共同体，创造人类文明新形态[1]。中国式现代化走得通、行得稳，是强国建设、民族复兴的唯一正确道路。

中华民族伟大复兴的历史进程波澜壮阔，时代大潮浩浩荡荡。中华民族从站起来、富起来到强起来，是近代以来中华民族赓续和发展中华文明，实现民族独立、人民解放，推进国家富强、人民幸福，创造中国式现代化道路、人类文明新形态的历史进程，具有普遍性和特殊性、阶段性与连续性的辩证统一，充分彰显历史发展的必然性、变革性和时代性。

新中国成立，中国发展从此开启新纪元；改革开放是决定当代中国前途命运的关键一招；新时代十年的伟大变革，在党史、新中国史、改革开放史、社会主义发展史、中华民族发展史上具有里程碑意义。没有共产党就没有新中国，就没有中华民族伟大复兴。马克思主义是我们立党立国、兴党兴国的根本指导思想，拥有马克思主义科学理论指导是我们党坚定信仰信念、把握历史主动的根本所在。中国共产党始终坚持为中国人民谋幸福、为中华民族谋复兴的初心和使命，不断推进马克思主义中国化时代化，坚持独立自主，走自己的路，团结带领中国人民完成新民主主义革命、社会主义革命和建设，推进改革开放和社会主义现代化建设，开创中国特色社会主义新时代，全面建设社会主义现代化国家，以中国式现代化全面推进中华民族伟大复兴。中国特色社会主义道路是创造人民美好生活、实现中华民族伟大复兴

〔1〕参见习近平：《高举中国特色社会主义伟大旗帜 为全面建设社会主义现代化国家而团结奋斗——在中国共产党第二十次全国代表大会上的报告》，人民出版社 2022 年版，第 23—24 页。

的康庄大道。中国式现代化是强国建设、民族复兴的唯一正确道路。实现中华民族伟大复兴进入了不可逆转的历史进程。新时代新征程，坚定历史自信，增强历史主动，守正创新，不断开辟马克思主义中国化时代化新境界，以伟大自我革命引领伟大社会革命，中华民族伟大复兴的正确道路必将越走越宽广。

第三节　论新时代十年伟大变革

习近平总书记在党的二十大报告中科学总结新时代十年的伟大变革，指出十年来我们经历了“三件大事”，即迎来中国共产党成立一百周年，中国特色社会主义进入新时代，完成脱贫攻坚、全面建成小康社会的历史任务，实现第一个百年奋斗目标，强调党在革命性锻造中更加坚强有力，中国人民焕发出更为强烈的历史自觉和主动精神，实现中华民族伟大复兴进入了不可逆转的历史进程，科学社会主义在21世纪的中国焕发出新的蓬勃生机。

一、新时代十年伟大变革的历史性成就与宝贵经验

新时代十年的伟大变革，在党史、新中国史、改革开放史、社会主义发展史、中华民族发展史上具有里程碑意义，推动我国迈上全面建设社会主义现代化国家新征程。

（一）影响深远的历史性成就

党的十八大以来，以习近平同志为核心的党中央团结带领人民，高举中国特色社会主义伟大旗帜，坚定不移推进中华民族伟大复兴历史进程，党和国家事业取得历史性成就、发生历史性变革，开创了中国特色社会主义新时代。

创立了习近平新时代中国特色社会主义思想，为新时代党和国家事业发展提供了根本遵循。坚持把马克思主义基本原理同中国具体实际相结合、同中华优秀传统文化相结合，以全新的视野深化对共产党执政规律、社会主义建设规律、人类社会发展规律的认识，创立了习近平新时代中国特色社会主义思想，实现了马克思主义中国化时代化新的飞跃。

全面加强党的领导，党的政治领导力、思想引领力、群众组织力、社会号召力显著增强。加强党的全面领导和党中央集中统一领导，系统完善党的领导制度体系，充分发挥党总揽全局、协调各方的领导核心作用。党在革命性锻造中更加坚强有力，思想上更加统一、政治上更加团结、行动上更加一致。

以中国式现代化推进中华民族伟大复兴，不断丰富和发展人类文明新形态。紧紧围绕我国社会主要矛盾，对新时代党和国家事业发展作出科学完整的战略部署，统揽伟大斗争、伟大工程、伟大事业、伟大梦想，统筹推进“五位一体”总体布局，协调推进“四个全面”战略布局，统筹发展和安全，推动物质文明、政治文明、精神文明、社会文明和生态文明协调发展，成功推进和拓展了中国式现代化。

打赢人类历史上规模最大的脱贫攻坚战，历史性地解决了绝对贫困问题。坚持精准扶贫、尽锐出战，组织实施人类历史上规模最大、力度最强的脱贫攻坚战。全国 832 个贫困县全部摘帽，12.8 万个贫困村全部出列，近 1 亿农村贫困人口实现脱贫，提前 10 年实现联合国 2030 年可持续发展议程减贫目标，创造了人类减贫史上的奇迹，实现了小康这个中华民族的千年梦想。

我国经济实力实现历史性跃升，进入创新型国家行列。提出并贯彻新发展理念，着力推进高质量发展，推动构建新发展格局，实施供给侧结构性改革，制定一系列具有全局性意义的区域重大战略。我国经济总量稳居世界第二位，谷物总产量稳居世界首位，粮食安全、能源安全得到有效保障，城镇化率提高。加快推进科技自立自强，基础研究和原始创新不断加强，一些关键核心技术实现突破，战略性新兴产业发展壮大。

全面深化改革，国家治理体系和治理能力现代化水平明显提高。推动改革全面发力、多点突破、蹄疾步稳、纵深推进，实现改革由局部探索、破冰突围到系统集成、全面深化的转变，各领域基础性制度框架基本确立，许多领域实现历史性变革、系统性重塑、整体性重构。

实行更加积极主动的开放战略，形成更大范围、更宽领域、更深层次对外开放格局。推动规则、规制、管理、标准等制度型开放，构建互利共赢、多元平衡、安全高效的开放型经济体系，不断增强我国国际经济合作和竞争新优势，开创了我国改革开放新局面。

全面发展全过程人民民主，人民当家作主更为扎实。坚持走中国特色社会主义政治发展道路，全面推进社会主义民主政治制度化、规范化、程序化，社会主义协商民主广泛开展。坚持依法治国、依法执政、依法行政共同推进，坚持法治国家、法治政府、法治社会一体建设，社会主义法治国家建设深入推进，全面依法治国总体格局基本形成，中国特色社会主义法治体系不断健全，法治中国建设开创新局面。

确立和坚持马克思主义在意识形态领域指导地位的根本制度，意识形态领域形势发生全局性、根本性转变。建设具有强大凝聚力和引领力的社会主义意识形态，建设社会主义文化强国。着力解决意识形态领域党的领导弱化问题，立破并举、激浊扬清，就意识形态领域许多方向性、战略性问题作出部署，牢牢掌握意识形态工作领导权，全党全国各族人民文化自信明显增强、精神面貌更加奋发昂扬。

深入贯彻以人民为中心的发展思想，人民生活全方位改善。以保障和改善民生为重点加强社会建设，尽力而为、量力而行，在幼有所育、学有所教、劳有所得、病有所医、老有所养、住有所居、弱有所扶上持续用力。坚守底线、突出重点、完善制度、引导预期，注重加强普惠性、基础性、兜底性民生建设，推进基本公共服务均等化。建成世界上规模最大的教育体系、社会保障体系、医疗卫生体系。社会治理社会化、法治化、智能化、专业化水平大幅度提升，发展了人民安居乐业、社会安定有序的良好局面。人民群众获得感、幸福感、安全感更加充实、更有保障、更可持续，共同富裕取得新成效，书写了社会长期稳定奇迹。

坚持绿水青山就是金山银山的理念，生态环境保护发生历史性、转折性、全局性变化。坚持走生产发展、生活富裕、生态良好的文明发展道路。推进山水林田湖草沙一体化保护和系统治理，建立健全自然资源资产产权制度、国土空间开发保护制度、生态文明建设目标评价考核制度和责任追究制度、生态补偿制度、河湖长制、林长制、环境保护“党政同责”和“一岗双责”等制度，生态文明制度体系更加健全。全方位、全地域、全过程加强生态环境保护，美丽中国建设迈出重大步伐。

贯彻总体国家安全观，国家安全领导体制和法治体系、战略体系、政策体系不断完善。维护国家主权、安全、发展利益，完善集中统一、高效权威的国家安全领导体制，建立国家安全工作协调机制和应急管理机制，国家安全得到全面加强。共建共治共享的社会治理制度进一步健全，经受住了来自政治、经济、意识形态、自然界等方面的风险挑战考验，平安中国建设迈向更高水平，为党和国家兴旺发达、长治久安提供了有力保证。

贯彻新时代党的强军思想，人民军队现代化水平和实战能力显著提升。坚持党对人民军队的绝对领导，确立党在新时代的强军目标，贯彻新时代军事战略方针，推进政治建军、改革强军、科技强军、人才强军、依法治军。深化国防和军队改革，重构人民军队领导指挥体制、现代军事力量体系、军事政策制度，加快国防和军队现代化建设，统筹加强各方向各领域军事斗争，人民军队体制一新、结构一新、格局一新、面貌一新，中国特色强军之路越走越宽广。

全面准确推进“一国两制”实践，牢牢把握两岸关系主导权和主动权。坚持和完善“一国两制”制度体系，维护宪法和基本法确定的特别行政区宪制秩序，落实中央对特别行政区全面管治权，坚定落实“爱国者治港”“爱国者治澳”，推动香港进入由乱到治走向由治及兴的新阶段，香港、澳门保持长期稳定发展良好态势。提出新时代解决台湾问题的总体方略，促进两岸交流合作，坚决反对“台独”分裂行径，坚决反对外部势力干涉，推动两岸关系朝着正确方向发展。

全面推进中国特色大国外交，我国国际影响力、感召力、塑造力显著提升。统筹国内国际两个大局，完善外交总体布局，对中国特色大国外交作出战略谋划，推动建设新型国际关系，推动构建人类命运共同体，弘扬和平、发展、公平、正义、民主、自由的全人类共同价值。积极参与全球治理体系改革和建设，坚定维护国际公平正义，旗帜鲜明反对一切霸权主义和强权政治，毫不动摇反对任何单边主义、保护主义、霸凌行径。中国特色大国外交全面推进，构建人类命运共同体成为引领时代潮流和人类前进方向的鲜明旗帜。

深入推进全面从严治党，找到了自我革命这一跳出治乱兴衰历史周期率的第二个答案。办好中国的事情，关键在党，关键在全面从严治党。党提出和落实新时代党的建设总要求，以党的政治建设统领党的建设各项工作，坚持思想建党和制度治党同向发力，形成比较完善的党内法规体系。持之以恒正风肃纪，开展了史无前例的反腐败斗争，不敢腐、不能腐、不想腐一体推进，反腐败斗争取得压倒性胜利并全面巩固。以伟大自我革命引领伟大社会革命，党的自我净化、自我完善、自我革新、自我提高能力显著增强。

（二）厚重宝贵的历史经验

新时代十年伟大变革的历史性成就，是党领导人民团结奋斗出来的，根本在于习近平总书记掌舵领航，在于习近平新时代中国特色社会主义思想科学指引。党确立习近平同志党中央的核心、全党的核心地位，确立习近平新时代中国特色社会主义思想的指导地位，反映了全党全军全国各族人民共同心愿，对新时代党和国家事业发展、对推进中华民族伟大复兴历史进程具有决定性意义。

坚持和加强党的全面领导。党的领导是中国特色社会主义最本质的特征和中国特色社会主义制度的最大优势。新时代新征程上，最紧要的是深刻领悟“两个确立”的决定性意义，增强“四个意识”、坚定“四个自信”、做到“两个维护”，自觉在思想上政治上行动上同以习近平同志为核心的党中央保持高度一致。坚决维护党中央权威和集中统一领导，把党的领导落实到党和国家事业各领域各方面各环节，使党始终成为人民最可靠的主心骨，确保我国社会主义现代化建设正确方向。

全面深入贯彻习近平新时代中国特色社会主义思想。习近平新时代中国特色社会主义思想是当代中国马克思主义、二十一世纪马克思主义，是中华文化和中国精神的时代精华。坚持对马克思主义的坚定信仰、对中国特色社会主义的坚定信念，坚定道路自信、理论自信、制度自信、文化自信，就必须把握好习近平新时代中国特色社会主义思想的世界观和方法论，坚持好、运用好贯穿其中的立场观点方法，坚持人民至上，坚持自信自立，坚持守正创新，坚持问题导向，坚持系统观念，坚持胸怀天下，开辟马克思主义中国化时代化新境界。

坚持中国特色社会主义道路。中国特色社会主义，既坚持了科学社会主义基本原则，又根据时代条件赋予其鲜明的中国特色。坚持中国特色社会主义道路，必须坚持以经济建设为中心，坚持四项基本原则，坚持改革开放，坚持独立自主、自力更生，坚持道不变、志不改，既不走封闭僵化的老路，也不走改旗易帜的邪路，坚持把国家和民族发展放在自己力量的基点上，坚持把中国发展进步的命运牢牢掌握在自己手中。

坚持以人民为中心的发展思想。人民是党执政兴国的最大底气。始终坚持全心全意为人民服务的根本宗旨，维护人民根本利益，增进民生福祉，不断实现发展为了人民、发展依靠人民、发展成果由人民共享。坚定不移走全体人民共同富裕道路，让现代化建设成果更多更公平惠及全体人民。

坚持深化改革开放。深入推进改革创新，坚定不移扩大开放。加强改革顶层设计，冲破思想观念束缚，突破利益固化藩篱，着力破解深层次体制机制障碍，不断彰显中国特色社会主义制度优势，不断增强社会主义现代化建设的动力和活力，把我国制度优势更好转化为国家治理效能。

坚持发扬斗争精神。务必敢于斗争、善于斗争，不断增强全党全国各族人民的志气、骨气、底气，不信邪、不怕鬼、不怕压，知难而进、迎难而上。统筹发展和安全，把维护国家安全贯穿党和国家工作各方面全过程，健全国家安全体系，确保国家安全和社会稳定，依靠顽强斗争打开事业发展新天地。

坚持全面从严治党。全面建设社会主义现代化国家、全面推进中华民族伟大复兴，关键在党。坚持全面从严治党永远在路上、自我革命永远在路上，确保党永远不变质、不变色、不变味，确保党在世界形势深刻变化的历史进程中始终走在时代前列，在应对国内外各种风险和考验的历史进程中始终成为全国人民的主心骨，在坚持和发展中国特色社会主义的历史进程中始终成为坚强领导核心。

总之，坚持党的全面领导是坚持和发展中国特色社会主义的必由之路，中国特色社会主义是实现中华民族伟大复兴的必由之路，团结奋斗是中国人民创造历史伟业的必由之路，贯彻新发展理念是新时代我国发展壮大的必由之路，全面从严治党是党永葆生机活力、走好新的赶考之路的必由之路。这五条必由之路是我们党在长期实践中得出的至关紧要的规律性认识，全党必须做到矢志不渝、笃行不怠，方能不负时代、不负人民，引领和保障中国特色社会主义巍巍巨轮乘风破浪、行稳致远。

二、新时代十年伟大变革的里程碑意义

习近平总书记在省部级主要领导干部专题研讨班上发表重要讲话强调："新时代 10 年的伟大变革，在党史、新中国史、改革开放史、社会主义发展史、中华民族发展史上具有里程碑意义。"[1]新时代孕育新思想，新思想引领新征程。党的十八大以来，以习近平同志为核心的党中央统筹把握中华民族伟大复兴战略全局和世界百年未有之大变局，自信自强、守正创新，深入推进马克思主义中国化时代化，全面建成小康社会，以中国式现代化推进中华民族伟大复兴，以伟大自我

〔1〕《高举中国特色社会主义伟大旗帜　奋力谱写全面建设社会主义现代化国家新篇章》，《人民日报》2022 年 7 月 28 日。

革命引领伟大社会革命，开创了伟大的中国特色社会主义新时代。我们要树立大历史观，站在世界百年未有之大变局和中华民族5000多年文明发展的高度，深刻认识和准确把握新时代十年伟大变革的重大意义。

（一）创立了习近平新时代中国特色社会主义思想，实现了马克思主义中国化新的飞跃

马克思主义科学揭示了人类社会发展规律。中国共产党从诞生之日起，就把马克思主义写在自己的光辉旗帜上，确立为立党立国、兴党强国的根本指导思想，在指导和推动中国革命、建设和改革中，不断推进马克思主义中国化时代化。

党的十八大以来，中国特色社会主义进入新时代。以习近平同志为主要代表的中国共产党人，坚持把马克思主义基本原理同中国具体实际相结合、同中华优秀传统文化相结合，坚持毛泽东思想、邓小平理论、“三个代表”重要思想、科学发展观，深刻总结并充分运用党成立以来的历史经验，从新的实际出发，创立了习近平新时代中国特色社会主义思想。这一科学理论体系就新时代坚持和发展什么样的中国特色社会主义、怎样坚持和发展中国特色社会主义，建设什么样的社会主义现代化强国、怎样建设社会主义现代化强国，建设什么样的长期执政的马克思主义政党、怎样建设长期执政的马克思主义政党等重大时代课题，提出一系列原创性的治国理政新理念新思想新战略，是党对中国特色社会主义建设规律认识深化和理论创新的重大成果，是当代中国马克思主义、二十一世纪马克思主义，是中华文化和中国精神的时代精华，实现了马克思主义中国化新的飞跃。

在推进新时代伟大变革中，党确立习近平同志党中央的核心、全党的核心地位，确立习近平新时代中国特色社会主义思想的指导地位，

反映了全党全军全国各族人民共同心愿，对新时代党和国家事业发展、对推进中华民族伟大复兴历史进程具有决定性意义。习近平新时代中国特色社会主义思想是新时代坚持和发展中国特色社会主义的世界观和方法论，坚持好、运用好贯穿其中的立场观点方法，用马克思主义观察时代、把握时代、引领时代，必将在新时代伟大实践中不断开辟马克思主义中国化时代化新境界。

（二）党和国家事业取得历史性成就、发生历史性变革，实现中华民族伟大复兴进入了不可逆转的历史进程

实现中华民族伟大复兴是中华民族近代以来最伟大的梦想。历史发展雄辩地证明，没有中国共产党，就没有新中国，就没有中华民族伟大复兴。党矢志践行为中国人民谋幸福、为中华民族谋复兴的初心使命，团结带领人民为争取民族独立、人民解放和实现国家富强、人民幸福而不懈奋斗。新中国成立，中华民族发展进步从此开启新纪元；改革开放，中国由此大踏步赶上了时代。开创中国特色社会主义新时代，以习近平同志为核心的党中央团结带领人民，在社会主义革命和建设、改革开放和社会主义现代化建设伟大成就的基础上，承前启后、继往开来，进行具有许多新的历史特点的伟大斗争，创造了新时代中国特色社会主义的伟大成就，为实现中华民族伟大复兴提供了更为完善的制度保证、更为坚实的物质基础、更为主动的精神力量。中华民族迎来了从站起来、富起来到强起来的伟大飞跃，在新的历史条件下深化和拓展了实现中华民族伟大复兴的正确道路。

新时代十年的伟大变革，实现了第一个百年奋斗目标，乘势而上开启全面建设社会主义现代化国家新征程、向第二个百年奋斗目标迈进，推动我国进入了一个新发展阶段。新发展阶段是社会主义初级阶段中的一个阶段，同时是其中经过几十年积累、站到了新的起点上的

一个阶段。把握新发展阶段、贯彻新发展理念、构建新发展格局、推动高质量发展，党团结带领人民踔厉奋发、勇毅前行、团结奋斗，在新发展阶段奋力推进全面建设社会主义现代化国家新征程。

（三）成功推进和拓展了中国式现代化，创造了人类文明新形态

党领导的社会主义现代化建设，立足中国国情，坚持把国家和民族发展放在自己力量的基点上、把中国发展进步的命运牢牢掌握在自己手中，走自己的路。在推进新时代伟大变革中，党在新中国成立特别是改革开放以来的长期探索和实践基础上，经过党的十八大以来在理论和实践上的创新突破，团结带领人民推动物质文明、政治文明、精神文明、社会文明、生态文明协调发展，续写了经济快速发展和社会长期稳定的奇迹，成功走出了中国式现代化道路，创造了人类文明新形态。这是前无古人的伟大创举。

共同富裕是社会主义的本质要求，是中国式现代化的重要特征。共同富裕坚持以人民为中心的发展思想，是全体人民共同富裕，是人民群众物质生活和精神生活都富裕。党的十八大以来，以习近平同志为核心的党中央把促进全体人民共同富裕作为为人民谋幸福的着力点，把逐步实现全体人民共同富裕摆在更加重要的位置上，适应我国社会主要矛盾的变化，全面贯彻新发展理念，坚持在发展中保障和改善民生，协同推进人民富裕、国家强盛、中国美丽，扎实推动共同富裕。

中国式现代化既发展中国，又造福世界。在人类社会发展中，各国历史、文化、制度、发展水平不尽相同，现代化道路并没有固定模式，适合自己的才是最好的。中国式现代化把和平、发展、公平、正义、民主、自由的全人类共同价值，具体地、现实地体现到实现中国人民利益的实践中去，摒弃了西方以资本为中心、两极分化、物质主

义膨胀、对外扩张掠夺的现代化老路，拓展了发展中国家走向现代化的途径，破解了人类社会发展的诸多难题，为人类对更好社会制度的探索提供了中国方案、中国智慧。

（四）全面深化改革开放，推进国家治理体系和治理能力现代化

在推进新时代伟大变革中，以习近平同志为核心的党中央就怎样治理社会主义社会这样全新的社会进行深邃思考，将坚持和完善中国特色社会主义制度、推进国家治理体系和治理能力现代化确定为全面深化改革总目标，加快发展社会主义市场经济、民主政治、先进文化、和谐社会、生态文明，更好地解放和发展社会生产力，更好地发挥中国特色社会主义制度的优越性。

推动中国特色社会主义制度不断自我完善和发展、永葆生机活力。全面深化改革，既保持中国特色社会主义制度和国家治理体系的稳定性和延续性，又创新性地制定国家治理体系和治理能力现代化急需的制度、满足人民对美好生活新期待必备的制度。坚持和完善党的领导制度体系、人民当家作主制度体系、中国特色社会主义法治体系、中国特色社会主义行政体制，加强中国特色社会主义民主法治建设；坚持和完善社会主义基本经济制度，推动经济高质量发展；坚持和完善繁荣发展社会主义先进文化的制度，巩固全体人民团结奋斗的共同思想基础；坚持和完善统筹城乡的民生保障制度，满足人民日益增长的美好生活需要；坚持和完善共建共治共享的社会治理制度，保持社会稳定、维护国家安全；坚持和完善生态文明制度体系，促进人与自然和谐共生；坚持和完善党对人民军队的绝对领导制度，确保人民军队忠实履行新时代使命任务；坚持和完善“一国两制”制度体系，推进祖国和平统一；坚持和完善独立自主的和平外交政策，推动构建人类命运共同体；坚持和完善党和国家监督体系，强化对权力运行的制约

和监督。在推进新时代伟大变革中，中国特色社会主义制度更加巩固、优越性充分展现，为政治稳定、经济发展、文化繁荣、民族团结、人民幸福、社会安宁、国家统一提供了更加坚定有力保障。

（五）历史性地解决了绝对贫困问题，走出了一条中国特色减贫道路

新时代是决胜全面建成小康社会、进而全面建设社会主义现代化强国的时代。全面建成小康社会最艰巨最繁重的任务在农村特别是在贫困地区，没有农村的小康特别是没有贫困地区的小康，就没有全面建成小康社会。以习近平同志为核心的党中央把脱贫攻坚作为全面建成小康社会的底线任务摆在治国理政的突出位置，组织开展了脱贫攻坚人民战争。

脱贫攻坚取得重大历史性成就。以习近平同志为核心的党中央从我国国情出发，把握减贫规律，出台一系列超常规政策举措，构建了一整套行之有效的政策体系、工作体系和制度体系，通过发展生产、易地搬迁、生态补偿、发展教育、社会保障兜底，聚力攻克深度贫困堡垒，决战决胜脱贫攻坚。党的十八大以来，全国平均每年 1000 多万人脱贫，相当于一个中等国家的人口脱贫。我国现行标准下 9899 万农村贫困人口全部脱贫，832 个贫困县全部摘帽，12.8 万个贫困村全部出列。全国 28 个人口较少民族全部整族脱贫，一些新中国成立后“一步跨千年”进入社会主义社会的“直过民族”，则实现了从贫穷落后到全面小康的第二次历史性跨越。由此，我国人民生活由温饱不足到全面小康，整体上彻底摆脱了绝对贫困，成为世界上中等收入人口最多的国家。脱贫攻坚，走出了一条中国特色减贫道路，形成了中国特色反贫困理论，在解决困扰中华民族几千年的绝对贫困问题上取得了伟大历史性成就，创造了人类减贫史上的奇迹。

（六）探索出依靠党的自我革命跳出历史周期率的成功路径，以伟大自我革命引领伟大社会革命

全面从严治党是党永葆生机活力、走好新的赶考之路的必由之路。在推进新时代伟大变革中，党坚持从严管党治党，把全面从严治党纳入“四个全面”战略布局，深入推进新时代党的建设新的伟大工程。大力弘扬伟大建党精神，勇于自我革命，坚持真理、修正错误，刀刃向内、刮骨疗毒，不断清除一切损害党的先进性和纯洁性的有害因素，不断清除一切侵蚀党的健康肌体的病原体。

全面从严治党是新时代党的自我革命的伟大实践，开辟了党自我革命的新境界。在推进新时代伟大变革中，党的自我革命坚持以党的政治建设为统领，把思想建设作为党的基础性建设，坚决落实中央八项规定精神、以严明纪律整饬作风，以雷霆之势反腐惩恶，不断增强党组织政治功能和组织力凝聚力，自觉构建自我净化、自我完善、自我革新、自我提高的制度规范体系，为推进伟大自我革命提供政治、思想、组织、作风、纪律、制度基础和保障。

自我革命，是我们党区别于其他政党的显著标志，是党跳出治乱兴衰历史周期率、经过百年奋斗特别是党的十八大以来新的实践而更加充满活力的成功秘诀。党以伟大自我革命引领伟大社会革命，赢得了保持同人民群众的血肉联系、人民衷心拥护的历史主动，赢得了全党高度团结统一、走在时代前列、带领人民实现中华民族伟大复兴的历史主动，永葆党的先进性、纯洁性，不断发展壮大。全面从严治党永远在路上，党的自我革命永远在路上。

新时代十年的伟大变革，波澜壮阔、非凡壮丽，鲜明昭示坚持党的全面领导是坚持和发展中国特色社会主义的必由之路，中国特色社会主义是实现中华民族伟大复兴的必由之路，团结奋斗是中国人民创

造历史伟业的必由之路，贯彻新发展理念是新时代我国发展壮大的必由之路，全面从严治党是党永葆生机活力、走好新的赶考之路的必由之路。新征程上，高举中国特色社会主义伟大旗帜，坚定不移推进中华民族伟大复兴历史进程，必将谱写全面建设社会主义现代化国家更加辉煌的篇章。

第四节　论新时代全面深化改革与推进中国式现代化

党的二十届三中全会是我们党在以中国式现代化全面推进强国建设、民族复兴伟业的关键时期召开的一次具有里程碑意义的重要会议。会议的召开及其审议通过的《中共中央关于进一步全面深化改革、推进中国式现代化的决定》（以下简称《决定》），是党的十八届三中全会以来全面深化改革的实践续篇，也是新征程上推进中国式现代化的时代新篇。

一、中国改革开放矗立起新的里程碑

《决定》彰显了以习近平同志为核心的党中央团结带领全党全军全国各族人民将改革进行到底的坚强决心和强烈使命担当，是党对新时代新征程举什么旗、走什么路的再宣示，对以中国式现代化全面推进强国建设、民族复兴伟业具有重大而深远的意义，中国改革开放矗立起新的里程碑。

（一）政治意义

推进中国式现代化是新时代最大的政治。当前和今后一个时期，是党和国家事业发展以中国式现代化全面推进强国建设、民族复兴伟业的关键时期。以习近平同志为核心的党中央召开党的二十届三中全

会，重点研究进一步全面深化改革、推进中国式现代化问题，紧紧围绕党的中心任务谋划和部署改革，是推动全面深化改革向广度和深度进军的总动员、总部署，充分体现了完善和发展中国特色社会主义制度、推进国家治理体系和治理能力现代化的历史主动，必将为中国式现代化提供强大动力和制度保障。

为实现新时代新征程党的中心任务凝聚人心、汇聚力量。我国在改革开放和社会主义现代化建设新时期靠改革开放，大踏步赶上了时代，在新时代靠改革开放，取得历史性成就、发生历史性变革。党的二十大确立了全面建成社会主义现代化强国、实现第二个百年奋斗目标，以中国式现代化全面推进中华民族伟大复兴的中心任务，阐述了中国式现代化的中国特色、本质要求、重大原则，对推进中国式现代化作出重大战略部署。历史经验之昭示、时代发展之必然，新时代新征程上，要开创中国式现代化建设新局面，仍然要靠改革开放，根本在于进一步全面深化改革，不断完善各方面体制机制，把党的二十大作出的战略部署落到实处，为推进中国式现代化提供更加坚实、有力的制度保障。

完善和发展中国特色社会主义制度、推进国家治理体系和治理能力现代化，不断把我国制度优势更好转化为国家治理效能。中国特色社会主义制度是当代中国发展进步的根本制度保障。没有坚定的制度自信就不可能有全面深化改革的勇气，离开不断改革，制度自信也就不可能彻底和久远。新时代全面深化改革，突出制度建设这条主线，以改革为动力，创新体制机制，不断完善各方面制度，推动中国特色社会主义制度更加成熟更加定型，国家治理体系和治理能力现代化水平明显提高。然而，完善中国特色社会主义制度是一个动态过程，必然随着实践发展而不断发展，已有制度需要不断健全，新领域新实践需要推进制度创新、填补制度空白。面对新的形势和任务，必须保持政治定力，坚持实干兴邦，始终坚持和发展中国特色社会主义。以习近平同志为核心的党中央召开党的二十届三中全会，就是要进一步全面深化改革，继续完善各方面制度机制，不断革除体制机制弊端，固根基、扬优势、补短板、强弱项，使中国特色社会主义制度更好，进一步显现制度的优越性，让制度更加成熟而持久，不断把我国制度优势更好转化为国家治理效能，不断深化和拓展中国特色社会主义道路，使之越走越宽广。

（二）理论意义

实践没有止境，理论创新也没有止境。不断谱写马克思主义中国化时代化新篇章，是当代中国共产党人的庄严历史责任。党的二十届三中全会以习近平新时代中国特色社会主义思想为指导，在高度评价新时代以来全面深化改革的成功实践和伟大成就的基础上，明确进一步全面深化改革的指导思想，确立进一步全面深化改革必须贯彻的重大原则，丰富和发展中国式现代化的理论体系。

中国式现代化是在改革开放中不断推进的，也必将在改革开放中开辟广阔前景。新时代以来，以习近平同志为核心的党中央以伟大的历史主动、巨大的政治勇气、强烈的责任担当，团结带领人民实现改革由局部探索、破冰突围到系统集成、全面深化的转变，各领域基础性制度框架基本建立，许多领域实现历史性变革、系统性重塑、整体性重构，总体完成党的十八届三中全会确定的改革任务。在此基础上，党的二十届三中全会紧紧围绕推进中国式现代化进一步全面深化改革，全面贯彻习近平新时代中国特色社会主义思想特别是习近平总书记关于全面深化改革的一系列新思想、新观点、新论断，明确进一步全面深化改革的指导思想，强调进一步全面深化改革，要完整准确全面贯彻新发展理念，坚持稳中求进工作总基调，坚持解放思想、实事求是、与时俱进、求真务实，进一步解放和发展社会生产力、激发和增强社会活力，统筹国内国际两个大局，统筹推进“五位一体”总体布局，协调推进“四个全面”战略布局，以经济体制改革为牵引，以促进社会公平正义、增进人民福祉为出发点和落脚点，更加注重系统集成，更加注重突出重点，更加注重改革实效，推动生产关系和生产力、上层建筑和经济基础、国家治理和社会发展更好相适应，为中国式现代化提供强大动力和制度保障。这一指导思想深刻蕴含了习近平新时代中国特色社会主义思想的世界观和方法论，是党关于全面深化改革的规律性认识。

进一步全面深化改革的重大原则，是以习近平同志为核心的党中央总结和运用改革开放以来特别是新时代全面深化改革的宝贵经验，是党的二十届三中全会研究进一步全面深化改革、推进中国式现代化问题取得的重大理论创新成果。一是坚持党的全面领导，就是要坚定维护党中央权威和集中统一领导，发挥党总揽全局、协调各方的领导核心作用，把党的领导贯穿改革各方面全过程，确保改革始终沿着正确政治方向前进；二是坚持以人民为中心，就是要尊重人民主体地位和首创精神，人民有所呼、改革有所应，做到改革为了人民、改革依靠人民、改革成果由人民共享；三是坚持守正创新，就是要坚持中国特色社会主义不动摇，紧跟时代步伐，顺应实践发展，突出问题导向，在新的起点上推进理论创新、实践创新、制度创新、文化创新以及其他各方面创新；四是坚持以制度建设为主线，就是要加强顶层设计、总体谋划，破立并举、先立后破，筑牢根本制度，完善基本制度，创新重要制度；五是坚持全面依法治国，就是要在法治轨道上深化改革、推进中国式现代化，做到改革和法治相统一，重大改革于法有据、及时把改革成果上升为法律制度；六是坚持系统观念，就是要处理好经济和社会、政府和市场、效率和公平、活力和秩序、发展和安全等重大关系，增强改革系统性、整体性、协同性。这些重大原则，是坚持和完善中国特色社会主义制度、推进国家治理体系和治理能力现代化的必然要求，是贯彻新发展理念、更好适应我国社会主要矛盾变化的必然要求，是坚持以人民为中心、让现代化建设成果更多更公平惠及全体人民的必然要求，是应对重大风险挑战、推动党和国家事业行稳致远的必然要求，是推动构建人类命运共同体、在百年变局加速演进中赢得战略主动的必然要求，是深入推进新时代党的建设新的伟大工程、建设更加坚强有力的马克思主义政党的必然要求。

中国式现代化是强国建设、民族复兴的唯一正确道路。党的二十届三中全会对于中国式现代化作出一系列重大判断，指出高水平社会主义市场经济体制是中国式现代化的重要保障；教育、科技、人才是中国式现代化的基础性、战略性支撑；城乡融合发展是中国式现代化的必然要求；开放是中国式现代化的鲜明标识；发展全过程人民民主是中国式现代化的本质要求；法治是中国式现代化的重要保障。党的二十届三中全会提出，在发展中保障和改善民生是中国式现代化的重大任务；国家安全是中国式现代化行稳致远的重要基础；国防和军队现代化是中国式现代化的重要组成部分。这一系列重大判断是中国式现代化理论体系的重要组成部分，是进一步全面深化改革、推进中国式现代化的重要遵循，必须倍加珍惜、始终坚持、不断拓展和深化。

（三）实践意义

改革开放是党和人民事业大踏步赶上时代的重要法宝。党的十一届三中全会是划时代的，开启了改革开放和社会主义现代化建设新时期。党的十八届三中全会也是划时代的，开启了新时代全面深化改革、系统整体设计推进改革新征程，开创了我国改革开放全新局面。新时代全面深化改革，全面建设社会主义现代化国家在党实现第一个百年奋斗目标的基础上迈出坚实步伐，迈上全面建设社会主义现代化国家新征程。新时代新征程，面对纷繁复杂的国际国内形势，面对新一轮科技革命和产业变革，面对人民群众新期待，党的二十届三中全会指出，全党必须自觉把改革摆在更加突出位置，紧紧围绕推进中国式现代化进一步全面深化改革。

进一步全面深化改革，是推动高质量发展、更好适应我国社会主要矛盾变化的迫切需要。当前，推动高质量发展面临的突出问题依然是发展不平衡不充分。这是我国社会主要矛盾变化的反映，是发展中的问题，必须进一步全面深化改革，从体制机制上推动解决。党的二十届三中全会指出，推进中国式现代化是一项全新的事业，前进道路上必然会遇到各种矛盾和风险挑战。有效应对这些风险挑战，在日趋激烈的国际竞争中赢得战略主动，需要我们进一步全面深化改革，用完善的制度防范化解风险、有效应对挑战，在危机中育新机、于变局中开新局，在应对重大风险挑战中推动党和国家事业行稳致远。

党的二十届三中全会明确进一步全面深化改革的总目标，就是继续完善和发展中国特色社会主义制度，推进国家治理体系和治理能力现代化。到 2035 年，全面建成高水平社会主义市场经济体制，中国特色社会主义制度更加完善，基本实现国家治理体系和治理能力现代化，基本实现社会主义现代化，为到本世纪中叶全面建成社会主义现代化强国奠定坚实基础。为此，党的二十届三中全会作出战略部署，指出进一步全面深化改革，聚焦构建高水平社会主义市场经济体制，聚焦发展全过程人民民主，聚焦建设社会主义文化强国，聚焦提高人民生活品质，聚焦建设美丽中国，聚焦建设更高水平平安中国，聚焦提高党的领导水平和长期执政能力，继续把改革推向前进。到 2029 年中华人民共和国成立 80 周年时，完成本《决定》提出的改革任务。

改革潮起，击鼓催征。全会《决定》是举旗定向的宣言书，也是攻坚克难的路线图，凝结着我们党对所处时代环境、风险挑战、战略方向的准确判断，凝结着对全面深化改革重大原则、总体目标、主攻方向的深刻把握，凝结着将改革进行到底的深谋远虑和决心勇气。只要全党全军全国各族人民高举改革开放旗帜，凝心聚力、奋发进取，“以钉钉子精神抓好改革落实”，一张蓝图绘到底、一茬接着一茬干，一定能把进一步全面深化改革的战略部署转化为推进中国式现代化的强大力量。

二、进一步全面深化改革的正确方向

党的二十届三中全会根据我国社会基本矛盾运动的变化，科学确立进一步全面深化改革的指导思想、总目标、重大原则和战略部署，深刻阐明新时代新征程要紧紧围绕推进中国式现代化，继续完善和发展中国特色社会主义制度，推进国家治理体系和治理能力现代化，为进一步全面深化改革指明了正确方向。

（一）坚持正确方向

改革开放是一场深刻革命，是坚持和发展中国特色社会主义的必由之路。习近平总书记指出，我国改革开放之所以能取得巨大成功，关键是我们把党的基本路线作为党和国家的生命线，始终坚持把以经济建设为中心同四项基本原则、改革开放这两个基本点统一于中国特色社会主义伟大实践，既不走封闭僵化的老路，也不走改旗易帜的邪路。旗帜决定方向，方向决定道路，道路决定命运。党的二十届三中全会高举改革开放旗帜，重点研究进一步全面深化改革、推进中国式现代化问题，适应新形势和新任务，作出系统性战略部署。进一步全面深化改革、推进中国式现代化，是党的十八届三中全会以来全面深化改革的实践续篇，也是新征程上推进中国式现代化的时代新篇。中国式现代化是在改革开放中不断推进的，也必将在改革开放中开辟广阔前景。

改革开放是有方向、有立场、有原则的，进一步全面深化改革必须坚持正确方向。党的十一届三中全会在党和国家面临何去何从的重大历史关头，之所以作出实行改革开放的历史性决策，是基于对党和国家前途命运的深刻把握、对社会主义革命和建设实践的深刻总结、对时代潮流的深刻洞察、对人民群众期盼和需要的深刻体悟。改革开放以来，党领导人民开创、坚持和发展中国特色社会主义。中国特色社会主义是社会主义，那就是不论怎么改革、怎么开放，都始终要坚持中国特色社会主义道路、中国特色社会主义理论体系、中国特色社会主义制度。改革是在中国特色社会主义道路上不断前进的改革，改革的方向只能是不断推动社会主义制度自我完善和发展，而不是对社会主义制度改弦易张。坚持四项基本原则是立国之本，既以四项基本原则保证改革开放的正确方向，又通过改革开放赋予四项基本原则新的时代内涵，排除各种干扰，坚定不移走中国特色社会主义道路。当前和今后一个时期是以中国式现代化全面推进强国建设、民族复兴伟业的关键时期。进一步全面深化改革是坚持和完善中国特色社会主义制度、推进国家治理体系和治理能力现代化的必然要求，为中国式现代化提供强大动力和制度保障。历史发展是有规律的，改革开放是有根本遵循的，进一步全面深化改革，必须坚持改革开放伟大旗帜和正确方向。

（二）坚持走正确道路

中国特色社会主义道路是实现社会主义现代化、创造人民美好生活的必由之路。改革开放的历史发展和实践经验鲜明昭示，不实行改革开放死路一条，搞否定社会主义方向的“改革开放”也是死路一条。党领导人民推进改革开放伟大事业，是为了推动党和人民事业更好发展，拥有志不改、道不变的坚定，牢牢把命运掌握在自己手中，坚持独立自主、自信自立，坚定不移走自己的路。进一步全面深化改革、推进中国式现代化，是新时代新征程上推动全面深化改革向广度和深度进军的总动员、总部署，充分体现了完善和发展中国特色社会主义制度、推进国家治理体系和治理能力现代化的历史主动。

在新时代全面深化改革的基础上，党的二十届三中全会将进一步全面深化改革的总目标确立为继续完善和发展中国特色社会主义制度，推进国家治理体系和治理能力现代化。进一步全面深化改革的方向问题是带有根本性的问题。这就需要在总目标上把新时代全面深化改革和进一步全面深化改革历史地、发展地联系起来，把继续完善和发展中国特色社会主义制度同推进国家治理体系和治理能力现代化作为一个整体，完整理解和准确把握。在这一总目标中，继续完善和发展中国特色社会主义制度，规定了改革的根本方向，这就是坚定不移走中国特色社会主义道路，而不是其他什么道路；推进国家治理体系和治理能力现代化，则规定了在根本方向指引下继续完善和发展中国特色社会主义制度的鲜明指向。把推进中国式现代化作为新时代最大的政治，进一步全面深化改革就要紧紧围绕中国式现代化，遵循中国式现代化的中国特色、本质要求和重大原则，面对纷繁复杂的国际国内形势、新一轮科技革命和产业变革、人民群众新期待，对推进中国式现代化作出系统性战略部署，沿着中国特色社会主义道路，有领导有步骤地广泛而深入推进，继续把改革开放伟大事业推向前进。

（三）坚持守正创新

坚持和发展中国特色社会主义，必须不断适应社会生产力发展调整生产关系，不断适应经济基础发展完善上层建筑。习近平总书记在《关于〈中共中央关于进一步全面深化改革、推进中国式现代化的决定〉的说明》中指出，完善中国特色社会主义制度是一个动态过程，必然随着实践发展而不断发展，已有制度需要不断健全，新领域新实践需要推进制度创新、填补制度空白。面对新的形势和任务，必须进一步全面深化改革，继续完善各方面制度机制，固根基、扬优势、补短板、强弱项，不断把我国制度优势更好转化为国家治理效能。进一步全面深化改革的方向问题，具体表现为推进国家治理体系和治理能力“往什么方向走”的问题。我国改革处于攻坚期和深水区。党的二十届三中全会在进一步全面深化改革的指导思想上指出，坚持马克思列宁主义、毛泽东思想、邓小平理论、“三个代表”重要思想、科学发展观，全面贯彻习近平新时代中国特色社会主义思想，深入学习贯彻习近平总书记关于全面深化改革的一系列新思想、新观点、新论断，完整准确全面贯彻新发展理念，坚持稳中求进工作总基调，坚持解放思想、实事求是、与时俱进、求真务实；在重大原则上，坚持守正创新，坚持中国特色社会主义不动摇，紧跟时代步伐，顺应实践发展，突出问题导向，在新的起点上推进理论创新、实践创新、制度创新、文化创新以及其他各方面创新。改革开放只有进行时、没有完成时。党作出进一步全面深化改革，就是要根据我国社会基本矛盾，适应主要矛盾运动的变化，继续把全面深化改革作为推进中国式现代化的根本动力，作为稳大局、应变局、开新局的重要抓手，把准方向、守正创新、真抓实干，在新时代新征程上谱写改革开放新篇章。

进一步全面深化改革，推动生产关系和生产力、上层建筑和经济基础、国家治理和社会发展更好相适应，必须抓住改革问题的实质，方向一定要准，才能步子稳、行驶稳，尤其是不能犯颠覆性错误。这就需要坚持守正创新，正确把握和处理好进一步全面深化改革上的“改”与“不改”的辩证统一关系。2013 年 11 月，习近平总书记在十八届三中全会第二次全体会议上指出：“有些不能改的，再过多长时间也是不改，不能把这说成是不改革。”〔1〕在 2024 年 5 月主持召开企业和专家座谈会时，他紧扣推进中国式现代化主题，就进一步全面深化改革强调：“改革无论怎么改，坚持党的全面领导、坚持马克思主义、坚持中国特色社会主义道路、坚持人民民主专政等根本的东西绝对不能动摇，同时要敢于创新，把该改的、能改的改好、改到位，看准了就坚定不移抓。”〔2〕党领导人民进一步全面深化改革，就是从我国国情出发、从经济社会发展实际出发，不断推进改革。在这方面，不能把西方的理论、观点生搬硬套在自己身上。我国国家治理体系需要不断改进和完善，关于怎么改、怎么完善，党的主张和定力集中体现在进一步全面深化改革的原则上，根本方向就是坚持中国共产党领导和我国社会主义制度不动摇。中国式现代化是党领导的社会主义现代化，只有时刻保持解决大党独有难题的清醒和坚定，把党建设得更加坚强有力，才能确保中国式现代化劈波斩浪、行稳致远，不断为中国式现代化注入强劲动力、提供有力制度保障。

三、进一步全面深化改革与中国式现代化的历史逻辑

围绕党的中心任务谋划和部署改革，是党领导改革开放的成功经

---

〔1〕《习近平关于全面深化改革论述摘编》，中央文献出版社 2014 年版，第 20 页。

〔2〕《紧扣推进中国式现代化主题　进一步全面深化改革》，《人民日报》2024 年 5 月 24 日。

验。党的二十届三中全会重点研究进一步全面深化改革、推进中国式现代化问题，审议通过《中共中央关于进一步全面深化改革、推进中国式现代化的决定》（以下简称《决定》），是党的十八届三中全会以来全面深化改革的实践续篇，也是新征程上推进中国式现代化的时代新篇。全会回顾和总结改革开放以来特别是新时代全面深化改革的宝贵经验，确立进一步全面深化改革必须贯彻的重大原则，深刻揭示和彰显进一步全面深化改革与中国式现代化的鲜明历史逻辑。

（一）中国式现代化是在改革开放中不断推进的，也必将在改革开放中开辟广阔前景

改革开放是党的一次伟大觉醒，孕育、探索和发展改革开放和社会主义现代化建设的理论与实践，推动中国特色社会主义事业的伟大飞跃。党的十一届三中全会作出把党和国家工作中心转移到经济建设上来、实行改革开放的历史性决策，基于对党和国家前途命运的深刻把握、对社会主义革命和建设实践的深刻总结、对时代潮流的深刻洞察和对人民群众期盼与需要的深刻体悟。党不断推进马克思主义中国化时代化，深刻揭示社会主义本质，科学确立和一以贯之地坚持社会主义初级阶段基本路线，指导并不断推进实践创新、理论创新、制度创新，坚定不移走自己的路。在改革开放和社会主义现代化建设新时期，我国改革从农村实行家庭联产承包责任制率先突破，逐步转向城市经济体制改革并全面铺开，实现了从高度集中的计划经济体制到充满活力的社会主义市场经济体制、从封闭半封闭到全方位开放的历史性转变。党领导人民在改革开放中开创、坚持和发展中国特色社会主义。中国特色社会主义道路指引中国发展繁荣，引领中国大踏步赶上了时代。

实践发展永无止境，解放思想永无止境，改革开放只有进行时、

没有完成时，改革开放中的矛盾只能用改革开放的办法来解决。新时代以来，我国改革进入攻坚期和深水区，党把改革摆在更加突出位置，在改革开放和社会主义现代化新时期取得的成就与经验基础上，面对纷繁复杂的国际国内形势、新一轮科技革命和产业变革、人民群众新期待，统筹推进“五位一体”总体布局、协调推进“四个全面”战略布局，不断实现理论和实践上的创新突破，成功推进和拓展了中国式现代化。党的十八届三中全会确立全面深化改革的总目标是完善和发展中国特色社会主义制度，推进国家治理体系和治理能力现代化，开启了新时代全面深化改革、系统整体设计推进改革新征程。党领导人民不断解放和发展社会生产力，推动全面深化改革向广度和深度发展，实现改革由局部探索、破冰突围到系统集成、全面深化的转变，各领域基础性制度框架基本建立，许多领域实现历史性变革、系统性重塑、整体性重构，为全面建成小康社会、实现党的第一个百年奋斗目标提供有力制度保障，推动我国迈上全面建设社会主义现代化国家新征程，党和国家事业不断焕发出新的生机活力。

中国式现代化是党领导的社会主义现代化。党的二十大确立全面建成社会主义现代化强国、实现第二个百年奋斗目标，以中国式现代化全面推进中华民族伟大复兴的中心任务。当前和今后一个时期是以中国式现代化全面推进强国建设、民族复兴伟业的关键时期。新时代新征程，广泛而深入推进中国式现代化，以“两个结合”为根本要求，进一步全面深化改革，不断完善各方面体制机制，为推进中国式现代化提供制度保障，建设中华民族现代文明。党的二十届三中全会确立进一步全面深化改革的总目标是继续完善和发展中国特色社会主义制度，推进国家治理体系和治理能力现代化。到 2035 年，全面建成高水平社会主义市场经济体制，中国特色社会主义制度更加完善，基本实现国家治理体系和治理能力现代化，基本实现社会主义现代化，为到本世纪中叶全面建成社会主义现代化强国奠定坚实基础。党的二十届三中全会描绘并展现出中国式现代化的光明前景和繁荣兴盛，党领导人民以中国式现代化全面推进强国建设、民族复兴伟业，谱写当代中国更加壮丽华彩乐章。

（二）坚持和运用改革开放以来特别是新时代全面深化改革的历史经验

改革开放是坚持和发展中国特色社会主义的必由之路，中国式现代化是强国建设、民族复兴的唯一正确道路。党在领导人民推进中国式现代化中，坚持解放思想、实事求是、守正创新，不断总结历史经验，准确把握时代大势，勇于站在人类发展前沿，坚持改革开放正确方向，确定改革开放必须遵循的原则，充分体现了完善和发展中国特色社会主义制度、推进国家治理体系和治理能力现代化的历史主动。拥有马克思主义科学理论指导是党坚定信仰信念、把握历史主动的根本所在。

我国改革开放之所以不断取得巨大成功，关键在于把党的基本路线作为党和国家的生命线，把改革开放事业深深扎根于人民群众之中，正确处理改革发展稳定关系，深入推进改革创新，坚定不移扩大开放，着力破解深层次体制机制障碍，吸收人类文明有益成果，构建系统完备、科学规范、运行有效的制度体系，充分发挥我国社会主义制度优越性，不断彰显中国特色社会主义制度优势，不断增强社会主义现代化建设的动力和活力，把我国制度优势更好转化为国家治理效能。

党的二十届三中全会把回顾和总结改革开放以来特别是新时代全面深化改革的宝贵经验，与进一步全面深化改革、推进中国式现代化的“六个重大原则”统一起来，深刻阐明这些原则的基本内涵、核心要义和精神实质，以及坚持和运用这些原则的世界观和方法论意义。

坚持党的全面领导。进一步全面深化改革，必须始终坚持党对改革开放的领导权，维护党中央权威和集中统一领导，发挥党总揽全局、协调各方的领导核心作用，把党的领导贯穿改革各方面全过程，确保改革始终沿着正确政治方向前进。历史地看，党领导人民之所以实现伟大历史转折、开启改革开放新时期和中华民族伟大复兴新征程，坚定不移走中国特色社会主义道路，既不走封闭僵化的老路也不走改旗易帜的邪路，并在改革开放中成功应对一系列重大风险挑战、克服无数艰难险阻，根本原因就在于党领导人民坚持改革开放正确方向、沿着正确道路推进，同时不断改善党的领导，让党的领导更加适应实践、时代、人民的要求。坚持党的全面领导，决定党和国家前途命运，必须在改革开放中保持高度的思想自觉、政治自觉和行动自觉，把方向、谋大局、定政策、促改革，提高党对进一步全面深化改革、推进中国式现代化的领导水平。

坚持以人民为中心。人民是历史的创造者。尊重人民主体地位和首创精神，人民有所呼、改革有所应，做到改革为了人民、改革依靠人民、改革成果由人民共享。进一步全面深化改革，要始终站在人民立场上、从人民利益出发，把握和处理好涉及改革的重大问题，充分调动人民群众推进改革的积极性、主动性和创造性，把最广大人民智慧和力量凝聚到改革上来，不断促进人的全面发展、全体人民共同富裕。

坚持守正创新。坚持马克思主义指导地位，坚持中国特色社会主义不动摇，紧跟时代步伐，顺应实践发展，突出问题导向，在新的起点上推进理论创新、实践创新、制度创新、文化创新以及其他各方面创新。守正才能不迷失自我、不迷失方向，创新才能把握时代、引领时代。进一步全面深化改革，要坚持解放思想和实事求是有机统一，坚持理论联系实际，强化问题意识、时代意识、战略意识，及时回答时代之问、人民之问，改什么、怎么改必须以是否符合完善和发展中国特色社会主义制度、推进国家治理体系和治理能力现代化的总目标为根本尺度，坚持把国家和民族发展放在自己力量的基点上，坚持把中国发展进步的命运牢牢掌握在自己手中。

坚持以制度建设为主线。制度是关系党和国家事业发展的根本性、全局性、稳定性和长期性问题。中国特色社会主义制度是当代中国发展进步的根本制度保障。进一步全面深化改革，要以制度建设为主线，加强顶层设计、总体谋划，破立并举、先立后破，筑牢根本制度，完善基本制度，创新重要制度。党的二十届三中全会强调构建高水平社会主义市场经济体制，健全推动经济高质量发展体制机制，构建支持全面创新体制机制，健全宏观经济治理体系，完善城乡融合发展体制机制，完善高水平对外开放体制机制，健全全过程人民民主制度体系，完善中国特色社会主义法治体系，深化文化体制机制改革，健全保障和改善民生制度体系，深化生态文明体制改革，推进国家安全体系和能力现代化，为中国式现代化提供强大动力和制度保障。

坚持全面依法治国。法治是中国式现代化的重要保障。进一步全面深化改革，就要在法治轨道上深化改革、推进中国式现代化，做到改革和法治相统一，重大改革于法有据、及时把改革成果上升为法律制度。全面贯彻实施宪法，维护宪法权威，协同推进立法、执法、司法、守法各环节改革，健全法律面前人人平等保障机制，弘扬社会主义法治精神，维护社会公平正义，全面推进国家各方面工作法治化。

坚持系统观念。万事万物是相互联系、相互依存的，只有用普遍联系的、全面系统的、发展变化的观点观察事物，才能把握事物发展规律。进一步全面深化改革，就要善于从政治上看问题，从系统观念出发，处理好经济和社会、政府和市场、效率和公平、活力和秩序、发展和安全等重大关系，增强改革系统性、整体性、协同性。

党的二十届三中全会进一步深化了党对改革开放规律性的认识和对全面深化改革的准确把握，在进一步全面深化改革的指导思想、重大原则、问题和目标导向、战略安排、系统部署和实践路径上，丰富和发展了推进中国式现代化的鲜明时代内涵与特点。

（三）紧紧围绕推进中国式现代化进一步全面深化改革

中国式现代化是党在新中国成立特别是改革开放以来长期探索和实践基础上，经过党的十八大以来在理论和实践上的创新突破，成功推进和拓展的社会主义现代化。新时代全面深化改革，推动党和国家事业取得历史性成就、发生历史性变革，特别是消除了绝对贫困问题，全面建成小康社会，为中国式现代化提供了更为完善的制度保证、更为坚实的物质基础、更为主动的精神力量。

历史发展深刻昭示，只有社会主义才能救中国，只有改革开放才能发展中国、发展社会主义、发展马克思主义。新时代新征程，党领导人民广泛而深入推进中国式现代化，面对纷繁复杂的国际国内形势、新一轮科技革命和产业变革、人民群众新期待，必须继续把改革推向前进，紧紧围绕推进中国式现代化进一步全面深化改革。《决定》指出，这是坚持和完善中国特色社会主义制度、推进国家治理体系和治理能力现代化的必然要求，是贯彻新发展理念、更好适应我国社会主要矛盾变化的必然要求，是坚持以人民为中心、让现代化建设成果更多更公平惠及全体人民的必然要求，是应对重大风险挑战、推动党和国家事业行稳致远的必然要求，是推动构建人类命运共同体、在百年变局加速演进中赢得战略主动的必然要求，是深入推进新时代党的建设新的伟大工程、建设更加坚强有力的马克思主义政党的必然要求。进一步全面深化改革，有利于凝聚人心、汇聚力量，完善和发展中国特色社会主义制度、推进国家治理体系和治理能力现代化。完善中国特色社会主义制度是一个动态过程，必然随着实践发展而不断发展，已有制度需要不断健全，新领域新实践需要推进制度创新、填补制度空白。当前，推动高质量发展面临的突出问题依然是发展不平衡不充分，必须进一步全面深化改革，从体制机制上推动解决。推进中国式现代化是一项全新的事业，前进道路上必然会遇到各种矛盾和风险挑战。有效应对这些风险挑战，在日趋激烈的国际竞争中赢得战略主动，需要进一步全面深化改革，用完善的制度防范化解风险、有效应对挑战，在危机中育新机、于变局中开新局。

新时代新征程，面对新的形势和任务，党的二十届三中全会围绕进一步全面深化改革、推进中国式现代化这一主题，根据社会主要矛盾和矛盾的主要方面，明确指导思想，确立重大原则，作出系统部署，既统筹全面又把握重点，既立足现实又面向前沿，继续把改革推向前进。

进一步全面深化改革，以经济体制改革为牵引，以促进社会公平正义、增进人民福祉为出发点和落脚点，更加注重系统集成，更加注重突出重点，更加注重改革实效，推动生产关系和生产力、上层建筑和经济基础、国家治理和社会发展更好相适应。高水平社会主义市场经济体制是中国式现代化的重要保障；教育、科技、人才是中国式现代化的基础性、战略性支撑；城乡融合发展是中国式现代化的必然要求；开放是中国式现代化的鲜明标识；发展全过程人民民主是中国式现代化的本质要求；法治是中国式现代化的重要保障；在发展中保障和改善民生是中国式现代化的重大任务；国家安全是中国式现代化行稳致远的重要基础；国防和军队现代化是中国式现代化的重要组成部分。为此，党的二十届三中全会把进一步全面深化改革，聚焦于构建高水平社会主义市场经济体制、发展全过程人民民主、建设社会主义文化强国、提高人民生活品质、建设美丽中国、建设更高水平平安中国、提高党的领导水平和长期执政能力，就是要坚持继续完善各方面制度机制，固根基、扬优势、补短板、强弱项，不断把我国制度优势更好转化为国家治理效能。

推进中国式现代化，是新时代最大的政治。党领导人民把改革摆在更加突出位置，紧紧围绕推进中国式现代化进一步全面深化改革，必将继续完善和发展中国特色社会主义制度，推进国家治理体系和治理能力现代化，不断为中国式现代化提供强大动力和制度保障。

四、强国建设、民族复兴的唯一正确道路

中华人民共和国成立75年来，全党全国各族人民同心同德、艰苦奋斗，取得了令世界刮目相看的伟大成就。其中一个伟大成就，就是中国共产党领导全国各族人民在长期探索和实践中历经千辛万苦、付出巨大代价，取得了中国式现代化这一重大成果。习近平总书记指出：“实践证明，中国式现代化走得通、行得稳，是强国建设、民族复兴的唯一正确道路。”[1]一切向前走，都不能忘记走过的路。认真回顾我们党领导人民探索、推进、拓展中国式现代化的历程，有助于加深对中国式现代化的理解和把握，在全面建设社会主义现代化国家新征程中倍加珍惜、始终坚持、不断推进和拓展中国式现代化，为全面推进中华民族伟大复兴而团结奋斗。

---

〔1〕习近平：《中国式现代化是强国建设、民族复兴的康庄大道》，《求是》2023年第16期。

（一）社会主义革命和建设时期为现代化建设奠定根本政治前提和提供宝贵经验、理论准备、物质基础

一唱雄鸡天下白。1949 年 10 月 1 日，中国共产党团结带领中国人民建立了人民当家作主的中华人民共和国，实现了民族独立、人民解放，中国人民站起来了，成为国家、社会和自己命运的主人，中华民族任人宰割、饱受欺凌的时代一去不复返了，中国发展从此开启了新纪元，为实现现代化创造了根本社会条件。

关于在新民主主义革命胜利基础上建设一个什么样的新中国，我们党在全国革命胜利前夕召开的七届二中全会上，明确提出了中国由农业国转变为工业国、由新民主主义社会转变为社会主义社会的发展方向。新中国成立后，我们党带领人民迅速医治战争创伤、恢复国民经济，全国工农业生产在 1952 年底已经达到历史最高水平。在此基础上，我们党不失时机提出过渡时期总路线，领导人民创造性地开辟了一条适合中国特点的社会主义改造的道路，逐步对农业、手工业和资本主义工商业进行了社会主义改造。1956 年，我国基本上完成对生产资料私有制的社会主义改造，建立起社会主义经济制度。这一时期，党领导确立人民代表大会制度、中国共产党领导的多党合作和政治协商制度、民族区域自治制度，为人民当家作主提供了制度保证。

新中国的成立、社会主义基本制度的确立，实现了中华民族有史以来最为广泛而深刻的社会变革，实现了一穷二白、人口众多的东方大国大步迈进社会主义社会的伟大飞跃。此后，在中国共产党坚强领导下，我国各族人民意气风发投身中国历史上从来不曾有过的热气腾腾的社会主义建设。这一时期，我们党创造性地探索适合中国情况的社会主义建设道路，制定了把我国建设成为一个强大的社会主义国家的战略部署，逐步建设起新中国赖以进行现代化建设的很大一部分物

质技术基础，特别是建立了独立的比较完整的工业体系和国民经济体系。社会主义革命和建设时期，党领导人民取得了独创性理论成果和巨大成就，为现代化建设奠定了根本政治前提和宝贵经验、理论准备、物质基础。

（二）改革开放和社会主义现代化建设新时期为中国式现代化提供了充满新的活力的体制保证和快速发展的物质条件

“文化大革命”结束后，在党和国家面临何去何从的重大历史关头，我们党深刻认识到，只有实行改革开放才是唯一出路，否则我们的现代化事业和社会主义事业就会被葬送。1978 年 12 月，党的十一届三中全会召开。在这次全会上，我们党基于对党和国家前途命运的深刻把握、对社会主义革命和建设实践的深刻总结、对时代潮流的深刻洞察和对人民群众期盼和需要的深刻体悟，作出把党和国家工作中心转移到经济建设上来、实行改革开放的历史性决策，开启了改革开放和社会主义现代化建设新时期。

这一时期，中国共产党领导的现代化建设开始在中国特色社会主义道路上大踏步推进。我们党深刻总结新中国成立以来正反两方面经验，围绕什么是社会主义、怎样建设社会主义这一根本问题，深刻揭示社会主义本质，开创、坚持、捍卫、发展了中国特色社会主义。我们党作出我国社会处于并将长期处于社会主义初级阶段的重大论断，确立和坚持“一个中心、两个基本点”的社会主义初级阶段基本路线，明确提出走自己的路、建设中国特色社会主义，科学回答了建设中国特色社会主义的一系列基本问题。

中国特色社会主义之所以具有蓬勃生命力，就在于它是实行改革开放的社会主义。我国改革从农村实行家庭联产承包责任制率先突破，逐步转向城市经济体制改革并全面铺开，同时进行政治、文化、社会等各领域体制改革；对外开放从兴办深圳等经济特区、开发开放浦东、推动沿海沿边沿江沿线和内陆中心城市对外开放到加入世界贸易组织，从“引进来”到“走出去”，充分利用国际国内两个市场、两种资源。为了加快推进社会主义现代化，党领导人民进行经济建设、政治建设、文化建设、社会建设，实施科教兴国战略、可持续发展战略、人才强国战略等重大战略，推进西部大开发，振兴东北地区等老工业基地，促进中部地区崛起，支持东部地区率先发展，促进城乡、区域协调发展，推动国有企业改革和发展，鼓励和支持发展非公有制经济，加快转变经济发展方式，加强生态环境保护，推动经济持续快速发展，综合国力大幅提升。经过持续推进改革开放，我国实现了从高度集中的计划经济体制到充满活力的社会主义市场经济体制、从封闭半封闭到全方位开放的历史性转变，实现了从生产力相对落后的状况到经济总量跃居世界第二的历史性突破，实现了人民生活从温饱不足到总体小康、奔向全面小康的历史性跨越，为中国式现代化提供了充满新的活力的体制保证和快速发展的物质条件。

（三）中国特色社会主义新时代成功推进和拓展了中国式现代化

回望历史，从第一个五年计划到第十四个五年规划，一以贯之的主题是把我国建设成为社会主义现代化国家。我们曾经走过弯路，也遭遇过一些意想不到的困难和挫折，但建设社会主义现代化国家的意志和决心始终没有动摇。

党的十八大以来，中国特色社会主义进入新时代。在以习近平同志为核心的党中央坚强领导下，党和国家事业取得历史性成就、发生历史性变革，中华民族迎来了从站起来、富起来到强起来的伟大飞跃，中国式现代化开启了新的篇章。习近平总书记指出：“党的十八大以来，我们党在已有基础上继续前进，不断实现理论和实践上的创新突破，成功推进和拓展了中国式现代化。”[1]我们在认识上不断深化，创立了习近平新时代中国特色社会主义思想，实现了马克思主义中国化时代化新的飞跃，为中国式现代化提供了根本遵循。我们进一步深化对中国式现代化的内涵和本质的认识，概括形成中国式现代化的中国特色、本质要求和重大原则，初步构建中国式现代化的理论体系，使中国式现代化更加清晰、更加科学、更加可感可行。我们在战略上不断完善，统筹推进“五位一体”总体布局，协调推进“四个全面”战略布局，深入实施科教兴国战略、人才强国战略、乡村振兴战略等一系列重大战略，为中国式现代化提供坚实战略支撑。我们在实践上不断丰富，推进一系列变革性实践、实现一系列突破性进展、取得一系列标志性成果，推动党和国家事业取得历史性成就、发生历史性变革，特别是消除了绝对贫困问题，全面建成小康社会，为中国式现代化提供了更为完善的制度保证、更为坚实的物质基础、更为主动的精神力量。

面向未来，习近平总书记在党的二十大报告中提出了新时代新征程中国共产党的使命任务：“从现在起，中国共产党的中心任务就是团结带领全国各族人民全面建成社会主义现代化强国、实现第二个百年奋斗目标，以中国式现代化全面推进中华民族伟大复兴。”[2]我们要深刻认识到，中国式现代化是中国共产党领导的社会主义现代化，党的领导决定中国式现代化的根本性质，确保中国式现代化锚定奋斗目标行稳致远，激发建设中国式现代化的强劲动力，凝聚建设中国式现代化的磅礴力量，推进和拓展中国式现代化必须坚持党的领导；习近平新时代中国特色社会主义思想实现了马克思主义中国化时代化新的飞跃，为中国式现代化提供了根本遵循，推进和拓展中国式现代化必须

〔1〕《正确理解和大力推进中国式现代化》，《人民日报》2023年2月8日。

〔2〕习近平：《为实现党的二十大确定的目标任务而团结奋斗》，《求是》2023年第1期。

坚持以习近平新时代中国特色社会主义思想为科学指引。我们要深刻认识到，中国式现代化是党领导人民在长期探索和实践中取得的重大理论和实践成果，为中华民族伟大复兴开辟了广阔前景；中国式现代化是一种全新的人类文明形态，其所蕴含的独特世界观、价值观、历史观、文明观、民主观、生态观等及其伟大实践，是对世界现代化理论和实践的重大创新。推进中国式现代化，是一项前无古人的开创性事业。要守好中国式现代化的本和源、根和魂，深刻洞察世界发展大势，准确把握人民群众的共同愿望，深入探索经济社会发展规律，坚持统筹兼顾、系统谋划、整体推进，正确处理好顶层设计与实践探索、战略与策略、守正与创新、效率与公平、活力与秩序、自立自强与对外开放等一系列重大关系。新征程上，我们要坚持独立自主、自立自强，坚持把国家和民族发展放在自己力量的基点上，坚持把我国发展进步的命运牢牢掌握在自己手中，在中国式现代化道路上不断开辟中华民族伟大复兴更加广阔的前景。

第四章

论伟大建党精神与历史主动精神

伟大建党精神内涵丰富而深邃，跨越时空，贯穿中国共产党人的精神谱系，融入中华民族精神和时代精神，引领党以自我革命推动伟大社会革命，凝聚起实现中华民族伟大复兴的磅礴力量，不断把中国特色社会主义伟大事业推向前进。

第一节　深刻认识和把握伟大建党精神的科学内涵

十月革命一声炮响，给中国送来了马克思列宁主义，中国人民“翘首以迎其世界的新文明之曙光”[1]。那时的中国，马克思主义在与各种思想和主义的碰撞中越辩越明，马克思主义的思想阵地一步步扩大。随着五四运动爆发，中国工人阶级第一次以独立的姿态登上政治舞台。中国共产党在马克思主义与中国工人运动相结合中应运而生。中国产生了共产党，这是开天辟地的大事变，深刻改变了近代以后中华民族发展的方向和进程，深刻改变了中国人民和中华民族的前途和命运，深刻改变了世界发展的趋势和格局。

---

〔1〕中国李大钊研究会编注:《李大钊全集》第2卷，人民出版社2013年版，第332页。

一、坚持真理，坚守理想

泱泱中华，历史悠久，在5000多年的历史长河中，创造了灿烂瑰丽的中华文明，为人类文明进步作出了不可磨灭的贡献。然而，鸦片战争以后，中国在西方列强侵略下逐渐沦为半殖民地半封建社会。为了拯救民族危亡，中国人民奋起反抗，仁人志士奔走呐喊，太平天国运动、戊戌变法、义和团运动、辛亥革命接连而起，各种救国救民方案轮番出台，但都以失败而告终，其中一个重要原因就是没有找到科学的思想理论，缺乏强有力的组织力量。

中国共产党从成立之日起，就把马克思主义作为根本指导思想，镌刻在自己的光辉旗帜上，并在实践中不断丰富和发展，推进马克思主义中国化。中国共产党的世界观、历史观和价值观都根源于马克思主义基本原理。理论上清醒，政治上才能坚定，斗争起来才有底气、才有力量。中国共产党人的理想信念，建立在马克思主义科学真理基础之上，建立在马克思主义揭示的人类社会发展规律的基础之上。坚持真理，就是坚持马克思主义的指导地位，坚持马克思主义的科学伟力；坚守理想，就是坚守共产主义远大理想和社会主义共同理想，并为之而不懈奋斗。

对共产主义的信仰，对中国特色社会主义的信念，是中国共产党人的政治灵魂。习近平总书记指出："理想信念之火一经点燃，就永远不会熄灭。"[1] 100多年来，党团结带领人民，在毛泽东思想、邓小平理论、"三个代表"重要思想、科学发展观、习近平新时代中国特色社会主义思想的指引下，书写了中华民族发展史上最恢宏的壮丽史诗、

〔1〕习近平:《用好红色资源，传承好红色基因　把红色江山世世代代传下去》,《求是》2021年第10期。

最精彩的光辉篇章。“敌人只能砍下我们的头颅，决不能动摇我们的信仰”[1]。正是因为对真理的坚持和对理想的坚守，中国共产党才能在经受一次次挫折后一次次奋起。坚持马克思主义的立场、观点、方法，坚定理想信念，才能在纷繁复杂的社会矛盾关系中心明眼亮，在充满风险挑战的考验面前坚持正确前进方向，自觉做共产主义远大理想和中国特色社会主义共同理想的坚定信仰者和忠实实践者。

二、践行初心，担当使命

为中国人民谋幸福、为中华民族谋复兴，是中国共产党人的初心和使命，是党的性质宗旨、理想信念、奋斗目标的集中体现，是激励一代代中国共产党人前赴后继、英勇奋斗的根本动力。初心如磐，使命在肩。一百年来，从石库门到天安门，从兴业路到复兴路，从小小红船到巍巍巨轮，中国共产党团结带领人民历经 28 年浴血奋战，推翻压在中国人民头顶上的“三座大山”，建立了新中国，彻底改变了近代以后 100 多年中国积贫积弱、受人欺凌的悲惨命运，中华民族走上了实现伟大复兴的壮阔道路；新中国成立以来，经过 70 多年的风雨前行以及改革开放 40 多年的开拓前进，开创和坚持中国特色社会主义这一实现中华民族伟大复兴的正确道路，推动中华民族迎来了从站起来、富起来到强起来的伟大飞跃，中华民族伟大复兴展现出前所未有的光明前景。

中国共产党立志于中华民族千秋伟业，践行初心、担当使命始终不渝。习近平总书记指出，“我们党在那么弱小的情况下能够逐步发展壮大起来，在腥风血雨中能够一次次绝境重生，在攻坚克难中能够

〔1〕习近平:《在庆祝中国共产党成立 95 周年大会上的讲话》,《求是》2021 年第 8 期。

不断从胜利走向胜利，根本原因就在于不管是处于顺境还是逆境，我们党始终坚守为中国人民谋幸福、为中华民族谋复兴这个初心和使命，义无反顾向着这个目标前进，从而赢得了人民衷心拥护和坚定支持”[1]。以百姓心为心，与人民同呼吸、共命运、心连心，是党的初心，也是党的恒心。践行初心，就是牢记全心全意为人民服务的根本宗旨，牢记人民对美好生活的向往就是党的奋斗目标，以坚定的理想信念坚守初心。担当使命，就是牢记党肩负的实现中华民族伟大复兴的历史使命，勇于担当负责，积极主动作为，以坚忍不拔的意志和无私无畏的勇气战胜前进道路上的一切艰难险阻，在先驱们用生命和鲜血开辟的道路上不畏风浪、直面挑战，以时不我待的奋进姿态，继续向着实现中华民族伟大复兴的光辉目标进发，在人类社会发展史上创造中国人民、中华民族的光辉历史。

中国共产党人践行初心、担当使命，坚定正确道路和方向，铸就了中国共产党的伟大革命精神。这些伟大革命精神跨越时空、永不过时，是砥砺前行的不竭精神动力。一个忘记来路的民族必定是没有出路的民族，一个忘记初心的政党必定是没有未来的政党。红色政权来之不易，新中国来之不易，中国特色社会主义来之不易。践行初心、担当使命，就是要不懈奋斗、永远奋斗，把革命先烈为之奋斗、为之牺牲的伟大事业奋力推向前进。

三、不怕牺牲，英勇斗争

中国共产党诞生于国家内忧外患、民族危难之时。党高举马克思主义伟大旗帜，自觉肩负起实现民族独立、人民解放和国家富强、人

---

〔1〕习近平:《牢记初心使命，推进自我革命》,《求是》2019年第15期。

民幸福的历史大任，满怀“为有牺牲多壮志，敢教日月换新天”的豪情壮志，不怕牺牲，艰苦奋斗，团结带领中国人民进行英勇斗争，跨过千山万水，战胜千难万险，取得了一个又一个胜利。

中国共产党和中国人民是在斗争中成长和壮大起来的，有斗争，就会有牺牲。建立中国共产党、成立中华人民共和国、实行改革开放、推进新时代中国特色社会主义事业，都是在中国共产党团结带领人民作出巨大牺牲中实现、发展和壮大的。在新民主主义革命时期，英勇牺牲并有名可查的革命烈士就达 370 万人。为了捍卫新中国安全，保家卫国，由中华优秀儿女组成的中国人民志愿军出国作战，超过 19.7 万名英雄儿女献出了宝贵生命。在新时代脱贫攻坚斗争中，1800 多名同志将生命永远定格在了脱贫攻坚征程上。斗争精神是贯穿中国革命、建设、改革各个时期的。敢于斗争、敢于胜利，是中国共产党人鲜明的政治品格和政治优势。

当今世界正经历百年未有之大变局，中华民族伟大复兴正处在关键时期，改革发展正处在攻坚克难的重要阶段。习近平总书记指出：“中华民族伟大复兴，绝不是轻轻松松、敲锣打鼓就能实现的，实现伟大梦想必须进行伟大斗争。在前进道路上我们面临的风险考验只会越来越复杂，甚至会遇到难以想象的惊涛骇浪。我们面临的各种斗争不是短期的而是长期的，至少要伴随我们实现第二个百年奋斗目标全过程。”[1]新的历史条件下，形势环境变化之快、改革发展稳定任务之重、矛盾风险挑战之多，对治国理政考验之大前所未有。不怕牺牲、英勇斗争，是中国共产党人的政治担当。在进行具有许多新的历史特点的

〔1〕《习近平在中央党校（国家行政学院）中青年干部培训班开班式上发表重要讲话强调：发扬斗争精神增强斗争本领　为实现“两个一百年”奋斗目标而顽强奋斗》，《人民日报》2019 年 9 月 4 日。

伟大斗争的新征程中，必须继承和发扬共产党人的斗争精神，“骨头要硬，敢于出击，敢战能胜”[1]，以越是艰险越向前的精神奋勇搏击、迎难而上，增强斗争本领，不怕牺牲，顽强拼搏，努力书写无愧于历史、无愧于人民、无愧于时代的壮丽篇章。

四、对党忠诚，不负人民

对党忠诚，就是忠诚于党的组织，忠诚于党的事业，为共产主义奋斗终身。不负人民，就是不辜负人民群众对党的信任和重托，坚持人民至上，兢兢业业为人民谋幸福。

对党忠诚、永不叛党，是党章对党员的基本要求，是中国共产党人一以贯之的精神品质，贯穿于革命建设改革各个历史时期。习近平总书记指出：“对党忠诚，不是抽象的而是具体的，不是有条件的而是无条件的，必须体现到对党的信仰的忠诚上，必须体现到对党组织的忠诚上，必须体现到对党的理论和路线方针政策的忠诚上。”[2]作为共产党员，无论在顺境还是逆境中，都无条件服从组织领导，毫无保留地投身党的事业。正因如此，中国共产党才能够在血雨腥风中巍然屹立，在艰难险阻中不断向前，实现由弱到强的华丽转变，团结带领人民创造出一个又一个彪炳史册的人间奇迹。

党的根基在人民、血脉在人民、力量在人民。党始终代表最广大人民根本利益，与人民休戚与共、生死相依，没有任何自己特殊的利

〔1〕《习近平在中央党校（国家行政学院）中青年干部培训班开班式上发表重要讲话强调：发扬斗争精神增强斗争本领　为实现“两个一百年”奋斗目标而顽强奋斗》，《人民日报》2019年9月4日。

〔2〕《中共中央政治局召开民主生活会　中共中央总书记习近平主持会议并发表重要讲话》，《人民日报》2016年12月28日。

益，从来不代表任何利益集团、任何权势团体、任何特权阶层的利益。历史潮流奔腾向前，只要人民成为自己的主人、社会的主人、人类社会发展的主人，共产主义理想就一定能够在不断改变现存状况的现实运动中一步一步实现。

党之所以能够得到人民的拥护，党领导的革命建设改革事业之所以能够得到人民的支持，一个重要原因就是我们党不负人民，造福人民。在各个历史时期，党把握时代脉搏，倾听人民呼声，提出富有感召力的奋斗目标，一代又一代中国共产党人为了人民的福祉无私奉献，不惜抛头颅、洒热血，不断满足人民群众对幸福美好生活的新期待。人民立场是中国共产党的根本政治立场，是马克思主义政党区别于其他政党的显著标志。江山就是人民、人民就是江山，打江山、守江山，守的是人民的心。党与人民风雨同舟、生死与共，始终保持血肉联系，是党战胜一切困难和风险的根本保证。

对党忠诚与不负人民是相互统一的，对党忠诚的本质要求是不负人民，不负人民是对党最大的忠诚。站在新的历史起点上，站稳人民立场，践行以人民为中心的发展思想，把人民放在心中最高位置，坚持全心全意为人民服务的根本宗旨，实现好、维护好、发展好最广大人民根本利益，把人民拥护不拥护、赞成不赞成、高兴不高兴、答应不答应作为衡量一切工作得失的根本标准，才能使党始终拥有不竭的力量源泉。一百年来，一代代中国共产党人弘扬伟大建党精神，在不懈奋斗中构建起中国共产党人的精神谱系，为立党兴党强党提供了丰厚滋养。新征程上，大力弘扬伟大建党精神，赓续红色血脉，丰富和发展中国共产党人的精神谱系，必将为全面建设社会主义现代化国家、实现中华民族伟大复兴提供源源不断的强大精神动力。

第二节　深刻认识和把握党百年奋斗的初心使命

党的初心使命是党的性质宗旨、理想信念、奋斗目标的集中体现。党的十九届六中全会审议通过的《中共中央关于党的百年奋斗重大成就和历史经验的决议》指出，“中国共产党自一九二一年成立以来，始终把为中国人民谋幸福、为中华民族谋复兴作为自己的初心使命”。100 多年来，党始终践行初心使命，团结带领全国各族人民绘就了人类发展史上的壮美画卷。在新的赶考之路上，党坚持初心如磐、使命在肩，牢记“党的宗旨”，胸怀“国之大者”，不为任何风险所惧、不为任何干扰所惑，必将赢得更加伟大的胜利和荣光。

一、论中国共产党是什么、要干什么这个根本问题

党的十八大以来，习近平总书记反复告诫全党，共产党人必须不忘初心、牢记使命、永远奋斗，不要忘了中国共产党是什么、要干什么这个根本问题。“是什么、要干什么”这个根本问题，体现着中国共产党的初心使命，蕴含着我们党的性质宗旨，彰显着我们党的高度清醒和历史自觉。

1840 年鸦片战争以后，西方列强侵略中国，中华民族遭受了前所未有的劫难，国家蒙辱、人民蒙难、文明蒙尘。从那时起，实现中华民族伟大复兴，就成为中国人民和中华民族最伟大的梦想。中国共产党一经诞生，就把为中国人民谋幸福、为中华民族谋复兴作为自己的初心使命。党的一大确定党的名称为“中国共产党”，通过的第一个纲领明确规定：“承认无产阶级专政，直到阶级斗争结束，即直到消灭社会的阶级区分”，“党的根本政治目的是实行社会革命”等[1]，从一开

[1]《建党以来重要文献选编（1921—1949）》，中央文献出版社 2011 年版，第 1 页。

始就坚持以马克思主义为行动指南，旗帜鲜明地把社会主义和共产主义规定为自己的奋斗目标。苦难深重的中国人民开始掌握自己的命运，谋求民族独立、人民解放和国家富强、人民幸福的斗争就有了主心骨、领路人。在建党过程中，我们党形成了坚持真理、坚守理想，践行初心、担当使命，不怕牺牲、英勇斗争，对党忠诚、不负人民的伟大建党精神，不仅成为中国共产党人精神谱系的源头，也彰显着党的初心使命。

历史证明，中国共产党之所以能够在近代以后各种政治力量反复较量中脱颖而出、赢得人民信任、取得重大成就，根本原因就在于党在坚持初心使命上矢志不渝、坚定如磐。

二、论立党立国、兴党兴国的根本指导思想

马克思主义科学揭示了人类社会发展规律，指明了人类寻求自身解放的道路，推进了人类文明进程，是我们立党立国、兴党兴国的根本指导思想，是党的灵魂和旗帜。马克思主义为人类求解放的奋斗目标、为绝大多数人谋利益的价值信仰，是中国共产党人初心使命的理论基础。

我们党从诞生之日起就把马克思主义写在自己的光辉旗帜上。党之所以能够摆脱以往一切政治力量追求自身特殊利益的局限，一次次走出低谷，夺取一个个辉煌胜利，根本原因就在于始终把马克思主义这一科学理论作为自己的行动指南，并坚持在实践中不断丰富和发展马克思主义，不断坚持真理、修正错误。无论是处于顺境还是逆境，党从未动摇对马克思主义的信仰，从未动摇自己的初心使命。

不断推进马克思主义中国化时代化，为在不同历史条件下坚守和践行党的初心使命奠定了坚实的理论基础、激发了强大的理论生机与

实践活力。在推进马克思主义中国化时代化进程中，中国共产党始终坚持解放思想和实事求是相统一、培元固本和守正创新相统一，创立了毛泽东思想、邓小平理论，形成了“三个代表”重要思想、科学发展观。党的十八大以来，以习近平同志为主要代表的中国共产党人，坚持把马克思主义基本原理同中国具体实际相结合、同中华优秀传统文化相结合，坚持毛泽东思想、邓小平理论、“三个代表”重要思想、科学发展观，深刻总结并充分运用党成立以来的历史经验，从新的实际出发，创立了习近平新时代中国特色社会主义思想。这一思想，以全新视野深化了对共产党执政规律、社会主义建设规律、人类社会发展规律的认识，是当代中国马克思主义、二十一世纪马克思主义，是中华文化和中国精神的时代精华，实现了马克思主义中国化新的飞跃，是党员干部砥砺理想信念和初心使命的最好教材。

三、论走自己的路

方向决定道路，道路决定命运。100 多年来，中国共产党团结带领中国人民进行的一切奋斗、一切牺牲、一切创造，归结起来就是一个主题：实现中华民族伟大复兴。面对如何实现党的奋斗目标、如何履行党的初心使命的历史任务与时代课题，中国共产党坚持走自己的路，从我国国情出发，探索并形成符合中国实际的正确道路，创造了举世瞩目的伟大成就。

走自己的路，是党的全部理论和实践立足点，更是党百年奋斗得出的历史结论。100 多年来，中国共产党团结带领中国人民，浴血奋战、百折不挠，创造了新民主主义革命的伟大成就，为实现中华民族伟大复兴创造了根本社会条件；自力更生、发愤图强，创造了社会主义革命和建设的伟大成就，为实现中华民族伟大复兴奠定了根本政治前提和制度基础；解放思想、锐意进取，创造了改革开放和社会主义现代化建设的伟大成就，为实现中华民族伟大复兴提供了充满新的活力的体制保证和快速发展的物质条件；自信自强、守正创新，创造了新时代中国特色社会主义的伟大成就，为实现中华民族伟大复兴提供了更为完善的制度保证、更为坚实的物质基础、更为主动的精神力量。中华民族迎来了从站起来、富起来到强起来的伟大飞跃，实现中华民族伟大复兴进入了不可逆转的历史进程。

百年奋斗，沧桑巨变。中国从四分五裂、一盘散沙到高度统一、民族团结，从积贫积弱、一穷二白到全面小康、繁荣富强，从被动挨打、饱受欺凌到独立自主、坚定自信，仅用几十年时间就走完发达国家几百年走过的工业化历程，创造了经济快速发展和社会长期稳定两大奇迹。历史和现实深刻昭示，坚持党的全面领导是坚持和发展中国特色社会主义的必由之路，中国特色社会主义是实现中华民族伟大复兴的必由之路，团结奋斗是中国人民创造历史伟业的必由之路，贯彻新发展理念是新时代我国发展壮大的必由之路，全面从严治党是党永葆生机活力、走好新的赶考之路的必由之路。

四、论站稳人民立场

江山就是人民，人民就是江山。人民立场是中国共产党的根本政治立场，是马克思主义政党区别于其他政党的显著标志。中国共产党根基在人民、血脉在人民、力量在人民，为人民而生，因人民而兴，始终同人民想在一起、干在一起。100 多年来，中国共产党站稳人民立场，牢记全心全意为人民服务的根本宗旨，以实现人民对美好生活的向往为奋斗目标，以坚定的理想信念坚守初心。

坚持人民至上。站稳人民立场，尊重人民的历史主体地位和首创精神，是马克思主义政党的根本立场，是党的初心使命的根本体现。中国共产党之所以能够发展壮大，中国特色社会主义之所以能够不断前进，正是因为紧紧依靠人民。习近平总书记指出：时代是出卷人，我们是答卷人，人民是阅卷人。[1]人民是我们党的工作的最高裁决者和最终评判者。[2]

发展人民民主。人民民主是社会主义的生命，是中国共产党始终高举的光辉旗帜。100多年来，党团结带领人民建立人民当家作主的新中国，确立人民代表大会制度、中国共产党领导的多党合作和政治协商制度、民族区域自治制度、基层群众自治制度等，发展全过程人民民主，健全全面、广泛、有机衔接的人民当家作主制度体系，构建多样、畅通、有序的民主渠道，从各层次各领域扩大人民有序政治参与，保证人民依法实行民主选举、民主协商、民主决策、民主管理、民主监督，保障人民享有最广泛、最真实、最管用的社会主义民主。

代表人民根本利益。党干革命、搞建设、抓改革都是为人民谋利益。党领导人民打土豪、分田地，是为人民根本利益而斗争；领导人民开展抗日战争、赶走日本侵略者，是为人民根本利益而斗争；领导人民推翻蒋家王朝、建立新中国，是为人民根本利益而斗争；领导人民开展社会主义革命和建设、改变一穷二白的国家面貌，是为人民根本利益而斗争；领导人民实行改革开放、推进社会主义现代化，是为人民根本利益而斗争。党的十八大以来，以习近平同志为核心的党中央团结带领人民实现了第一个百年奋斗目标，在中华大地上全面建成

〔1〕《中共中央关于党的百年奋斗重大成就和历史经验的决议》，《人民日报》2021年11月17日。

〔2〕习近平：《在纪念毛泽东同志诞辰120周年座谈会上的讲话》，《人民日报》2013年12月27日。

小康社会，历史性地解决了绝对贫困问题，同样是为人民根本利益而斗争。在向着全面建成社会主义现代化强国第二个百年奋斗目标进军的新征程上，党把人民利益摆在至高无上的地位，努力为人民创造更美好、更幸福的生活，不断推进全体人民共同富裕。

五、论走好新的赶考路

百年初心，历久弥坚。自诞生以来，党在斗争中求得生存、获得发展、赢得胜利，所付出的一切努力、进行的一切斗争、作出的一切牺牲，都是为了践行初心使命。党与时代同呼吸，与人民共命运，赢得了人民的衷心拥护，探索出一条长期执政条件下解决自身问题、跳出历史周期率的成功道路，向人民、向历史交出了一份优异的答卷。这是一代又一代中国共产党人用理想和信仰书写的，用鲜血和生命铸就的。

自知者英，自胜者雄。踏上新的赶考之路，党既面对长期执政考验、改革开放考验、市场经济考验、外部环境考验的长期性和复杂性，又面对精神懈怠危险、能力不足危险、脱离群众危险、消极腐败危险的尖锐性和严峻性。当前，国际形势继续发生深刻复杂变化，百年变局下经济全球化遭遇逆流，大国博弈日趋激烈，世界进入新的动荡变革期，国内改革发展稳定任务艰巨繁重。越是接近中华民族伟大复兴，越不会一帆风顺，越充满风险挑战乃至惊涛骇浪，越是要坚守初心使命。

不忘初心，方得始终。一个政党最难的就是历经沧桑而初心不改、饱经风霜而本色依旧。新时代新征程上，要牢记中国共产党是什么、要干什么这个根本问题，从党的百年奋斗中看清楚过去我们为什么能够成功、弄明白未来我们怎样才能继续成功，把握历史发展大势，坚定理想信念，牢记初心使命。要全面贯彻习近平新时代中国特色社会主义思想，深刻领会“两个确立”的决定性意义，增强“四个意识”、坚定“四个自信”、做到“两个维护”，永远保持同人民群众的血肉联系，践行以人民为中心的发展思想，不断实现好、维护好、发展好最广大人民根本利益。要坚持自我革命，以伟大自我革命引领伟大社会革命，锚定既定奋斗目标，始终保持坚如磐石的战略定力，在防范化解重大风险挑战中砥砺初心使命，在不断推进中华民族伟大复兴中书写新的更加优异的时代篇章。

六、论深刻理解“两个结合”重大意义

在中华文明发展史上，马克思主义是我们立党立国、兴党兴国的根本指导思想，中国特色社会主义道路是指引中国发展繁荣、创造人民美好生活、实现中华民族伟大复兴的正确道路，中华优秀传统文化则是中华民族的根和魂。习近平总书记在文化传承发展座谈会上强调：“在五千多年中华文明深厚基础上开辟和发展中国特色社会主义，把马克思主义基本原理同中国具体实际、同中华优秀传统文化相结合是必由之路。这是我们在探索中国特色社会主义道路中得出的规律性的认识。”“‘两个结合’是我们取得成功的最大法宝。”[1]这一重要论述从中华文明发展的历史长河中观照时代发展、道路根基，深刻阐明“两个结合”是中国特色社会主义道路的文明之基、真理之光，为党领导人民在新的历史条件下回答中国之问、世界之问、人民之问、时代之问提供了根本遵循。

（一）推进马克思主义中国化时代化的内在机理

马克思主义创造性地揭示了人类社会发展规律。坚持以马克思主

〔1〕习近平：《在文化传承发展座谈会上的讲话》，《求是》2023 年第 17 期。

义为指导，就是从中国具体实际出发，运用其科学的世界观和方法论解决中国的问题，推进马克思主义中国化时代化，指导中国革命、建设和改革，推动社会主义现代化建设事业向前发展。

拥有马克思主义科学理论指导，是坚定信仰信念、把握历史主动的根本所在。马克思主义能不能在实践中发挥作用的关键在于能否把马克思主义基本原理同中国实际和时代特征结合起来。习近平总书记在文化传承发展座谈会上强调“结合”的前提是彼此契合，指出马克思主义和中华优秀传统文化来源不同，但彼此存在高度的契合性。相互契合才能有机结合。“结合”的结果是互相成就，造就了一个有机统一的新的文化生命体，让马克思主义成为中国的，让中华优秀传统文化成为现代的，让经由“结合”而形成的新文化成为中国式现代化的文化形态。这些论述深刻阐明了马克思主义和中华优秀传统文化彼此“结合”的历史逻辑、理论逻辑和实践逻辑，科学回答了“结合”的客观依据、理论内涵及其必然性，深刻表明彼此存在高度的契合性是其“结合”的客观根据，有机结合是其高度的契合性的必然发展，中国式现代化的文化形态则是其“结合”的必然产物和光明前景。推进马克思主义中国化时代化是一个追求真理、揭示真理、笃行真理的过程。马克思主义理论不是教条，而是行动指南，随着实践的变化而发展。坚持和发展马克思主义，必须同中国具体实际相结合，坚持解放思想、实事求是、与时俱进、求真务实、守正创新，一切从实际出发，不断赋予鲜明的中国特色；必须同中华优秀传统文化相结合，坚定历史自信、文化自信，坚持古为今用、推陈出新，不断夯实马克思主义中国化时代化的历史基础和群众基础。实践无止境，理论创新也无止境。只有在历史与时代两个维度上、在中华文化与中华文明的丰厚基础上把马克思主义基本原理同中国具体实际相结合，马克思主义才能始终保持蓬勃生机和旺盛活力，真理之树才能根深叶茂。

（二）筑牢中国特色社会主义的道路根基

中国特色社会主义是科学社会主义理论逻辑和中国社会发展历史逻辑的辩证统一。高举中国特色社会主义伟大旗帜，走中国特色社会主义道路，必须坚持科学社会主义基本原则，同时又不断赋予其鲜明的中国特色和时代内涵。中国特色社会主义根植于中国大地、反映中国人民意愿、适应中国和时代发展进步要求。建设中国特色社会主义，我们的道路越走越宽广、越走越坚定。在中国特色社会主义新时代，党和国家的事业之所以取得了历史性成就、发生了历史性变革，一个重要原因是我们坚持了“两个结合”。习近平总书记在文化传承发展座谈会上深刻揭示“结合”筑牢了道路根基，让中国特色社会主义道路有了更加宏阔深远的历史纵深，拓展了中国特色社会主义道路的文化根基，强调中国式现代化赋予中华文明以现代力量，中华文明赋予中国式现代化以深厚底蕴；深刻阐明“结合”打开了创新空间，让我们掌握了思想和文化主动，并有力地作用于道路、理论和制度，特别强调“第二个结合”是又一次的思想解放，让我们能够在更广阔的文化空间中，充分运用中华优秀传统文化的宝贵资源，探索面向未来的理论和制度创新。“两个结合”历史地赋予中国特色社会主义道路以思想引领、制度保障，集中彰显中国特色社会主义的内涵、特点和优越性。

时代是思想之母，实践是理论之源。坚持和发展中国特色社会主义，必须在经济不断发展的基础上，协调推进政治建设、文化建设、社会建设、生态文明建设以及其他各方面建设，不断丰富中国特色社会主义的实践特色、理论特色、民族特色、时代特色，不断深化对共产党执政规律、社会主义建设规律、人类社会发展规律的认识，为中国式现代化提供科学指引。

（三）巩固中华文明的文化主体性

中华文明源远流长、博大精深，是中华民族独特的精神标识，是当代中国文化的根基，为人类文明进步事业作出了重大贡献。党领导人民传承发展中华文化、中华文明，坚持把马克思主义基本原理同中国具体实际相结合、同中华优秀传统文化相结合，推进马克思主义中国化时代化，推动中华优秀传统文化创造性转化、创新性发展，独立自主、走自己的路，以中华文明的文化主体性构筑中国精神、中国价值、中国力量，坚定文化自信。党不断推进马克思主义中国化时代化，在新时代创立了习近平新时代中国特色社会主义思想。这一科学思想是当代中国马克思主义、二十一世纪马克思主义，是中华文化和中国精神的时代精华。习近平总书记在文化传承发展座谈会上指出“结合”巩固了文化主体性，创立新时代中国特色社会主义思想就是这一文化主体性的最有力体现，同时强调“第二个结合”在文化主体性上的历史地位和战略意义，指出这是我们党对马克思主义中国化时代化历史经验的深刻总结，是对中华文明发展规律的深刻把握，表明我们党对中国道路、理论、制度的认识达到了新高度，表明我们党的历史自信、文化自信达到了新高度，表明我们党在传承中华优秀传统文化中推进文化创新的自觉性达到了新高度。文化自信来自文化主体性，文化主体性引领文化创新发展。新时代继续推进实践基础上的理论创新，首先要把握好习近平新时代中国特色社会主义思想的世界观和方法论，坚持好、运用好贯穿其中的立场观点方法，坚持人民至上，坚持自信自立，坚持守正创新，坚持问题导向，坚持系统观念，坚持胸怀天下，不断开辟马克思主义中国化时代化新境界。

没有高度文化自信、没有文化繁荣兴盛，就没有中华民族伟大复兴。新时代更好担负起新的文化使命，要坚持以马克思主义为指导，立足中华民族伟大历史实践和当代实践，坚持“两个结合”，传承弘扬革命文化，发展社会主义先进文化，推动中华优秀传统文化同社会主义社会相适应，不断培育和创造新时代中国特色社会主义文化，扎实推进社会主义文化强国建设，深化和拓展中国特色社会主义道路越走越宽广。

第三节 论发展全过程人民民主

民主是全人类的共同价值，人民当家作主是中国共产党团结带领人民始终不渝追求的政治价值、始终不渝坚守的政治理念。

一、论全过程人民民主

党的十八大以来，以习近平同志为核心的党中央深化对民主政治发展规律的认识，全面总结我国民主法治发展取得的历史性成就、发生的历史性变革，提出全过程人民民主这一重大政治原则和理念，对我国社会主义民主理论与实践作出全新概括，推动中国民主发展道路越走越宽广。全过程人民民主，贯彻党的领导、人民当家作主和依法治国的有机统一，阐明人民民主的根与魂、理与制、时与势，对于新征程赶考路上发展中国特色社会主义民主政治，推进国家治理体系和治理能力现代化，有着极其重要的理论价值和现实指导意义。

（一）全过程人民民主的根与魂

江山就是人民，人民就是江山，打江山、守江山，守的是人民的心。全过程人民民主，根在人民。人民是历史的创造者，是决定党和国家前途命运的根本力量，是党执政兴国的最大底气和根本所在。全过程人民民主首先是“人民”的民主，脱离了人民性这一根本属性，全过程人民民主便无从谈起。对于什么是人民，在不同的国家和各个国家的不同历史时期，有着不同的定义、内容及其概念、范畴和标识。在当代中国，包括全体社会主义劳动者、社会主义事业的建设者、拥护社会主义的爱国者、拥护祖国统一和致力于中华民族伟大复兴的爱国者均属于人民范畴。从“质”的角度来说，人民代表的是推动历史发展的进步性力量；从“量”的角度来说，人民是由占人口的绝大多数者所构成的，亦即最广大的人民群众。因而，全过程人民民主是一种向上向善、文明进步、引领社会发展，代表绝大多数人而非少数人利益的人类民主发展新形态。全过程人民民主的根在于人民当家作主。

中国共产党自成立起，高举人民民主旗帜，砥砺初心使命，为实现人民当家作主进行了不懈奋斗。新中国的成立，实现了中国从几千年封建专制政治向人民民主的伟大飞跃，中国人民真正成为国家、社会和自己命运的主人，人民当家作主从梦想变为现实。在社会主义革命、建设和改革的历史进程中，我国确立起人民当家作主的政治架构、经济基础、法律原则、制度框架，不断夯实民主大厦的根基，民主发展的政治制度保障和社会物质基础更加坚实。党的十八大以来，人民当家作主有了更为完善的制度保证、更为坚实的物质基础、更为主动的精神力量。

在新征程赶考路上发展全过程人民民主，坚持立党为公、执政为民，全心全意为人民服务。站稳人民立场，坚持人民至上，尊重人民首创精神，践行以人民为中心的发展思想，紧紧依靠人民创造历史，将人民当家作主具体地、现实地体现到中国共产党执政和国家治理上来，具体地、现实地体现到中国共产党和国家机关各个方面、各个层级的工作上来，具体地、现实地体现到人民对自身利益的实现和发展上来。贯彻党的群众路线，顺应人民群众对美好生活的向往，着力解决发展不平衡不充分问题和人民群众急难愁盼问题，不断实现好、维护好、发展好最广大人民的根本利益，做到发展为了人民、发展依靠人民、发展成果由人民共享，推动人的全面发展、全体人民共同富裕取得更为明显的实质性进展。

万山磅礴，必有主峰。党政军民学，东西南北中，党是领导一切的。党的领导是发展全过程人民民主之魂。办好中国的事情，发展好中国的民主，关键在党。民不自立，无从民主。1840 年鸦片战争以后，中国逐步沦入半殖民地半封建社会的深渊，国家蒙辱、人民蒙难、文明蒙尘，中华民族遭受了前所未有的劫难。是党团结带领人民浴血奋战、百折不挠，建立了人民当家作主的新中国，中国人民从此站起来了，为发展全过程人民民主创造了根本社会条件。

在中国这样一个大国，真正把 14 亿多人民的意愿表达好、实现好并不容易。党坚持人民至上，发展人民民主，通过科学理论指导和坚强有力领导，将中国人民有效动员、组织起来，不断拓展民主渠道，丰富民主形式，在民主选举、民主协商、民主决策、民主管理、民主监督中真正做到切实反映民愿，广泛汇集民意，充分汇聚民智。秩序不稳，无益民主。国家安全和社会稳定是发展全过程人民民主的前提，只有国家安全和社会稳定，社会主义民主政治建设才能不断推进。党时刻与人民站在一边，想在一处，干在一起，通过科学执政、民主执政、依法执政，不断加强长期执政能力建设，大力提高执政水平，不断增强社会凝聚力，提升人民安全感，创造了中国社会长期稳定的奇迹，从而使人民能够更加安心、更加舒心地行使民主权利，保证了全过程人民民主的真实管用、切实有效。历史与现实充分证明，没有党的领导，就没有全过程人民民主的建设和发展。

新征程赶考路上发展全过程人民民主，坚持和完善党的全面领导，深刻领会“两个确立”的决定性意义，增强“四个意识”、坚定“四个自信”、做到“两个维护”，牢记“国之大者”，不断提高党的执政水平。大力弘扬伟大建党精神，不忘初心使命，加强党的建设，勇于自我革命，不断清除一切损害党的先进性和纯洁性的有害因素，不断清除一切侵蚀党的健康肌体的病原体，确保党不变质、不变色、不变味。充分发挥党总揽全局、协调各方的领导核心作用，维护党中央权威和集中统一领导，保证党领导人民有效治理国家，保证人民民主的理念、方针、政策贯彻到国家政治生活和社会生活的方方面面，确保党成为保障全过程人民民主的坚实顶梁柱和可靠主心骨。

全过程人民民主的根与魂，立足中国实际，扎深中国大地，系统回答了发展全过程人民民主“为了谁、依靠谁”“坚持什么方向、走什么路”等一系列重大问题，将党的领导、人民当家作主、依法治国的有机统一融入人民民主发展，构筑了我国社会主义民主理论与实践的基石。党的领导是发展全过程人民民主的根本保证，人民当家作主是发展全过程人民民主、推进社会主义民主政治建设的本质和核心，依法治国是党领导人民治理国家的基本方式，为全过程人民民主提供坚实保障。发展全过程人民民主，必须固根铸魂，才能保障中国特色社会主义事业行稳致远。

（二）全过程人民民主的理与制

理论是行动的先导，“没有革命的理论，就不会有革命的运动”[1]，没有科学民主理论的指导，就不会有正确的民主实践。全过程人民民主不仅是重大理念，更是科学理论体系。这一理论体系是马克思主义民主观同中国具体实际相结合、同中华优秀传统文化相结合的结晶，

---

〔1〕《列宁选集》第1卷，人民出版社2012年版，第153页。

是中国共产党人的伟大理论创造。

全过程人民民主的理论渊源、理论基础是广泛而深厚的。民主的本质是人民当家作主，体现和标示着人民的历史主体地位、共同利益和意志。全过程人民民主，就是将人民当家作主落实到全链条、全方位、全覆盖，就是要体现人民意志、保障人民权益、激发人民创造活力，这是一种真实、管用、广泛的高质量民主。

全过程人民民主彰显了民主在社会主义建设和发展中的历史地位与作用。人民民主是社会主义的生命，没有民主就没有社会主义，就没有社会主义的现代化，就没有中华民族伟大复兴。全过程人民民主的基本方向，就是要坚定不移走中国特色社会主义政治发展道路，这是一条符合中国国情、保证人民当家作主的正确道路，是近代以来中国人民长期奋斗历史逻辑、理论逻辑、实践逻辑的必然结果。我们既不能走过去封闭僵化的老路，也不能走改旗易帜的邪路，更不能裹足不前、故步自封，而要把坚定制度自信和不断改革创新统一起来，增强走中国特色社会主义政治发展道路的信心和决心。发展全过程人民民主的关键，是要把我国社会主义民主政治的特点和优势充分发挥出来，不断推进社会主义民主政治制度化、规范化、程序化，为党和国家兴旺发达、长治久安提供更加完善的制度保障。全过程人民民主的实现形式是多种多样的。人民通过选举、投票行使权利和人民内部各方面在重大决策之前进行充分协商，尽可能就共同性问题取得一致意见，是全过程人民民主的两种重要形式，共同构成了中国社会主义民主政治的制度特点和优势。

全过程人民民主的前提、基础、规范和保障具有其理论与实践成果的制度化。“经国序民，正其制度。”对一个国家来说，制度是带有根本性、全局性、稳定性、长期性的重大问题。政治制度在一个国家的各种制度中处于关键环节。全过程人民民主不仅是一个系统科学的理论体系，更有着完整的制度程序和参与实践。习近平总书记强调："世界上不存在完全相同的政治制度，也不存在适用于一切国家的政治制度模式。""各国国情不同，每个国家的政治制度都是独特的，都是由这个国家的人民决定的，都是在这个国家历史传承、文化传统、经济社会发展的基础上长期发展、渐进改进、内生性演化的结果。""不能割断历史，不能想象突然就搬来一座政治制度上的'飞来峰'。"[1]我国各项制度都是围绕人民当家作主构建的，国家治理体系都是围绕实现人民当家作主运转的。我国实行工人阶级领导的、以工农联盟为基础的人民民主专政的国体，实行人民代表大会制度的政体，实行中国共产党领导的多党合作和政治协商制度、民族区域自治制度、基层群众自治制度等基本政治制度，巩固和发展最广泛的爱国统一战线，形成了全面、广泛、有机衔接的人民当家作主制度体系，构建了多样、畅通、有序的民主渠道。这一制度体系行得通、有生命力、有效率，保证了党的主张、国家意志、人民意愿相统一，切实保证了人民当家作主。

制度的生命力在于执行。全过程人民民主的制度优势，要靠完整的参与实践才能转化为治理效能。全过程人民民主有着丰富多样的实现形式。人民可以通过民主选举、民主协商、民主决策、民主管理、民主监督等各种途径和形式管理国家事务，管理经济和文化事业，管理社会事务。全过程人民民主，把选举民主与协商民主结合起来，把民主选举、民主协商、民主决策、民主管理、民主监督贯通起来，涵盖经济、政治、文化、社会、生态文明等各个方面，具有时间上的连

〔1〕习近平：《在庆祝全国人民代表大会成立60周年大会上的讲话》，人民出版社2014年版，第16、16、15页。

续性、内容上的整体性、运行上的协同性、人民参与上的广泛性和持续性，使国家政治生活和社会生活各环节、各方面都体现人民意愿、听到人民声音，实现了过程民主和成果民主、程序民主和实质民主、直接民主和间接民主、人民民主和国家意志相统一。

全过程人民民主理论与制度的优势与效能、价值取向和实践路径，是与整个民主理论和实践体系相适应的。习近平总书记提出了“八个能否”，指出，“评价一个国家政治制度是不是民主的、有效的，主要看国家领导层能否依法有序更替，全体人民能否依法管理国家事务和社会事务、管理经济和文化事业，人民群众能否畅通表达利益要求，社会各方面能否有效参与国家政治生活，国家决策能否实现科学化、民主化，各方面人才能否通过公平竞争进入国家领导和管理体系，执政党能否依照宪法法律规定实现对国家事务的领导，权力运用能否得到有效制约和监督”。〔1〕不仅如此，习近平总书记还提出了“四要看、更要看”，这就是“一个国家民主不民主，关键在于是不是真正做到了人民当家作主，要看人民有没有投票权，更要看人民有没有广泛参与权；要看人民在选举过程中得到了什么口头许诺，更要看选举后这些承诺实现了多少；要看制度和法律规定了什么样的政治程序和政治规则，更要看这些制度和法律是不是真正得到了执行；要看权力运行规则和程序是否民主，更要看权力是否真正受到人民监督和制约。如果人民只有在投票时被唤醒、投票后就进入休眠期，只有竞选时聆听天花乱坠的口号、竞选后就毫无发言权，只有拉票时受宠、选举后就被冷落，这样的民主不是真正的民主”〔2〕。全过程人民民主，将民主由单

〔1〕习近平：《在庆祝全国人民代表大会成立60周年大会上的讲话》，人民出版社2014年版，第16—17页。

〔2〕《习近平谈治国理政》第4卷，人民出版社2022年版，第258—259页。

一的选举形式发展出更为全面系统的实现方式，由单纯的制度程序发展为更加实质性的民主过程与效能，生动诠释了中国式民主的价值旨归。全过程人民民主，是被实践证明了的关于人民当家作主的正确理论原则和经验总结。中国共产党团结带领人民在100多年的民主实践中，走出了一条独具特色的中国式民主道路。

全过程人民民主的理与制，从中国实际出发，科学回答了“什么是民主、怎样发展民主”“如何把握民主、怎样评价民主”等重大问题，不仅在一些具体问题上正本清源，而且针对实践中产生的新问题进行积极探索，丰富和发展了人类社会发展史上的民主样态、民主实践。

（三）全过程人民民主的时与势

时代是思想之母，推动引领民主创新发展。当今世界正经历百年未有之大变局，我国正处于实现中华民族伟大复兴的关键时期。世界多极化、经济全球化深入发展，社会信息化、文化多样化持续推进，各国相互联系、相互依存，全球命运与共、休戚相关。同时，民主平等、公平正义远未实现。少数国家漠视国际公理、践踏国际准则、违背国际民意，公然侵犯他国主权，干涉他国内政。“中国之治”与“西方之乱”形成鲜明对比。全过程人民民主从人类社会政治发展逻辑上科学回答了中国之问、世界之问、人民之问、时代之问，表达了中国推动人类社会发展的政治立场和原则。中国是民主的忠实追求者、积极推动者和模范实践者。

中国始终站在历史正确的一边，站在人类进步的一边。全过程人民民主体现了中国推动人类社会发展的历史责任和政治担当。以习近平同志为核心的党中央提出全过程人民民主，明确民主这一全人类共同价值，有力地回击了部分西方国家打着所谓民主“普世价值”的幌子对中国的种种谬论。全过程人民民主，向国际社会提供了中国推动人类社会发展的政治智慧和治理方案，不但在本国积极发展人民民主，而且在国际上大力推动国际关系民主化。中国高举和平、发展、合作、共赢的旗帜，大力弘扬民主精神，坚持各国平等，积极发展全球伙伴关系，推动全球治理，共同应对人类面临的各种挑战和全球性问题。中国在国际社会上发挥着越来越大的作用。

“虽有智慧，不如乘势。”〔1〕习近平总书记强调：“历史发展有其规律，但人在其中不是完全消极被动的。只要把握住历史发展规律和大势，抓住历史变革时机，顺势而为，奋发有为，我们就能够更好前进。”〔2〕马克思主义科学揭示了社会主义必然代替资本主义的历史规律，这是人类社会发展不可逆转的总趋势。全过程人民民主的发展恰顺其势，涵盖民主选举、协商、决策、管理、监督等环节，是真正体现人民主体地位、保证人民当家作主的人类民主新形态。一个国家要发展繁荣，必须把握世界发展大势，顺应时代发展潮流，反之必然会被历史抛弃。一种民主形式要持续发展，同样必须顺势而为，应时而动。全过程人民民主，立足中国国情，把握时代大势，深刻回答了“民主的时代要求与发展前景”这一重大问题，顺应民主发展的历史潮流。民主没有最好，只有更好。全过程人民民主是近代以来党团结带领人民长期奋斗历史逻辑、理论逻辑、实践逻辑的必然结果，是党团结带领人民追求、发展与实现民主的伟大创造，是党不断推进中国民主理论、制度与实践创新的经验结晶。实践证明，全过程人民民主在广袤的中华大地上展示出了勃勃生机和强大生命力，更加坚定了中国人民的民主自信。

全过程人民民主，人民所愿所向，得到人民的衷心拥护，具有广

〔1〕《习近平谈治国理政》第4卷，人民出版社2022年版，第510页。
〔2〕《孟子·公孙丑上》。

阔的发展前景。新征程上，统筹把握中华民族伟大复兴战略全局和世界百年未有之大变局，以全过程人民民主不断深化和拓展中国特色社会主义民主政治建设，中国的民主之路必将越走越宽广，中国的民主之树必将根深叶茂，中国的民主之花也必将辉耀世界。

二、发展全过程人民民主的思想基础和实践遵循

人民民主是社会主义的生命，发展社会主义民主政治是中国共产党始终不渝的奋斗目标。在庆祝中国共产党成立100周年大会上，习近平总书记强调，“践行以人民为中心的发展思想，发展全过程人民民主”[1]，深刻地揭示了中国特色社会主义民主政治的科学内涵，彰显了党对社会主义民主政治建设的认识高度，为走好新时代中国特色社会主义政治发展道路指明了方向。

（一）全过程人民民主的思想基础

“民主”，源于古希腊，意为“人民的权力”[2]。近代以来，西方资本主义国家为了维护资产阶级的统治，倡导实行代议制民主，将民众的政治参与限定在竞争性的选举制度中。马克思对此进行了严厉的批驳，他将代议制视为“一种特殊的病症”，认为“染有这种病症的人就变成幻想世界的俘虏，失去一切理智，失去一切记忆，失去对外界世俗事物的一切理解”。[3]在马克思、恩格斯看来，争得民主、实现共产主义意味着必须“废除资产阶级的所有制”[4]，使无产阶级“取得政

〔1〕习近平:《在庆祝中国共产党成立100周年大会上的讲话》,《人民日报》2021年7月2日，第2版。

〔2〕《马克思主义辞典》，吉林大学出版社1987年版，第321页。

〔3〕《马克思恩格斯选集》第1卷，人民出版社1995年版，第648页。

〔4〕《共产党宣言》，人民出版社2018年版，第42页。

治统治，上升为民族的阶级”[1]，国家制度也应“被设定为人民自己的作品”[2]，在那里，“每个人的自由发展是一切人的自由发展的条件”[3]。列宁践行了马克思、恩格斯关于民主式国家制度的设想，领导建立了世界上第一个社会主义国家。他认为，“没有民主，就不可能有社会主义”，“胜利了的社会主义如果不实行充分的民主，就不能保持它所取得的胜利，并且引导人类走向国家的消亡”。[4]由此，“社会主义民主”的概念开始出现。

马克思主义民主思想在与中国革命、建设和改革实践相结合的过程中，得到了进一步丰富和发展。毛泽东同志很早就提出了“人民民主”的概念，他认为，中国的民主革命必须依靠无产阶级和广大人民才能完成，因此革命的目的在于“建立一个人民民主的共和国”[5]。新中国成立之际，毛泽东对“人民民主”有了进一步阐释，提出我们的政权性质“就是无产阶级领导的、以工农联盟为基础的人民民主专政”[6]。邓小平同志在总结新中国成立以来社会主义民主政治建设经验教训的基础上提出，“没有民主就没有社会主义，就没有社会主义的现代化”[7]，并要求“切实改革并完善党和国家的制度，从制度上保证党和国家政治生活的民主化、经济管理的民主化、整个社会生活的民主化”[8]。在此基础上，江泽民同志高度概括了我国社会主义民主的核心，

[1]《共产党宣言》，人民出版社 2018 年版，第 47 页。
[2]《马克思恩格斯全集》第 3 卷，人民出版社 2002 年版，第 40 页。
[3]《共产党宣言》，人民出版社 2018 年版，第 51 页。
[4]《列宁全集》第 28 卷，人民出版社 1990 年版，第 168 页。
[5]《毛泽东选集》第 2 卷，人民出版社 1991 年版，第 563 页。
[6]《毛泽东文集》第 6 卷，人民出版社 1999 年版，第 326 页。
[7]《邓小平文选》第 2 卷，人民出版社 1994 年版，第 168 页。
[8]《邓小平文选》第 2 卷，人民出版社 1994 年版，第 336 页。

即“在中国共产党领导下，包括工人、农民、知识分子在内的全体人民作为主人管理自己的国家，享受广泛的民主权利”[1]。胡锦涛同志则提出了“中国特色社会主义政治发展道路”，要求在党的领导下，“健全民主制度，丰富民主形式，拓宽民主渠道，保证人民依法实行民主选举、民主决策、民主管理、民主监督”[2]。党的十八大以来，习近平总书记进一步将“坚持正确的政治发展道路”上升为“关系根本、关系全局的重大问题”[3]。在深入思考中国特色社会主义民主建设理论和实践后，他创造性地提出，“人民民主是一种全过程的民主，所有的重大立法决策都是依照程序、经过民主酝酿，通过科学决策、民主决策产生的”[4]。由此，全过程人民民主思想得以形成和确立。

（二）全过程人民民主的实践基础

1840 年鸦片战争爆发，近代中国国家蒙辱、人民蒙难、文明蒙尘，中华民族遭受了前所未有的劫难。为了挽救民族危亡，一些先进分子开始尝试各种救国方案，均未成功，直到十月革命后马列主义传入中国，给中国社会带来了一种全新的民主思想。自此，中国共产党高举马克思主义旗帜，开启并逐步推进人民民主建设之路。

在中国共产党成立之初，党的二大就将“统一中国为真正的民主共和国”和“建立劳农专政的政治”载入了党的纲领[5]。此外，党积极组织工人阶级建立产业工会，帮助他们改善经济待遇，争取民主权利。中华苏维埃政权建立以后，宪法大纲明确规定，“苏维埃全部政权是属

〔1〕《江泽民文选》第 1 卷，人民出版社 2006 年版，第 156 页。

〔2〕《胡锦涛文选》第 3 卷，人民出版社 2016 年版，第 538 页。

〔3〕《习近平关于社会主义政治建设论述摘编》，中央文献出版社 2017 年版，第 10 页。

〔4〕《习近平：中国的民主是一种全过程的民主》，新华网 2019 年 11 月 3 日更新。

〔5〕《中国共产党历史（1921—1949）》第 1 卷，中共党史出版社 2011 年版，第 79 页。

于工人、农民、红军兵士及一切劳苦民众的”[1]，肯定了工农大众享有各项政治、经济权利。抗日战争时期，陕甘宁边区积极推进民主政治建设，实行普选制，保障人民的民主权利，同时率先实行以“三三制”为原则的参议会制度，吸纳一切赞成抗日又赞成民主的阶级参与政权建设，扩大了根据地政权的民主基础。解放战争时期，各界人民代表会议在解放区纷纷召开，这在一定程度上可看作是人民代表大会的雏形，而 1949 年 9 月第一届中国人民政治协商会议的召开也为中国共产党领导的多党合作和政治协商制度的形成奠定了基础。

新中国成立后，中国正式进入人民当家作主的时代。这一时期，中央到地方各级人民政府纷纷建立，广大人民群众积极参与新政权建设，人民民主政权真正得到人民的广泛支持与拥护。一届全国人大一次会议的召开和《中华人民共和国宪法》的颁布，为实现人民当家作主提供了根本保证，标志着我国在健全民主制度上迈出关键性一步。全国政协二届一次会议的召开和《中国人民政治协商会议章程》的制定，表明人民政协发展成为中国共产党领导的人民民主统一战线的重要组织，开始在政治协商中发挥无可替代的作用。《中华人民共和国民族区域自治实施纲要》颁布后，民族区域自治制度开始在全国范围推行开来，少数民族自主管理本民族内部事务的权利得到保障。

党的十一届三中全会以后，党在总结社会主义民主政治建设正反两方面经验教训的基础上，开始推进政治体制改革并成功开辟了中国特色社会主义民主政治发展道路。这一时期，人民代表大会制度不断完善，地方组织法和选举法等相继制定和颁布，人大代表选举更加公平，全国人大代表有权列席人大常委会会议，并就法律实施情况进行

〔1〕《中国共产党历史（1921—1949）》第 1 卷，中共党史出版社 2011 年版，第 327 页。

检查监督；社会主义协商民主制度持续健全，中国共产党领导的多党合作和政治协商制度被载入宪法和社会主义初级阶段的基本纲领中，人民政协的职能进一步拓展和延伸，各界人士的政治参与和表达渠道更加多样；民族区域自治制度加速发展，民族自治条例和单行条例陆续颁布，建立起了较为完备的关于民族区域自治的法律法规体系；基层民主建设迅速开展，村民委员会、居民委员会和职工代表大会等构筑起我国基层群众自治制度体系，城乡基层民主不断扩大。

党的十八大以来，中国特色社会主义进入新时代，以习近平同志为核心的党中央继续推进社会主义民主政治建设：进一步扩充县乡两级人大的职能，完善人大代表选举程序，推动人民代表大会制度与时俱进；印发《关于加强社会主义协商民主建设的意见》和《中国共产党统一战线工作条例》，促使协商民主实现制度化发展；支持鼓励培养、选拔和任用少数民族干部，民族区域自治制度更加完善；规范村民委员会换届选举工作、推动城乡社区协商民主制度化发展，基层群众自治制度不断健全；深化中央和国家机关机构改革，国家治理体系和治理能力现代化加快推进。

从追求真正的民主到建立民主共和国实现人民当家作主，党的百年历史就是一部人民民主政治建设的探索发展史、理论建设史和实践奋斗史。党领导人民建设社会主义民主国家过程中积累的经验教训，为新时代发展全过程人民民主奠定了深厚的历史根基。

（三）新时代发展全过程人民民主的基本遵循

一个国家选择走什么样的政治发展道路，必须与这个国家的国情和性质相适应。全过程人民民主是中国共产党领导的社会主义民主政治建设的最新样态，是中国特色社会主义政治发展道路的必然走向。新时代发展全过程人民民主必须坚持党的领导、人民当家作主和依法治国的有机统一。

党的领导是全过程人民民主的根本保证。一方面，党的性质决定了必须发展全过程人民民主。中国共产党是中国工人阶级、中国人民和中华民族的先锋队，代表中国最广大人民的根本利益，而非任何利益集团、权势团体和特权阶级的利益。党的性质决定了党始终会践行以人民为中心的发展思想，坚持依靠人民创造伟业，让人民广泛参与到民主政治建设的全过程，确保人民当家作主。另一方面，党能够最大限度地凝聚民心，为发展全过程人民民主提供重要保障。中国共产党由一批具有高度觉悟性、纪律性和自我牺牲精神的党员干部组成，依靠这些遍布全国各地的党支部和党员，中国共产党能够广泛地凝聚社会共识和力量，组织动员人民积极参与国家和社会事务。

人民当家作主是全过程人民民主的本质特征。发展全过程人民民主首先要立足于人民群众的主体地位。人民是历史的创造者，是真正的英雄，是中国共产党的根基、血脉和力量所在。发展全过程人民民主必须紧紧依靠人民创造历史，尊重人民群众的首创精神，激发人民群众的创造热情，从人民群众中获取巩固和完善民主政权的不竭动力，同时把人民群众满意与否作为检验民主政治工作成效的第一标准，突出人民的"阅卷人"地位。发展全过程人民民主最终要保障人民享有充分的民主权利。人民的民主权利是宪法规定和赋予的，是人民参与国家治理和社会治理的根本保证。发展全过程人民民主必须保证人民的民主权利在选举、决策、协商、管理和监督等过程中得到真实有效的发挥。

依法治国是全过程人民民主的实现形式。一方面，全过程人民民主必须在制度的框架下运行。中国共产党推进人民民主建设的一条重要经验就是不断推进民主制度化、规范化和程序化建设，使一切民主实践活动有章可循、有法可依。制度一旦制定出来，一切社会组织和成员都必须在全过程人民民主制度体系规定的范围内活动。另一方面，全过程人民民主有赖于制度执行力的提升。科学高效、公正合理的制度制定和执行对民主实践的顺利推进起着至关重要的作用，特别是可以增强民主选举、协商、决策、管理和监督各个环节间的协同性。

（四）新时代发展全过程人民民主的重要举措

中国特色社会主义进入新时代以来，对党和国家各项工作提出了许多新的要求。其中，发展全过程人民民主，是中国特色社会主义民主政治建设需要回应的重大时代课题。

坚持以党内民主带动全过程人民民主。党内民主是党的生命，是党长期执政的关键所在。中国共产党作为执政党，党内成员的民主意识、民主参与、民主作风，对国家政治生活和社会生活起着重要的示范和带动作用。党自身的建设实践也反复证明，什么时候党内民主发展得好，什么时候人民民主就能得到更有效的保障；反之，就会遭受挫折。鉴于此，发展全过程人民民主，必须不断推进党内民主建设，尊重党员主体地位，健全党的各级代表大会制度，完善党内民主监督制度，以此来引领和带动全过程人民民主。

坚持以协商民主贯通全过程人民民主。协商民主是中国社会主义民主政治中独有的民主形式，是对选举民主的补充和拓展。社会主义协商民主在扩大有序政治参与、实现决策科学化民主化、防范化解各种风险与矛盾、保持党同人民群众的血肉联系等方面，都展现出独特的政治优势。发展全过程人民民主，必须实现社会主义协商民主的全贯通，坚持协商于决策之前的知情明政、决策之中的参政议政和决策之后的监督落实，最大程度地吸纳人民参与协商民主的全过程，确保人民的民主权利得到充分落实。

坚持以民主集中制激活全过程人民民主。民主集中制是党和国家的根本组织制度和领导制度。它不仅规范着党与国家各个机关之间的关系，而且还规范着党员与组织、下级组织与上级组织、全党和中央之间的关系。民主集中制坚持民主基础上的集中和集中指导下的民主，既可以充分激发全党全国各族人民创造活力，又可以保证全党全国各族人民在思想上、政治上和行动上的一致性。发展全过程人民民主，必须坚持民主与集中的统一，在作出重大决策时广泛听取意见和建议，经过比较和鉴别，集中形成正确的路线、方针和政策，坚决避免独断专行或各行其是，确保人民民主的各个环节紧密衔接、高效运作。

第四节　论坚持独立自主与把握历史大势

党的十九届六中全会通过的《中共中央关于党的百年奋斗重大成就和历史经验的决议》（以下简称《决议》）将“坚持独立自主”总结概括为党百年奋斗的十大宝贵历史经验之一，指出“走自己的路，是党百年奋斗得出的历史结论”，深刻揭示这是中华民族精神之魂和我们立党立国的重要原则，深刻阐明走自己的路的历史真谛和时代内涵，鲜明指出中国的事情必须由中国人民自己作主张、自己来处理，坚持独立自主、自力更生，把中国发展进步的命运始终牢牢掌握在自己手中。

一、立党立国的重要原则——坚持独立自主

（一）独立自主深深植根于中华民族精神之中

《决议》作出独立自主是中华民族精神之魂的科学判断，源于中华民族发展的历史底蕴和贯穿其中的以爱国主义为核心的伟大民族精神，

基于中华民族掌握自己命运的坚定意志、为人类文明进步作出的历史贡献，特别是中国共产党成立以来始终践行初心使命，团结带领人民坚持独立自主开拓前进道路，坚持把国家和民族发展放在自己力量的基点上，坚持中国的事情必须由中国人民自己作主张、自己来处理，深刻彰显“独立自主”在中华民族精神培育和发展中的基础性地位和引领性作用。

中华民族是一个勤劳、勇敢和智慧的民族。在人类奔腾不息、滚滚向前的历史长河中，中华民族拥有 5000 多年绵延不绝的文明历史，创造了博大精深的中华文化，培育和传承中华民族精神，并为人类文明进步提供了中国智慧、作出了中国贡献。中华民族是一个不屈不挠、有志气的民族，即使近代以来陷入半殖民地半封建社会的黑暗深渊，也从不屈服，无数志士仁人前赴后继，在苦难和挫折中一次次抗争、一次次求索，展现了不畏强暴、自强不息的顽强意志，表现出百折不挠的英雄气概和自立自强的民族气节。中国近代史是一部充满灾难、落后挨打的悲惨屈辱史，也是一部中华民族抵抗外来侵略、争取民族独立的伟大斗争史。

人无精神则不立，国无精神则不强。中华民族之所以在风雨飘摇的近代中国社会中奋力抗争、艰辛求索而屹立不倒，就在于自古以来世代相传的爱国主义。这一伟大民族精神流淌在中华民族血脉之中，是中华民族维护民族独立和民族尊严、推动中国和人类发展进步的强大精神动力。中国共产党自诞生起就立志于中华民族千秋伟业，把实现中华民族伟大复兴作为自己的历史使命，是爱国主义精神最坚定的弘扬者和实践者。党团结带领人民浴血奋斗、自力更生、锐意进取，接续创造了新民主主义革命、社会主义革命和建设、改革开放和社会主义现代化建设、新时代中国特色社会主义的伟大成就，不断继承、丰富和发展伟大创造精神、伟大奋斗精神，弘扬以爱国主义为核心的民族精神，并赋予这一民族精神以改革创新为核心的时代精神，终于找到并不断开辟和拓展实现中华民族伟大复兴的壮阔道路。新时代，中华民族迎来从站起来、富起来到强起来的伟大飞跃，在改造中国和世界中不断迸发出排山倒海的历史伟力，推动实现中华民族伟大复兴进入了不可逆转的历史进程，以更加昂扬奋进的精神状态巍然屹立于世界民族之林。

（二）独立自主深深蕴含于党和国家事业发展的思想自觉和行动自觉之中

《决议》在独立自主是中华民族精神之魂的基础上，从党是什么、要干什么这一根本问题出发，进一步指出独立自主是我们立党立国的重要原则。独立自主是思想与制度相结合，目的与手段、内涵与形式相统一的，既是党和国家事业发展的重要前提和基础，又是党和国家事业发展的重要立足点和行动价值。

马克思主义是我们立党立国、兴党强国的根本指导思想。在党和国家事业发展中，坚持独立自主，从根本意义上集中反映和体现在指导思想上，就是坚持把马克思主义基本原理同中国具体实际相结合，不断推进马克思主义中国化时代化，同时反对理论脱离实际，反对本本主义、教条主义和经验主义。马克思主义开始在中国传播之初，李大钊就在《再论问题与主义》中鲜明指出："一个社会主义者，为使他的主义在世界上发生一些影响，必须要研究怎么可以把他的理想尽量应用于环绕着他的实境。"[1]党在创立和发展马克思主义中国化的历史进程中，从来是反对离开中国实际去研究马克思主义的，强调没有

〔1〕中国李大钊研究会编注：《李大钊全集》第3卷，人民出版社2013年版，第51页。

调查就没有发言权，要坚持一切从实际出发，把国家和民族发展放在自己力量的基点上，独立自主地解决中国社会矛盾和实际问题，自己找出适合国情的前进道路。毛泽东同志在《中国革命战争的战略问题》中提出“独立自主”并用以指导革命斗争，指出：“无论处于怎样复杂、严重、惨苦的环境，军事指导者首先需要的是独立自主地组织和使用自己的力量。被敌逼迫到被动地位的事是常有的，重要的是要迅速地恢复主动地位。如果不能恢复到这种地位，下文就是失败。”〔1〕邓小平同志在党的十二大开幕词中创造性地提出“建设有中国特色的社会主义”这一科学命题，并进一步强调：“中国的事情要按照中国的情况来办，要依靠中国人自己的力量来办。独立自主，自力更生，无论过去、现在和将来，都是我们的立足点。”〔2〕中国特色社会主义进入新时代，习近平总书记深刻指出：“当代中国的伟大社会变革，不是简单延续我国历史文化的母版，不是简单套用马克思主义经典作家设想的模板，不是其他国家社会主义实践的再版，也不是国外现代化发展的翻版。”〔3〕党在百年奋斗中，团结带领人民进行中国革命、建设和改革的伟大事业，开辟了符合中国实际的新民主主义革命道路、社会主义革命和建设道路、中国特色社会主义道路。这是把马克思主义基本原理同中国具体实际相结合的伟大创造，其中蕴含的独立自主的探索精神和坚持走自己路的坚定决心，是党不断从挫折中觉醒、不断从胜利走向胜利的真谛之所在。

江山就是人民，人民就是江山。在党和国家事业发展中，坚持独

---

〔1〕《毛泽东选集》第1卷，人民出版社1991年版，第222—223页。

〔2〕《邓小平文选》第3卷，人民出版社1993年版，第3页。

〔3〕《中共中央关于党的百年奋斗重大成就和历史经验的决议》，《人民日报》2021年11月17日。

立自主，充分彰显了在“为了谁、依靠谁”这一马克思主义唯物史观基础之上的根本立场，其核心就是尊重人民的历史主体地位和首创精神，把实现好、维护好、发展好最广大人民根本利益作为一切工作的根本出发点和落脚点。人民是历史的创造者，是国家和社会的真正主人，是党和国家事业发展的力量源泉。党和国家事业只有坚持一切为了人民、一切依靠人民，才能不断发展壮大。否则，就会脱离人民、背离人民利益，必然得不到人民的拥护和支持，就会误入歧途，最终也是不可能成功的。在党的百年奋斗中，党和国家事业之所以不断从胜利走向胜利、中国特色社会主义之所以不断向前发展，根本原因在于党同人民群众站在一起、想在一起、干在一起，同人民群众风雨同舟、血脉相通、生死与共。新征程上，只要把党和国家事业深深扎根人民、紧紧依靠人民，就必然能够凝聚起无穷的智慧和力量。

（三）独立自主深深融入推动中国和世界和平发展之中

《决议》从国内与国外的有机结合和正反两方面的辩证统一上，深刻阐明坚持独立自主对一个国家和民族前途命运的重大意义，深刻揭示坚持独立自主的历史经验和规律性认识，指出人类历史上没有一个民族、一个国家可以通过依赖外部力量、照搬外国模式、跟在他人后面亦步亦趋实现强大和振兴，强调坚持独立自主、自力更生，既虚心学习借鉴国外的有益经验，又坚定民族自尊心和自信心，不信邪、不怕压。

中国的发展离不开世界，世界的发展也需要中国。中华民族不仅为掌握自己的命运而自强不息，而且推动中国与世界交流互鉴。中华民族历来“以至诚为道，以至仁为德”，爱好和平。中华优秀传统文化崇尚“睦邻友邦”，与人为善，己所不欲、勿施于人。中国历史上虽然曾长期是世界上最强大的国家之一，但没有留下殖民和侵略他国的记录。中华民族的血液中没有侵略他人的基因，也没有称霸世界的基因，中国人民不接受“国强必霸”的逻辑。中国“和”文化源远流长，蕴含着天人合一的宇宙观、协和万邦的国际观、和而不同的社会观、和而向善的道德观，“以和为贵”“和而不同”“化干戈为玉帛”等理念深深嵌入中华民族的精神世界。一部中华民族发展史，就是一部创业创造、百折不挠的奋斗史，是一部追求民族独立、推动国家富强、维护世界和平的奋斗史。

坚持走和平发展道路，倡导构建人类命运共同体。当代中国坚持独立自主的和平外交政策，遵循和平共处五项原则，坚持对外开放，推动建设新型国际关系，推动构建人类命运共同体，弘扬和平、发展、公平、正义、民主、自由的全人类共同价值，引领人类进步潮流。习近平总书记指出：“中国从一个积贫积弱的国家发展成为世界第二大经济体，靠的不是对外军事扩张和殖民掠夺，而是人民勤劳、维护和平。中国将始终不渝走和平发展道路。无论中国发展到哪一步，中国永不称霸、永不扩张、永不谋求势力范围。历史已经并将继续证明这一点。”[1]在中国和世界的关系中，中华民族信奉和追求的是和睦相处、和谐发展，共谋和平、共护和平、共享和平，同一切爱好和平的国家和人民一道，站在历史正确的一边，坚持合作、不搞对抗，坚持开放、不搞封闭，坚持互利共赢、不搞零和博弈，反对霸权主义和强权政治，推进和完善全方位、多层次、立体化的外交布局，积极发展全球伙伴关系，始终做世界和平的建设者、全球发展的贡献者、国际秩序的维护者，努力为人类文明进步和世界和平发展作出新的更大贡献。

---

〔1〕习近平:《共同构建人类命运共同体》,《求是》2021 年第 1 期。

二、坚持自信自立

坚持自信自立，必须尊重和保障人民历史主体地位和首创精神，坚定历史自信、增强历史主动，不断推进马克思主义中国化时代化。坚持把国家和民族发展放在自己力量的基点上，坚持把中国发展进步的命运牢牢掌握在自己手中，在新时代新征程上为全面建设社会主义现代化国家、全面推进中华民族伟大复兴，更好凝聚团结奋斗的坚定意志和坚实力量。

（一）坚持自信自立，不断推进理论创新

马克思主义创造性地揭示了人类社会发展规律，为人类社会发展进步指明了前进方向，为人民认识世界、改造世界提供了强大精神力量。我们党坚持以马克思主义为指导，在历史与现实、理论与实践、国内与国际的结合上，运用科学的世界观和方法论认识中国、解决中国的问题，推动党和国家事业向前发展。马克思主义的命运早已同中国共产党的命运、中国人民的命运、中华民族的命运紧紧连在一起。

时代是思想之母，实践是理论之源。解放思想、实事求是、与时俱进是马克思主义活的灵魂。李大钊曾指出：“一个社会主义者，为使他的主义在世界上发生一些影响，必须要研究怎么可以把他的理想尽量应用于环绕着他的实境。”[1]毛泽东在党的六届六中全会上作《论新阶段》的政治报告，明确指出“马克思主义必须和我国的具体特点相结合并通过一定的民族形式才能实现”，“即是说，按照中国的特点去应用它”。[2]我们党坚持一切从中国基本国情出发，坚持马克思主义的发展观点，坚持实践是检验真理的唯一标准，根据社会矛盾运动的发

〔1〕中国李大钊研究会编注：《李大钊全集》第3卷，人民出版社2013年版，第51页。
〔2〕《毛泽东选集》第2卷，人民出版社1991年版，第534页。

展变化，从历史发展大势、社会发展的历史方位、党和国家事业发展大局出发，认识和把握党情、国情和世情，发挥历史的主动性和创造性，不断有所发现、有所创造、有所前进，不断推进理论创新、实践创新、制度创新。

新时代孕育新思想，新思想引领新时代。中国特色社会主义进入新时代，党统筹把握中华民族伟大复兴战略全局和世界百年未有之大变局，坚持把马克思主义基本原理同中国具体实际相结合、同中华优秀传统文化相结合，不断回答中国之问、世界之问、人民之问、时代之问，以全新的视野深化对共产党执政规律、社会主义建设规律、人类社会发展规律的认识，创立习近平新时代中国特色社会主义思想。这一科学理论体系是当代中国马克思主义、二十一世纪马克思主义，是中华文化和中国精神的时代精华，实现了马克思主义中国化新的飞跃，为新时代党和国家事业发展提供了根本遵循。

实践发展永无止境，我们认识真理、进行理论创新就永无止境。开辟马克思主义中国化时代化的新境界，必须立足中国、放眼世界，坚持实事求是，保持与时俱进的理论品格，不断作出符合中国实际和时代要求的正确回答，不断赋予科学理论鲜明的中国特色，让马克思主义在中国牢牢扎根，并始终保持马克思主义的蓬勃生机和旺盛活力，指导中国实践。

（二）坚持自信自立，独立自主开拓前进道路

不自信，则精神上陷于被动，难以实现自立；不自立，则无自信，更无思想自觉和行动自觉。马克思主义是我们立党立国、兴党兴国的根本指导思想，拥有马克思主义科学理论指导是我们党坚定信仰信念、把握历史主动的根本所在。

坚定、自觉地践行初心使命，是坚持自信自立的根本出发点和落

脚点。中国共产党成立，中国人民开始从精神上的被动转为主动，中华民族开始艰难地但不可逆转地走向伟大复兴。从此，党坚持马克思主义立场观点方法，始终不渝为中国人民谋幸福、为中华民族谋复兴。新中国成立，中国人民站立起来，中华民族发展开启新纪元。完成社会主义革命，推进社会主义建设，为实现中华民族伟大复兴奠定根本政治前提和制度基础。推进改革开放和社会主义现代化建设，为实现中华民族伟大复兴提供了充满新的活力的体制保证和快速发展的物质条件。开创中国特色社会主义新时代，为实现中华民族伟大复兴提供了更为完善的制度保证、更为坚实的物质基础、更为主动的精神力量。中华民族伟大复兴的壮阔道路是党领导人民在长期实践探索中独立自主地开辟出来的，从根本上改变了中国人民和中华民族的前途命运。

坚定“四个自信”是坚持自信自立的思想根基和保障。信仰信念是共产党人的政治灵魂和精神支柱，信仰信念坚定，奋斗意志坚定，才能站得住、站得稳，在困难面前不低头、不退缩，在风险挑战面前经受住考验。坚持自信自立，在信仰信念上最重要的就是要坚定中国特色社会主义道路自信、理论自信、制度自信、文化自信。红色政权来之不易，新中国来之不易，中国特色社会主义来之不易。党的百年奋斗历程和伟大成就是我们增强“四个自信”最坚实的基础。要深刻认识中国共产党为什么能、中国特色社会主义为什么好，归根到底是马克思主义行，是中国化时代化的马克思主义行，坚定“四个自信”，增强历史定力，增强做中国人的志气、骨气、底气，不断把为崇高理想奋斗的实践推向前进。

（三）坚持自信自立，增强历史主动精神

历史车轮滚滚向前，时代潮流浩浩荡荡。坚持党的全面领导是坚持和发展中国特色社会主义的必由之路，中国特色社会主义是实现中

华民族伟大复兴的必由之路，团结奋斗是中国人民创造历史伟业的必由之路，贯彻新发展理念是新时代我国发展壮大的必由之路，全面从严治党是党永葆生机活力、走好新的赶考之路的必由之路。新时代新征程上，中国人民的前进动力更强大、奋斗精神更昂扬、必胜信念更坚定，焕发出更为强烈的历史自觉和主动精神。

不断推进马克思主义中国化时代化，不断谱写马克思主义的中国篇章，是当代中国共产党人的庄严历史责任。必须全面贯彻习近平新时代中国特色社会主义思想，坚持对马克思主义的坚定信仰、对中国特色社会主义的坚定信念，不断开辟马克思主义中国化时代化的新境界。坚定中国特色社会主义道路自信、理论自信、制度自信、文化自信，把握住历史发展大势，奋发有为，锐意进取，以更加积极的历史担当和创造精神为发展马克思主义作出新的贡献，坚定不移推进中华民族伟大复兴历史进程。

要坚定不移地进行具有许多新的历史特点的伟大斗争。在理论探索和创新上，既不能刻舟求剑、封闭僵化，也不能照抄照搬、食洋不化；在开辟和拓展社会发展道路上，既不走封闭僵化的老路，也不走改旗易帜的邪路；在发扬历史自觉和主动精神上，坚定历史自信，增强历史主动，敢于斗争、善于斗争，不信邪、不怕鬼、不怕压，知难而进、迎难而上，依靠顽强斗争打开事业发展新天地，以奋发有为的精神把新时代中国特色社会主义推向前进。

三、把握时代大势与赢得战略主动

当今世界正经历百年未有之大变局，我国正处于实现中华民族伟大复兴的关键时期。2022 年 1 月 11 日，习近平总书记在省部级主要领导干部学习贯彻党的十九届六中全会精神专题研讨班开班式上发表重要讲话指出："战略问题是一个政党、一个国家的根本性问题。战略上判断得准确，战略上谋划得科学，战略上赢得主动，党和人民事业就大有希望。"[1]这一重要论述将战略问题作为党和人民事业发展的重大历史问题、理论问题和实践问题进行判断、谋划，将战略主动作为历史主动精神、历史创造精神的重要组成部分予以坚持和弘扬。胸怀中华民族伟大复兴战略全局和世界百年未有之大变局，必须推进马克思主义中国化时代化，正确把握社会主要矛盾和中心任务，高度重视和研究战略问题，争取战略主动、赢得战略主动，在新的历史起点上为全面建成社会主义现代化强国、实现中华民族伟大复兴而不懈奋斗。

（一）在马克思主义中国化时代化中科学认识和把握战略问题

马克思主义创造性地科学揭示人类社会发展规律，为人类社会发展进步指明了方向，开辟了人类探索历史规律和寻求自身解放、实现自由全面发展的道路。马克思主义是我们立党立国、兴党强国的根本指导思想，是我们认识世界、把握规律、追求真理、改造世界的科学真理。我们党坚持把马克思主义基本原理同中国具体实际相结合、同中华优秀传统文化相结合，坚持一切从中国实际出发，洞察时代大势，把握历史主动，探索回答中国之问、世界之问、人民之问和时代之问，不断推进马克思主义中国化时代化，并用马克思主义中国化的科学理论引领伟大实践，在奋进中开辟美好未来。

战略问题是指在认识和处理社会矛盾问题中那些带根本性、全局性、基础性、原则性、长远性的历史与现实、理论与实践、国内与国际的重大问题。战略问题根源于社会矛盾运动，认识和把握战略问题则依据并决定于矛盾问题的性质、内涵和矛盾之间的关系。在认识世

[1]《继续把党史总结学习教育宣传引向深入　更好把握和运用党的百年奋斗历史经验》，《人民日报》2022年11月12日。

界和改造世界中科学判断、谋划和处理战略问题，是马克思主义中国化时代化的重要内容，具有重要历史地位、丰富理论意涵和实践指导意义。以习近平同志为核心的党中央统筹把握中华民族伟大复兴战略全局和世界百年未有之大变局，对关系新时代党和国家事业发展的一系列重大理论和实践问题进行深邃思考和科学判断，提出了一系列原创性的治国理政新理念新思想新战略，充分贯彻和彰显马克思主义的人民性、真理性、实践性和时代性。

关于战略全局与战略布局。战略全局表现为战略的全面性、整体性、纲领性和系统性，关系事业发展的趋势与走向。无论是近代以来中华民族发展还是当今世界百年未有之大变局，党和人民事业发展的主题主线、主流本质构成中华民族伟大复兴战略全局。习近平总书记在庆祝中国共产党成立 100 周年大会上的重要讲话中指出："一百年来，中国共产党团结带领中国人民进行的一切奋斗、一切牺牲、一切创造，归结起来就是一个主题：实现中华民族伟大复兴。"〔1〕战略全局不仅体现在党百年奋斗的主题和中心任务上，而且深刻落实在党和人民事业相应历史时期的道路、制度和各领域各方面上，并注意从战略大局上实施战略布局。进入新发展阶段，习近平总书记强调："完整、准确、全面贯彻新发展理念，必须坚持系统观念，统筹国内国际两个大局，统筹'五位一体'总体布局和'四个全面'战略布局，加强前瞻性思考、全局性谋划、战略性布局、整体性推进。"〔2〕战略全局与战略布局相辅相成，具有基础性、主导性、统领性，贯穿于实践的全过程和工作的

〔1〕习近平：《在庆祝中国共产党成立 100 周年大会上的讲话》，《人民日报》2021 年 7 月 2 日。

〔2〕《完整准确全面贯彻新发展理念　确保"十四五"时期我国发展开好局起好步》，《人民日报》2021 年 1 月 30 日。

各环节，必须坚持全局、大局和布局的有机统一。

关于战略定力与战略目标。战略定力主要是指在战略判断、谋划和实施上，信念坚定，思想自觉，目标明确，意志坚强，自立自强，锐意进取，勇毅前行。习近平总书记在 2021 年 1 月 7 日主持中央政治局常委会会议时强调，要胸怀中华民族伟大复兴战略全局和世界百年未有之大变局，牢牢把握“国之大者”，观大势、谋全局、抓大事，坚持底线思维，保持战略定力，勇于担当作为，增强斗争精神，认真做好各项工作。在党的十九届六中全会第二次全体会议上，习近平总书记指出：“在新的起点上，全党必须保持战略定力、锚定战略目标，牢记‘国之大者’，在实现中华民族伟大复兴的历史进程中跑好属于我们这代人的这一棒。”〔1〕在把握新发展阶段、贯彻新发展理念、构建新发展格局上，习近平总书记指出：“既保持战略定力又善于积极应变，既集中精力办好自己的事，又积极参与全球治理、为国内发展创造良好环境。”要“统筹发展和安全，善于预见和预判各种风险挑战，做好应对各种‘黑天鹅’、‘灰犀牛’事件的预案，不断增强发展的安全性。”〔2〕战略定力与战略目标，以战略的坚定性、自觉性和科学性共同构成战略的方位与航向，承载并不断焕发出战略的引领力和号召力。

关于战略思维与战略决策。战略是从全局、长远、大势上作出判断和决策。2019 年 1 月 21 日，习近平总书记在省部级主要领导干部坚持底线思维着力防范化解重大风险专题研讨班开班式上指出：“领导干部要加强理论修养，深入学习马克思主义基本理论，学懂弄通做实新时代中国特色社会主义思想，掌握贯穿其中的辩证唯物主义的世界

---

〔1〕习近平：《以史为鉴、开创未来 埋头苦干、勇毅前行》，《求是》2022 年第 1 期。

〔2〕《完整准确全面贯彻新发展理念 确保“十四五”时期我国发展开好局起好步》，《人民日报》2021 年 1 月 30 日。

观和方法论，提高战略思维、历史思维、辩证思维、创新思维、法治思维、底线思维能力，善于从纷繁复杂的矛盾中把握规律，不断积累经验、增长才干。”〔1〕战略思维就是从战略上看问题、想问题，根据我国发展阶段、环境、条件变化作出事关全局和具有系统性、长远性的战略决策。

习近平总书记关于战略的重要论述，内涵丰富、思想深刻，丰富和发展了马克思主义战略思想，指导和推动新时代战略安排、战略布局和一系列战略决策，并把战略思维贯穿运用到党和人民事业发展之中，充分彰显出“两个确立”的决定性意义和实践伟力。

（二）正确战略是党不断从胜利走向胜利的有力保证

党在不断推进马克思主义中国化时代化中，以自我革命引领社会革命，提出、丰富和发展关于中国革命、建设和改革的路线方针政策和战略策略，不断开辟和深化拓展实现中华民族伟大复兴的壮阔道路。

党在夺取新民主主义革命伟大胜利、完成社会主义革命和推进社会主义建设中重视战略问题，形成和发展党关于革命军队的建设和军事战略、关于政策与策略等方面的独创性理论。毛泽东同志在《中国革命战争的战略问题》中指出，“战略问题是研究战争全局的规律的东西”，“说战略胜利取决于战术胜利的这种意见是错误的，因为这种意见没有看见战争的胜败的主要和首先的问题，是对于全局和各阶段的关照得好或关照得不好”。〔2〕他强调：“能够把战争或作战的一切重要的问题，都提到较高的原则性上去解决。达到这个目的，就是研究战略问

〔1〕《提高防控能力着力防范化解重大风险　保持经济持续健康发展社会大局稳定》，《人民日报》2019年1月22日。

〔2〕《毛泽东选集》第1卷，人民出版社1991年版，第175页。

题的任务。”“一个原则，就是注意于那些有关全局的重要的关节。”[1]他在《矛盾论》中强调：“对于矛盾的各种不平衡情况的研究，对于主要的矛盾和非主要的矛盾、主要的矛盾方面和非主要的矛盾方面的研究，成为革命政党正确地决定其政治上和军事上的战略战术方针的重要方法之一，是一切共产党人都应当注意的。”革命战争时期，正是党独立自主地解决中国革命实际问题，才开辟了农村包围城市、武装夺取政权的正确革命道路。新中国成立后，党在巩固新生政权、迅速恢复国民经济的基础上，逐步实现国家对农业、手工业和资本主义工商业的社会主义改造，开展全面的大规模的社会主义建设，在艰辛探索和曲折发展中建立起独立的比较完整的工业体系和国民经济体系，实施和推进党的建设伟大工程，推动社会主义革命和建设事业向前发展。

党在改革开放和社会主义现代化建设中，继续探索中国建设社会主义的正确道路，作出把党和国家工作中心转移到经济建设上来、实行改革开放的历史性决策，制定到 21 世纪中叶分三步走、基本实现社会主义现代化的发展战略。为加快推进社会主义现代化，党领导人民坚持发展是硬道理，提出科学技术是第一生产力，实施科教兴国、可持续发展、人才强国等重大战略。中国在改革开放和社会主义现代化建设中实现人民生活从温饱不足到总体小康、奔向全面小康的历史性跨越。

党的十八大以来，我们党根据中国特色社会主义进入新时代这一历史方位，坚持和捍卫“两个确立”，推动新时代党和国家事业发展。为全面深化改革，党坚持改革正确方向，以促进社会公平正义、增进

[1]《毛泽东选集》第 1 卷，人民出版社 1991 年版，第 178、177 页。

人民福祉为出发点和落脚点，突出问题导向，确定全面深化改革的总目标、战略重点、优先顺序、主攻方向、工作机制、推进方式和时间表、路线图，加强顶层设计和整体谋划，增强改革的系统性、整体性、协同性，推进经济体制、政治体制、文化体制、社会体制、生态文明体制、国防和军队改革和党的建设制度改革，实现改革由局部探索、破冰突围到系统集成、全面深化的转变，开创了我国改革开放新局面。为全面建成小康社会，党紧扣我国社会主要矛盾变化，统筹推进经济建设、政治建设、文化建设、社会建设、生态文明建设，坚定实施科教兴国战略、人才强国战略、创新驱动发展战略、乡村振兴战略、区域协调发展战略、可持续发展战略、军民融合发展战略，突出抓重点、补短板、强弱项，特别是坚决打好防范化解重大风险、精准脱贫、污染防治的攻坚战。如期打赢脱贫攻坚战，如期全面建成小康社会，实现第一个百年奋斗目标，开启全面建设社会主义现代化国家新征程，中华民族迎来从站起来、富起来到强起来的伟大飞跃。

党的百年奋斗积累了认识和把握战略问题的丰富历史经验。党在各个历史时期面临着不同的社会主要矛盾和中心任务，总是能够在重大历史关头立足中国，站在时代前沿，以世界眼光和战略思维放眼世界、未来和一切方面，从战略上认识、分析、判断面临的重大历史课题，制定出正确的政治战略策略，不断探索中国革命、建设和改革开放事业发展的正确道路。也就是历史发展每前进一步，党总是能够把正确的战略与正确的策略辩证统一起来，以战略的坚定性和策略的灵活性相结合，从而不断推动党和人民事业从胜利走向胜利。

（三）在新征程上不断赢得战略主动

历史车轮滚滚向前，时代潮流浩浩荡荡。习近平总书记在庆祝中国共产党成立 100 周年大会上庄严宣告：“经过全党全国各族人民持续奋斗，我们实现了第一个百年奋斗目标，在中华大地上全面建成了小康社会，历史性地解决了绝对贫困问题，正在意气风发向着全面建成社会主义现代化强国的第二个百年奋斗目标迈进。”[1]在新的赶考路上，党必将团结带领人民以更为主动的精神力量，保持顽强斗志和战略定力，确保党中央作出的战略决策必须无条件执行，确保不偏向、不变通、不走样。

勇于自我革命，不断增强战略定力。自我革命就是自我净化、自我完善、自我革新和自我提高，以正视问题的自觉和刀刃向内的勇气，把党建设得更加坚强有力。当代中国正在经历人类历史上最为宏大而独特的实践创新，国际形势日益复杂严峻，国内改革发展稳定任务更加艰巨繁重，党在治国理政中面对的矛盾风险之多、挑战考验之大前所未有。这就需要党始终保持先进性和纯洁性，永葆自我革命精神。在新的历史条件下全面建设社会主义现代化强国，必须坚持党要管党、全面从严治党，坚持和加强党的全面领导，坚持和完善中国特色社会主义制度，在为谁执政、为谁用权、为谁谋利这个根本问题上头脑要特别清醒、立场要特别坚定，始终保持全面从严治党永远在路上的思想自觉、政治自觉和行动自觉，准确把握时代大势，勇于站在人类发展前沿，不断增强创造力、凝聚力、战斗力。保持反腐败政治定力，不断实现不敢腐、不能腐、不想腐一体推进的战略目标，以伟大自我革命引领伟大社会革命，坚持不懈把全面从严治党向纵深推进，永葆马克思主义政党本色。

坚持团结奋斗，不断夯实时代发展之基。中国特色社会主义新时代是全国各族人民团结奋斗、不断创造美好生活、逐步实现全体人民

[1] 习近平：《在庆祝中国共产党成立100周年大会上的讲话》，《人民日报》2021年7月2日。

共同富裕的时代。习近平总书记指出："一百年来，党和人民取得的一切成就都是团结奋斗的结果，团结奋斗是中国共产党和中国人民最显著的精神标识。""围绕明确奋斗目标形成的团结才是最牢固的团结，依靠紧密团结进行的奋斗才是最有力的奋斗。"[1]党的百年奋斗，从根本上改变了中国人民的前途命运，开辟了实现中华民族伟大复兴的正确道路，展示了马克思主义的强大生命力，深刻影响了世界历史进程，锻造了走在时代前列的中国共产党。辉煌历史是靠团结奋斗创造出来的，更加美好未来依然要靠团结奋斗才能开辟出来。团结就是力量，奋斗开创未来。能团结奋斗的民族才有前途，能团结奋斗的政党才能立于不败之地。团结奋斗在战略上需要战略主体的思想自觉、自立自强自信和历史主动精神。《中共中央关于党的百年奋斗重大成就和历史经验的决议》指出："文化自信是更基础、更广泛、更深厚的自信，是一个国家、一个民族发展中最基本、最深沉、最持久的力量，没有高度文化自信、没有文化繁荣兴盛就没有中华民族伟大复兴。"[2]在新征程上团结奋斗，必须激发全民族文化创新创造活力，更好构筑中国精神、中国价值、中国力量，不断巩固全党全国各族人民团结奋斗的共同思想基础，建设社会主义文化强国。

加快构建新发展格局，从全局高度掌握未来发展主动权。加快构建以国内大循环为主体、国内国际双循环相互促进的新发展格局，需要从全局高度准确把握和积极推进，以经济循环畅通无阻为关键，最本质的特征是实现高水平的自立自强。习近平总书记指出："加快构建新发展格局，是我们把握未来发展主动权的战略举措，是为了在各

---

〔1〕习近平：《在二〇二二年春节团拜会上的讲话》，《人民日报》2022年1月31日。

〔2〕《中共中央关于党的百年奋斗重大成就和历史经验的决议》，人民出版社2021年版，第44页。

种可以预见和难以预见的惊涛骇浪中增强我们的生存力、竞争力、发展力、持续力，是一场需要保持顽强斗志和战略定力的攻坚战、持久战。”[1]为此，必须充分利用和发挥市场资源这个优势，自觉把本地区本部门工作纳入构建新发展格局中统筹考虑和谋划，以更加坚定的思想自觉、精准务实的举措、真抓实干的劲头，推动构建新发展格局取得扎扎实实成效。当前，数字经济正成为重组全球要素资源、重塑全球经济结构、改变全球竞争格局的关键力量。数字经济事关国家发展大局，发展数字经济是把握新一轮科技革命和产业变革新机遇的战略选择。健康发展数字经济，有利于推动构建新发展格局、建设现代化经济体系、构筑国家竞争新优势。党中央将数字经济上升为国家战略，从国家层面部署推动数字经济，加强关键核心技术攻关，加快新型基础设施建设，推动数字经济和实体经济融合发展，推进重点领域数字产业发展，规范数字经济发展，完善数字经济治理体系，积极参与数字经济国际合作，使之更好服务和融入新发展格局。

新征程上，胸怀“两个大局”，立足中国，放眼世界，站在时代前沿，运用战略思维，不断在认识和处理矛盾问题、把握战略全局中实现战略主动，党和人民事业必将迎来新的美好未来，中国特色社会主义道路必将越走越宽广。

四、把准新的历史特点与努力提高斗争本领

必须进行具有许多新的历史特点的伟大斗争，是习近平总书记提出的重大政治判断和实践要求。100 多年来，我们党矢志践行初心使命，敢于斗争、善于斗争，不断取得一个又一个胜利。当代中国正处

---

[1]《统筹指导构建新发展格局　推进种业振兴　推动青藏高原生态环境保护和持续发展》,《人民日报》2021 年 7 月 10 日。

于实现中华民族伟大复兴的关键时期，当今世界正经历百年未有之大变局。在向着全面建成社会主义现代化强国迈进的新征程上，必须充分认识和把握伟大斗争的长期性、复杂性、艰巨性，发扬斗争精神，提高斗争本领，不断夺取伟大斗争新胜利。

（一）深刻认识、准确把握实现中华民族伟大复兴必须进行伟大斗争

实现中华民族伟大复兴，是近代以来中国人民和中华民族最伟大的梦想。国家内忧外患、民族危难之时，党在中国人民和中华民族的伟大觉醒中、在马克思列宁主义同中国工人运动的紧密结合中光荣诞生，为中国人民谋幸福，为中华民族谋复兴，深刻改变了中国人民和中华民族的前途和命运。100 多年来，党团结带领人民，以“为有牺牲多壮志，敢教日月换新天”的大无畏气概，发扬革命加拼命的精神，艰辛探索、不懈奋斗，同一切困难进行坚决斗争，面对各种风险挑战锐意进取，创造了新民主主义革命、社会主义革命和建设、改革开放和社会主义现代化建设、新时代中国特色社会主义的伟大成就，在中华大地上全面建成小康社会，乘势而上开启全面建设社会主义现代化国家新征程，实现中华民族伟大复兴进入了不可逆转的历史进程。

敢于斗争、敢于胜利，是我们党不可战胜的强大精神力量。党依靠斗争走到今天，也必然要依靠新的斗争赢得未来。今日之中国，党团结带领人民比历史上任何时期都更接近、更有信心和能力实现中华民族伟大复兴的目标，同时在新征程上也必然要准备付出更为艰巨、更为艰苦的努力，依靠斗争开创未来。

习近平总书记指出，中华民族伟大复兴绝不是轻轻松松、敲锣打鼓就能实现的，必须进行具有许多新的历史特点的伟大斗争。这是因为，社会是在矛盾运动中前进的，有矛盾就会有斗争。实现中华民族

伟大复兴，是党从社会基本矛盾和主要矛盾中探求中国社会发展规律，一以贯之地发扬革命加拼命的精神，把握历史发展大势和斗争方向，准确识变、科学应变、主动求变，不断向前推进的；实现中华民族伟大复兴，只有不断应对重大挑战、抵御重大风险、克服重大阻力、解决重大矛盾，坚决战胜一切在政治、经济、文化、社会等领域和自然界出现的艰难险阻，知重负重、苦干实干、攻坚克难，才能够奋力达到；实现中华民族伟大复兴，必须适应这一伟大斗争的性质和目的，不是为了斗争而斗争，而是以实现人民对美好生活的向往为奋斗目标，增强斗争本领，永葆斗争精神，更加自觉地坚持党的领导和我国社会主义制度，坚持以人民为中心的发展思想，不断实现好、维护好、发展好最广大人民根本利益。

（二）深刻认识、准确把握我国社会主要矛盾变化带来的新特征新要求

斗争因矛盾问题而产生，坚持什么样的斗争方向、立场和原则，以及采取怎样的斗争方式和手段，无不缘于相应的矛盾问题。必须进行具有许多新的历史特点的伟大斗争，是由我国社会主要矛盾已经转化为人民日益增长的美好生活需要和不平衡不充分的发展之间的矛盾所决定的。社会主要矛盾的变化是关系全局的历史性变化，对党和国家工作提出了许多新要求。

中国特色社会主义进入了新时代，这是我国发展新的历史方位。随着我国社会生产力水平总体上显著提高，社会生产能力在很多方面进入世界前列，人民美好生活需要日益广泛，而发展不平衡不充分成为满足人民日益增长的美好生活需要的主要制约因素。我国经济已由高速增长阶段转向高质量发展阶段，但创新能力不适应高质量发展要求，农业基础还不稳固，城乡区域发展和收入分配差距较大，生态环

保任重道远，民生保障存在短板，社会治理还有弱项，等等。这就要求在继续推动发展的基础上，着力解决好发展不平衡不充分问题，大力提升发展质量和效益，更好满足人民在经济、政治、文化、社会、生态等方面日益增长的需要，更好推动人的全面发展、社会全面进步。斗争从来都是奔着矛盾问题去的，新的矛盾问题需要新的斗争进行处理和解决。为此，党统揽伟大斗争、伟大工程、伟大事业、伟大梦想，统筹推进“五位一体”总体布局、协调推进“四个全面”战略布局，战胜一系列重大风险挑战，全面建成小康社会，实现了第一个百年奋斗目标。在此基础上，党乘势而上开启全面建设社会主义现代化国家新征程、向第二个百年奋斗目标迈进，标志着我国进入了一个新发展阶段。这个新发展阶段，是社会主义初级阶段中的一个阶段，同时是其中经过几十年积累、站到了新的起点上的一个阶段。在这个新发展阶段，到 2035 年基本实现社会主义现代化，到本世纪中叶把我国建成富强民主文明和谐美丽的社会主义现代化强国。这一路线图和时间表规划描述了新发展阶段的战略目标和任务，深刻蕴含着具有许多新的历史特点的伟大斗争的方向、道路和要求。

事业越前进、越发展，新情况新问题就会越多，面临的风险挑战和面对的不可预料的事情也会越多。当前和今后一个时期，虽然我国发展仍然处于重要战略机遇期，总体上机遇大于挑战，但挑战与考验不仅都在发生新的发展变化，而且挑战之大、考验之多也都前所未有。在新征程上，党面临的长期执政考验、改革开放考验、市场经济考验、外部环境考验具有长期性和复杂性，面临的精神懈怠危险、能力不足危险、脱离群众危险、消极腐败危险具有尖锐性和严峻性。与此同时，改革发展稳定任务艰巨繁重，必然会出现各种可以预测和不可预测的困难、风险和挑战。为全面建成社会主义现代化强国、实现中华民族伟大复兴，必须历史地、辩证地认识和把握新发展阶段的新机遇新挑战，敢于斗争，善于斗争，以压倒一切困难而不为困难所压倒的决心和勇气，妥善应对、防范化解可能出现的各种重大风险，推动改革发展克难攻坚、闯关夺隘，不断有所发现、有所创造、有所前进，不断实现更高质量、更有效率、更加公平、更可持续、更为安全的发展。

（三）深刻认识、准确把握错综复杂的国际环境带来的新矛盾新挑战

中国特色社会主义新时代是我国日益走近世界舞台中央、不断为人类作出更大贡献的时代。当今世界多极化、经济全球化、国际关系民主化的大方向没有改变，然而面对世界百年变局，国际经济、科技、文化、安全、政治等格局都在发生深刻调整，产生了大量深刻复杂的矛盾和问题，特别是保护主义、单边主义上升，全球动荡源和风险点增多，不稳定性不确定性明显增加，使得我国外部环境日趋复杂严峻，必须做好防范化解各类风险隐患、积极应对外部环境变化带来的冲击挑战的斗争准备。

面对世界百年未有之大变局，必须始终保持清醒头脑和高度警惕，常观大势、常思大局，强化风险意识，重点防控那些可能迟滞或中断中华民族伟大复兴进程的全局性风险。对于各种危害党的领导和我国社会主义制度，国家主权、安全和发展利益的风险挑战，对于各种渗透颠覆破坏活动、暴力恐怖活动、民族分裂活动、宗教极端活动，必须进行坚决斗争，而且必须取得斗争胜利。把握住历史发展大势，抓住历史变革时机，掌握应对风险挑战的战略主动，既要打好防范和抵御风险的有准备之战，也要打好化险为夷、转危为机的战略主动战，在危机中育新机、于变局中开新局。提高国际竞争力，增强国家综合实力和抵御风险能力，有效维护国家安全，实现经济行稳致远、社会

和谐安定。中国始终是世界和平的建设者、全球发展的贡献者、国际秩序的维护者，高举和平、发展、合作、共赢旗帜，反对霸权主义和强权政治，坚持走和平发展道路，推动建设新型国际关系，推动构建人类命运共同体。

在新征程上，党和国家各项事业不断向前发展，世情国情党情不断发生深刻变化，推进具有许多新的历史特点的伟大斗争、党的建设新的伟大工程、中国特色社会主义伟大事业也时刻面对各种风险考验和重大挑战，必须根据我国社会主要矛盾变化，立足我国发展重要战略机遇期，直面矛盾问题，增强斗争意志，提高斗争本领，把维护国家安全和社会稳定的战略主动权牢牢掌握在自己手中，为全面建成社会主义现代化强国、实现中华民族伟大复兴奋发有为、锐意进取，不断争取更大胜利。

五、论党对底线思维的运用和发展

恩格斯曾指出，“一个民族要想站在科学的最高峰，就一刻也不能没有理论思维”〔1〕,“只有清晰的理论分析才能在错综复杂的事实中指明正确的道路”〔2〕。在中国共产党的百年发展历程中，面对革命、建设和改革等各个时期的矛盾问题，党始终坚持运用底线思维的方法，从最坏处做准备，争取最好的结果，成功化解了各种风险与挑战，团结带领人民赢得了一次又一次重大胜利。2021 年 7 月 1 日，习近平总书记在庆祝中国共产党成立 100 周年大会上庄严宣告：“经过全党全国各族人民持续奋斗，我们实现了第一个百年奋斗目标，在中华大地上全面建成了小康社会，历史性地解决了绝对贫困问题，正在意气风发向着

〔1〕《马克思恩格斯选集》第 3 卷，人民出版社 2012 年版，第 875 页。

〔2〕《马克思恩格斯全集》第 37 卷，人民出版社 1971 年版，第 283 页。

全面建成社会主义现代化强国的第二个百年奋斗目标迈进。”[1]在这一重要的时间节点，认识和把握底线思维辩证哲学，回顾建党百年来底线思维的运用和发展，探讨新的征程上底线思维对中国特色社会主义现代化建设的指导作用，有着重要的理论和实践意义。

（一）底线思维是党一贯坚持的辩证哲学

“底线”即最下限，是不可逾越的红线和事物发生质变的关键节点。坚持底线思维，就是以最低的目标为立足点，向最好的结果努力，是“守底”与“有为”的有机结合，是在尊重现实和客观规律的前提下充分发挥主观能动性，化挑战为机遇，掌握事态发展主动权，争取利益最大化的一种战略思维。具体而言，底线思维具有如下两个方面的鲜明特征：一方面，底线思维是一种边界思维，注重划出事物发展的底线，掌握其发生质变的临界点，确保其始终朝好的方向发展；另一方面，底线思维是一种忧患思维，强调居安思危、未雨绸缪，对潜在的问题与困难作出合理估量，保持历史自觉和战略主动。

中国共产党诞生于忧患、成长于忧患、壮大于忧患，始终坚持将底线思维作为自身重要的辩证哲学。毛泽东同志一贯认为，“向着最坏的一种可能性作准备是完全必要的，但这不是抛弃好的可能性，而正是为着争取好的可能性并使之变为现实性的一个条件”[2]。即使是在抗战即将胜利的前夕，毛泽东同志仍强调，“许多事情是意料不到的，但是一定要想到，尤其是我们的高级负责干部要有这种精神准备，准备对付非常的困难，对付非常的不利情况”[3]。邓小平同志在指导改革开

---

〔1〕习近平：《在庆祝中国共产党成立100周年大会上的讲话》，《人民日报》2021年7月2日。

〔2〕《毛泽东选集》第2卷，人民出版社1991年版，第784页。

〔3〕《毛泽东文集》第3卷，人民出版社1996年版，第392页。

放的进程中也一向坚持底线思维。他指出，“改革没有万无一失的方案”，“我们要把工作的基点放在出现较大的风险上，准备好对策。这样，即使出现了大的风险，天也不会塌下来”。[1]中国特色社会主义进入新时代，习近平总书记在一系列场合反复强调和阐述底线思维。他告诫全党，“要深刻认识党面临的执政考验、改革开放考验、市场经济考验、外部环境考验的长期性和复杂性，深刻认识党面临的精神懈怠危险、能力不足危险、脱离群众危险、消极腐败危险的尖锐性和严峻性，深刻认识增强自我净化、自我完善、自我革新、自我提高能力的重要性和紧迫性，坚持底线思维，做到居安思危”[2]。

（二）底线思维在各个时期的运用与发展

1. 底线思维在新民主主义革命时期的运用与发展

新民主主义革命时期，中国共产党对于底线思维的运用，是在不断总结经验教训的基础上形成的。毛泽东同志曾总结分析了 1927 年上半年、1930 年、1931 年和 1938 年党的历史上因滋生骄傲情绪而导致的四次路线错误，并要求全党引为鉴戒。在新民主主义革命即将胜利的前夕，他再次提醒全党要警惕骄傲自满和以功臣自居的情绪滋长。为了使全党树立忧患意识，他在党的七大上列举了 17 条可能出现的困难，对国内外局势和党内外事务从最坏处进行了全盘考虑，以此警示全党做好对付非常困难的准备。毛泽东同志强调的这种忧患意识、底线思维也充分体现在他指导革命实践上。1947 年，刘邓大军挺进大别山前，毛泽东同志进行了三种前途预估：一是付了代价站不住脚，转回来；二是付了代价站不稳脚，在周围打游击；三是付了代价站稳了

---

〔1〕《邓小平文选》第 3 卷，人民出版社 1993 年版，第 267 页。

〔2〕《坚持从严治党落实管党治党责任　把作风建设要求融入党的制度建设》，新华网，2014 年 6 月 30 日。

脚。[1]正是由于党中央提前做好了各方面的困难准备，刘邓大军不仅顺利地在大别山坚持了下来，还牵制住了国民党军队，由此揭开了人民解放军战略进攻的序幕。

2. 底线思维在社会主义革命和建设时期的运用与发展

新中国成立之初，帝国主义对中国虎视眈眈。尽管朝鲜人民在朝鲜战争的最初阶段取得了初步胜利，但中共中央冷静分析局势后认为，战争不会轻易结束，并决定在军事上未雨绸缪。在受到美国的军事威胁后，周恩来同志对外宣布：一旦美军越过三八线，扩大战争，“我们不能坐视不顾，我们要管”[2]。在中国人民的底线面前，美军仍然一意孤行地越过了三八线。随即，中国便组建了人民志愿军入朝作战，与朝鲜人民一同将“联合国军”从鸭绿江打回到三八线附近。20 世纪 50 年代末，苏联向中国提出在中国的领土和领海上建立中苏共有共管的长波电台和联合舰队的建议，均遭到了中国领导人的严词拒绝。不久，赫鲁晓夫在访华期间又公开发表干涉中国内政的言论，再次遭到了中国的抗议。主权和内政问题是国家必须捍卫的底线，即使面对美苏这样的超级大国，党和人民也毫不退让。在与苏联关系恶化之后，中国面临着三面环敌的不利境地。为了预防敌人的突然袭击，毛泽东同志审时度势，提出了三线建设的设想。他指出，“我们把三线的钢铁、国防、机械、化工、石油、铁路基地都搞起来，那时打起仗来就不怕了。有了准备就可能不打了”[3]。从 1964 年下半年到 1965 年，我国在西南、西北三线部署了多达 300 多个大中型项目。三线建设最初是立足于准

〔1〕《刘伯承军事文选》，解放军出版社 1992 年版，第 583 页。

〔2〕周恩来同潘尼迦谈话记录（1950 年 10 月 3 日），转引自《毛泽东传》（三），中央文献出版社 2011 年版，第 1074 页。

〔3〕《中国共产党的九十年》，中共党史出版社 2016 年版，第 533 页。

备应付“早打”“大打”而展开的，虽然最终战争并未发生，但在一定程度上推进了我国的现代化进程，提高了我国的国防能力。

3. 底线思维在改革开放和社会主义现代化建设时期的运用与发展

党的十一届三中全会开启了改革开放的伟大征程。这一时期，党将底线思维充分地运用到了社会主义现代化建设上。在思想政治上，邓小平同志指出，“实现四个现代化必须坚持四项基本原则”[1]，“决不允许在这个根本立场上有丝毫动摇”，“如果动摇了这四项基本原则中的任何一项，那就动摇了整个社会主义事业，整个现代化建设事业”。[2]在经济上，邓小平同志认为发展是解决中国所有问题的关键，“为了发展生产力，必须对我国的经济体制进行改革”，做到“以公有制为主体”和“不搞两极分化”。[3]在邓小平理论指导下，党的十五大最终形成了我国社会主义初级阶段基本经济制度的完整表述，即以公有制为主体、多种所有制经济共同发展。政治和经济两条底线的确立，保证了我国社会主义建设事业的顺利推进。这一时期，中国共产党还将底线思维运用到了与其他国家的交往中。在与第 49 任英国首相撒切尔夫人讨论香港回归问题时，邓小平同志直言中国在主权问题上没有回旋余地。针对撒切尔夫人提出的，一旦中国宣布 1997 年要收回香港，香港就有可能发生波动的问题，邓小平同志表示，“中国政府在做出这个决策的时候，各种可能都估计到了”，“如果说宣布要收回香港就会像夫人说的‘带来灾难性的影响’，那我们要勇敢地面对这个灾难，做出决策”。[4]面对邓小平同志有理有利有节的态度，英国不得不选择退让，

---

〔1〕《邓小平文选》第 2 卷，人民出版社 1994 年版，第 163 页。
〔2〕《邓小平文选》第 2 卷，人民出版社 1994 年版，第 173 页。
〔3〕《邓小平文选》第 3 卷，人民出版社 1993 年版，第 138 页。
〔4〕《邓小平文选》第 3 卷，人民出版社 1993 年版，第 14 页。

最终双方同意通过外交途径解决香港问题。1997 年 7 月 1 日，中国正式对香港恢复行使主权。

4. 底线思维在新时代的运用与发展

中国特色社会主义进入新时代，世界正经历着百年未有之大变局，我国发展也正处于重要的战略机遇期。面对日趋复杂的国内外环境，面对各种新问题和新挑战，以习近平同志为核心的党中央将底线思维运用到中国特色社会主义建设的各个方面。在经济建设方面，习近平总书记强调，要"深刻认识和高度重视经济运行中的突出矛盾和问题，深刻认识和全面把握国际经济形势，坚持底线思维，切实做好工作"[1]。在政治建设方面，习近平总书记指出，要"坚持正确政治方向，站稳政治立场"，[2]坚持党的领导、人民当家作主、依法治国有机统一，发展社会主义协商民主。在文化建设方面，习近平总书记强调，"导向不能改，阵地不能丢"[3]，要坚持以马克思主义为指导，牢牢掌握意识形态工作的领导权、管理权和话语权，占领舆论宣传的主阵地，坚决反对"去思想化""去价值化""去历史化""去中国化""去主流化"的错误观点。在社会建设方面，习近平总书记指出，要"按照人人参与、人人尽力、人人享有的要求，坚守底线、突出重点、完善制度、引导预期，注重机会公平，着力保障基本民生"[4]。在生态文明建设方面，习近平总书记强调，"生态环境保护是功在当代、利在千秋的事业"[5]，要"像保护眼睛一样保护生态环境，像对待生命一样

〔1〕《习近平重要论述学习笔记》，人民出版社 2014 年版，第 216 页。
〔2〕《习近平谈治国理政》第 1 卷，外文出版社 2018 年版，第 154 页。
〔3〕《习近平关于全面深化改革论述摘编》，中央文献出版社 2014 年版，第 85 页。
〔4〕《习近平关于社会主义社会建设论述摘编》，中央文献出版社 2017 年版，第 10 页。
〔5〕《习近平关于社会主义生态文明建设论述摘编》，中央文献出版社 2017 年版，第 7 页。

对待生态环境”[1]。在国家安全方面，习近平总书记指出，“我们党要巩固执政地位，要团结带领人民坚持和发展中国特色社会主义，保证国家安全是头等大事”[2]，必须坚守人民安全，捍卫国家主权和领土完整，共同维护民族团结。在外交方面，习近平总书记强调，“我们要坚持走和平发展道路，但决不能放弃我们的正当权益，决不能牺牲国家核心利益”。[3]在党的建设方面，习近平总书记指出，“中国共产党的伟大不在于不犯错误，而在于从不讳疾忌医，敢于直面问题，勇于自我革命”[4]，要始终将纪律挺在前面，不断扎牢制度笼子，以零容忍的态度惩治腐败。

（三）以底线思维推进中国特色社会主义现代化建设

回顾百年党史中底线思维的运用和发展可以发现，底线思维作为一种重要的哲学思维方法，对于指导中国革命、建设和改革实践起到了至关重要的作用。随着中国特色社会主义步入新征程，要更好运用底线思维推进中国特色社会主义现代化建设。

一是坚持以现实问题为导向。问题是时代的声音，每个时代都有属于自己的问题。中国共产党人干革命、搞建设、抓改革，都是为了解决中国的现实问题。在当前及未来这一发展关键期、改革攻坚期和矛盾凸显期，各种问题更是交织叠加出现。在新的征程上推进中国特色社会主义现代化建设，必须要有强烈的问题意识、忧患意识，冷静客观地分析问题，把困难估计得更加充分一些，把解决问题的措施想

---

〔1〕《习近平关于社会主义生态文明建设论述摘编》，中央文献出版社2017年版，第8页。

〔2〕《习近平关于总体国家安全观论述摘编》，中央文献出版社2018年版，第3页。

〔3〕《习近平谈治国理政》第1卷，外文出版社2018年版，第249页。

〔4〕《习近平关于“不忘初心、牢记使命”论述摘编》，中央文献出版社2019年版，第160页。

得更加周全一些，把各项工作准备得更加扎实一些。二是坚持以防范风险为重点。相比于已经出现的问题，未知的风险更加难以估计。波诡云谲的国际局势、复杂敏感的周边环境以及艰巨繁重的改革发展稳定任务更是加大了风险发生的可能性。在新的征程上推进中国特色社会主义现代化建设，必须保持高度的警惕，既要防范“黑天鹅”事件，也要防范“灰犀牛”事件，更要防范那些可能迟滞或中断中华民族伟大复兴进程的全局性风险，提前预留出防范风险的先手和化解风险的高招，打好防范和抵御风险的有准备之战，努力做到化险为夷、转危为机。三是坚持以主动作为为归旨。底线思维不是完全的守成防御思维，更不是“不求无功但求无过”的惰性思维，而是问题尚未发生时未雨绸缪、问题出现后主动作为的进取思维。在新的征程上推进中国特色社会主义现代化建设，要求党员干部必须以守土有责、守土负责、守土尽责的担当和敢挑重担、敢于出击、敢战能胜的勇气，积极主动、迎难而上，追求最好的结果，达到最高的期望值，做到有守有为。

第五节　论精神特质的地方实践

历史主动精神来自于历史创造者的历史主体地位的发挥、主体性的彰显、思想先导性的树立和实践创造性的践行，认识和把握历史发展方向、进程和大势，引领时代大潮，推动文明发展进步。

一、弘扬“赶考”历史主动精神

历史上的“赶考”，蕴含着一种历史主动，党在新中国成立前发出的“进京赶考”，则是党的理想信念、历史思维、实践探索与历史主动精神的有机结合和辩证统一。党领导人民进行新民主主义革命，为创建一个新的中国和新的社会而艰辛探索，在成立人民当家作主的新中国的基础上，为建设社会主义现代化国家的宏伟目标而不懈奋斗，无不蕴含和彰显党为中国人民、中华民族前途命运而使命担当的“赶考”意识、信念、思想、意志，体现出为民族独立、人民解放、国家富强、人民幸福而认识时代、把握时代，开辟时代、引领时代的历史自觉与主动。

党在各个历史时期和发展阶段的“赶考”意识和主张，是为什么“要考”和为谁“必考”、“考什么”、“怎么考”的理论与实践的结合。历史主动精神，源于解决中国问题的革命斗争实践，贯穿中国革命、建设和改革开放的伟大实践，是党把握规律、不断开创未来的思想源泉与实践动力，表现为探索性、奠基性、开创性、发展性和创新性的历史底蕴和时代特征，是革命文化、社会主义先进文化的自觉性、自主性和先进性，以及中华优秀传统文化传承发展的重要标识。

在中国革命即将走向全国胜利的前夕，党的七届二中全会明确提出党的工作重心的战略转移，指出开始着手各项建设事业，确定党在全国胜利后的一系列基本政策，强调中国革命在全国胜利后，我们要迅速恢复和发展生产，使中国稳步地由农业国转变为工业国，由新民主主义国家转变为社会主义国家。为此，党提出“两个务必”。在前往北平的路上，毛泽东提出“进京赶考”，警示全党“我们决不当李自成”。新中国成立，人民当家作主，党的历史方位发生转变，成为领导人民在全国执政的马克思主义政党。

党的“赶考”历史主动精神，更是社会主义先进文化的时代内涵和鲜明特征。新中国成立后，党领导人民迅速恢复旧中国遭到严重破坏的国民经济，制定和实施“一化三改”的社会主义过渡时期总路线，完成对生产资料私有制的社会主义改造即社会主义革命，建立社会主义基本制度，实现了中华民族有史以来最为广泛而深刻的社会变革，有步骤地实现了由新民主主义到社会主义社会的过渡，推动新中国迈进社会主义社会。独立自主，全面建设社会主义，奋力探索社会主义建设道路。党提出要严格区分和正确处理敌我矛盾和人民内部矛盾，要正确处理我国社会主义建设的“十大关系”，并且根据国内外形势，开展了具有战略大后方布局的“三线建设”；发扬艰苦奋斗，敢于攀登精神，独立研制出“两弹一星”；立足中国实际，实施“四三方案”，大规模引进成套技术设备，建立和发展同西方发达国家的经贸合作关系。正是在这一历史进程中，党领导人民通过以四个现代化为实践载体的一系列国民经济和社会发展，在我国逐步建立起独立的比较完整的工业体系和国民经济体系。改革开放和社会主义现代化建设新时期，党领导人民继续探索中国建设社会主义的正确道路，解放和发展社会生产力。党的十一届三中全会以来，党领导人民作出实行改革开放的历史性决策，走自己的路、建设中国特色社会主义，确立和坚持社会主义初级阶段基本路线，深入推进改革开放，开创、坚持和发展中国特色社会主义。

党的十八大以来，党领导人民开创中国特色社会主义新时代。新时代，根据我国社会主要矛盾是人民日益增长的美好生活需要和不平衡不充分的发展之间的矛盾，党领导人民统筹推进“五位一体”总体布局、协调推进“四个全面”战略布局，贯彻创新、协调、绿色、开放、共享的新发展理念，推进国家治理体系和治理能力现代化，统筹发展和安全，推动构建人类命运共同体。在全面建成小康社会的基础上，党领导人民乘势而上，推动中国特色社会主义迈上了全面建设社会主义现代化国家，以中国式现代化全面推进中华民族伟大复兴的新时代新征程。

2019年，习近平总书记视察香山，深刻缅怀以毛泽东同志为主要代表的中国共产党人提出和走出的“进京赶考”之路，号召全党要继承和发扬革命到底精神、革命情怀和优良作风，以“赶考”的清醒和坚定答好新时代答卷。

弘扬党的“赶考”历史主动精神，深刻回答好中国之问、世界之问、人民之问、时代之问，不断开辟马克思主义中国化时代化新境界，是建设中华民族现代文明的重要精神源泉与动力。

坚持中国特色社会主义道路，深刻回答“中国之问”。当代中国正在经历人类历史上最为宏大而独特的实践创新，改革发展稳定任务之重、矛盾风险挑战之多、治国理政考验之大都前所未有，世界百年未有之大变局深刻变化前所未有。新时代新征程，要大力弘扬“赶考”历史主动精神，增强问题意识，聚焦实践遇到的新问题、改革发展稳定存在的深层次问题、人民群众急难愁盼问题、国际变局中的重大问题、党的建设面临的突出问题，始终坚持和加强党的全面领导，坚定走中国特色社会主义道路，大力发展新质生产力。

统筹两个大局，深刻回答“世界之问”。当今世界正面临百年未有之大变局，不稳定性不确定性更加突出，人类面临许多共同挑战。党始终坚持胸怀天下，在科学回答“世界之问”的历史进程中，坚定站在历史正确的一边，站在人类进步的一边，推动国际秩序和全球治理体系朝着更加公正合理方向发展。新时代新征程，要以“赶考”历史主动精神，更深入推动构建人类命运共同体，积极参与全球治理，为全球秩序的构建与治理、为人类共同性问题的处理、为世界的和平稳定发展，不断展现中国担当，提出中国方案，贡献中国智慧。

始终把人民放在心中最高位置，深刻回答“人民之问”。时代在发展，社会实践不断广泛而深入。党根基在人民、血脉在人民、力量在人民。新时代新征程，要始终坚持以人民为中心的发展思想，不断改善民生，不断让人民有更多的获得感、幸福感、安全感。

紧跟时代步伐、勇立潮头，深刻回答“时代之问”。党在历史前进的征途上时刻清醒认识所处的历史方位，正确认识特定历史阶段的时代特征，紧紧抓住历史赋予的特定使命，制定出了正确的路线方针政策，创造了具有鲜明时代标识的伟大成就，实现了从“落后时代”、“赶上时代”到“引领时代”的伟大跨越，实现中华民族伟大复兴进入了不可逆转的历史进程。我们所处的时代，是一个充满挑战的时代，也是一个充满希望的时代。新时代新征程，坚持“两个结合”，以守正创新的正气和锐气，进一步全面深化改革，勇于创新实践，为时代发展写好中国答卷、创造中国奇迹。

在新的历史起点上，弘扬“赶考”历史主动精神，以坚定的信念、昂扬的斗志、务实的作风，解放思想、实事求是、守正创新，奋力书写新时代的精彩答卷，不断谱写以中国式现代化全面推进强国建设、民族复兴伟业的壮丽篇章。

二、红岩精神是为建立新中国而奋斗的重要精神力量

红岩精神是党领导人民进行新民主主义革命、建立新中国的历史进程中创造的一种革命斗争精神、历史主动精神和顽强奋斗精神，集中表现为坚如磐石的理想信念、和衷共济的爱国情怀、不折不挠的凛然斗志、坚贞不屈的浩然正气。它源于伟大建党精神，植根于重庆这块文明沃土和英雄之城，孕育、成长于伟大建党精神的传承弘扬和革命斗争的深入推进，形成、凝结于中国人民、中华民族的抗战精神和建立新中国的伟大斗争精神与团结奋进精神之中。它深深融入党、国家、人民和中华民族的血脉之中，以坚定革命性的思想自觉、斗争意

志和行动价值彰显信仰的力量、斗争的力量和奋进的力量，是中国共产党人精神谱系的重要组成部分，是为建立新中国而奋斗的重要精神力量。

（一）红岩精神是中国革命实践中成长起来的一种革命斗争精神，是信仰的旗帜

勇于革命斗争，必有革命信仰引领和支撑，信仰坚如磐石，斗争意志坚定，而且愈挫愈奋、愈战愈勇。爆发于民族危机之际的五四运动，在近代以来中华民族为救亡图存而奋起抗争的基础上，以彻底反帝反封建的革命力量、革命文化推动中国社会进步，促进马克思主义在中国传播，中国共产党应运而生。早在 1920 年 11 月的《中国共产党宣言》就鲜明指出：共产主义者的目的是要按照共产主义者的理想，创造一个新的社会。党一经成立，就在伟大建党精神的引领下，踏上打破一个旧世界、建设一个新世界的前进征途。从重庆走出来的赵世炎，接受马克思主义的洗礼，主张社会主义“最公道，最平等”，参加五四运动、党的创建和工人运动，在革命斗争中信仰坚定、不怕牺牲，以浩然正气献身于壮丽的革命事业。共产党员意志坚如钢，革命斗争则坚贞不屈。虽然国民革命失败，但黄埔出身的王良在南昌起义的感召下转而入党，在秋收起义、井冈山革命斗争和根据地建设中英勇善战，屡建功绩。在抗战时期入党的江竹筠从事党的秘密工作，抗战胜利后和解放战争中参加领导重庆学生抗暴运动，在丈夫“倒下的地方继续战斗”，在被捕入狱的重庆渣滓洞监狱生命不息、战斗不止，坚贞不屈、永不叛党，并在新中国成立前夕写下盼子“以建设新中国为志，为共产主义革命事业奋斗到底”的遗志。新中国的成立开启了中华民族发展进步新纪元。然而，新中国来之不易，这一“改天换地”的历史伟业是党团结带领人民艰辛探索、艰苦奋斗，在挫折中奋起，在胜利中走向胜利，最终赢得新民主主义革命胜利而得来的，是推进马克

思主义中国化时代化，赓续和弘扬伟大建党精神，形成井冈山精神、长征精神、遵义会议精神、延安精神、抗战精神、西柏坡精神、红岩精神等一系列革命精神形态，丰富和发展中国共产党人的精神谱系而得来的，彻底结束了旧中国半殖民地半封建的历史。革命斗争精神永恒，信仰的旗帜高高飘扬。

（二）红岩精神是中国革命实践中树立起来的一种历史主动精神，是团结的象征

民族独立、人民解放是近代中国历史发展的必然，唯有选择正确道路才能赢得光明前途命运。在抗战时期，党高举团结的旗帜，实行正确的抗日民族统一战线政策，坚持全面抗战路线，成为全民族抗战的中流砥柱。在党的领导下，地处后方和国统区漩涡中的重庆党组织围绕“巩固党，深入群众，向中间阶层发展统一战线”广泛开展各种斗争，以“发展进步势力，争取中间势力，孤立顽固势力”壮大抗日民族统一战线。抗战胜利，党认为全国各族人民面临的重大任务是“巩固国内团结，保证国内和平，实现民主，改善民生，以便在和平民主团结的基础上，实现全国的统一，建设独立自由与富强的新中国”。为此，毛泽东从延安亲赴重庆谈判，寄望于将抗战精神“转而用之于伟大的建国事业中”。随着内战爆发，在“光明与黑暗”两种中国前途命运的关键抉择和较量中，党团结带领人民进行人民解放战争，巩固与扩大反对帝国主义、反对封建主义、反对官僚资本主义的统一战线，发布“五一”节口号，号召“各民主党派、各人民团体、各社会贤达迅速召开政治协商会议，讨论并实现召集人民代表大会，成立民主联合政府”，[1]向着建立新中国的目标而共同奋斗。为争取人民民主，党

〔1〕《建党以来重要文献选编（1921—1949）》第25册，中央文献出版社2011年版，第283—284页。

在第二条战线进行武装斗争，组织开展策反、护厂护校等统战工作和群众运动，加强理想、信念和气节教育，推进“质重于量，巩固重于发展”和执行“三勤”“三化”的党的建设工作，不仅有力地配合了人民解放战争的胜利，而且以“国是为重”，为创建新中国创造并提供了一定的社会条件和制度准备。随着人民解放战争的胜利，党领导人民实现民族独立、人民解放，实现了中国从几千年封建专制政治向人民民主的伟大飞跃，中国发展从此走向为国家富强、人民幸福而奋斗的康庄大道。

坚贞不屈的歌乐英烈永存，跨越时空的红岩精神与时代同辉。红岩精神是在一定的社会历史条件下培育和形成的，更是在以爱国主义为核心的中华民族精神的基础上，为着民族独立、人民解放而继承和发展革命斗争精神、团结奋进精神而凝结和升华的，为建立新中国、坚持党的领导、同心向党和建设社会主义国家提供了具有鲜明特色的历史底蕴，注入了思想上和行动上的历史自觉与主动。

红岩精神是中国共产党人精神谱系的重要组成部分，是党的奋斗史上宝贵精神财富，是推动党和国家事业发展、推动实现中华民族伟大复兴历史进程的宝贵精神力量，具有深远的历史意义和深厚的时代价值，必然在新的历史条件下赓续、弘扬、丰富和发展，始终保持其拥有和蕴含的伟大革命斗争精神、团结奋进精神，坚定历史自信、增强历史主动，为全面建设社会主义现代化国家、全面推进中华民族伟大复兴，不断发扬昂扬奋进的精神力量。

三、“八八战略”科学指引下的“千万工程”

兴起于浙江、旨在推动“三农”发展、建设美丽乡村的“千万工程”，是习近平总书记在浙江工作时亲自制定的“八八战略”科学指引下实施的一项重大战略决策，其将“进一步发挥浙江的城乡协调发展优势，加快推进城乡一体化”和“进一步发挥浙江的生态优势，创建生态省，打造‘绿色浙江’”的双优势双举措，集中贯彻落实到乡村生产生活、生态环境建设和社会治理之中，面向乡村振兴，着力乡村生态文明建设，推进乡村治理。“千万工程”立足浙江省情和乡村实际，自2003年启动以来，从“千村示范、万村整治”发展到“千村精品、万村美丽”，如今提升到“千村未来、万村共富”，推进乡村物质文明和精神文明协调发展，造就了万千美丽乡村，不断提高万千农民群众的生产生活质量。“千万工程”在理论与实践中探索出一条加强农村人居环境整治、全面推进乡村振兴、建设美丽中国的科学路径，为在全面建成小康社会的基础上推动美丽中国建设、全面推进乡村振兴积累了丰富的新鲜经验，深刻彰显了新发展理念的科学伟力，深刻蕴含并不断丰富发展新时代乡村振兴的价值观、文明观和生态观。

（一）美丽乡村建设的时代篇章

“千万工程”适应乡村建设和发展的规律与特点，充分尊重农民的意愿，充分调动农民的积极性、主动性和创造性，紧紧围绕乡村改革发展稳定大局，深入推进和拓展农业农村现代化建设，是全面建成小康社会、推动乡村振兴的重大基础性工程，是统筹推进“五位一体”总体布局、协调推进“四个全面”战略布局的美丽乡村建设的时代篇章。

“千万工程”的战略出发点在于增进农民群众福祉、促进乡村全面发展。这一工程的决策，源于乡村人居环境整治和乡村建设的示范，把“八八战略”覆盖和推进到乡村社会，深入到农民群众的生产生活之中，引领和推动农业现代化发展、农村社会文明建设。全面建设社会主义现代化国家、实现中华民族伟大复兴，最艰巨最繁重的任务在农村，最广泛最深厚的基础也在农村。在推动改革发展稳定中，党坚持把解决好“三农”问题作为全党工作的重中之重，不断解放和发展农村社会生产力，推动农村全面进步。没有农业农村现代化，社会主义现代化就是不全面的。党坚持人民至上，领导人民从建设宜居宜业和美乡村、实现农民生活富裕富足的实践需要出发，根据乡村各个发展阶段的实际情况和实践要求，审时度势，实施“千万工程”，组织开展乡村建设行动，完善乡村治理体系，推进农业农村现代化。

“千万工程”的战略立足点在于认识和把握乡村建设优势。这种优势既有现实的和潜在的，又有整体的和局部的，彼此协调发展、扬长补短，并形成农业与工业、乡村与城市之间一体和融合发展的坚实基础、桥梁纽带。优势形成特色，特色彰显优势。从空间区域、社会资源、产业分布上，实施“千万工程”，是乡村建设优势与特色的集中展现，更是推动农业发展、农村宜居、农民幸福的动力之所在、路径之所依。习近平总书记强调，“特色就是长处，就是优势，就是竞争力”〔1〕。从认识论讲，优势是客观实在的，是发展的重要基石，同时又是一种哲学概念与范畴，反映和揭示矛盾问题存在与发展的重要方面，立足优势、发挥优势是认识和解决矛盾问题的重要基础与条件。优势是什么，优势来自哪里，优势功能与作用为何，优势如何保持和发挥，这些是优势认识论的基本理论与实践问题。“千万工程”是推动乡村建设、推进乡村振兴的优势发展与战略举措的有机统一，是发展农业农村现代化的认识论与方法论的实践载体。

“千万工程”的战略支撑点在于乡村生态文明建设。乡村生态文明

---

〔1〕《绿水青山就是金山银山——习近平总书记在浙江的探索与实践·绿色篇》，《浙江日报》2017年10月8日。

是乡村建设的重要组成部分，在新时代更具深厚历史底蕴、时代标识和鲜明特色。“千万工程”从乡村生态建设切入，致力于建设美丽乡村，着力于乡村生态文明建设，坚持生态优先、绿色发展。习近平总书记指出：“生态兴则文明兴”，“生态的优势不能丢”，“我们不能吃祖宗饭、断子孙路，用破坏性方式搞发展。绿水青山就是金山银山。我们应该遵循天人合一、道法自然的理念，寻求永续发展之路”。[1]2005年8月15日，习近平总书记在浙江工作时来到安吉天荒坪镇的余村，正式提出“绿水青山就是金山银山”的科学论断。他说：“我们过去讲既要绿水青山，又要金山银山，实际上绿水青山就是金山银山。”“如果能够把这些生态环境优势转化为生态农业、生态工业、生态旅游等生态经济的优势，那么绿水青山也就变成了金山银山。绿水青山与金山银山既会产生矛盾，又可辩证统一。”[2]浙江在实施“八八战略”中，将“绿水青山就是金山银山”贯彻于经济社会发展的各方面各领域，“千万工程”则将“绿水青山就是金山银山”具体落实于乡村环境整治和社会治理之中，推进和提升乡村建设，推动乡村生态文明与物质文明、政治文明、精神文明和社会文明相互协调发展，意义重大而深远。

（二）创新推进乡村建设

“千万工程”是党政“一把手”亲自抓、分管领导直接抓、一级抓一级、层层抓落实的“德政工程”。“千万工程”在实施和推进中，将村民自治与德治、法治相结合，选优配强村党组织书记、村委会主任，

---

〔1〕《绿水青山就是金山银山——习近平总书记在浙江的探索与实践·绿色篇》，《浙江日报》2017年10月8日。

〔2〕《绿水青山就是金山银山——习近平总书记在浙江的探索与实践·绿色篇》，《浙江日报》2017年10月8日。

推行干部常态化驻村联户、结对帮扶。“千万工程”将党的建设厚植于乡村建设和社会治理的实践之中，健全全面从严治党体系，推动基层党组织严肃认真地对待自身建设，高度自觉地以科学的态度、体系化的方式推动党的自我革命、引领伟大社会革命，充分发挥基层党组织的战斗堡垒作用和党员的先锋模范作用，从而将党的政治优势、组织优势、制度优势具体转化为乡村建设和社会治理的效力效能，将干部与农民群众干事创业的精气神更有力地凝聚起来，在乡村建设、乡村振兴中心往一处想、劲往一处使，干在实处，干在前列，不断推动乡村治理体系和治理能力现代化发展。

完整、准确、全面贯彻新发展理念。紧紧围绕高质量发展这个首要任务，立足资源禀赋、发展阶段和战略定位，明确主攻方向，因地制宜地从本地农业农村发展最迫切、农民反映最强烈的实际问题入手，充分调动农民群众的积极性、主动性、创造性，发挥好战略资源优势，加快优化产业结构，积极发展优势特色产业。实施“千万工程”，有利于统筹部署、协同推进产业、人才、文化、生态、组织“五个振兴”，努力构建现代化产业体系，促进城乡区域协调发展，扩大高水平对外开放，加强生态环境保护，不断巩固拓展脱贫攻坚成果，推动乡村振兴主动融入和服务构建新发展格局。

“千万工程”推进全面深化改革，推进乡村建设的实践创新、理念创新和制度创新。着力破除乡村社会中制约加快构建新发展格局的主要矛盾和问题，厚实全面推进乡村振兴的根基、体制与机制。实施“千万工程”，因地制宜、注重实效，抓住重点、补齐短板，既要顺势而为，在优势领域做大做强，勇于开辟新领域，培育竞争新优势，也要逆势而上，在短板领域加快突破，不断扬优势、补短板、强弱项，多做打基础、利长远的事情，推动城乡融合发展。

（三）走出一条乡村振兴、现代化建设的发展道路

坚持以习近平新时代中国特色社会主义思想为指导，更加深刻领悟“两个确立”的决定性意义，增强“四个意识”、坚定“四个自信”、做到“两个维护”。“千万工程”是习近平总书记在浙江工作时亲自谋划、亲自部署、亲自推动的，既绘就了蓝图、明确了方向、提出了要求，又丰富发展了关于新时代乡村建设、乡村振兴的实践论、认识论和方法论。“千万工程”立足乡村实际和发展阶段，坚持以人民为中心的发展思想，深化农业农村改革，贯彻新发展理念，将美丽生态、美丽经济、美好生活与社会治理有机统一，推动乡村更加整洁有序、美丽宜居，实现农业生产、农村建设、乡村生活生态良性循环和城乡融合发展，不断满足农民群众对美好生活的物质文化和精神需求，在新时代新征程上推动乡村振兴，促进农业高质高效、乡村宜居宜业、农民富裕富足。“千万工程”之所以造就了万千美丽乡村，造福了万千农民群众，最根本在于习近平总书记的战略擘画、关心厚爱和关怀指导，在于习近平新时代中国特色社会主义思想的科学指引。

“千万工程”既具有我国乡村建设历史发展的继承与发展、阶段性与连续性的辩证统一，又具有适应新农村建设和城乡融合发展的大局观和创新性；既具有系统性、体系化，系统性集群、综合推进，是乡村建设的普遍性和特殊性的辩证统一，一致性与差异化、同质性与多样性的辩证统一，又具有“千村”示范引领与“万村”统筹协同的发展格局，并在内涵与质量上迭代发展、螺旋式上升和深度融合，形成一系列在乡村建设中践行新发展理念、推动高质量发展的体制机制，为全面建成小康社会、全面推动社会主义现代化国家建设、以中国式现代化全面推进中华民族伟大复兴，提供了更加坚实的思想基础、社会基础和更为广泛而深厚的实践基础。

"千万工程"走出一条乡村振兴、现代化建设的发展道路。"千万工程"在新时代十年的伟大变革中实施和推进乡村建设，是新时代十年的伟大变革的一个亮丽缩影。新时代十年的伟大变革，党领导人民全面建成小康社会，在完成脱贫攻坚任务的基础上接续实施乡村振兴战略，加快推进农业农村现代化，生态文明制度体系更加健全。实现脱贫和全面建成小康社会，人民群众获得感、幸福感、安全感更加充实、更有保障、更可持续，共同富裕取得新成效。生态环境保护发生历史性、转折性、全局性变化，在乡村深入推进农村人居环境整治，城乡居民住房条件明显改善，农村不断具备现代生活条件。"千万工程"创新、创造了新时代乡村文明发展。

四、铸牢中华民族共同体意识推进新时代西藏长治久安和高质量发展

以铸牢中华民族共同体意识为主线，坚定不移走中国特色解决民族问题的正确道路，构筑中华民族共有精神家园，促进各民族交往交流交融，推动民族地区加快现代化建设步伐。[1]这是习近平新时代中国特色社会主义思想关于加强和改进民族工作的重要内容、根本遵循和战略指引，深刻揭示新时代民族工作的历史逻辑、政治逻辑、理论逻辑和实践逻辑，深刻阐明新时代民族工作的重大历史性任务和战略决策部署。新的征程上，这一重要论述在将新时代西藏工作融入民族工作、贯彻落实新时代治藏方略中推进建设团结富裕文明和谐美丽的社会主义现代化新西藏，具有重大而深远的指导意义。

---

〔1〕《以铸牢中华民族共同体意识为主线　推动新时代党的民族工作高质量发展》,《人民日报》2021 年 8 月 29 日。

（一）以铸牢中华民族共同体意识为主线对西藏工作的重大意义和实践要求

中国共产党根据中国人民发展史、中华民族发展史特别是党史、新中国建设和发展史，把马克思主义民族理论与中国具体实际相结合，与中华优秀传统文化相结合，形成、丰富和发展关于中华民族大家庭、中华民族共同体和铸牢中华民族共同体意识等科学理念，贯彻落实关于马克思主义唯物史观指导下正确的祖国观、民族观、文化观和历史观，推进中国特色社会主义进入新时代，接续全面建设社会主义现代化国家新征程，奋进实现中华民族伟大复兴。习近平总书记指出，一部中国史，就是一部各民族交融汇聚成多元一体中华民族的历史，就是各民族共同缔造、发展、巩固统一的伟大祖国的历史。[1]中华民族拥有五千多年的文明发展进步史，创造了灿烂多彩的中华文明，为人类作出了历史性卓越贡献，成为世界民族之林中的伟大民族。我国是一个统一的多民族国家，民族团结是各族人民的生命线。

中华民族共同体意识是国家统一之基、民族团结之本、精神力量之魂。[2]铸牢中华民族共同体意识，实质在于引导各族人民牢固树立休戚与共、荣辱与共、生死与共、命运与共的共同体理念，守望相助，共同团结奋斗、繁荣发展，推动中华民族坚如磐石。无论从历史与现实、理论与实践的结合上，还是从人民、国家、社会、民族等范畴来看，中华民族是中国人民以中华各民族为主体基础，并相互构成和凝聚在一起的民族和命运共同体，中华民族共同体意识是历史的客观存在和发展的，是自在到自觉的，是物质与精神相统一的，是建立在共同性和差异性辩证统一基础上的思想认同、理论自觉和精神形态，是

〔1〕习近平:《在全国民族团结进步表彰大会上的讲话》,《人民日报》2019年9月28日。
〔2〕《十八大以来重要文献选编》(中)，中央文献出版社2016年版，第104—105页。

中国人民推动人类社会发展进步的文明样态。铸牢中华民族共同体意识，是历史发展的必然结论，是维护各民族根本利益、巩固和发展平等团结互助和谐的社会主义民族关系，实现中华民族伟大复兴的重要思想基础、政治前提、制度保障与精神动力。

中华民族实现伟大复兴，是近代以来中华民族为之而探索、为之而奋斗的最伟大梦想，是党一切奋斗、牺牲、创造的总主题。100多年来，党团结带领人民创造了新民主主义革命、社会主义革命和建设、改革开放和社会主义现代化建设、新时代中国特色社会主义的伟大成就，在中国人民、中华民族发展史上全面建成小康社会，乘势而上推动全面建设社会主义现代化国家新征程，实现中华民族伟大复兴进入了不可逆转的历史进程。

在中华民族实现伟大复兴的壮阔历史进程中，西藏人民与全国各族人民一起，共同维护和保障国家主权和领土完整，捍卫西藏是祖国不可分割一部分的历史地位，全面统筹推进中国人民、中华民族的安全和发展利益，在伟大祖国的创造与发展中，在驱逐帝国主义侵略势力出西藏中，在新中国社会主义革命、建设和改革的伟大实践中，担负起并尽了光荣的历史责任；在西藏和平解放、民主改革、实行民族区域自治、进行改革开放中，逐步把西藏建设成为社会主义新西藏，并不断走向繁荣发展。

历史是一个国家和民族安身立命的基础。中央第七次西藏工作座谈会指出，要深入开展党史、新中国史、改革开放史、社会主义发展史教育，深入开展西藏地方和祖国关系史教育。[1]历史地看，在西藏地方是祖国领土不可分割一部分的根本前提下，当代西藏地方的历史发

〔1〕习近平:《论中国共产党历史》，中央文献出版社2021年版，第161页。

展与新中国的建设和发展史具有“一体同向同轨同步”的鲜明特点。因为，在这一历史进程中，尽管西藏地方在经济和文化上相对比较落后，但其与整个国家的前途命运是紧密地联系在一起的，中央关心、全国人民支援西藏与西藏自力更生、艰苦奋斗相统一，而且中华各民族之间不断巩固和加强平等、团结、互助、和谐的社会主义民族关系，彼此相互离不开，在此基础上推动西藏经济社会跨越式发展、长足发展、稳定发展，“一个都不能少”地全面建成小康社会，并共同致力于把我国全面建成社会主义现代化强国、实现中华民族伟大复兴。关于和平解放西藏办法的协议强调，“西藏民族是中国境内具有悠久历史的民族之一，与其他许多民族一样，在伟大祖国的创造与发展过程中，尽了自己的光荣的责任”；近代以后，在半殖民地半封建社会条件下，西藏与祖国同命运，“帝国主义势力侵入了中国，因此也就侵入了西藏地区”。[1]在筹建新中国成立前夕，北平和平解放对于全国解放产生了重要推进作用，对中央决策和平解放西藏产生一定借鉴作用，而西藏和平解放使西藏人民团结起来，驱逐帝国主义侵略势力出西藏，西藏人民回到中华人民共和国祖国大家庭中来。当新中国由新民主主义社会走向社会主义社会，根据过渡时期总路线，通过“一化三改”，确立社会主义基本制度，建成社会主义社会时，西藏社会仍处在封建农奴制度下，由于发生全面武装叛乱，中央调整了之前的“六年不改”方针，进行边平叛边改革。其中，在国家的支持下实行了“和平赎买”政策。这是对在资本主义工商业的社会主义改造中“和平赎买”的借鉴，是对未参加叛乱的封建农奴主创造性地实行的一项政策。在新中国历史上，两种“和平赎买”虽然性质不同，但有着不可分割的历史

〔1〕《建国以来重要文献选编》第2册，中央文献出版社1992年版，第283页。

联系，集中表现在它们所发生的经济社会基础、赎买的对象和实现的所有制变革不同。赎买未参加叛乱的封建农奴主与赎买民族资产阶级的不同在于，不是分配利润和定息，而是由国家出钱购买他们的土地和其他生产资料后，分配给农奴。争取和团结未参加叛乱的封建农奴主，是巩固和扩大民主改革与平息武装叛乱的社会基础和群众基础的实际需要。西藏民主改革后，经成立自治区、开展社会主义建设、推进改革开放，不断推动西藏地方发生社会变革和发展，逐步跟上全国社会主义建设的步伐。

制度具有根本性、稳定性和长远意义，社会主义制度在西藏地方的确立和发展，是社会主义新西藏的主要标志和制度优势。西藏地方在实行民族区域自治前，作为地方参加了新中国第一、第二和第三届全国人民代表大会，参与了国家政治生活和社会事务管理。与全国其他地方不同的是，这期间西藏地方尚没有建立人民代表大会制度，其出席全国人民代表大会的代表是通过代表会议的形式选出的。在党中央的关心指导和全国人民的大力支持下，西藏自治区筹备委员会于1956年4月22日正式成立，西藏开始实行民族区域自治制度。在西藏自治区筹备成立的过程中，1959年4月28日，二届全国人大一次会议通过《关于西藏问题的决议》，指出在西藏，同在其他少数民族地区一样，应当坚决实现中央人民政府统一领导下的民族区域自治。〔1〕为推进西藏自治区成立工作，中央在1961年4月21日的《关于西藏工作方针的指示》中强调，经过普选建立各级人民代表大会和人民委员会，是西藏历史上从来没有过的一件大事，特别是基层的人民代表大会和人民委员会具有重大意义。〔2〕西藏地方自新中国成立特别是和平解

〔1〕《建国以来重要文献选编》第12册，中央文献出版社1996年版，第279页。
〔2〕《建国以来重要文献选编》第14册，中央文献出版社1997年版，第292页。

放以来，逐步形成实行人民代表大会制度的政治、经济、文化和社会等基础与条件，并在完成民主改革的基础上，从乡、县到自治区逐级确立起人民代表大会制度，奠定人民民主新西藏的根本政治制度。西藏坚持和发展人民代表大会制度，推动西藏民族区域自治、改革开放和社会主义现代化建设。人民代表大会制度是当代西藏一切发展进步的根本政治制度基础与源泉。

党的十八大以来，以习近平同志为核心的党中央十分关心西藏、高度重视西藏工作，习近平总书记亲自主持召开两次西藏工作座谈会，提出了“治国必治边，治边先稳藏”的重要战略思想，站在党和国家全局的高度谋划西藏工作，聚焦西藏稳定、发展、生态、强边四件大事，注重解决西藏存在的深层次问题，解决深层次的矛盾，谋长久之策，行固本之举，打赢脱贫攻坚战，全面建成小康社会，推动西藏与全国一道迈向全面建成社会主义现代化强国新征程。

（二）立足新发展阶段历史方位，推动新时代西藏现代化发展

中国共产党团结带领人民走自己的路，坚持和发展中国特色社会主义，推动物质文明、政治文明、精神文明、社会文明、生态文明协调发展，创造了中国式现代化新道路，创造了人类文明新形态。[1]

工业化建设是新中国历史发展的一条主线。新中国成立开启了现代意义上的中国工业化发展。经过“一五”计划实施，工业化大规模建设起来。1956 年 9 月，毛泽东在党的八大上指出，“已经得到解放的中国人民的力量是无穷无尽的”，“一定能够一步一步地把我国建设成为一个伟大的社会主义工业化的国家”。[2]党在推动国民经济恢复和

〔1〕习近平：《在庆祝中国共产党成立 100 周年大会上的讲话》，《人民日报》2021 年 7 月 2 日。

〔2〕《建国以来重要文献选编》第 9 册，中央文献出版社 1994 年版，第 36、37 页。

工业化建设中，就高度重视并统筹支援西藏建设。这一时期，毛泽东曾在接见西藏致敬团代表谈话中指出："共产党实行民族平等，不要压迫、剥削你们，而是要帮助你们，帮助你们发展人口、发展经济和文化。"[1]他在接见西藏国庆观礼团、参观团代表的谈话中强调："帮助各少数民族，让各少数民族得到发展和进步，是整个国家的利益。各少数民族的发展和进步都是有希望的。"[2]他还在同藏族人士的谈话中说："我们的目的是使大家都发展起来，我们要经过几个五年计划来克服这种落后状况。我们支援你们，你们自己也要发展。你们应该发展人口，发展经济，发展文化。经济不发展，人口也不能发展，文化发展了，可以帮助经济发展。"[3]在《论十大关系》中，他指出："我们要诚心诚意地积极帮助少数民族发展经济建设和文化建设。"[4]在社会主义建设的艰辛探索和发展中，我国建立起独立的比较完整的工业体系和国民经济体系。特别是党的十一届三中全会把全党工作重点转移到社会主义现代化建设、实行改革开放以来，党指出"中国式的现代化，必须从中国的特点出发"[5]，并将之明确为"小康之家"的小康社会。在西藏工作中，党强调立足民族平等、加快西藏发展，指出判断我国的民族政策和西藏工作，"关键是看怎样对西藏人民有利，怎样才能使西藏很快发展起来，在中国四个现代化建设中走进前列"[6]。从改革开放新时

---

〔1〕中共中央文献研究室、中共西藏自治区委员会：《西藏工作文献选编（1949—2005）》，中央文献出版社2005年版，第88页。

〔2〕《毛泽东文集》第6卷，人民出版社1999年版，第312页。

〔3〕《毛泽东文集》第7卷，人民出版社1999年版，第6页。

〔4〕中共中央文献研究室、中共西藏自治区委员会：《西藏工作文献选编（1949—2005）》，中央文献出版社2005年版，第164页。

〔5〕《三中全会以来重要文献选编》（上），人民出版社1982年版，第87页。

〔6〕《邓小平文选》第3卷，人民出版社1993年版，第247页。

期到新时代，开创、坚持和发展中国特色社会主义，在继承与发展新中国成立以来现代化建设的基础上，将全面建设小康社会推进发展到全面建成小康社会。全面建成小康社会，一个民族不能少。推动兴藏治藏稳藏，西藏现代化建设和发展在全面建成小康社会的基础上站在了新的历史起点上。

今日之中国，全面建设社会主义现代化国家，标志着我国进入了一个新发展阶段。习近平总书记指出，这个新发展阶段，是社会主义初级阶段中的一个阶段，同时是其中经过几十年积累、站到了新的起点上的一个阶段。[1]在这个新发展阶段，到 2035 年基本实现社会主义现代化，到本世纪中叶把我国建成富强民主文明和谐美丽的社会主义现代化强国。这一路线图和时间表规划描述了新发展阶段的战略目标和任务，深刻蕴含着现代化新道路的拓展和深化。

全面建设社会主义现代化国家的现代化，是具有中国特色、符合中国实际的。习近平总书记在党的十九届五中全会上强调："我国现代化是人口规模巨大的现代化，是全体人民共同富裕的现代化，是物质文明和精神文明相协调的现代化，是人与自然和谐共生的现代化，是走和平发展道路的现代化。"[2]这是我国现代化建设必须坚持的方向。全面建设社会主义现代化国家、基本实现社会主义现代化，既是社会主义初级阶段我国发展的要求，也是我国社会主义从初级阶段向更高阶段迈进的要求。全面建设社会主义现代化，一个地区、一个民族都不能落下，同时我国区域差异大、发展不平衡，现代化进程不可能齐步走，鼓励有条件的地区率先实现现代化，支持带动其他地区实现现

〔1〕习近平：《把握新发展阶段，贯彻新发展理念，构建新发展格局》，《求是》2021 年第 9 期。

〔2〕《习近平谈治国理政》第 4 卷，外文出版社 2022 年版，第 164 页。

代化。西藏地方的现代化发展以此为根本遵循，同时从西藏的区情实际出发，根据西藏社会的主要矛盾和特殊矛盾、西藏在国家战略全局中的重要地位和作用，统筹发展和安全，提升发展质量，坚持所有发展都要赋予民族团结进步的意义，在发展中更多考虑安全因素，推动经济长足发展、社会长期稳定。

社会主义新西藏，是西藏历史发展特别是新中国成立以来国家治理西藏、加强民族团结、推动西藏长足发展、长治久安的生动实践、必然结果、发展趋势与光明前景，是社会主义建设和发展在西藏发展史上最根本成就、最集中概括和最充分彰显。中国特色社会主义进入新时代，我国社会主要矛盾由人民日益增长的物质文化需要同落后的社会生产之间的矛盾转化为人民日益增长的美好生活需要和不平衡不充分的发展之间的矛盾，而且这一社会主要矛盾的变化是关系全局的历史性变化。当前，我国经济社会处于高质量发展阶段，但创新能力不适应高质量发展要求，农业基础还不稳固，城乡区域发展和收入分配差距较大，生态环保任重道远，民生保障存在短板，社会治理还有弱项。随着全面深化改革向纵深发展，改革发展稳定任务更加艰巨繁重，必然会出现各种可以预测和不可预测的困难、风险和挑战。新时代推动西藏现代化发展，要在经济社会发展中主动参与到国家发展战略中来，更加突出共同性、一致性，同时兼顾特殊性和自身特点。面对新形势新变化，既要打好防范和抵御风险的有准备之战，也要打好化险为夷、转危为机的战略主动战，在危机中育新机、于变局中开新局；对于各种危害党的领导和我国社会主义制度、国家主权、安全和发展利益的风险挑战，对于各种渗透颠覆破坏活动、暴力恐怖活动、民族分裂活动、宗教极端活动，必须进行坚决斗争，有效维护国家安全。在推进国家治理体系和治理能力现代化中，坚持和完善民族区域自治制度，发挥民族区域自治制度的显著优势，提升民族事务治理能力和法治化水平，确保国家安全和长治久安，确保人民生活水平不断提高，确保生态环境良好，确保边防巩固和边境安全，沿着中国式现代化新道路，走出一条具有中国特色、西藏特点的现代化发展和实现共同富裕之路。

第五章

论中华文明在新中国史上的传承发展

习近平总书记指出："马克思主义进入中国，既引发了中华文明深刻变革，也走过了一个逐步中国化的过程。""当代中国哲学社会科学是以马克思主义进入我国为起点的，是在马克思主义指导下逐步发展起来的。"[1]中国马克思主义哲学社会科学是党和国家事业发展的重要组成部分，是推动中国和世界历史发展与社会进步的重要力量。新时代加快构建中国特色哲学社会科学，离不开中国共产党成立以来马克思主义中国化时代化理论成果的科学指引，离不开中国马克思主义哲学社会科学事业的奠基、开创和发展。

第一节　论毛泽东的哲学社会科学观

以毛泽东同志为主要代表的中国共产党人创立毛泽东思想，实现马克思主义中国化的第一次历史性飞跃，领导人民推动中国革命和建设事业发展。

〔1〕习近平:《在哲学社会科学工作座谈会上的讲话》，人民出版社2016年版，第9、5—6页。

一、毛泽东与中国哲学社会科学事业发展

毛泽东在马克思主义中国化时代化的历史发展进程中探索研究马克思主义哲学社会科学事业发展的规律与特点，创造性提出并确立一系列指导方针、政策和措施，多方面多领域推动中国马克思主义哲学社会科学事业发展，为加快构建中国特色哲学社会科学提供了深厚历史底蕴、丰富学理基础和本质原则，积累了宝贵历史经验，具有重要理论价值和深远历史意义。

（一）推进马克思主义中国化时代化，开辟中国哲学社会科学正确发展道路

马克思主义是我们立党立国、兴党兴国的根本指导思想。毛泽东在党的创建中接受和传播马克思主义，在新民主主义革命、社会主义革命和建设进程中坚持和发展马克思主义，推进马克思主义中国化时代化。毛泽东坚持和运用马克思主义唯物史观，深刻认识和研究中国与世界问题，探索和开辟中国革命道路、社会主义革命和建设道路，从中创造性地开展哲学社会科学研究，为中国马克思主义哲学社会科学事业的奠基、开创和发展作出了重要历史性贡献。

在创立毛泽东思想的科学理论体系过程中，毛泽东撰写发表了一系列研究成果，以独创性理论丰富发展了马克思主义，指导中国革命胜利和国家建设发展，深刻蕴含着中国马克思主义哲学社会科学事业发展的基本立场、观点和方法。关于新民主主义革命，毛泽东“从中国的历史状况和社会状况出发，深刻研究中国革命的特点和中国革命的规律”[1]，其理论成果集中体现在《中国社会各阶级的分析》《湖南农

〔1〕《中国共产党中央委员会关于建国以来党的若干历史问题的决议》，人民出版社1981年版，第40页。

民运动考察报告》《星星之火，可以燎原》《〈共产党人〉发刊词》《新民主主义论》《论联合政府》等主要著作中，深刻阐明“中国共产党所以能成为全民族的领导核心，并且创造出一条以农村包围城市，最后夺取全国胜利的道路的基本依据”[1]，创立了新民主主义革命理论。关于社会主义革命和社会主义建设，毛泽东指出，在社会主义制度下人民的根本利益是一致的，但人民内部还存在着各种矛盾，强调要从中国是大农业国的实际情况出发，正确处理重工业同农业、轻工业的关系，走出一条适合我国国情的中国工业化道路。这方面的理论成果集中体现在《论人民民主专政》《论十大关系》《关于正确处理人民内部矛盾的问题》等主要著作中，丰富和深化人民民主专政理论，总结社会主义革命和建设的历史经验，强调社会主义社会是一个很长的历史阶段，提出了探索适合我国国情的社会主义建设道路的任务。关于革命军队的建设和军事战略，毛泽东总结中国长期革命战争的经验，系统地提出了建设人民军队的思想、人民战争的思想，确立必须加强国防、建设现代化革命武装力量和发展现代化国防科技的重要指导思想。关于思想政治和文化工作，毛泽东指出，“一定的文化（当作观念形态的文化）是一定社会的政治和经济的反映，又给予伟大影响和作用于一定社会的政治和经济；而经济是基础，政治则是经济的集中的表现”[2]，强调“为什么人的问题，是一个根本的问题，原则的问题”[3]。关于党的建设，特别是关于从思想上建设党，毛泽东指出，理论联系实践、密切联系群众和批评与自我批评的作风，是中国共产党区别于

〔1〕《中国共产党中央委员会关于建国以来党的若干历史问题的决议》，人民出版社1981年版，第41页。

〔2〕《毛泽东选集》第2卷，人民出版社1991年版，第663—664页。

〔3〕《毛泽东选集》第3卷，人民出版社1991年版，第857页。

其他任何政党的显著标志。党的第一、第二和第三个历史决议正确评价毛泽东同志的历史地位，对毛泽东思想的科学理论体系进行了全面、系统的研究阐释和总结概括，科学揭示毛泽东思想的活的灵魂，即实事求是、群众路线、独立自主。这是贯穿于毛泽东思想各个组成部分的立场、观点和方法，推进了马克思主义中国化时代化，指导中国革命和新中国建设事业的发展，其思想理论成果是毛泽东根据马克思主义基本原理，对党领导中国人民进行革命和建设的实践经验所作的理论概括，深刻阐明了中国革命和建设的历史逻辑、政治逻辑、理论逻辑、实践逻辑及其蕴含的世界观和方法论，同时也是毛泽东把历史与现实、理论与实践、国际与国内相结合，把哲学社会科学作为人们认识世界、改造世界的重要工具而形成的理论认识成果，引导和推动了中国马克思主义哲学社会科学事业发展。

毛泽东高度重视学习和研究哲学社会科学，指出这对于党和人民的事业具有重大意义。在论述哲学解放的任务时，毛泽东指出："让哲学从哲学家的课堂上和书本里解放出来，变为群众手里的尖锐武器。"[1]马克思主义理论是经过实践检验的科学真理。哲学社会科学在马克思主义产生之前，尽管存在众多的形式和流派，但是由于历史的、社会的和阶级的局限性，它们都不可能指导人们科学地正确地认识世界和改造世界；只有在马克思主义产生之后，才真正成为人们认识世界、改造世界的科学真理。关于马克思主义是科学理论，毛泽东在《辩证法唯物论（讲授提纲）》中指出："马克思主义的哲学——辩证法唯物论，继承了过去文化之科学的遗产，同时又给此种遗产以革命的改造，形成了一种历史上从来没有过的、最正确最革命最完备

[1]《毛泽东文集》第 8 卷，人民出版社 1999 年版，第 323 页。

的、哲理的科学。”[1]他还在《实践论》中指出：“马克思主义的哲学认为十分重要的问题，不在于懂得了客观世界的规律性，因而能够解释世界，而在于拿了这种对于客观规律性的认识去能动地改造世界。”[2]毛泽东在党的七大上指出：“革命要求我们能说明中国的革命运动，说明这个运动的各个方面，说明它的内部联系，包括军事、政治、文化、经济，整个革命工作的各个侧面及其内部联系，并总结经验，把它提高起来，使之条理化、系统化。”[3]此外，毛泽东还十分重视运用马克思主义的基本立场、观点和方法总结党和国家事业发展的历史和实践经验，撰写了一系列关于哲学、政治、军事以及文艺理论等方面的重要著作。毛泽东的哲学思想、建党学说、关于什么是社会主义和怎样建设社会主义的思想，以及表现在治国理政上的政治思想、经济思想、文化思想、社会思想和对历史学的论述等，广泛影响甚至直接推动和引领了中国马克思主义哲学、政治经济学、科学社会主义，以及党史党建学说、政治学、社会学、法学、史学、新闻学和文学等基础与应用学科的建设和发展。毛泽东在《唯心历史观的破产》中指出，“马克思列宁主义来到中国之所以发生这样大的作用，是因为中国的社会条件有了这种需要，是因为同中国人民革命的实践发生了联系，是因为被中国人民所掌握了”，“自从中国人学会了马克思列宁主义以后，中国人在精神上就由被动转入主动”。[4]中国马克思主义哲学社会科学在创立和发展中，坚持和发展马克思主义，尊重哲学社会科学发展规律，把发展哲学社会科学同探索研究中国和世界问题、弘扬和培育中华民

---

〔1〕《毛泽东著作专题摘编》（上），中央文献出版社2003年版，第26页。

〔2〕《毛泽东选集》第1卷，人民出版社1991年版，第292页。

〔3〕《毛泽东文集》第3卷，人民出版社1996年版，第341—342页。

〔4〕《毛泽东选集》第4卷，人民出版社1991年版，第1515、1516页。

族精神、推动社会发展进步和促进人的全面发展结合起来。正如毛泽东一贯倡导的，“以研究中国革命实际问题为中心，以马克思列宁主义基本原则为指导的方针，废除静止地孤立地研究马克思列宁主义的方法”[1]。这些理论与实践，为构建中国特色哲学社会科学指明了前进方向、开辟了发展道路。

（二）提出“推陈出新”“古为今用”，指明中国马克思主义哲学社会科学事业发展方向

中华文明源远流长，文化典籍浩如烟海。在中国现代化进程中，如何正确对待传统文化、传统学术，传承发展中国哲学社会科学，始终是一个大问题。毛泽东提出要“推陈出新”“古为今用”，就是要立足于当代，既要抛弃那些不适于今天的东西，又要对传统文化和传统学术进行清理和提炼，并积极创造新的内容和形式，赋予其新的生命力。更重要的是，在继承的基础上，结合新的时代条件进行新的创造。只有在既继承又发展、既扬弃又创新的辩证统一运动中，中国马克思主义哲学社会科学才能不断前进，才会有巨大的生命力。毛泽东提出的“推陈出新”，为坚守中华优秀传统文化根脉和马克思主义魂脉，指导、推动中国马克思主义哲学社会科学事业发展提供了重要方法。

以毛泽东同志为主要代表的中国共产党人从党成立之初就认识到，要用科学的思想与方法（即马克思主义的思想与方法）来研究社会问题以及构建无产阶级社会科学来鼓动和促进中国革命。全民族抗日战争爆发后，中国向何处去的问题，尖锐地摆在每一个中国人面前。这就无可回避地涉及如何正确对待和发展传统文化、传统学术的问题。毛泽东在 1938 年党的扩大的六届六中全会上明确指出：“使马克思主

[1]《毛泽东选集》第 3 卷，人民出版社 1991 年版，第 802 页。

义在中国具体化，使之在其每一表现中带着必须有的中国的特性，即是说，按照中国的特点去应用它，成为全党亟待了解并亟须解决的问题。”〔1〕这种“中国的特点”就是源于中华优秀传统文化的根脉，契合中国具体实际。他号召全党要总结和继承传统文化，“学习我们的历史遗产，用马克思主义的方法给以批判的总结，是我们学习的另一任务。我们这个民族有数千年的历史，有它的特点，有它的许多珍贵品。……今天的中国是历史的中国的一个发展；我们是马克思主义的历史主义者，我们不应当割断历史。从孔夫子到孙中山，我们应当给以总结，承继这一份珍贵的遗产”〔2〕。为了将丰富的中国革命经验系统化，阐明党的理论和纲领，毛泽东在《新民主主义论》中进一步指出了“推陈出新”的实际内涵。他强调：“中国的长期封建社会中，创造了灿烂的古代文化。清理古代文化的发展过程，剔除其封建性的糟粕，吸收其民主性的精华，是发展民族新文化提高民族自信心的必要条件；但是决不能无批判地兼收并蓄。必须将古代封建统治阶级的一切腐朽的东西和古代优秀的人民文化即多少带有民主性和革命性的东西区别开来”，对于中国历史和传统文化的尊重，“是给历史以一定的科学的地位，是尊重历史的辩证法的发展，而不是颂古非今，不是赞扬任何封建的毒素”。〔3〕为了进一步传承中华优秀传统文化，1942年初延安成立了京剧研究和演出的团体——延安平剧研究院。10月，毛泽东为延安平剧研究院题词“推陈出新”〔4〕。这不仅为传承中华优秀传统文化提供了遵循，也为发展马克思主义哲学社会科学指明了出路。

---

〔1〕《毛泽东选集》第2卷，人民出版社1991年版，第534页。

〔2〕《毛泽东选集》第2卷，人民出版社1991年版，第533—534页。

〔3〕《毛泽东选集》第2卷，人民出版社1991年版，第708页。

〔4〕《毛泽东文艺论集》，中央文献出版社2002年版，第135页。

这一时期，毛泽东经常与一些哲学社会科学工作者讨论问题。如1939年1月，毛泽东就中国民族史研究大纲给何干之回信，希望何干之能够用马克思主义的观点和方法来研究中国民族史，讲清楚民族抵抗与民族投降两条路线的根本区别。显然，在抗战处于相持阶段、民族失败和妥协投降论调充斥国内一些报刊的情况下，有必要从学术角度来论证中华民族抵抗外敌入侵的正义性和必要性。再如，1940年初范文澜到达延安后历任马列学院历史研究室主任、延安中央研究院副院长兼历史研究室主任[1]，并着手中国经学研究。9月，毛泽东致信范文澜："提纲读了，十分高兴，倘能写出来，必有大益，因为用马克思主义清算经学这是头一次，因为目前大地主大资产阶级的复古反动十分猖獗，目前思想斗争的第一任务就是反对这种反动。你的历史学工作继续下去，对这一斗争必有大的影响。"[2]在此指导下，范文澜在《中国文化》上发表了《中国经学史的演变》一文，开创了用马克思主义指导历史学研究、批判性继承发展中国传统史学的先河。

新中国成立后，中国马克思主义哲学社会科学真正迎来了新纪元，开启了"中国学术史上空前的大工作"[3]的时期。马克思主义哲学社会科学对"已有的"其他哲学社会科学，从精神超越到全面超越是一个更为艰苦的探索过程，是从革命年代注重"破"到建设年代注重"立"的转变过程。1951年，中国国内出现了关于京剧发展问题的争论，有的主张全部继承，有的主张全部取消。4月3日，由著名京剧表演艺术

---

〔1〕参见温济泽等编：《延安中央研究院回忆录》，中国社会科学出版社、湖南人民出版社1984年版，第180页。

〔2〕《毛泽东书信选集》，中央文献出版社2003年版，第149页。

〔3〕《开国盛典——中华人民共和国诞生重要文献资料汇编》（上），中国文史出版社2009年版，第346页。

家梅兰芳任院长的中国戏曲研究院在北京成立，毛泽东亲笔题词：“百花齐放，推陈出新”，主张对待京戏艺术要去其糟粕，取其精华，加以继承。这一题词不仅为新中国文化艺术，也为新中国哲学社会科学的发展指明了方向。同年10月，老舍就“推陈出新”问题撰文表示：“某些精研古代文学或古代美术的专家，往往借口保存传统的艺术技巧，而忽视了新艺术的建设理论，也不肯学习新的技巧。同样的，某些从事新文学或新美术的或者也不关心我们固有的文学美术的传统。这样的两不碰头，就教推陈出新的运动受到损失。”[1]在毛泽东的亲自指导和积极推动下，1955年中国科学院设立哲学社会科学部，相继成立了哲学、文学、历史、经济、法学、考古、语言等15个研究所。1956年，党和国家组织制定包括哲学社会科学在内的12年（1956—1967年）科学发展远景规划。1958年，国务院科学规划委员会成立古籍整理出版规划小组，对整理出版古籍的方针和计划作出全盘的考虑和安排[2]。同年6月，中国科学院哲学社会科学部召开第二次常委扩大会议，讨论了在同现实距离较远的史学等学科的研究中如何联系实际和古为今用的问题。与会学者认为，研究的对象离现实生活越远，联系实际的问题就越容易被忽视。在这些学科的研究中联系实际，主要是指用什么观点、为什么目的进行研究，如何古为今用。只有用马克思列宁主义的观点、人民群众的观点来研究历史，才能正确认识历史并使之古为今用[3]。

经历20世纪50年代后期“厚古薄今”与“厚今薄古”的争论之后，1960年毛泽东在《应当充分地批判地利用文化遗产》中进一步就

〔1〕老舍：《充实我们的学识》，《人民日报》1951年10月18日。
〔2〕参见《科学规划委员会成立古籍整理出版规划小组》，《人民日报》1958年2月25日。
〔3〕参见《到实际中去　到群众中去》，《人民日报》1958年6月14日。

“推陈出新”问题指出，“对中国的文化遗产，应当充分地利用，批判地利用”，“我们应当善于进行分析，应当批判地利用封建主义的文化，而不能不批判地加以利用。反封建主义的文化当然要比封建主义的好，但也要有批判、有区别地加以利用”。[1]传统文化经过如此的分析和剥离，一个充分利用文化遗产的基本主张便凸显出来了：批判继承，古为今用。正是在这个意义上，毛泽东说：“中国古典著作多得很，现在是分门别类地在整理，用现代科学观点逐步整理出来，重新出版。”[2]为了切实做好整理和出版古籍的工作，1960年12月中国科学院古籍整理出版规划小组制订了《三年至八年（1960—1967）整理和出版古籍的重点规划（草案）》。根据古为今用和有选择有批判的原则，规划草案中所开列的重点项目大体上分为两类。一类是干部读物，就是要从大量的古籍中用批判的方法选出一部分重要的优秀作品加以正确浅明的注释，或者加以今译和改写，并用马克思列宁主义观点写出对原书和作者进行分析批判的序言，分别编成几套供具有大学和中等文化水平的干部和学生阅读的普及读物。另一类是供研究工作者和教学工作者用的参考资料。这类书包括我国五四运动以前历代的重要古籍，如先秦两汉学术思想论著，二十四史，历代重要文学家、政治家、思想家的诗文集和有代表性的专著，以及重要的小说、词曲和文学总集等[3]。整理和出版古籍，贯彻毛泽东的“推陈出新”、用批判的态度清理我国文化遗产的方针。清理我国古代文化遗产是建立社会主义新文化、马克思主义哲学社会科学的重要条件。清理文化遗产，是为了继承它和发展它。整理和出版古籍，不是由于迷恋过去，而是出于相信

〔1〕《毛泽东文集》第8卷，人民出版社1999年版，第225页。
〔2〕《毛泽东文集》第8卷，人民出版社1999年版，第225页。
〔3〕参见《我国学术界积极开展古籍整理出版工作》，《人民日报》1960年12月19日。

将来，相信古籍中有我们建设马克思主义哲学社会科学所需要的东西。及至1978年，历时20年之久，二十四史新的点校本由中华书局全部出齐[1]。这是我国出版史上第一次用新式标点点校二十四史的浩大工程，也是我国学术界贯彻执行“古为今用”“推陈出新”方针，在古籍整理方面取得的一项重大成就。

以毛泽东同志为主要代表的中国共产党人，以马克思主义为指导对中华5000多年文明宝库进行全面挖掘，努力用马克思主义激活中华优秀传统文化中富有生命力的优秀因子并赋予新的时代内涵，坚持古为今用、推陈出新，开创和发展了中国马克思主义哲学社会科学，将中华民族的伟大精神和丰富智慧更深层次地注入马克思主义，有效把马克思主义思想精髓同中华优秀传统文化精华贯通起来，为发展中国特色哲学社会科学指明了方向、奠定了扎实基础。

（三）创造性提出“百花齐放、百家争鸣”，确立中国马克思主义哲学社会科学发展根本方针

在领导中国人民进行社会主义革命和建设、推进马克思主义中国化时代化的伟大实践中，毛泽东创造性地提出“百花齐放、百家争鸣”的方针（以下简称“双百”方针），成为我们推动马克思主义哲学社会科学事业发展的重要遵循，具有深刻的历史和现实意义。

“双百”方针，就是指“艺术上不同的形式和风格可以自由发展，科学上不同的学派可以自由争论”[2]，是毛泽东提出的促进我国社会主义文化和哲学社会科学事业发展的基本性、长期性方针。它强调在马克思主义的指导下，提倡理论创新和知识创新，鼓励大胆探索，开展学术争鸣，活跃学术空气；坚持和发扬学术民主，尊重差异，包容多

---

〔1〕参见《“廿四史”新的点校本全部出版》，《人民日报》1978年5月19日。

〔2〕《毛泽东文集》第7卷，人民出版社1999年版，第229页。

样，提倡不同学术观点、不同风格学派相互切磋、平等讨论。

新中国成立初期，毛泽东面对如何迅速推动社会主义文化发展、马克思主义哲学社会科学事业繁荣的时代课题，进行了深邃的思索。1951 年，毛泽东在为中国戏曲研究院的题词中首次提出“百花齐放，推陈出新”。1953 年经毛泽东批准，党中央决定成立中国历史问题研究委员会。1954 年，在中国历史问题研究委员会发起下，《历史研究》创办，毛泽东作出以“百家争鸣”为方针研究历史的重要指示。《历史研究》的作者群体中，既有久负盛名的马克思主义史学家，也有从旧时代走来的学者，创刊号即发表了胡绳的《中国近代历史的分期问题》和侯外庐的《中国封建社会土地所有制形式的问题——中国封建社会发展规律商兑之一》，还发表了陈寅恪的《记唐代之李武韦杨婚姻集团》，彰显了强烈的“百家争鸣”精神。

1956 年，毛泽东在中央政治局扩大会议、最高国务会议等重要场合，多次强调要把“双百”方针作为党发展科学、繁荣文学艺术的指导方针。当了解到有一位在华访问的苏联学者对《新民主主义论》中关于孙中山世界观的论点有不同看法时，毛泽东表示：“我认为这种自由谈论，不应当去禁止。这是对学术思想的不同意见，什么人都可以谈论，无所谓损害威信。……如果国内对此类学术问题和任何领导人有不同意见，也不应加以禁止。如果企图禁止，那是完全错误的。”[1]其后不久，毛泽东在中共中央政治局扩大会议上作《论十大关系》的报告，号召以苏联为鉴，走自己的路。会议对这一讲话进行了讨论。1956 年 4 月 28 日，毛泽东在总结时指出：“艺术问题上的百花齐放，学术问题上的百家争鸣，我看应该成为我们的方针。”[2]

---

〔1〕《毛泽东文集》第 7 卷，人民出版社 1999 年版，第 9 页。
〔2〕《毛泽东文集》第 7 卷，人民出版社 1999 年版，第 54 页。

1957年2月27日，毛泽东在最高国务会议上提出："百花齐放、百家争鸣的方针，是促进艺术发展和科学进步的方针，是促进我国的社会主义文化繁荣的方针。"[1]3月12日，毛泽东在全国宣传工作会议上的讲话中，针对"有文章不敢写，写了怕得罪人，怕受批评"的现象指出："我看这种顾虑可以消除。我们的政权是人民民主政权，这对于为人民而写作是有利的环境。百花齐放、百家争鸣的方针，对于科学和艺术的发展给了新的保证。如果你写得对，就不用怕什么批评，就可以通过辩论，进一步阐明自己正确的意见。如果你写错了，那末，有批评就可以帮助你改正，这并没有什么不好。在我们的社会里，革命的战斗的批评和反批评，是揭露矛盾，解决矛盾，发展科学、艺术，做好各项工作的好方法。"[2]

这一时期，毛泽东身体力行，多次以实际行动指导我国哲学社会科学界百花齐放、百家争鸣。从1956年起，周谷城等人在《新建设》《光明日报》等报纸杂志上，针对辩证法与形式逻辑关系的问题发表了与"高低说"等传统观点不同的"主从说"，迅速引起学界的关注。毛泽东对此也高度重视，先后于1957年3月15日和4月11日召集有关人士座谈逻辑学问题，陆定一、胡乔木、胡绳、田家英、周谷城、王方名、金岳霖、冯友兰、郑昕、贺麟、费孝通等先后应邀座谈。作为一名出色的哲学家，毛泽东当然有他自己的观点，但他并不以此压人，而是鼓励不同观点之间的碰撞。

1965年，郭沫若、高二适等人又掀起了一场关于《兰亭序》是否为王羲之所写的辩论。郭沫若对此持否定观点，而高二适等人则认为《兰亭序》确为王羲之所书。毛泽东也是一个大书法家，生平颇为喜爱

---

[1]《毛泽东文集》第7卷，人民出版社1999年版，第229页。

[2]《毛泽东文集》第7卷，人民出版社1999年版，第278页。

《兰亭序》，他希望这场学术争论能够开展起来，推进对这个问题的认识和了解。为此，他致信郭沫若，表示“笔墨官司，有比无好”[1]。

总之，毛泽东所提倡的“双百”方针，大大促进了我国哲学社会科学事业的发展。1958 年，党的八大通过的第二个五年计划指出，“对于封建主义和资本主义的思想，必须继续进行批判。但是，对于中国过去的和外国的一切有益的文化知识，必须加以继承和吸收，并且必须利用现代的科学文化来整理我国优秀的文化遗产，努力创造社会主义的民族的新文化”[2]。在“双百”方针的指引下，我们在这一时期制定了《1956—1967 年哲学社会科学规划草案（初稿）》，陆续建立中国科学院哲学社会科学部和各省区市哲学社会科学研究机构，着手组织编写文科教材，大力培养哲学社会科学人才，为新中国马克思主义哲学社会科学的繁荣发展奠定了良好基础。

毛泽东提倡“百花齐放、百家争鸣”，前提是以马克思主义为指导的。他强调在实行“双百”方针，判断学术问题是非的六条标准中，“最重要的是社会主义道路和党的领导两条”[3]。同时，他又指出，实行“双百”方针“并不会削弱马克思主义在思想界的领导地位，相反地正是会加强它的这种地位”[4]，这是因为“你讲的如果是真理，信的人势必就会越来越多”[5]。事实上，“正确的东西总是在同错误的东西作斗争的过程中发展起来的。真的、善的、美的东西总是在同假的、恶的、丑的东西相比较而存在，相斗争而发展的”[6]。马克思主义也是这样，

---

〔1〕《毛泽东书信选集》，中央文献出版社 2003 年版，第 564 页。

〔2〕《建国以来重要文献选编》第 9 册，中央文献出版社 1994 年版，第 348 页。

〔3〕《毛泽东文集》第 7 卷，人民出版社 1999 年版，第 234 页。

〔4〕《毛泽东文集》第 7 卷，人民出版社 1999 年版，第 232 页。

〔5〕《毛泽东文集》第 7 卷，人民出版社 1999 年版，第 55 页。

〔6〕《毛泽东文集》第 7 卷，人民出版社 1999 年版，第 230 页。

只有真正实行“双百”方针，使广大哲学社会科学工作者真懂真信马克思主义，才能使马克思主义真正深入人心。

毛泽东所提倡的“双百”方针，也是高扬学术民主的。繁荣中国马克思主义哲学社会科学，必须正确区分政治问题和学术问题，既不能把政治问题当作一般的学术问题，也不能把一般的学术问题当成政治问题。毛泽东指出，利用行政力量，强制推行一种风格、一种学派或禁止另一种风格、另一种学派，有害于艺术和科学的发展。“艺术和科学中的是非问题，应当通过艺术界科学界的自由讨论去解决，通过艺术和科学的实践去解决，而不应当采取简单的方法去解决。”[1]

毛泽东所提倡的“双百”方针，还具有突出包容性。繁荣中国马克思主义哲学社会科学，既要立足本国，又要面向世界。一方面，要吸收借鉴一切人类创造的有益的理论观点和学术成果；另一方面，不能迷信某一种理论观点和学术成果，对国外的理论、概念、话语、方法，要有分析、有鉴别，避免滑入机械论的泥坑。毛泽东一再强调，“对于外国文化，排外主义的方针是错误的，应当尽量吸收进步的外国文化，以为发展中国新文化的借镜；盲目搬用的方针也是错误的，应当以中国人民的实际需要为基础，批判地吸收外国文化”[2]。

（四）在新的历史起点上，加快构建中国特色哲学社会科学

凡是过往，皆为序章。毛泽东同志为推动中国马克思主义哲学社会科学事业的发展倾注了大量心血，作出了卓越贡献，这也为新征程赶考路上加快构建中国特色哲学社会科学提供了宝贵经验与精神财富。

习近平总书记在党的二十大报告中指出：“问题是时代的声音，回

---

〔1〕《毛泽东文集》第7卷，人民出版社1999年版，第229页。

〔2〕《毛泽东选集》第3卷，人民出版社1991年版，第1083页。

答并指导解决问题是理论的根本任务。”[1]因此，哲学社会科学必须聚焦党和国家面临的重大理论和实践问题。无论是在革命时期还是在建设时期，毛泽东同志都非常重视“系统地研究时事问题”，如抗日战争时期研究沦陷区问题，社会主义建设时期研究国际问题等，这种强烈的问题意识给我们带来深刻启示。当前形势下，如何以新质生产力促进高质量发展，如何推进国家治理现代化，如何坚持马克思主义在意识形态领域指导地位的根本制度，如何加快建设社会主义文化强国、建设中华民族现代文明，如何深入推进党的自我革命，这些问题给哲学社会科学提出了全新要求。为此，我们必须坚持问题导向，增强问题意识，“聚焦实践遇到的新问题、改革发展稳定存在的深层次问题、人民群众急难愁盼问题、国际变局中的重大问题、党的建设面临的突出问题，不断提出真正解决问题的新理念新思路新办法”[2]。

回答问题离不开科学理论的指导。马克思主义是我们立党立国、兴党兴国的根本指导思想。构建中国特色哲学社会科学，一方面，必须不断开辟马克思主义中国化时代化新境界，继续发展当代中国马克思主义、二十一世纪马克思主义；另一方面，坚持以马克思主义为指导，加强理论武装，深入学习贯彻马克思主义中国化时代化最新成果。坚持以马克思主义为指导，核心要解决好为什么人的问题。“为谁做学问、做什么样的学问、怎样做学问”始终是哲学社会科学研究的根本问题。中国特色哲学社会科学一定是人民之学、时代之学。正如毛泽

〔1〕习近平:《高举中国特色社会主义伟大旗帜　为全面建设社会主义现代化国家而团结奋斗——在中国共产党第二十次全国代表大会上的报告》，人民出版社 2022 年版，第 20 页。

〔2〕习近平:《高举中国特色社会主义伟大旗帜　为全面建设社会主义现代化国家而团结奋斗——在中国共产党第二十次全国代表大会上的报告》，人民出版社 2022 年版，第 20 页。

东所强调的："人民，只有人民，才是创造世界历史的动力。"[1]因此，哲学社会科学必须坚持以人民为中心的研究导向，坚定为人民做学问的立场，想人民之所想，急人民之所急，答人民之所问，应人民之所需。坚持以马克思主义为指导，关键还是要坚持马克思主义基本原理和贯穿其中的立场、观点、方法，用马克思主义中国化时代化最新理论成果推进研究。我们要运用其科学的世界观和方法论，坚持解放思想、实事求是，着眼解决全面推进强国建设、民族复兴伟业新征程上的实际问题，不断回答中国之问、世界之问、人民之问、时代之问，得出科学认识，形成与时俱进的理论成果。实践发展到哪一步，理论创新与武装就要跟进到哪一步。习近平新时代中国特色社会主义思想是当代中国马克思主义、二十一世纪马克思主义，是中华文化和中国精神的时代精华，实现了马克思主义中国化时代化新的飞跃。新征程上，我们必须学习贯彻习近平新时代中国特色社会主义思想，不断产出优质成果，不辱时代使命，不负人民重托。

构建中国特色哲学社会科学，归根结底是建构中国自主的知识体系。独立自主是中华民族精神之魂，是我们立党立国的重要原则。无论是在党的理论创新、统一战线建设，还是在社会主义建设中，毛泽东同志历来重视独立自主，"我们的方针要放在自己力量的基点上，自己找出适合我国情况的前进道路。在我们这样一个大国，尤其必须主要依靠自己的力量发展革命和建设事业"[2]。这一观点同样适用于我国哲学社会科学事业的发展。我国有独特的历史、独特的文化、独特的国情，这就决定了构建中国特色哲学社会科学不能简单照搬别国模式，而是要立足中国实际，走出一条新路。为此，我们必须科学把握中国

---

〔1〕《毛泽东选集》第3卷，人民出版社1991年版，第1031页。

〔2〕《三中全会以来重要文献选编》(下)，中央文献出版社1982年版，第835页。

特色哲学社会科学所具有的继承性、民族性、原创性、时代性、系统性、专业性等特征，推进中国特色哲学社会科学学科体系、学术体系、话语体系建设，以中国为观照、以时代为观照，不断推动中华优秀传统文化创造性转化、创新性发展，不断推进知识创新、理论创新、方法创新，使中国特色哲学社会科学真正屹立于世界学术之林〔1〕。

构建中国特色哲学社会科学，离不开人才队伍的建设。哲学社会科学领域是知识分子集中的地方，必须真正做到尊重劳动、尊重知识、尊重人才、尊重创造，才能促进哲学社会科学的发展。早在新民主主义革命时期毛泽东就指出，“革命力量的组织和革命事业的建设，离开革命的知识分子的参加，是不能成功的”〔2〕。而且，为了建立新民主主义的国家，“需要大批的人民的教育家和教师，人民的科学家、工程师、技师、医生、新闻工作者、著作家、文学家、艺术家和普通文化工作者”〔3〕。当前，我们面临着更加复杂的国内外形势，诸多问题迫切需要哲学社会科学更好发挥作用，归根结底是要充分发挥哲学社会科学工作者的积极性、主动性、创造性。为此，我们必须实施哲学社会科学整体发展战略，实施哲学社会科学人才工程，完善哲学社会科学领域职称评定和人才遴选制度，形成培养哲学社会科学人才的良好激励机制，夯实哲学社会科学队伍建设，使他们成为先进思想的倡导者、学术研究的开拓者、社会风尚的引领者、党执政的坚定支持者。

---

〔1〕参见《坚持党的领导传承红色基因扎根中国大地　走出一条建设中国特色世界一流大学新路》，《人民日报》2022 年 4 月 26 日。

〔2〕《毛泽东选集》第 2 卷，人民出版社 1991 年版，第 641 页。

〔3〕《毛泽东选集》第 3 卷，人民出版社 1991 年版，第 1082 页。

二、毛泽东关于建设中国哲学社会科学思想

哲学社会科学是人们认识世界、改造世界的重要工具。2016 年 5 月 17 日，在哲学社会科学座谈会上，习近平总书记强调“我们党历来高度重视哲学社会科学”，明确提出“加快构建中国特色哲学社会科学”。[1] 建设具有中国特色的哲学社会科学，一以贯之于中国共产党领导的革命、建设和改革的伟大实践中。毛泽东作为党的第一代中央领导集体的核心，就建设中国哲学社会科学作出了充分论述，强调要高度重视哲学社会科学工作，坚持用马克思主义基本原理解决中国的实际问题，运用社会科学“了解社会，改造社会，进行社会革命”[2]，形成了建设中国哲学社会科学的宝贵思想。2023 年 12 月 26 日，习近平总书记在纪念毛泽东同志诞辰 130 周年座谈会上的讲话中指出，“毛泽东思想是我们党的宝贵精神财富，将长期指导我们的行动”[3]。系统总结毛泽东关于建设中国哲学社会科学的思想，对新时代加快构建中国特色、中国风格、中国气派的哲学社会科学具有重要理论价值和现实意义。

（一）深刻认识建设中国哲学社会科学的重要性

哲学社会科学包括哲学、历史学、经济学、政治学、社会学、法学等诸多学科，其以社会现象为研究对象，旨在阐述社会现象及其发展规律。哲学社会科学是帮助人们培养和践行“世界观、人生观、价

---

〔1〕习近平:《在哲学社会科学工作座谈会上的讲话》，人民出版社 2016 年版，第 2、15 页。

〔2〕《毛泽东文集》第 2 卷，人民出版社 1993 年版，第 269 页。

〔3〕《中共中央举行纪念毛泽东同志诞辰 130 周年座谈会》，《人民日报》2023 年 12 月 27 日。

值观”，解决“理论认识和科学思维”，解决“对社会发展、社会管理规律的认识和运用”的科学。[1]哲学社会科学发展水平，体现了民族思维能力、精神品格、文明素质，是国家综合国力与国际竞争力的具体表现。

毛泽东科学阐述了哲学社会科学的重要性。其一，哲学社会科学是研究和揭示社会发展规律、指导认识社会和进行社会改造的思想武器。毛泽东指出，自然科学和社会科学都是人们争取自由的思想武器，其中自然科学是“了解自然、克服自然和改造自然”的武器，社会科学是“了解社会，改造社会，进行社会革命”的武器，[2]自然科学要在社会科学的指导下改造世界。其二，哲学社会科学是推动历史发展的重要力量。资本主义由于世界观和方法论的局限性，使得其在社会科学方面的预见是“盲目的”。马克思主义科学揭示了人类社会发展规律，对社会发展“有了预见”，使得人类对社会发展的认识“达到了新的阶段”。无产阶级要学习和运用马克思主义，将社会科学作为实践的工具。中国共产党坚持马克思主义，“对将来和前途看得清楚”，能够指出“中国人民将要走什么道路”。[3]其三，学习和掌握哲学社会科学是做好工作的重要基础。毛泽东指出，无产阶级的革命干部必须要学习自然科学和社会科学，并将之作为“从事工作的基础与学习理论的基础”，只有这样，“工作才有做好的希望，理论也才有学好的希望”。[4]在毛泽东为中央起草《工作方法六十条（草案）》中，将学习哲学和政

[1]《必须大力促进我国哲学社会科学事业的发展繁荣》，《人民日报》2002 年 4 月 29 日。

[2]《毛泽东文集》第 2 卷，人民出版社 1993 年版，第 269 页。

[3]《毛泽东文集》第 3 卷，人民出版社 1996 年版，第 394 页。

[4]《建党以来重要文献选编（1921—1949）》第 19 册，中央文献出版社 2011 年版，第 15 页。

治经济学、历史和法学、文学、文法和逻辑、外文等列入，[1]要求各级领导干部学习掌握科学的工作方法。

毛泽东强调加强哲学社会科学的学习和研究，“让哲学从哲学家的课堂上和书本里解放出来，变为群众手里的尖锐武器”[2]。在领导革命工作期间，毛泽东曾指示叶剑英等人购买一批包括《大众哲学》《街头讲话》等在内的“社会科学、自然科学和哲学书”，[3]用于广大党政干部和红军指战员学习。抗日战争中，毛泽东指示成立马列学院，编译出版马克思、恩格斯、列宁、斯大林的著作，开设政治经济学、哲学、马列主义基本问题、党的建设、中国现代革命运动史、西洋革命史等课程，他本人则常到学院作专题报告。[4]1940 年 1 月，中共中央书记处发布《关于在职干部学习的决定》，强调党员干部学习的课程包括了社会科学常识、历史唯物论和辩证唯物论、近代世界革命史、联共党史等。新中国成立后，毛泽东多次就加强哲学社会科学学习作出指示。如 1956 年对中宣部组织编写中共党史、哲学、政治经济学、党的建设等课程教材，作出“此件应提交政治局通过才好”的批示，[5]在 1958 年 1 月 28 日的最高国务会议上，强调“自然科学要学习，还要学习社会科学”[6]。毛泽东非常重视哲学社会科学研究的组织和管理工作。新中国成立之初，他指示组建了中国科学院并在其中设置了近代史、社会、考古、语言等社会科学类研究所。20 世纪 50 年代，毛泽东阐述了科学研究“为人民服务、为社会主义服务”和“百花齐放、百家争鸣”

---

〔1〕《毛泽东文集》第 7 卷，人民出版社 1999 年版，第 359 页。

〔2〕《毛泽东思想年编（1921—1975）》，中央文献出版社 2011 年版，第 922 页。

〔3〕《毛泽东书信选集》，中央文献出版社 2003 年版，第 68 页。

〔4〕《李先念年谱（1909—1948）》第 1 卷，中央文献出版社 2011 年版，第 208 页。

〔5〕《毛泽东年谱（1949—1976）》第 2 卷，中央文献出版社 2013 年版，第 537 页。

〔6〕《毛泽东年谱（1949—1976）》第 3 卷，中央文献出版社 2013 年版，第 291 页。

的方针，指导制订哲学社会科学十二年发展规划。1963年12月，毛泽东在听取聂荣臻汇报科学技术规划时又指出，“社会科学也要有一个十年规划。社会科学落后了，这回没有搞规划。社会科学也要投一点资”[1]。同时，毛泽东还就哲学社会科学发展中的重要工作予以直接指导，如指导完成“二十四史”的点校整理和出版。毛泽东将建设中国哲学社会科学置于中国革命和建设中的重要地位，并给予指导和应用。

（二）科学性：坚持马克思主义的指导地位

马克思主义科学揭示自然界、人类社会和思维发展的规律，为认识和改造世界提供了正确的世界观和科学方法论。“坚持以马克思主义为指导，是当代中国哲学社会科学区别于其他哲学社会科学的根本标志。”[2]

当代中国哲学社会科学的建设和发展，是以坚持和发展马克思主义为根本指导思想的，毛泽东同志“带领人民开创了马克思主义中国化的历史进程”[3]。习近平总书记指出：“世界上没有纯而又纯的哲学社会科学。世界上伟大的哲学社会科学成果都是在回答和解决人与社会面临的重大问题中创造出来的。”[4]近代以来，中华民族要实现民族独立和人民解放，在新中国成立后，则要实现国家繁荣富强和人民共同富裕。然而，近代仁人志士在中国传统文化和西方思想中寻求救亡图存道路——地主阶级开明派提出“师夷长技以制夷”，洋务派实施以“自强”和“求富”为口号的洋务运动，农民阶级发动太平天国运动、

[1]《毛泽东思想年编（1921—1975）》，中央文献出版社2011年版，第925页。
[2]习近平：《在哲学社会科学工作座谈会上的讲话》，人民出版社2016年版，第8页。
[3]《中共中央举行纪念毛泽东同志诞辰130周年座谈会》，《人民日报》2023年12月27日。
[4]习近平：《在哲学社会科学工作座谈会上的讲话》，人民出版社2016年版，第12页。

义和团运动，资产阶级维新派推行维新变法，资产阶级革命派则发动辛亥革命——各种救国方案轮番出台，但都以失败而告终，未能完成反帝反封建的革命任务。历史证明，在救亡图存的相当长时期内，“中国人没有什么思想武器可以抗御帝国主义”〔1〕。马克思主义站在人民立场，为人类自由解放指明了前进方向和发展道路，自传播到中国并在推进中国化时代化中，“为中国革命、建设、改革提供了强大思想武器，使中国这个古老的东方大国创造了人类历史上前所未有的发展奇迹”〔2〕。

在人类社会发展史上，马克思主义创造性地提出历史唯物论和辩证唯物论，揭示人类社会历史发展的客观规律。毛泽东强调，现代社会主要有两种世界观——无产阶级的世界观和资产阶级的世界观，资产阶级哲学家都是为他们当前的政治需要服务的，“离开人的社会性、离开人的历史发展，去观察认识问题，因此不能了解认识对社会实践的依赖关系，即认识对生产和阶级斗争的依赖关系”〔3〕。马克思在《〈政治经济学批判〉序言》中指出，人类在物质生产活动中形成不以人意志为转移的并与生产力发展水平相适应的生产关系。〔4〕毛泽东认为，马克思主义是从“客观实际产生出来又在客观实际中获得了证明的最正确最科学最革命的真理”〔5〕，要用马克思主义唯物史观指导哲学社会科学类学科研究。其中，如艺术学方面，他强调“艺术上每一派都有自己的阶级立场，我们是站在无产阶级劳苦大众方面的”〔6〕。再如学习历

〔1〕《毛泽东选集》第4卷，人民出版社1991年版，第1514页。

〔2〕习近平:《在纪念马克思诞辰200周年大会上的讲话》，人民出版社2018年版，第14页。

〔3〕《毛泽东选集》第1卷，人民出版社1991年版，第282页。

〔4〕《马克思恩格斯选集》第2卷，人民出版社1995年版，第32页。

〔5〕《毛泽东选集》第3卷，人民出版社1991年版，第817页。

〔6〕《毛泽东文集》第2卷，人民出版社1993年版，第122页。

史时，他强调“用马克思主义的方法给以批判的总结”[1]。再如伦理学方面，他强调，“所谓伦理学，或道德学，是社会科学的一个部门，是讨论社会各阶级各不相同的道德标准的”[2]。再如政治、经济、军事学等方面，他强调“依据马克思列宁主义的立场、观点和方法，正确地解释历史中和革命中所发生的实际问题，能够在中国的经济、政治、军事、文化种种问题上给予科学的解释，给予理论的说明”[3]。马克思主义为哲学社会科学研究提供了正确的世界观。

马克思主义为哲学社会科学研究提供了科学的方法论。马克思主义辩证法坚持唯物主义对客观世界存在性和决定性的基本立场，科学研究客观世界的联系性和发展性，是研究自然、社会和思维的哲学方法。毛泽东指出，马克思主义辩证法是“自然与社会的最普遍的发展法则”，学习马克思主义辩证法才能掌握改造自然和革命实践的武器，“我们的革命实践本身也是一种科学，叫做社会科学或政治科学，如果不懂得辩证法，则我们的事情是办不好的，革命中间的错误无一不违反辩证”[4]。毛泽东强调，把马克思主义当作工具，要运用马克思主义唯物辩证法进行研究工作，“马克思创立了许多学说，如党的学说、民族学说、阶级斗争学说、无产阶级专政学说、文学艺术理论等等，也都应当当作合用的工具来看待”[5]。比如，毛泽东在《矛盾论》中指出，要认识到矛盾的特殊性和普遍性，“科学研究的区分，就是根据科学对象所具有的特殊的矛盾性。因此，对于某一现象的领域所特有的某一

〔1〕《毛泽东选集》第 2 卷，人民出版社 1991 年版，第 533 页。
〔2〕《毛泽东年谱（1949—1976）》第 5 卷，中央文献出版 2013 年版，第 147—148 页。
〔3〕《毛泽东选集》第 3 卷，人民出版社 1991 年版，第 814 页。
〔4〕《毛泽东著作专题摘编》（上），中央文献出版社 2003 年版，第 33 页。
〔5〕《毛泽东文集》第 8 卷，人民出版社 1999 年版，第 264 页。

种矛盾的研究，就构成某一门科学的对象”[1]，通过认识普遍性，了解事物发展普遍规律；通过特殊性，了解某一事物区别于其他事物的特殊本质。再如，他强调运用阶级分析法进行社会调查，才能了解情况，“才能使我们具有对中国社会问题的最基础的知识”。[2]

马克思主义为哲学社会科学研究指明了正确的政治立场。马克思站在人民的立场探求人类自由解放道路，旗帜鲜明地指出“历史上的活动和思想都是‘群众’的思想和活动”[3]，强调无产阶级的根本立场“是绝大多数人的、为绝大多数人谋利益的独立的运动”。[4]毛泽东明确指出人民是历史的创造者，科学研究要坚持“为人民服务，为社会主义服务”的方向，并强调“代表先进阶级的正确思想，一旦被群众掌握，就会变成改造社会、改造世界的物质力量”。[5]

毛泽东指出，科研人员要深入人民群众，“尽可能地利用各种机会去接近工人农民”[6]，同群众亲密地结合起来，在人民群众生产生活一线进行调查研究，总结群众的经验，从人民群众中汲取智慧和力量。

（三）实践性：把握解决中国实际问题的目的

哲学社会科学的各个学科从不同角度研究和解释人类行为和社会运行规律，并为人类和人类社会更好地发展指出方向。马克思主义辩证唯物主义和历史唯物主义，指明了解决人类社会发展问题的方向。毛泽东指出，马克思主义是“最正确最科学最革命的真理”[7]，并强调

---

[1]《毛泽东选集》第1卷，人民出版社1991年版，第309页。

[2]《毛泽东选集》第3卷，人民出版社1991年版，第789页。

[3]《马克思恩格斯全集》第1卷，人民出版社1957年版，第103页。

[4]《马克思恩格斯选集》第1卷，人民出版社1995年版，第283页。

[5]《毛泽东文集》第8卷，人民出版社1999年版，第320页。

[6]《建国以来重要文献选编》第10册，中央文献出版社1994年版，第115页。

[7]《毛泽东选集》第3卷，人民出版社1991年版，第817页。

好的理论在于“能够指导行动”，但如果“只是把它空谈一阵，束之高阁，并不实行”，那么这样的理论即使再好，“也是没有意义的”。[1]

马克思说，“全部社会生活在本质上是实践的”，“哲学家们只是用不同的方式解释世界，问题在于改变世界”。[2]马克思主义理论不是教条，而是行动指南。习近平总书记指出：“毛泽东同志用马克思主义之‘矢’射中国具体实际之‘的’的伟大实践，为我们正确对待马克思主义、不断推进马克思主义中国化时代化提供了光辉典范。”[3]毛泽东明确指出，哲学社会科学研究要以解决中国问题为目的，要与中国具体实践相结合，如果脱离中国实际谈马克思主义，就“只是抽象的空洞的马克思主义”。[4]马克思主义是“放之四海而皆准”的理论，但是应当将马克思主义理论同中国具体特点和具体实践相结合，学习和运用马克思主义观察问题和解决问题的方法，既要学习“普遍真理”，也要学习“一定要与中国实际相结合”。[5]1938年，毛泽东在党的六届六中全会提出“马克思主义中国化”，指出中国共产党“就是要学会把马克思列宁主义的理论应用于中国的具体的环境”[6]。他坚决反对“本本主义”，教条式照搬照用马克思主义，指出“理论的基础是实践，又转过来为实践服务。判定认识或理论之是否真理，不是依主观上觉得如何而定，而是依客观上社会实践的结果如何而定”[7]。具体研究方法，毛

[1]《毛泽东选集》第1卷，人民出版社1991年版，第292页。
[2]《马克思恩格斯选集》第1卷，人民出版社1995年版，第56、57页。
[3]习近平：《在纪念毛泽东同志诞辰130周年座谈会上的讲话》，《人民日报》2023年12月27日。
[4]《毛泽东选集》第2卷，人民出版社1991年版，第534页。
[5]《毛泽东文集》第7卷，人民出版社1999年版，第42页。
[6]《毛泽东选集》第2卷，人民出版社1991年版，第534页。
[7]《毛泽东选集》第1卷，人民出版社1991年版，第284页。

泽东强调，本本主义是“最危险的”，“马克思主义的‘本本’是要学习的，但是必须同我国的实际情况相结合。我们需要‘本本’，但是一定要纠正脱离实际情况的本本主义”。[1]

把握解决中国实际问题的目的，须做好调查研究。毛泽东指出，“马克思、恩格斯努力终生，作了许多调查研究工作，才完成了科学的共产主义”[2]。他亲身践行调查研究，强调“没有调查，没有发言权”[3]，通过密集调查，分析和研判中国革命走向和指明革命发展道路。大革命失败后，毛泽东领导创建井冈山革命根据地和中央苏区，其间在永新、宁冈、寻乌、兴国、才溪等地调研，并根据调查情况提出工作改进方向，如指出旧有土地分配办法中没有把富农、中农、贫农分开的问题，强调“实际政策的决定，一定要根据具体情况，坐在房子里面想象的东西，和看到的粗枝大叶的书面报告上写着的东西，决不是具体的情况”[4]。毛泽东反对不做调查研究就出政策，并指出“情况如不了解，则政策势必错误”[5]。他明确要求党政干部加强对历史、环境、国内外、省内外、具体情况的调查。新中国成立后，毛泽东经常强调要“注意研究情况”，倡导全党“大兴调查研究之风”。比如在党的八大上，毛泽东在“我们党的一些历史经验”中指出，党的总书记要争取时间、亲自动手了解一两个农村，“包括全国性的、省的和县的负责同志，也要亲自调查一两个农村，解剖一两个‘麻雀’。这就叫做‘解剖学’”。[6]

---

〔1〕《毛泽东选集》第1卷，人民出版社1991年版，第111—112页。
〔2〕《毛泽东农村调查文集》，人民出版社1982年版，第21页。
〔3〕《毛泽东选集》第1卷，人民出版社1991年版，第109页。
〔4〕《毛泽东农村调查文集》，人民出版社1982年版，第182页。
〔5〕《毛泽东文集》第2卷，人民出版社1993年版，第360页。
〔6〕《毛泽东文集》第7卷，人民出版社1999年版，第134页。

把握解决中国实际问题的目的，要坚持走群众路线。毛泽东说："人民，只有人民，才是创造世界历史的动力。"[1]他高度重视到人民群众中了解问题，与人民群众分析问题，并从人民群众的创造中汲取创新智慧，"'三个臭皮匠，合成一个诸葛亮'，这就是说，群众有伟大的创造力。中国人民中间，实在有成千成万的'诸葛亮'，每个乡村，每个市镇，都有那里的'诸葛亮'"[2]。在实际调研中，毛泽东经常会与基层干部以及各行各业的群众进行座谈。如在五县和井冈山调查时，从各县中级干部那里了解情况；在寻乌调查中，与中下级干部、穷秀才、破产商会会长、县政府小官吏等座谈，"这些干部、农民、秀才、狱吏、商人和钱粮师爷，就是我的可敬爱的先生，我给他们当学生是必须恭谨勤劳和采取同志态度的，否则他们就不理我，知而不言，言而不尽"[3]。毛泽东总结了进行群众工作的方法，即"从群众中来，到群众中去"，充分吸收群众的意见，并通过研究将分散的意见进行归纳总结，然后回到群众之间进行宣传，积极引导群众广泛开展实践，"并在群众行动中考验这些意见是否正确"，然后再将群众在实践中形成意见进行总结，并在群众中坚持实践下去，"如此无限循环，一次比一次地更正确、更生动、更丰富。这就是马克思主义的认识论"。[4]毛泽东强调，"所以要当先生，就得先当学生"，向人民群众虚心学习，同群众商量，听取群众的意见，汲取群众的智慧，及时总结群众的实践经验。

（四）开放性：充分吸收运用人类文明优秀成果

自中华文明起源开始，古人就在认识和解读人类行为和社会运行

---

〔1〕《毛泽东选集》第3卷，人民出版社1991年版，第1031页。
〔2〕《毛泽东选集》第3卷，人民出版社1991年版，第933页。
〔3〕《毛泽东农村调查文集》，人民出版社1982年版，第16页。
〔4〕《毛泽东选集》第3卷，人民出版社1991年版，第899页。

的规律。如上古时期，伏羲以八卦的变化之道解读宇宙万物运行规律。再如古人认识到物质生活与道德观念间的密切联系，提出“仓廪实而知礼节，衣食足而知荣辱”的发展理念[1]；认识到经济运行规律，提出“故善者因之，其次利道之，其次教诲之，其次整齐之，最下者与之争”[2]的调控思想；认识到百姓与国家的关系，提出“国以民为本，社稷亦为民而立”[3]的民本思想。通过对社会发展和历史演进规律的总结，古人提出天下为公、民为邦本的治国理念，天人合一、万物并育的生态思想，讲信修睦、与善人游的处世准则等博大精深的思想文化和价值理念，创造出中华民族悠久历史和灿烂文明，形成源远流长的中华优秀传统文化。

毛泽东高度重视对中华优秀传统文化的继承发展。1916 年，尚在长沙求学的毛泽东给好友萧子升写信，信中开列出经史子集类书籍 77 种，并强调“据现在眼光观之，以为中国应读之书止乎此。苟有志于学问，此实为必读而不可缺”[4]。毛泽东熟稔传统文化经典，非常重视学习和研究古代历史，常年阅读“二十四史”并加以批注，对经典篇章更是熟稔，如“实事求是”一词便引用自《汉书》。同时，毛泽东还多次号召党员干部要加强优秀传统文化学习。他在党的六届六中全会上指出，中华民族拥有数千年的历史，“有它的特点，有它的许多珍贵品。对于这些，我们还是小学生”[5]。作为马克思主义历史主义者，“从

[1] 司马迁：《史记》，中华书局 1982 年版，第 2132 页。

[2] 司马迁：《史记》，中华书局 1982 年版，第 3253 页。

[3]《四书章句集注·孟子集注》卷十四，中华书局 1983 年版，第 367 页。

[4] 中共中央文献研究室、中共湖南省委《毛泽东早期文稿》编辑组编：《毛泽东早期文稿（1912.6—1920.11）》，湖南人民出版社 1990 年版，第 37 页。

[5]《毛泽东　邓小平　江泽民论世界观人生观价值观》，人民出版社 1997 年版，第 67 页。

孔夫子到孙中山，我们应当给以总结，承继这一份珍贵的遗产。这对于指导当前的伟大的运动，是有重要的帮助的”。[1]

在人类文明发展中，不同民族、国家、地区，由于受气候、河流、土地、海洋等自然地理因素的影响，形成了各自差异化的风俗、习惯、制度、宗教等人文地理现象，同时在相互交往交流中推动文明互鉴，各国哲学社会科学研究也具有一定普遍意义的知识体系和相互关联的学科体系。如此，借鉴不同文明的优秀研究成果，对于发展具有中国特色的哲学社会科学既是必要的也是非常重要的。

毛泽东非常重视学习其他国家和地区的哲学社会科学研究成果。早在学生时期，他就阅读了大量其他国家的哲学社会科学类书籍，在长沙市一中读书期间曾制订了自修计划，广泛阅读社会科学类书籍，包括斯密的《国富论》、孟德斯鸠的《论法的精神》、穆勒的《逻辑学体系》、赫胥黎的《天演论》、英美法俄历史地理类书籍和古代希腊罗马文艺作品等。1936 年，毛泽东回顾这段经历时表示：“我这样度过的半年时间，我认为对我极有价值。”[2]毛泽东还在《新民主主义论》一文中，全面论述了吸收其他先进文化的必要性。他指出，新民主主义文化“带有我们民族的特性”，又同“一切别的民族的社会主义文化和新民主主义文化相联合，建立互相吸收和互相发展的关系”，因此中国要“大量吸收外国的进步文化，作为自己文化食粮的原料”，并指出“这种工作过去还做得很不够”。[3]

无论是对中国传统文化，还是对其他民族创造的文明，毛泽东强

---

〔1〕《毛泽东选集》第 2 卷，人民出版社 1991 年版，第 534 页。

〔2〕《毛泽东年谱（1893—1949）》上卷，人民出版社、中央文献出版社 1993 年版，第 13 页注［1］。

〔3〕《毛泽东选集》第 2 卷，人民出版社 1991 年版，第 706 页。

调要用辩证的眼光看。对于中国传统文化，毛泽东指出，中国古代“创造了灿烂的古代文化”，强调“剔除其封建性的糟粕，吸收其民主性的精华，是发展民族新文化提高民族自信心的必要条件”。[1]毛泽东认为，要尊重中国历史和传统文化，“给历史以一定的科学的地位”，取其精华而去其糟粕。比如，他高度评价孔子主张的有教无类、孟子主张的民贵君轻、荀子主张的人定胜天等思想，肯定屈原批判君恶、司马迁颂扬反抗的行为，同时也对封建时期等级思想、愚民思想进行了批评。对于其他民族创造的文明文化，毛泽东反对单纯的排外主义，而是强调“一切民族、一切国家的长处都要学，政治、经济、科学、技术、文学、艺术的一切真正好的东西都要学”[2]。毛泽东认为，学习外国的知识并不意味着中国人要“机械搬用”[3]外国的做法办法，而是“以自己的东西为主”[4]，认识和规避他们的短处和缺点，学习和吸收他们的长处和优势。如对苏联教材，毛泽东指出：“应当学的就要学，不应当学的就不要学。你们要来一个改革，不要照抄外国的，一定要符合中国的情况，并且还要有地方的特点。”[5]他举例说，工业发达国家的企业运行效率高，“这些都应当有原则地好好学过来，以利于改进我们的工作”，同时对“外国资产阶级的一切腐败制度和思想作风，我们要坚决抵制和批判”。[6]毛泽东提倡展开学术争鸣，鼓励在不同意见间开展自由争论和自由讨论，并指出“如果国内对此类学术问题和任何领导人有不同意见，也不应加以禁止。如果企图禁止，那是完全错

〔1〕《毛泽东选集》第2卷，人民出版社1991年版，第707—708页。
〔2〕《毛泽东文集》第7卷，人民出版社1999年版，第41页。
〔3〕《毛泽东文集》第7卷，人民出版社1999年版，第41页。
〔4〕《毛泽东文集》第7卷，人民出版社1999年版，第77页。
〔5〕《毛泽东文集》第7卷，人民出版社1999年版，第247页。
〔6〕《毛泽东文集》第7卷，人民出版社1999年版，第43页。

误的”[1]。

习近平总书记强调：“一个没有发达的自然科学的国家不可能走在世界前列，一个没有繁荣的哲学社会科学的国家也不可能走在世界前列。”[2]在中国革命和建设中，毛泽东深刻认识并高度重视中国哲学社会科学的建设和发展，指出要坚持马克思主义的指导地位、把握解决中国实际问题的目的，充分吸收运用人类文明优秀成果，系统性阐明中国哲学社会科学所包含的科学性、实践性、开放性的“中国特色”。新时代构建中国特色哲学社会科学，以史为鉴，开创未来，就要坚持马克思主义科学指导，推动马克思主义中国化时代化，为哲学社会科学发展提供不竭源泉和强大动力；立足中国实践、解决中国问题，在研究回答我国发展重大理论和实践问题中深刻阐发中国理论；推动中华优秀传统文化创造性转化和创新性发展，吸收人类文明的一切优秀成果，回答中国之问、世界之问、人民之问和时代之问，为以中国式现代化全面推进中华民族伟大复兴提供中国特色哲学社会科学的智慧和力量。

第二节　邓小平与加强党对宣传思想文化工作的领导

宣传思想文化工作事关党的前途命运、国家长治久安、民族凝聚力和向心力。在改革开放和社会主义现代化建设事业中，邓小平指导党重新确立马克思主义思想路线，解放思想，实事求是，正确认识我国所处的发展阶段和根本任务，科学总结新中国成立以来党的历史经

〔1〕《毛泽东文集》第7卷，人民出版社1999年版，第9页。
〔2〕习近平：《在哲学社会科学工作座谈会上的讲话》，人民出版社2016年版，第2页。

验，坚守党的文化领导权，在思想政治上坚持四项基本原则，为党和国家发展确定宣传思想文化工作的正确方向，坚持、巩固和加强党对宣传思想文化工作的领导，把改革开放和社会主义现代化建设不断推向前进。

一、论关于真理标准问题的讨论

在粉碎“四人帮”之后“徘徊中前进”的两年间，由反对和抵制“两个凡是”而引发的关于真理标准问题的讨论，成为党的思想理论战线和宣传思想文化工作的一个鲜明主题。邓小平坚持以马克思主义唯物史观为指导，支持并推进这一讨论，将思想解放统一于“实践是检验真理的唯一标准”之中，推动了具有重大意义的拨乱反正，指导党重新确立解放思想、实事求是的马克思主义思想路线。

（一）反对和抵制“两个凡是”的错误方针

粉碎“四人帮”，结束了“文化大革命”。但这一时期“两个凡是”方针的提出，实际上坚持了“文化大革命”的错误，阻碍了拨乱反正的进行。因这一方针不符合党和国家事业的发展要求，违背马克思主义的基本原理，理所当然地受到坚持马克思主义立场者的坚决反对和抵制。在此之前的 1975 年整顿中，邓小平在怎样宣传毛泽东思想上，就曾针对“把毛泽东思想庸俗化”“割裂毛泽东思想”等问题明确指出：“毛泽东思想有丰富的内容，是完整的一套”，“怎么能够抓住一两句话，一两个观点，就片面地进行宣传呢？”[1]他强调：“毛泽东思想紧密联系着各个领域的实践，紧密联系着各个方面工作的方针、政策和方法，我们一定要全面地学习、宣传和实行。”[2]

---

〔1〕《邓小平文选》第 2 卷，人民出版社 1994 年版，第 36、37 页。
〔2〕《邓小平文选》第 2 卷，人民出版社 1994 年版，第 37 页。

真理的力量总是不可抗拒的。1977 年 4 月 10 日，复出前夕的邓小平在致党中央的信中提出，“我们必须世世代代地用准确的完整的毛泽东思想来指导我们全党、全军和全国人民，把党和社会主义的事业，把国际共产主义运动的事业，胜利地推向前进”〔1〕。5 月 3 日，党中央将这封信转发至县团级，对邓小平的这一意见给予了肯定。5 月 24 日，邓小平同王震和邓力群谈话，在谈话中提到前些日子中央办公厅两位负责同志来看他的事情。邓小平说:“我对他们讲,‘两个凡是’不行。”〔2〕他根据当时的工作实际对此进一步阐明，“按照‘两个凡是’，就说不通为我平反的问题，也说不通肯定一九七六年广大群众在天安门广场的活动‘合乎情理’的问题”〔3〕。他还就“两个凡是”所犯的认识论错误，站在哲学高度，从理论意义上强调：“把毛泽东同志在这个问题上讲的移到另外的问题上，在这个地点讲的移到另外的地点，在这个时间讲的移到另外的时间，在这个条件下讲的移到另外的条件下，这样做，不行嘛！”“一个人讲的每句话都对，一个人绝对正确，没有这回事情。”〔4〕他指出:“这是个重要的理论问题，是个是否坚持历史唯物主义的问题。彻底的唯物主义者，应该像毛泽东同志说的那样对待这个问题。马克思、恩格斯没有说过‘凡是’，列宁、斯大林没有说过‘凡是’，毛泽东同志自己也没有说过‘凡是’。”〔5〕邓小平强调：“毛泽东思想是个思想体系。我们要高举旗帜，就是要学习和运用这个思想体系。”〔6〕7 月 16—21 日，党的十届三中全会召开，一致通过了恢复邓小

〔1〕《邓小平文选》第 2 卷，人民出版社 1994 年版，第 39 页。
〔2〕《邓小平年谱（1975—1997）》上卷，中央文献出版社 2004 年版，第 159 页。
〔3〕《邓小平年谱（1975—1997）》上卷，中央文献出版社 2004 年版，第 160 页。
〔4〕《邓小平年谱（1975—1997）》上卷，中央文献出版社 2004 年版，第 160 页。
〔5〕《邓小平年谱（1975—1997）》上卷，中央文献出版社 2004 年版，第 160 页。
〔6〕《邓小平年谱（1975—1997）》上卷，中央文献出版社 2004 年版，第 160 页。

平党内外一切职务的决议。[1]9月19日，邓小平在《教育战线的拨乱反正问题》中强调："我们要准确地完整地理解毛泽东思想的体系。""毛泽东同志在延安为中央党校题词，就是'实事求是'四个大字，这是毛泽东哲学思想的精髓。"[2]邓小平认识和把握毛泽东思想的立场、观点和方法，实际上为此后开展的关于真理标准问题的讨论提供了正确方向和有力思想武器。

（二）支持和领导开展关于真理标准问题的讨论

随着人们对"两个凡是"错误方针的反对和抵制，关于历史和理论是非问题的认识越来越从哲学意义上围绕真理标准问题而展开。1978年5月10日，中共中央党校内部刊物《理论动态》第60期发表了《实践是检验真理的唯一标准》。次日，《光明日报》以本报特约评论员的署名转发了这篇文章。该文从"检验真理的标准只能是社会实践""理论与实践的统一，是马克思主义的一个最基本的原则""任何理论都要不断接受实践的检验"等方面，充分论证了这一科学命题的真理性，回答了真理标准问题，否定了"两个凡是"的观点，并在全国范围内引起强烈反响，引发了一场关于真理标准问题的讨论。此后，全国各地主要报刊刊登了大量这方面的文章。

对于实践是检验真理的唯一标准这一论点，起初反对的声音不少，其中就有一种"砍旗"之说，一时甚嚣尘上，很有代表性。邓小平对此非常重视，他说，这"进一步引起我的兴趣和注意"[3]。1978年6月2日，邓小平在全军政治工作会议上批评"两个凡是"错误方针时指出："我们说的做的究竟能不能解决问题，问题解决得是不是正确，关键在

---

[1]《热烈庆祝党的十届三中全会胜利召开》，《人民日报》1977年7月25日。
[2]《邓小平文选》第2卷，人民出版社1994年版，第67页。
[3]《三中全会以来重要文献选编》（上），人民出版社1982年版，第161页。

于我们是否能够理论联系实际，是否善于总结经验，针对客观现实，采取实事求是的态度，一切从实际出发。”[1]实事求是，一切从实际出发，理论与实践相结合，这是党不断推进马克思主义中国化的根本立足点。

（三）指导党重新确立马克思主义思想路线

关于真理标准问题的讨论，实际上是要不要解放思想的争论。解放思想，就是要使思想和实际相符合，使主观和客观相符合，就是实事求是。1978 年 9 月 16 日，邓小平在《高举毛泽东思想旗帜，坚持实事求是的原则》中指出：“怎么样高举毛泽东思想旗帜，是个大问题”，按照“两个凡是”搞下去，“要损害毛泽东思想”，“毛泽东思想的基本点就是实事求是，就是把马列主义的普遍原理同中国革命的具体实践相结合”。[2]他说：“毛泽东同志所以伟大，能把中国革命引导到胜利，归根到底，就是靠这个”，“我们高举毛泽东思想的旗帜，就要在每一时期，处理各种方针政策问题时，都坚持从实际出发。”[3]他指出：“所谓理论要通过实践来检验，也是这样一个问题。现在对这样的问题还要引起争论，可见思想僵化。”[4]违反实事求是的思想，违反辩证唯物主义、历史唯物主义的原理，实际上是唯心主义和形而上学的反映。他说：“世界天天发生变化，新的事物不断出现，新的问题不断出现，我们关起门来不行，不动脑筋永远陷于落后不行。”[5]12 月 13 日，邓小平在党的十一届三中全会前召开的中央工作会议闭幕会上作

[1]《邓小平文选》第 2 卷，人民出版社 1994 年版，第 113—114 页。
[2]《邓小平文选》第 2 卷，人民出版社 1994 年版，第 126 页。
[3]《邓小平文选》第 2 卷，人民出版社 1994 年版，第 126、127 页。
[4]《邓小平文选》第 2 卷，人民出版社 1994 年版，第 128 页。
[5]《邓小平文选》第 2 卷，人民出版社 1994 年版，第 128 页。

《解放思想，实事求是，团结一致向前看》的报告，在党和国家前途命运问题上鲜明指出："一个党，一个国家，一个民族，如果一切从本本出发，思想僵化，迷信盛行，那它就不能前进，它的生机就停止了，就要亡党亡国。"他强调，只有解放思想，坚持实事求是，一切从实际出发，理论联系实际，社会主义现代化建设才能顺利进行，党的马列主义、毛泽东思想的理论也才能顺利发展。关于真理标准问题的争论，的确是个思想路线问题，是个政治问题，是个关系到党和国家的前途和命运的问题。[1]

中国共产党正是通过实践是检验真理唯一标准问题的讨论，明确解决了党的思想路线问题，重新恢复和发展了实事求是、理论联系实际、一切从实际出发的思想路线。邓小平指出，"这是很重要的"[2]。历史地看，这场讨论为党的十一届三中全会作了理论准备，对于端正思想路线、纠正长期存在的个人崇拜和教条主义具有重大与深远的意义。党的十一届三中全会使党重新确立了解放思想、实事求是的马克思主义思想路线。之后，1980 年 12 月 25 日，邓小平在中共中央工作会议上的讲话中，概括总结关于真理标准问题的讨论，指出：这场讨论"对于我们这几年来在政治、经济、组织等各方面进行一系列改革，对于我们在各条战线上取得显著成绩，起了极大的推动作用"[3]。由此表明，关于真理标准问题的讨论，促进解放思想，坚持实事求是，使党重新确立了马克思主义思想路线，不仅旗帜鲜明地反对"两个凡是"的错误观点，而且为党推动各方面的拨乱反正，做出实行改革开放的重大决策，为党和国家各项事业朝着正确方向发展提供了根本思想理

---

〔1〕《邓小平文选》第 2 卷，人民出版社 1994 年版，第 143 页。

〔2〕《三中全会以来重要文献选编》(上)，人民出版社 1982 年版，第 161 页。

〔3〕《邓小平文选》第 2 卷，人民出版社 1994 年版，第 364 页。

论基础。

二、深刻阐明实现“四个现代化”在思想政治上的根本前提

党的十一届三中全会确定把党和国家工作重点转移到社会主义现代化建设上来，做出实行改革开放的重大决策，实现了党的历史上具有深远意义的伟大转折。改革开放之初，面对实现四个现代化的伟大实践和思想理论战线的复杂局面，邓小平鲜明提出坚持四项基本原则这一实现四个现代化的根本前提，强调必须坚持以经济建设为中心，坚持四项基本原则，坚持改革开放，领导制定了党在社会主义初级阶段的基本路线。这一基本路线对实现党在社会主义初级阶段的总任务和总目标，具有长远的全局性的指导意义。

为总结理论宣传战线的经验和教训，统一思想，同时研究全党工作重点转移后理论宣传工作的根本任务，党的理论工作务虚会于1979年1月18日至4月3日在北京召开。邓小平在为这次会议准备的讲话稿中，就针对党内和社会上出现的资产阶级自由化倾向，明确提出“四个坚持”，认为坚持社会主义道路，坚持无产阶级专政，坚持党的领导，坚持马列主义、毛泽东思想的基本原理“现在该讲了”。他指出，思想理论界应有一个主导思想。理论工作的主导思想、中心任务是要引导人们向前看。[1]3月30日，邓小平在会上发表了《坚持四项基本原则》的讲话，强调要解放思想，开动脑筋，实事求是，团结一致向前看。他说：“现在还是要坚定不移地执行这个方针。重要的是，要从实际出发，密切结合当前的形势和任务，进一步宣传和贯彻这个方针。”他指出，在思想政治方向方面，“我们已经基本上回到马列主义、

---

〔1〕《邓小平年谱（1975—1997）》上卷，中央文献出版社2004年版，第499、499—500页。

毛泽东思想的正确轨道上来，我们将永远沿着这个轨道前进”。[1]关于当前以及今后相当长一个历史时期的主要任务，他强调就是“搞现代化建设。能否实现四个现代化，决定着我们国家的命运、民族的命运。在中国的现实条件下，搞好社会主义的四个现代化，就是坚持马克思主义，就是高举毛泽东思想伟大旗帜”。[2]否则，不抓住四个现代化，不从这个实际出发，就是脱离马克思主义，就是空谈马克思主义。

实现四个现代化，必须在思想政治上坚持四项基本原则。这是实现四个现代化的根本前提。邓小平指出，这四项基本原则并不是新的东西，是党长期以来所一贯坚持的。[3]他强调：“社会主义现代化建设是我们当前最大的政治，因为它代表着人民的最大的利益、最根本的利益。现在，每一个党员、团员，每一个爱国的公民，都必须在党和政府的统一领导下，克服一切困难，千方百计地为实现四个现代化贡献出一切力量。”[4]当时，社会上有极少数人正在散布怀疑或反对这四项基本原则的思潮，而党内也有个别同志不但不承认这种思潮的危险，甚至直接间接地加以某种程度的支持。虽然这几种人在党内外都是极少数，但事实证明，他们不但可以而且已经对党和国家的事业造成很大的危害。对此，邓小平指出：“不能因为他们是极少数而忽视他们的作用”，“有很大的必要来强调宣传这四项基本原则”。[5]他还着重“对从右面来怀疑或反对四项基本原则的思潮进行一些批判”，[6]对为什么坚持四项基本原则进行了深入阐述。

---

〔1〕《邓小平文选》第2卷，人民出版社1994年版，第159页。
〔2〕《邓小平文选》第2卷，人民出版社1994年版，第162—163页。
〔3〕《邓小平文选》第2卷，人民出版社1994年版，第165页。
〔4〕《邓小平文选》第2卷，人民出版社1994年版，第163页。
〔5〕《邓小平文选》第2卷，人民出版社1994年版，第166、165页。
〔6〕《邓小平文选》第2卷，人民出版社1994年版，第166页。

坚持四项基本原则的必然性和核心要义。在必须坚持社会主义道路上，邓小平强调，一定要彻底驳倒所谓社会主义不如资本主义的言论。只有社会主义才能救中国；社会主义的中国在经济、技术、文化等方面现在还不如发达的资本主义国家，这不是社会主义制度造成的，从根本上说，是解放以前的历史造成的，是帝国主义和封建主义造成的。他强调，要向人民特别是青年介绍资本主义国家中进步和有益的东西，批判资本主义国家中反动和腐朽的东西。在必须坚持无产阶级专政上，邓小平强调，我们已经作了大量的宣传，说明无产阶级专政对于人民来说就是社会主义民主，"是历史上最广泛的民主"〔1〕。没有民主就没有社会主义，就没有社会主义的现代化。社会主义愈发展，民主也愈发展。他强调："没有无产阶级专政，我们就不可能保卫从而也不可能建设社会主义。"〔2〕在必须坚持共产党的领导上，邓小平指出，在今天的中国，"决不应该离开党的领导而歌颂群众的自发性。党的领导当然不会没有错误，而党如何才能密切联系群众，实施正确的和有效的领导，也还是一个必须认真考虑和努力解决的问题，但是这决不能成为要求削弱和取消党的领导的理由"〔3〕。在必须坚持马列主义、毛泽东思想上，邓小平强调，要坚持完整地准确地掌握马列主义、毛泽东思想的科学体系；坚持从实际出发，实事求是。他指出："毛泽东思想过去是中国革命的旗帜，今后将永远是中国社会主义事业和反霸权主义事业的旗帜，我们将永远高举毛泽东思想的旗帜前进。"〔4〕他还告诫说："每个共产党员，更不必说每个党的思想理论工作者，决不允许

〔1〕《邓小平文选》第2卷，人民出版社1994年版，第168页。
〔2〕《邓小平文选》第2卷，人民出版社1994年版，第169页。
〔3〕《邓小平文选》第2卷，人民出版社1994年版，第170页。
〔4〕《邓小平文选》第2卷，人民出版社1994年版，第172页。

在这个根本立场上有丝毫动摇。如果动摇了这四项基本原则中的任何一项，那就动摇了整个社会主义事业，整个现代化建设事业。”[1]他指出：“马克思主义的思想理论工作是不能离开现实政治的”，“不能设想，离开政治的大局，不研究政治的大局，不估计革命斗争的实际发展，能成为一个马克思主义的思想家、理论家”。[2]解放思想，就是要运用马列主义、毛泽东思想的基本原理，深入研究中国实现四个现代化所遇到的新情况、新问题，并且做出有重大指导意义的答案。邓小平强调，“这将是我们思想理论工作者对马克思主义的重大贡献，对毛泽东思想旗帜的真正高举”[3]。实现四个现代化是一项多方面的复杂繁重的任务。[4]邓小平深刻阐明社会主义社会的基本矛盾和目前时期的主要矛盾等理论问题，强调无论如何，思想理论问题的研究和讨论，一定要坚决执行百花齐放、百家争鸣的方针，一定要坚决执行不抓辫子、不戴帽子、不打棍子的“三不主义”的方针，一定要坚决执行解放思想、破除迷信、一切从实际出发的方针。[5]

邓小平推动加强坚持四项基本原则宣传教育。坚持四项基本原则，必须反对资产阶级自由化和错误思想倾向问题。四项基本原则首先要求坚持社会主义。邓小平指出：“不坚持社会主义，还有什么安定团结，还有什么社会主义的四个现代化？”“这四个坚持的核心，是坚持党的领导。”[6]他强调：“党离不开人民，人民也离不开党，这不是任何力量所能够改变的”，“对于这四项基本原则，必须坚持，绝不允许任

---

〔1〕《邓小平文选》第2卷，人民出版社1994年版，第173页。
〔2〕《邓小平文选》第2卷，人民出版社1994年版，第179页。
〔3〕《邓小平文选》第2卷，人民出版社1994年版，第179页。
〔4〕《邓小平文选》第2卷，人民出版社1994年版，第180页。
〔5〕《邓小平文选》第2卷，人民出版社1994年版，第183页。
〔6〕《邓小平文选》第2卷，人民出版社1994年版，第256、266页。

何人加以动摇，并且要用适当的法律形式加以确定”。[1]针对一定时期的宣传工作，邓小平指出：“我们的宣传工作还存在严重缺点，主要是没有积极主动、理直气壮而又有说服力地宣传四项基本原则，对一些反对四项基本原则的严重错误思想没有进行有力的斗争。”[2]他说：“资产阶级自由化的核心就是反对党的领导，而没有党的领导也就不会有社会主义制度。对待这些问题，我们不能再走老路，不能再搞什么政治运动，但一定要掌握好批评的武器。”[3]中国没有共产党的领导、不搞社会主义是没有前途的。他指出：“四个坚持本身没有错，如果说有错误的话，就是坚持四项基本原则还不够一贯，没有把它作为基本思想来教育人民，教育学生，教育全体干部和共产党员。”[4]邓小平在反对错误思想倾向问题上，强调要加强坚持四项基本原则的宣传、教育，要多写这方面的文章；要批判“左”的错误思想，也要批判右的错误思想。

马克思主义科学揭示人类社会发展规律，深刻阐明社会主义必然代替资本主义是人类社会发展不可逆转的总趋势。1992 年 1 月 18 日至 2 月 21 日，邓小平在南方谈话中指出：“我坚信，世界上赞成马克思主义的人会多起来的，因为马克思主义是科学。它运用历史唯物主义揭示了人类社会发展的规律。封建社会代替奴隶社会，资本主义代替封建主义，社会主义经历一个长过程发展后必然代替资本主义。这是社会历史发展不可逆转的总趋势，但道路是曲折的。”[5]他还针对当

[1]《邓小平文选》第 2 卷，人民出版社 1994 年版，第 266、358 页。
[2]《邓小平文选》第 2 卷，人民出版社 1994 年版，第 364 页。
[3]《邓小平文选》第 2 卷，人民出版社 1994 年版，第 391 页。
[4]《邓小平文选》第 3 卷，人民出版社 1993 年版，第 305 页。
[5]《邓小平文选》第 2 卷，人民出版社 1994 年版，第 382—383 页。

时一些国家出现严重曲折，指出："社会主义好像被削弱了，但人民经受锻炼，从中吸收教训，将促使社会主义向着更加健康的方向发展。因此，不要惊慌失措，不要认为马克思主义就消失了，没用了，失败了。哪有这回事！"[1]之前，邓小平在1987年4月就曾指出：反对资产阶级自由化，就是"要保证中国的社会主义制度不变，保证整个政策不变，对内开放、对外开放的政策不变"。"如果这些都变了，我们要在本世纪末达到小康水平、在下世纪中叶达到中等发达国家水平的目标就没有希望了。"[2]坚持四项基本原则，同资产阶级自由化是根本对立的。

在思想政治上坚持四项基本原则是实现四个现代化的根本前提，是立国之本。离开坚持四项基本原则，就没有根，没有方向，也就谈不上贯彻党的思想路线。在邓小平理论指导下，党将坚持四项基本原则同坚持以经济建设为中心、坚持改革开放结合起来，确立了党的"一个中心、两个基本点"的社会主义初级阶段基本路线，制定了到21世纪中叶分"三步走"、基本实现社会主义现代化的发展战略，成功开创了中国特色社会主义。

三、科学总结新中国成立以来党的历史经验

党和国家事业总是在不断总结历史经验的基础上向前发展的。在中国共产党成立60周年之际，党的十一届六中全会通过了《关于建国以来党的若干历史问题的决议》(以下简称《决议》)。《决议》运用马克思主义的辩证唯物论和历史唯物主义，对新中国成立以来32年党的重大历史事件特别是"文化大革命"做出了正确的总结，科学分析了

---

[1]《邓小平文选》第2卷，人民出版社1994年版，第383页。
[2]《邓小平文选》第3卷，人民出版社1993年版，第218页。

在这些事件中党的指导思想的正确和错误，分析了产生错误的主观因素和社会原因，实事求是地评价了毛泽东的历史地位，充分论述了毛泽东思想作为党的指导思想的伟大意义。[1]《决议》肯定了党的十一届三中全会以来逐步确立的适合我国国情的建设社会主义现代化强国的正确道路，进一步指明了我国社会主义事业和党的工作继续前进的方向。邓小平主持起草了这一《决议》，通过总结党的历史经验，对统一全党思想产生了深远的影响。

科学评价毛泽东的历史地位和毛泽东思想的科学体系，根据新的实际和发展要求确立了中国社会主义现代化建设的正确道路。邓小平指导党彻底否定“文化大革命”的错误实践和理论，坚决顶住否定毛泽东和毛泽东思想的错误思潮。1980 年 3 月 19 日，邓小平在同中央负责同志的谈话中，提出了《决议》起草工作的指导思想，概括起来主要是，“最重要、最根本、最关键的”也是“最核心的一条”是“确立毛泽东同志的历史地位，坚持和发展毛泽东思想”。[2]他指出：“不仅今天，而且今后，我们都要高举毛泽东思想的旗帜”，“要正确地评价毛泽东思想，科学地确立毛泽东思想的指导地位，就要把毛泽东思想的主要内容，特别是今后还要继续贯彻执行的内容，用比较概括的语言写出来”。[3]同时，他强调，对新中国成立以来历史上的大事，哪些是正确的，哪些是错误的，要进行实事求是的分析，“包括一些负责同志的功过是非，要做出公正的评价”，要通过《决议》对过去的事情做个基本的总结，“总结过去是为了引导大家团结一致向前看”。[4]邓小平

---

[1]《十一届六中全会在北京举行》,《人民日报》1981 年 6 月 30 日。

[2]《邓小平文选》第 2 卷，人民出版社 1994 年版，第 293、291、291 页。

[3]《邓小平文选》第 2 卷，人民出版社 1994 年版，第 291、292 页。

[4]《邓小平文选》第 2 卷，人民出版社 1994 年版，第 292 页。

在指导总结党的历史经验中始终贯彻这一指导思想，立场坚定、旗帜鲜明。

系统阐述毛泽东思想的科学体系，坚持和发展毛泽东思想。关于《决议》的中心内容，1980 年 6 月 27 日，邓小平在同中央负责同志谈话时指出："重点放在毛泽东思想是什么、毛泽东同志正确的东西是什么这方面。"[1]10 月 25 日，他在同中央负责同志谈话时强调："对毛泽东同志的评价，对毛泽东思想的阐述，不是仅仅涉及毛泽东同志个人的问题，这同我们党、我们国家的整个历史是分不开的。要看到这个全局。这是我们从决议起草工作开始的时候就反复强调的。决议稿中阐述毛泽东思想的这一部分不能不要。这不只是个理论问题，尤其是个政治问题，是国际国内的很大的政治问题。如果不写或写不好这个部分，整个决议都不如不做。"[2]他说："不把毛泽东思想，即经过实践检验证明是正确的、应该作为我们今后工作指南的东西，写到决议里去，我们过去和今后进行的革命、建设的分量，它的历史意义，都要削弱。不写或不坚持毛泽东思想，我们要犯历史性的大错误。"[3]《决议》指出，毛泽东思想的活的灵魂，是贯串于毛泽东思想各个组成部分的立场、观点和方法，它们有三个基本方面，即实事求是，群众路线，独立自主。[4]那种"因为毛泽东同志晚年犯了错误，就企图否认毛泽东思想的科学价值，否认毛泽东思想对我国革命和建设的指导作用，这种态度是完全错误的"。毛泽东思想是党的宝贵的精神财富，将长期

---

〔1〕《邓小平文选》第 2 卷，人民出版社 1994 年版，第 297 页。

〔2〕《邓小平文选》第 2 卷，人民出版社 1994 年版，第 299 页。

〔3〕《邓小平文选》第 2 卷，人民出版社 1994 年版，第 300 页。

〔4〕《中国共产党中央委员会关于建国以来党的若干历史问题的决议》，人民出版社 1981 年版，第 47 页。

指导我们的行动。[1]

坚持实事求是，统一全党思想。在正确评价毛泽东的历史地位问题上，邓小平指出："我们写建国以来党的若干历史问题的决议，要实事求是，要很好地总结'左'的教训"，"毛泽东同志的错误在于违反了他自己正确的东西"，"我们共产党人是彻底的唯物主义者，只能实事求是地肯定应当肯定的东西，否定应当否定的东西。毛泽东同志在他的一生中，为我们的党、国家和人民建立了不朽的功勋。他的功绩是第一位的，他的错误是第二位的。因为他的功绩而讳言他的错误，这不是唯物主义的态度。因为他的错误而否定他的功绩，同样不是唯物主义的态度"。[2]他强调："'文化大革命'所以错误和失败，正因为它完全违反了毛泽东思想的科学原理。经过长期实践检验证明是正确的毛泽东思想的科学原理，不但在历史上曾经引导我们取得胜利，而且在今后长期的斗争中，仍将是我们的指导思想。对于党的这样一个重大原则表示任何怀疑和动摇，都是不正确的，都是同中国人民的根本利益相违背的。"[3]邓小平不仅赞成《决议》增加回顾新中国成立前28年的历史写建党以来的历史，为确立毛泽东的历史地位、坚持和发展毛泽东思想提供全面的历史根据，而且支持并指导《决议》补写粉碎"四人帮"以后的历史。他说："这段势必要写。"[4]正是在这一意见指导下，《决议》以"历史的伟大转折"为题作了增写，写出了党的十一届三中全会的历史转折意义，以及毛泽东思想、党的正确政策在

〔1〕《中国共产党中央委员会关于建国以来党的若干历史问题的决议》，人民出版社1981年版，第51、50—51页。
〔2〕《邓小平文选》第2卷，人民出版社1994年版，第380、298、333—334页。
〔3〕《邓小平文选》第2卷，人民出版社1994年版，第334页。
〔4〕《邓小平文选》第2卷，人民出版社1994年版，第298页。

新的条件下的恢复和发展。

以史为鉴、开辟未来。党的十一届三中全会以来，党领导人民逐步确立了一条适合我国国情的社会主义现代化建设的正确道路。邓小平指导党根据新中国成立以来正反两方面的历史经验，从社会主要矛盾、国情实际、建设社会主义政治制度和精神文明、党的建设等方面，系统阐述了这条道路的“主要点”，指出“这条道路还将在实践中不断充实和发展”。〔1〕邓小平指出,《决议》“真正是达到了我们原来的要求”，“今后作为一个共产党员来说，要在这个统一的口径下来讲话”，“相信这个决议能够经得住历史考验”。〔2〕1981 年 7 月 17 日，邓小平在《决议》通过不久，就思想战线上的问题同中央宣传部门负责同志谈话时指出:“我们全党、全军和全国各族人民一定要在党中央的坚强领导下，在党的六中全会通过的《关于建国以来党的若干历史问题的决议》的基础上，团结一致，整齐步伐，努力工作，使我们的思想战线、文艺战线和其他战线都不断取得新的胜利。”〔3〕

察往知来，开辟中国特色社会主义道路。邓小平在党的十二大开幕词中指出:“把马克思主义的普遍真理同我国的具体实际结合起来，走自己的道路，建设有中国特色的社会主义，这就是我们总结长期历史经验得出的基本结论。”〔4〕党领导人民坚定不移走中国特色社会主义道路，解放和发展社会生产力。历史发展表明，中国特色社会主义道路是指引中国繁荣发展的正确道路。

邓小平理论深刻揭示社会主义本质，科学回答了建设中国特色社

〔1〕《三中全会以来重要文献选编》(下)，人民出版社 1982 年版，第 839 页。

〔2〕《邓小平文选》第 2 卷，人民出版社 1994 年版，第 383 页。

〔3〕《邓小平文选》第 2 卷，人民出版社 1994 年版，第 393 页。

〔4〕《邓小平文选》第 3 卷，人民出版社 1993 年版，第 3 页。

会主义的一系列基本问题。在邓小平理论指导下，党加强对宣传思想文化工作的领导，一手抓物质文明，一手抓精神文明。

精神文明建设是推动社会主义现代化建设、坚持四项基本原则、促进全面改革和实行对外开放的精神文明建设。邓小平指出，思想战线应当高举马克思主义的、社会主义的旗帜，教育和引导人民正确地对待历史，认识现实，坚信社会主义和党的领导，鼓舞人民奋发努力，积极向上，真正做到有理想、有道德、有文化、有纪律。[1]他强调，在工作重心转到经济建设以后，全党要研究如何适应新的条件，加强党的思想工作，防止埋头经济工作、忽视思想工作的倾向。[2]思想战线不能搞精神污染，对于造成思想混乱和精神污染的各种严重问题，必须采取坚决严肃认真的态度，而且要一抓到底。[3]在邓小平理论指导下，党不断推进马克思主义中国化时代化，加强对宣传思想文化工作的领导，在建设社会主义物质文明的基础上加强党的思想工作和精神文明建设，这是推动社会主义思想文化繁荣发展的必由之路。

第三节　坚持正确历史观与传承发展中华优秀传统史学

马克思主义唯物史观是“唯一科学的历史观”[4]，是马克思主义无神论、宗教观的思想根源和理论根基。“出乎史，入乎道，欲知大道，

〔1〕《邓小平文选》第3卷，人民出版社1993年版，第40页。
〔2〕《邓小平文选》第3卷，人民出版社1993年版，第48页。
〔3〕《邓小平文选》第3卷，人民出版社1993年版，第39、45—48页。
〔4〕《列宁全集》第1卷，人民出版社2013年版，第112页。

必先为史。”[1]中华优秀传统史学以浩如烟海的史料、汗牛充栋的史著、源远流长的史论，记录、承载着中华文化和中华文明发展史，也秉持和彰显着中华优秀传统文化中朴素的历史认知乃至无神论思想。这与马克思主义唯物史观关于历史科学具有相应契合性。其中，宗教作为一种社会历史现象的起源和演变、在历史变迁中的地位和影响，是历史观蕴含的重要历史逻辑和文化理念，并影响到对历史文化的传承发展、对历史的研究和编纂。为此，深刻领悟“把马克思主义基本原理同中国具体实际相结合、同中华优秀传统文化相结合”[2]，特别是“第二个结合”，需要深刻认识和把握马克思主义唯物史观关于无神论与宗教观的内在机理，创造性转化、创新性发展包括中华优秀传统史学在内的中华优秀传统文化，坚持人民至上，在新时代推动建设中华民族现代文明。

一、中华优秀传统史学在历史观上的演进和发展

历史是一个国家和民族安身立命的基础，历史观则是关于认识研究、编纂传播历史的总的看法和根本观点。历史观与世界观、人生观、价值观相互契合和融合，但又是居于基础性地位的。对于个体人生来说，欲有正确的世界观、人生观和价值观，必先有一个正确的历史观；对于国家、民族和社会来说，欲有正确的国家观、民族观、宗教观和文化观，也必先有一个正确的历史观。中华优秀传统史学是中华优秀传统文化的重要组成部分，是中华文明的重要历史底蕴和历史依据，其在社会历史变迁中生成、延续和变革的历史观，经由史书、史论而

---

〔1〕《龚自珍集》，曹志敏注说，河南大学出版社 2016 年版，第 161 页。

〔2〕《中共中央关于党的百年奋斗重大成就和历史经验的决议》，人民出版社 2021 年版，第 24 页。

积累沉淀并记载编纂下来，成为历史文化的重要标识和载体，融入、内化到各个历史时期的思想文化变动之中，推动中华优秀传统文化得以传承发展。

在马克思主义史学传播到中国以前，中华优秀传统史学经历中华古代和近代史学发展，既是中华历史文化传承发展的重要内容和载体，也是中国马克思主义史学确立和发展的历史文化底蕴与基础条件。中华古代史学在先秦时期，主要以神话传说和文字记载而发生和存续，既有传承祖先改造大自然和发明生产生活方式的故事，又有记述上古历史、地理、文化、民俗等多种的内容和形式，特别是具有史学性质的《尚书》《春秋》《左传》等，形成一些具有奠基意义的史学传统，例如在史学观念上有崇尚“如笔直书、书法不隐”的求真精神。秦汉以来，以西汉司马迁为代表提出了“究天人之际，通古今之变”的历史文化理念，以唐代刘知几和清代章学诚为代表形成和发展了以“史德”为首的“史家四长”之说，凝练为“良史工文”的学术风格，在先秦史籍的基础上完成了从《史记》到《明史》的“二十四史”留存于世。中华近代史学则以进化论推动了人们认识和研究历史，提出“史界革命”“史学革命”等，指出“近世史家，必探察人间全体之运动进步，即国民全部之经历，及其相互之关系”〔1〕。以此为发端，中华古代史学逐步向近代史学转变。梁启超在《中国历史研究法》中说：“个人之生命极短，人类社会之生命极长，社会常为螺旋形的向上发展。”“史者何？记述人类社会赓续活动之体相，校其总成绩，求得其因果关系，以为现代一般人活动之资鉴者也。其专述中国先民之活动供现代中国国民之资鉴者，则曰中国史。”〔2〕又如章太炎，认为“惟通

〔1〕梁启超：《中国历史研究法》，中国书籍出版社 2017 年版，第 291 页。

〔2〕梁启超：《中国历史研究法》，岳麓书社出版社 2020 年版，第 1、2 页。

史上下千古”[1]。这些研究和编纂以历史著述和典籍为载体，记载有我国古代主张民惟邦本、政得其民，礼法合治、德主刑辅，为政之要莫先于得人、治国先治吏，为政以德、正己修身，居安思危、改易更化等历史文化之道，阐释有中华文明讲仁爱、重民本、守诚信、崇正义、尚和合、求大同的精神特质和发展形态。其研究和编纂贯通性地记载了中国历史、中华文化和中华文明从古及近的演变发展史，形成一系列史论，从中提炼出对中国历史发展的认知具有积极进步意义的丰富理念，从历史的角度记述并彰显了中华文明的突出特性。例如，研究编纂以通史性著述反映和彰显了源远流长的历史连续性，以多彩多样的体裁体例与方法体现了在研究编纂上的守正不守旧、尊古不复古，以立足和面向全国各民族的历史文化，以及中外关系为研究编纂的主要对象与历史内涵，体现了中华各民族文化融为一体的统一性、交往交流交融的历史取向和中国各宗教信仰多元并存的和谐格局，以及中华文化对世界文明兼收并蓄的开放胸怀和对文明交流互鉴的追求与贡献。这是中华优秀传统史学对中华文化、中华文明记述与传承作出的积极贡献和发挥的进步作用。

然而，马克思主义唯物史观产生以前的历史观中，存在着宣扬历史是神造的、天命的意识和观念。此为神权的历史观、天命的历史观，掩盖、否定历史的本质和人民的历史主体地位。正如中国马克思主义伟大先驱李大钊所指出的：“古昔的历史观，大抵宗于神道，归于天命，而带有宗教的气味。”[2]如何对待宗教等社会历史现象，如何看待天命、神权等思想观念，是唯物史观与唯心史观相对立的重要显著标识。马克思主义的历史主义是唯物史观对待和处理人类历史的重要分析方法。

---

〔1〕《章太炎来简》,《新民丛报》1902年第13号。

〔2〕中国李大钊研究会编注:《李大钊全集》第4卷，人民出版社2013年版，第319页。

1919 年 7 月，列宁在《论国家》中指出，“为了解决社会科学问题，为了真正获得正确处理这个问题的本领而不被一大堆细节或各种争执意见所迷惑，为了用科学眼光观察这个问题，最可靠、最必需、最重要的就是不要忘记基本的历史联系，考察每个问题都要看某种现象在历史上怎样产生，在发展中经过了哪些主要阶段，并根据它的这种发展去考察这一事物现在是怎样的”〔1〕。这一历史主义的分析方法随着马克思主义唯物史观在中国的传播和发展而成为中国共产党人对待历史现象、历史事件、历史人物的一种基本立场、观点和方法，推动历史观由旧到新的变革，使得在历史问题、宗教问题上，以具体的历史的科学态度树立正确历史观，确立正确宗教观。1922 年 4 月 4 日，《晨报》发表《非宗教者宣言》，倡导“作非宗教的宣传运动”〔2〕。1923 年 9 月至 1924 年上半年，李大钊发表《史观》，指出“神权的、精神的、个人的历史观，多带退落的或循环的历史观的倾向，而人生的、物质的、社会的历史观，则多带进步的历史观的倾向”，前者称为旧史观，后者则称为新史观。对此，他强调，“吾侪治史学于今日的中国，新史观的树立，对于旧史观的抗辩，其兴味正自深切，其责任正自重大”〔3〕。随着历史观由旧到新的更新，人生观也由“悲观、任运、消极、听天”代之以“乐观迈进”，马克思主义唯物史观以及无神论在推动传承发展中华优秀传统史学特别是进步历史观、宗教观的基础上，得以进一步广泛传播和应用，推动中华文明开辟新纪元。

〔1〕黎澍:《马克思恩格斯列宁斯大林论历史科学》，人民出版社 1980 年版，第 345 页。
〔2〕中国李大钊研究会编注:《李大钊全集》第 4 卷，人民出版社 2013 年版，第 79 页。
〔3〕中国李大钊研究会编注:《李大钊全集》第 4 卷，人民出版社 2013 年版，第 321、323 页。

二、在推进马克思主义中国化时代中引领中国马克思主义史学发展

马克思主义传播到中国并扎下根来，推动引领包括中华优秀传统史学在内的中国历史文化演进和社会变革。中国马克思主义史学在把马克思主义基本原理同中国具体实际、同中华优秀传统文化相结合中，作为一支重要学术、文化和理论的力量，不仅接受、传播和应用马克思主义基本原理，而且酝酿、探索和推动马克思主义中国化时代化的历史发展进程。同时，马克思主义在中国的传播发展，不断推动处于并参与这一历史发展之中的中华优秀传统史学特别是中国社会历史观、世界观、民族观、宗教观、文化观的变革发展，推动马克思主义中国化时代化发展。

马克思主义创造性地揭示了人类社会发展规律，中国社会接受并广泛传播和应用这一科学理论，用以认识和解决中国问题。恩格斯指出："马克思的整个世界观不是教义，而是方法。它提供的不是现成的教条，而是进一步研究的出发点和供这种研究使用的方法。"〔1〕中国先进分子在开始接受和传播马克思主义中传播研究马克思主义唯物史观，并十分注重从中国的基本国情出发，结合历史与现实、理论与实践，进而逐步走上了推进马克思主义中国化时代化的发展道路。李大钊在1919年8月发表的《再论问题与主义》中就指出："一个社会主义者，为使他的主义在世界上发生一些影响，必须要研究怎么可以把他的理想尽量应用于环绕着他的实境。"〔2〕李大钊"夙研史学"，"历在北京大学、朝阳大学、女子师范大学、师范大学、中国大学教授史学思

〔1〕《马克思恩格斯文集》第10卷，人民出版社2009年版，第691页。

〔2〕中国李大钊研究会编注：《李大钊全集》第3卷，人民出版社2013年版，第51页。

想史、社会学等科”。[1]在中国共产党成立前后，李大钊发表了《唯物史观在现代史学上的价值》《史观》《史学概论》《史学要论》等系列历史理论著述，传播并运用马克思主义唯物史观，推动中华优秀传统史学传承发展的思想性、制度性变革，如提出“历史是社会的变革”[2]，构建什么是历史、历史观、历史学，怎样研究和编纂历史等。他指出，唯物史观所取的方法，目的是“为得到全部的真实，其及于人类精神的影响，亦全与用神学的方法所得的结果相反”。在人民是历史的真正创造者上，强调“生长与活动，只能在人民本身的性质中去寻，决不在他们以外的什么势力”。“一切过去的历史，都是靠我们本身具有的人力创造出来的，不是那个伟人、圣人给我们造的，亦不是上帝赐予我们，将来的历史，亦还是如此。”[3]在如何认识历史上，他指出历史是“社会的时间的性象”，是“亘过去、现在、未来、永世生存的人类全生命”；“历史的唯物论者观察社会现象，以经济现象为最重要”，“经济的要件是历史上唯一的物质的要件”，“假如经济一有变动，那些政治、宗教等等生活也随着变动了”；历史是社会的变革，“是在不断的变革中的人生及为其产物的文化”。[4]在坚持什么样的历史观上，他指出唯物史观在史学上的科学价值十分重大，对人生上的影响十分紧要，我们必须对它有“一种新人生的了解”，“创造一种世界的平民的

[1] 中国李大钊研究会编注：《李大钊全集》第5卷，人民出版社2013年版，第301、297页。

[2] 中国李大钊研究会编注：《李大钊全集》第4卷，人民出版社2013年版，第462页。

[3] 中国李大钊研究会编注：《李大钊全集》第3卷，人民出版社2013年版，第278、278、280页。

[4] 中国李大钊研究会编注：《李大钊全集》第4卷，人民出版社2013年版，第319、319、437、437、462、525页。

新历史”。[1]20世纪20—30年代的“中国社会史论战”围绕中国社会性质及中国社会的发展道路等问题展开；郭沫若的《中国古代社会研究》《中国史稿》、范文澜的《中国通史简编》《中国近代史》、翦伯赞的《中国史纲》《历史哲学教程》、吕振羽的《简明中国通史》《中国民族简史》、侯外庐的《中国思想通史》《中国古代社会史论》等，在推动中国近代史学变革并向马克思主义史学发展中，尝试运用马克思主义唯物史观分析中国历史问题和现实问题，成为中国马克思主义史学研究中国历史具有奠基性的代表性成果，也为马克思主义中国化时代化的理论发展提供了重要历史文化底蕴和研究成果。

毛泽东在党的扩大的六届六中全会上作《论新阶段》的政治报告，明确指出“马克思主义必须和我国的具体特点相结合并通过一定的民族形式才能实现”，“使马克思主义在中国具体化，使之在其每一表现中带着必须有的中国的特性，即是说，按照中国的特点去应用它”。[2]1939年10月，毛泽东发表《〈共产党人〉发刊词》，指出党的建设的任务是，“根据马克思列宁主义的理论和中国革命的实践之统一的理解，集中十八年的经验和当前的新鲜经验传达到全党，使党铁一样地巩固起来，而避免历史上曾经犯过的错误”[3]。之后的延安整风运动，坚持马克思主义同中国实际相结合的正确方向，推动了马克思主义思想教育和理论武装，在新的历史条件下统一了全党思想、意志和行动。党在此基础上，通过《关于若干历史问题的决议》。在新中国成立前夕，1949年7月1日，中国新史学研究会成立，其暂行简章号召“学习并运用历史唯物主义的观点和方法，批判各种旧历史观，并养

〔1〕中国李大钊研究会编注:《李大钊全集》第3卷，人民出版社2013年版，第280页。
〔2〕《毛泽东选集》第2卷，人民出版社1991年版，第534页。
〔3〕《毛泽东选集》第2卷，人民出版社1991年版，第614页。

成史学工作者实事求是的作风，以从事新史学的建设工作”[1]。随着新中国成立，民族独立，人民解放，中国人民政治协商会议第一届全体会议通过《共同纲领》，规定：“提倡用科学的历史观点，研究和解释历史、经济、政治、文化及国际事务。”[2]中华优秀传统史学乃至中华文化、中华文明在历史研究和历史观上，从根本意义和全社会实现了由唯心史观转向唯物史观，坚持用马克思主义的基本立场观点方法来认识和处理中国历史与实际问题，伴随新中国建设和发展而蓬勃开展起来。

不仅如此，中华优秀传统文化是与马克思主义唯物史观相契合的，是马克思主义在中国传播及其中国化时代化发展的历史文化底蕴。李大钊在我国传播马克思主义唯物史观之前，就初步具备了在什么是国情、什么是真理等问题上与马克思主义基本原理相契合的思想认识观念，并形成与天命、神权观念的对立。1914 年 11 月，他在《国情》中说：“言国情者，必与历史并举，抑知国情与历史之本质无殊，所异者，时间之今昔耳。昔日之国情，即今日之历史；来日之历史，尤今日之国情。”[3]关于真理问题，他强调：“余信宇宙间有惟一无二之真理。此真理者，乃宇宙之本体，非一人一教所得而私也。”“真理乃自然的因果的，宗教传说乃神秘的迷信的。故吾人与其信孔子，信释迦，信耶稣，不如信真理。”[4]正是在这一思想认识基础上，马克思主义得以在中国不断传播，并确立对待历史文化的正确立场和政策主张。毛泽

[1]《中国新史学研究会暂行简章》，《人民日报》1949 年 7 月 2 日。
[2]《建国以来重要文献选编》第 1 册，中央文献出版社 1992 年版，第 11 页。
[3] 中国李大钊研究会编注：《李大钊全集》第 1 卷，人民出版社 2013 年版，第 206 页。
[4] 中国李大钊研究会编注：《李大钊全集》第 1 卷，人民出版社 2013 年版，第 426、427 页。

东在《论新阶段》中指出："我们这个民族有数千年的历史，有它的特点，有它的许多珍贵品。对于这些，我们还是小学生。今天的中国是历史的中国的一个发展；我们是马克思主义的历史主义者，我们不应当割断历史。从孔夫子到孙中山，我们应当给以总结，承继这一份珍贵的遗产。"〔1〕而且，他在《新民主主义论》中强调："中国的长期封建社会中，创造了灿烂的古代文化。清理古代文化的发展过程，剔除其封建性的糟粕，吸收其民主性的精华，是发展民族新文化提高民族自信心的必要条件。"〔2〕马克思主义中国化时代化发展离不开对中国历史、中华民族历史的尊重和研究，以探求对真理的追求，在推动中国革命、建设和改革的伟大实践中赓续和弘扬历史自信和主动精神。

三、在推进中国式现代化中坚持其所蕴含的历史观

中国式现代化是党领导的社会主义现代化。党在新中国成立特别是改革开放以来长期探索和实践基础上，经过党的十八大以来在理论和实践上的创新突破，成功推进和拓展了中国式现代化。党的领导直接关系中国式现代化的根本方向、前途命运、最终成败，人民是中国式现代化的主体，是推进中国式现代化最坚实的根基、最深厚的力量。

中国式现代化遵循社会发展规律，尊重人民历史主体地位，蕴含独特的历史观。这是概括形成中国式现代化的中国特色、本质要求和重大原则的深厚历史依据和历史理论基础，是从历史思维正确理解和大力推进中国式现代化的基本立场、观点和方法，是推进中国式现代化的伟大实践中坚定历史自信、增强历史主动，凝聚磅礴力量的重要思想基础和精神源泉。中国式现代化是中国共产党领导中国人民经历

〔1〕《毛泽东选集》第2卷，人民出版社1991年版，第533—534页。
〔2〕《毛泽东选集》第2卷，人民出版社1991年版，第707—708页。

艰难探索而开拓的独特道路，这条道路不是自然的社会演进过程，而是在谋篇布局、总体规划、分步推进的历史主动精神引领下不断开创、深化和拓展的。这一历史主动精神，源于社会主义现代化的伟大实践，并为这一伟大实践提供了不竭的动力，体现出历史决定性与主体选择性的有机统一，是在人类社会历史发展进程中历史主体能动地把握历史规律所展现出的一种精神品质。人民性是马克思主义的本质属性，人民立场是党的根本政治立场。中国式现代化坚持以人民为中心的发展思想，彰显社会发展规律和人民历史主体地位的一致性。

在新中国建设和发展中贯彻“百花齐放，百家争鸣”方针。毛泽东在 1956 年中央政治局扩大会议上、在 1957 年《关于正确处理人民内部矛盾的问题》中提出，在科学文化工作中实行“百花齐放，百家争鸣”方针，这就是艺术问题上“百花齐放”、学术问题上“百家争鸣”，促进我国社会主义文化繁荣，也引导和推动了中华优秀传统史学的传承发展，特别是坚持和发展中国马克思主义史学，有力推进了记述、研究和编纂中国历史及其与世界历史的关系，促进中国与世界文明交流互鉴。

在中国历史、中共党史、新中国史的研究编纂中继承和发展中华优秀传统史学，广泛而深入地探索构建中国马克思主义史学的学科、学术和叙事话语体系。胡乔木的《中国共产党三十年》，是运用马克思主义的普遍原理同中国革命的具体实践相结合，并从新中国成立和建设的具体实际出发，叙述和总结了党的 30 年历史。党的第二个历史决议根据新中国成立以来党的历史发展，科学溯源党成立以来的历史发展，正确评价毛泽东的历史地位、坚持和发展毛泽东思想。中央宣传部和中国社会科学院组织编写的《当代中国》大型丛书，从新中国建设和发展的各领域各方面各系统乃至其自古以来的起源、演变和发展，把当代中国的历史发展和“历史中国”结合起来，深刻记述和揭示“当代中国是历史中国的延续和发展”的历史逻辑。白寿彝的《中国通史纲要》《中国通史》和当代中国研究所组织编写出版的《中华人民共和国史稿》（序卷和1—4卷），以及中国历史研究院正在组织编写的《新编中国通史》，在已有史学研究成就的基础上深入推进中国通史的研究编纂。为庆祝中国共产党成立100周年编写的党史学习教育读本《中国共产党简史》《中华人民共和国简史》《改革开放简史》《社会主义发展简史》，党的十九届六中全会通过的第三个历史决议，把党史、新中国史、改革开放史和社会主义发展史在研究编纂上贯通、融合起来，深刻揭示党的百年奋斗的历史性成就和基本经验，推动党和人民坚定历史自信、增强历史主动，以史为鉴、开创未来。

坚持正确宗教观。宗教工作是一个关系党的执政前途和命运的全局性和战略性工作。[1]在推进中国式现代化中坚持我国宗教中国化方向，积极引导宗教与社会主义社会相适应，从指导思想上就是要深入学习贯彻习近平总书记关于宗教工作的重要论述，坚持马克思主义唯物史观和无神论，以及正确的国家观、历史观、民族观、文化观、宗教观，深刻把握坚持人民至上，增进对伟大祖国、中华民族、中华文化、中国共产党、中国特色社会主义的认同。加强民族团结和保持社会稳定，更好团结信教群众、夯实党执政的社会基础，形成共同致力民族复兴的强大力量。[2]

大力推进中国式现代化，从其历史观上就是要坚持唯物史观和正确党史观，坚定信仰信念、把握历史主动的根本所在，守好中国式现

〔1〕《习近平总书记系列重要讲话读本》，学习出版社、人民出版社2016年版，第181页。

〔2〕《完整准确贯彻新时代党的治疆方略 建设团结和谐繁荣富裕文明进步安居乐业生态良好的美好新疆》，《人民日报》2022年7月16日。

代化的本和源、根和魂。坚持把实现人民对美好生活的向往作为现代化建设的出发点和落脚点，丰富人民精神世界，实现全体人民共同富裕，促进人与自然和谐共生，推动构建人类命运共同体，创造人类文明新形态。认识把握、研究编纂中国式现代化发展史特别是其中的宗教工作和宗教关系史，就是要坚持马克思主义唯物史观、无神论和宗教观，创造性转化、创新性发展中华优秀传统史学等学科理论与方法，在党史、新中国史、改革开放史、社会主义发展史和中华民族发展史相结合中，坚持以党认识宗教问题的基本立场、基本观点，处理宗教问题的基本方针、基本原则，做好宗教工作的基本方法、基本举措为指导，推进研究编纂宗教中国化发展史。聚焦人民历史主体地位、人民群众的共同愿望和对美好生活的向往，研究阐释中国式现代化是来自人民、为了人民、依靠人民、造福人民的，人民的创造性实践是中国式现代化的不竭源泉，阐述中国式现代化的人民立场、人民愿望、人民创造、人民智慧，揭示中国式现代化是全体人民共同富裕的现代化。新时代新征程上研究编纂中国式现代化发展史，就是要在指导思想和历史观上，坚持中国式现代化的正确方向，坚持把国家和民族发展放在自己力量的基点上，以中国式现代化全面推进中华民族伟大复兴，坚定不移推动实现中华民族伟大复兴的历史进程。

四、加快构建中国特色哲学社会科学

习近平总书记关于加快构建中国特色哲学社会科学的重要论述，深刻揭示了中国特色哲学社会科学的发展规律，是新时代我国哲学社会科学发展的根本遵循。加快构建中国特色哲学社会科学，是哲学社会科学工作者深入研究中国与世界，不断推进思想和理论创新，回答中国之问、世界之问、人民之问和时代之问的使命担当、战略任务和实践要求，具有深厚的历史底蕴、坚实的理论基础、丰富的时代内涵和广阔的发展前景，深深融入党和国家事业发展大局和中华民族伟大复兴不可逆转的历史进程。

（一）哲学社会科学的重要性和不可替代性

一个国家、一个民族不能没有灵魂，也不能没有理论思维。恩格斯说："一个民族要想站在科学的最高峰，就一刻也不能没有理论思维。"[1]人类社会充满矛盾和问题，需要通过理论思维不断发现、分析和解决。习近平总书记指出："哲学社会科学是人们认识世界、改造世界的重要工具，是推动历史发展和社会进步的重要力量，其发展水平反映了一个民族的思维能力、精神品格、文明素质，体现了一个国家的综合国力和国际竞争力。"[2]在人类社会的理论思维中，哲学社会科学与自然科学相辅相成、密不可分，具有鲜明的思想性、实践性和时代性，在彼此交流交融中不断丰富和发展。

社会的变革与发展，不断赋予理论思维以新的时代内涵和特点。中国特色社会主义进入新时代，在广泛而深刻的社会变革和实践创新中，深入推进马克思主义中国化时代化，理论思维、理论创造为哲学社会科学发展提供了不竭源泉和强大动力。习近平总书记指出："这是一个需要理论而且一定能够产生理论的时代，这是一个需要思想而且一定能够产生思想的时代。"[3]在坚持和发展中国特色社会主义、用发展着的理论指导发展着的实践中，哲学社会科学"具有不可替代的重要地位"，哲学社会科学工作者"具有不可替代的重要作用"。[4]历史在

〔1〕《马克思恩格斯选集》第2卷，人民出版社2012年版，第875页。
〔2〕习近平:《在哲学社会科学工作座谈会上的讲话》，人民出版社2016年版，第2页。
〔3〕习近平:《在哲学社会科学工作座谈会上的讲话》，人民出版社2016年版，第8页。
〔4〕习近平:《在哲学社会科学工作座谈会上的讲话》，人民出版社2016年版，第2页。

发展、社会在进步，哲学社会科学的创新发展永无止境。哲学社会科学工作者亟须学深悟透马克思主义基本原理，把握好习近平新时代中国特色社会主义思想的世界观和方法论，坚持好、运用好贯穿其中的立场观点方法，并结合具体实践和时代课题不断创新发展。

（二）提升哲学社会科学学术创新能力

加快构建中国特色哲学社会科学，是新时代赋予哲学社会科学工作者的重要职责。我们要坚持马克思主义在我国哲学社会科学领域的指导地位，立足中国、借鉴国外，挖掘历史、把握当代，关怀人类、面向未来，在哲学社会科学的指导思想、学科体系、学术体系、话语体系等方面充分体现中国特色、中国风格、中国气派，努力构建全方位、全领域、全要素的哲学社会科学体系。有鉴于此，加快构建中国特色哲学社会科学应从以下四个方面重点发力。

第一，坚持马克思主义在我国哲学社会科学领域的指导地位。这是加快构建中国特色哲学社会科学的思想之魂和核心要义。马克思主义科学揭示自然界、人类社会和思维发展的普遍规律，为人类社会发展进步指明了方向，为认识和改造世界提供了基本的世界观和方法论。马克思主义是我们立党立国、兴党兴国的根本指导思想。坚持以马克思主义为指导，是当代中国哲学社会科学区别于其他哲学社会科学的根本标志。坚持以马克思主义为指导，核心是要解决好为什么人的问题，这是哲学社会科学研究的根本性、原则性问题。坚持马克思主义在我国哲学社会科学领域的指导地位，是加快构建中国特色哲学社会科学的历史必然性和内在规定性之所在。

第二，充分彰显中国哲学社会科学的时代内涵和鲜明特点。中国特色哲学社会科学应充分体现继承性、民族性，把握好马克思主义的资源、中华优秀传统文化的资源和国外哲学社会科学的资源，坚持古为今用、洋为中用。习近平总书记指出，“当代中国的伟大社会变革，不是简单延续我国历史文化的母版，不是简单套用马克思主义经典作家设想的模板，不是其他国家社会主义实践的再版，也不是国外现代化发展的翻版”〔1〕。中国特色哲学社会科学应充分体现原创性、时代性，尤其是提出具有主体性、原创性的理论观点。中国特色哲学社会科学应充分体现系统性、专业性，深入推进学科体系、学术体系、话语体系建设和创新。

第三，着力建构中国自主的知识体系。我国有独特的历史、独特的文化、独特的国情。形成中国特色，就是要扎根中国大地，走自己的学科、学术发展之路，理论创新、创造之路，知识传承、传播之路。习近平总书记指出：“加快构建中国特色哲学社会科学，归根结底是建构中国自主的知识体系。”〔2〕以中国为观照、以时代为观照，立足中国实际，解决中国问题，不断推动中华优秀传统文化创造性转化、创新性发展，不断推进知识创新、理论创新、方法创新。中国自主的知识体系，是蕴含和彰显主体性、原创性的知识体系。哲学社会科学工作者应立足中国特色社会主义伟大实践，勇于提出具有自主性、独创性的见解主张，并善于回答中国之问、世界之问、人民之问、时代之问。

第四，坚持和加强党对哲学社会科学工作的全面领导。这是加快构建中国特色哲学社会科学、繁荣发展哲学社会科学事业的根本保证。加快构建中国特色哲学社会科学，坚持从我国实际出发，坚持实践的观点、历史的观点、辩证的观点、发展的观点，在实践中认识真理、检验真理、发展真理。坚持百花齐放、百家争鸣的方针，坚持把社会

〔1〕习近平：《在哲学社会科学工作座谈会上的讲话》，人民出版社2016年版，第21页。

〔2〕《坚持党的领导传承红色基因扎根中国大地　走出一条建设中国特色一流大学新路》，《人民日报》2022年4月26日。

责任放在首位，严肃对待学术研究的社会效果，自觉践行社会主义核心价值观。实施哲学社会科学创新工程，加强中国特色新型智库建设，建立健全决策咨询制度。实施以育人育才为中心的哲学社会科学整体发展战略，建设种类齐全、梯队衔接的哲学社会科学人才队伍。

（三）哲学社会科学工作者的使命担当

新时代加快构建中国特色哲学社会科学，要坚持和发展中国特色社会主义，坚持马克思主义指导地位，继续推进马克思主义中国化时代化，继续发展当代中国马克思主义、二十一世纪马克思主义。为此，哲学社会科学工作者需要坚持以人民为中心的发展思想，秉持为人民做学问的理念，研究回答关乎我国改革发展稳定的重大理论和实践问题，研究解决事关党和国家事业发展的全局性、根本性、关键性重大问题，深刻阐发中国之路、中国之治、中国之理，繁荣中国学术，发展中国理论，传播中国思想。

学习贯彻习近平总书记关于加快构建中国特色哲学社会科学的重要论述，必须坚持马克思主义唯物史观，注重观察时代、把握时代、引领时代。一是坚持大历史观。这就要求从历史长河、时代大潮、全球风云中分析演变机理、探究历史规律。我们既要用具体历史的、客观全面的、联系发展的观点认识历史，又要从历史源泉、历史深处和广阔视野把握历史进程和时代大势，全方位、全过程地深刻揭示人类历史上事物发展的历史逻辑、理论逻辑和实践逻辑。二是坚持正确历史观。一个民族的历史是一个民族安身立命的基础。我们尊重历史，始终站在历史正确的一边，站在人类进步的一边。这就要求不仅要看现在的国际国内形势什么样，而且要端起历史望远镜回顾过去、总结历史规律，展望未来、把握历史前进大势。三是坚持正确党史观。实事求是，准确把握党的历史发展的主题主线、主流本质。旗帜鲜明反对历史虚无主义，正本清源、固本培元。站在历史与时代相结合的高度，坚持历史逻辑、理论逻辑、实践逻辑的统一性，坚定中国特色社会主义道路自信、理论自信、制度自信、文化自信。

学习贯彻习近平总书记关于加快构建中国特色哲学社会科学的重要论述，必须站稳正确立场，树立全球视野，彰显哲学社会科学工作者的使命担当。一是坚守人民立场。人民立场是中国共产党的根本政治立场，是马克思主义政党区别于其他政党的显著标志。加快构建中国特色哲学社会科学，应坚持人民是历史创造者的观点，坚持人民主体地位，尊重人民首创精神，践行以人民为中心的发展思想。坚信党的根基在人民、力量在人民、血脉在人民，坚持一切为了人民、一切依靠人民。站稳人民立场，保持党同人民群众的血肉联系，聚焦人民实践创造，不断实现好、维护好、发展好最广大人民根本利益。哲学社会科学工作者应当走出象牙塔，多到实地调查研究，了解百姓生活状况、把握群众思想脉搏，着眼群众需要解疑释惑、阐明道理，把学问写进群众心坎里。脱离了人民，哲学社会科学就不会有吸引力、感染力、影响力、生命力。二是坚持胸怀天下。坚定维护国际公平正义，坚持多边主义和国际关系民主化，促进世界和平与发展。发挥中国特色哲学社会科学在融通中外文化、增进文明交流中的独特作用，传播中国声音、中国理论、中国思想，为推动构建人类命运共同体作出积极贡献。

第四节　以大历史观认识和把握中华民族现代文明

人类文明生生不息，时代大潮浩浩荡荡。中华民族的文明是世界上唯一绵延不断且以国家形态发展至今的伟大文明，具有自我发展、回应挑战、开创新局的文化主体性与旺盛生命力。中华民族现代文明是党领导的社会主义文明，坚守马克思主义在意识形态领域指导地位的根本制度，遵循“两个结合”的根本要求，牢牢把握党的文化领导权和中华民族的文化主体性，以守正创新的正气和锐气、高度的文化自觉和文化自信，赓续历史文脉，谱写当代华章，把握时代、引领时代，不断推进中华民族永续发展，铸就中华文明新的辉煌。

一、从历史发展的本质上深刻把握中华民族现代文明的内涵与实质

只有在整个人类发展的历史长河中，才能透视出历史运动的本质和时代发展的方向。中华民族现代文明是党领导的社会主义文明，坚守马克思主义的“魂脉”和中华优秀传统文化的“根脉”，统筹推进物质文明、政治文明、精神文明、社会文明和生态文明协调发展，以中国式现代化全面推进中华民族伟大复兴，同时推进中国与世界文明交流互鉴、推动构建人类命运共同体的人类文明新形态。

现代中国承载现代文明，现代文明润泽现代中国。这里的“现代”，从根本意义上就是指新中国成立以来所处的时代，从现代化意义上则是指酝酿、探索、发展和推进现代化，并向着现代化更高阶段、更高水平不断前进的面貌和形态。“现代”既是历史发展必然趋势，又是时代发展大潮，也代表着文明发展进步方向。中华民族的现代文明是中国共产党成立特别是新中国成立以来在历史与现实、理论与实践、国际与国内相结合中创造、丰富和发展的中华文明的时代内涵与特征，深刻蕴含独特世界观、正确历史观和先进文明观。

现代中国即新中国在成立以前，党领导人民开展反帝反封建的新民主主义革命，争取民族独立、人民解放，在此基础上成立新中国，

人民当家作主，为实现中华民族伟大复兴创造了根本社会条件，中国发展从此开启新纪元。新中国社会主义革命和建设时期，党领导人民实现国家从新民主主义到社会主义的转变，进行社会主义革命，推进社会主义建设，既为实现中华民族伟大复兴奠定根本政治前提和制度基础，又为在新的历史时期开创中国特色社会主义提供了宝贵经验、理论准备、物质基础。党的十一届三中全会开启改革开放和社会主义现代化建设新时期，党领导人民继续探索中国建设社会主义的正确道路，解放和发展社会生产力，为实现中华民族伟大复兴提供充满新的活力的体制保证和快速发展的物质条件。改革开放是党的一次伟大觉醒，是中国人民和中华民族发展史上一次伟大革命，是决定当代中国前途命运的关键一招。历史发展充分表明，一个党，一个国家，一个民族，如果一切从本本出发，思想僵化，迷信盛行，那它就不能前进，它的生机就停止了，就要亡党亡国。党的十八大以来，中国特色社会主义进入新时代，党领导人民推动党和国家事业取得历史性成就、发生历史性变革，全面建成小康社会，乘势而上全面建设社会主义现代化国家，以中国式现代化全面推进中华民族伟大复兴，充分彰显中国特色社会主义的强大生机活力，为强国建设、民族复兴伟业提供了更为完善的制度保证、更为坚实的物质基础、更为主动的精神力量。

深刻理解中华民族现代文明，要在深刻认识中华文明的突出特性的基础上，牢牢把握“两个结合”的重大意义。“两个结合”是党在五千多年中华文明深厚基础上开辟和发展中国特色社会主义的必由之路、必然规律，是推动党和国家事业发展取得成功的最大法宝。“结合”的前提是彼此契合，“结合”的结果是互相成就。马克思主义以真理之光，激活了中华文明的基因，引领中国走进现代世界，推动了中华文明的生命更新和现代转型；中华优秀传统文化充实了马克思主义的文化生命，推动马克思主义不断实现中国化时代化的新飞跃。“结合”筑牢了道路根基，打开了创新空间，巩固了文化主体性。特别是“第二个结合”让马克思主义成为中国的，中华优秀传统文化成为现代的，让经由“结合”而形成的新文化成为中国式现代化的文化形态，是又一次的思想解放。创立习近平新时代中国特色社会主义思想，是中华民族的文化主体性在新时代的最有力体现。在推动中华民族伟大复兴的历史进程中，现代中国有了文化主体性，就有了文化意义上坚定的自我，文化自信就有了根本依托，党就有了引领时代的强大文化力量。

现代中国铸就中华民族现代文明，在新的历史起点上建设中华民族现代文明，不断开辟和拓展中华民族现代文明新境界。中华民族现代文明植根于现代中国的历史发展深处，同时现代中国的时代发展不断赋予中华民族现代文明的内涵与机理。中华民族现代文明以中华优秀传统文化的传承发展为历史底蕴，以马克思主义指导的社会主义物质文明、政治文明、精神文明、社会文明和生态文明等各类文明建设相互协调发展为内在机理，以党不断推进马克思主义中国化时代化，创造性转化、创新性发展中华优秀传统文化，推动中国与世界文明交流互鉴、构建人类命运共同体为时代大潮和发展趋势。

二、从“根脉”与“魂脉”深刻阐明中华民族“现代文明”与“古代文明”的区别

观照历史，立足中华五千多年文明史。历史是一个国家、一个民族安身立命的基础。历史的连续性与阶段性是相统一的，事物的过去、现在和未来是相通的。在中国人民、中华民族发展史上，古代中国、近代中国相应地创造了中华文明的“古代文明”“近代文明”形态，现

代中国则在历史中国的延续和发展基础上创造着中华文明的“现代文明”形态。习近平总书记在文化传承发展座谈会上指出：“如果不从源远流长的历史连续性来认识中国，就不可能理解古代中国，也不可能理解现代中国，更不可能理解未来中国。”一个国家、一个民族的文明存续与发展，以及内涵与特点，都是具体的、历史的。中华文明在历史长河中由低向高螺旋式发展，深刻蕴含中国道路的历史必然、文化内涵与独特优势，呈现连续性、创新性、统一性、包容性、和平性等突出特性。中华五千多年文明史，从根本上决定了中华民族必然走自己的路。

历史，纵向看就是“历史”，横向看则是“社会”。文明，历史地看由远及近走来，由低到高发展；横向看则由外及内、由表及里透视和彰显。中华民族的“现代文明”是中华文明在自古以来五千多年传承发展基础上的现代发展和“现时代”形态。中华民族的“现代文明”与“古代文明”，在中华五千年文明史中具有历史的辩证统一性，其历史逻辑不是静态的，停滞不前的，而是动态的，波浪式、螺旋式发展变化的，彼此之间的区别是显而易见的，其中的变革也是不可阻挡的。

中华民族的“现代文明”代表中华文明发展方向和未来发展图景，以史为鉴、开创未来。中华民族的“古代文明”，其所蕴含的中华优秀传统文化，如“天下为公、天下大同”的社会理想，“民为邦本、为政以德”的治理思想，“九州共贯、多元一体”的大一统传统，“修齐治平、兴亡有责”的家国情怀，“厚德载物、明德弘道”的精神追求，“富民厚生、义利兼顾”的经济伦理，“天人合一、万物并育”的生态理念，“实事求是、知行合一”的哲学思想，“执两用中、守中致和”的思维方法，“讲信修睦、亲仁善邻”的交往之道等，与“现代文明”的区别主要表现在“历时性”上的时空转换，内涵上的所属社会形态的性质、内在社会矛盾及其历史性变革，以及实践主体、条件、路径和前途命运的本质差异。

相比较言之，中华民族的“现代文明”不仅始终传承着中华优秀传统文化的“根脉”，而且在党一经成立，就由此拥有了马克思主义的“魂脉”。中华民族的“现代文明”，坚持植根中华民族的历史文化沃土，坚定历史自信、文化自信，坚持古为今用、推陈出新，全面挖掘中华五千多年文明，用马克思主义激活中华优秀传统文化中富有生命力的优秀因子并赋予新的时代内涵，有效将中华民族的伟大精神和丰富智慧更深层次地注入马克思主义，把马克思主义思想精髓同中华优秀传统文化精华贯通起来，在新的起点上继续推动文化繁荣、建设文化强国、建设中华民族现代文明。

三、从党的文化领导权和中华民族的文化主体性深刻彰显中华民族“现代文明”与其他文明的区别

文化是一个国家、一个民族的灵魂，先进文化是推动社会发展进步的重要力量源泉。党的文化领导权是历史的必然、人民的选择，深刻蕴含着马克思主义的基本原理、科学伟力和实践威力。中华民族的“现代文明”坚守党的文化领导权和中华民族的文化主体性，借鉴吸收一切人类优秀文明成果，代表人类文明进步的发展方向，展现了不同于西方社会发展图景，是一种全新的人类文明形态。在世界文明百花园中，中华民族的“现代文明”蕴含独特世界观、价值观、历史观、文明观、民主观、生态观等，是对世界文明发展的重大贡献和创新。

文明是一个国家、一个民族思想观念、人文精神、道德规范的有机结合，以及与之相应的社会发展道路、理论、制度、文化、价值的集中体现。中华民族的“现代文明”与现代中国所处的历史发展阶段、所坚持的发展方向、道路和制度相统一。中华民族的“现代文明”的

主题主线、主流本质，概括起来就在于，中国共产党一经诞生，就把马克思主义作为立党立国、兴党兴国的根本指导思想，马克思主义中国化时代化发展是中华民族文化主体性最有力的体现。党举旗定向，“初心如磐、使命在肩”，坚持党性和人民性的高度统一，不断推进马克思主义中国化时代化，建设具有强大凝聚力和引领力的社会主义意识形态，坚守党的宣传思想文化工作的发展方向、科学内涵和价值导向，把意识形态工作的领导权、管理权和话语权牢牢掌握在手中。

观照时代，统筹把握世界百年未有之大变局和中华民族伟大复兴战略全局，中华民族的“现代文明”发展道路日益广阔、内涵日益深厚、特色日益鲜明。中国共产党领导人民开辟和发展中国特色社会主义，以中华五千多年文明为深厚历史基础；中华民族的“现代文明”则集中表现在现代中国的发展道路、理论、制度、文化和价值上，深刻揭示并彰显着中国特色社会主义的“中国特色”。习近平总书记强调：“如果没有中华五千年文明，哪里有什么中国特色？如果不是中国特色，哪有我们今天这么成功的中国特色社会主义道路？”[1]党开辟和拓展中国特色社会主义，建设中华民族现代文明，就是要坚持社会主义先进文化前进方向，在现代社会历史条件下推动社会主义物质文明、政治文明、精神文明、社会文明、生态文明相互协调发展，坚持走基于本国国情、富有中国特色的社会主义文明发展之路。

中华民族的“现代文明”是党领导的社会主义文明，既是历史的，又是在不断发展、面向未来的，攸关党和国家前途命运，具有当代价值和世界意义，必将为人类文明发展进步作出更大贡献。

---

〔1〕习近平：《在文化传承发展座谈会上的讲话》，《求是》2023年第17期。

四、以守正创新的正气和锐气赓续历史文脉

文化兴国运兴，文化强民族强。习近平总书记在文化传承发展座谈会上指出，要坚持守正创新，以守正创新的正气和锐气，赓续历史文脉、谱写当代华章。这一重要论述就更好担负起新时代新的文化使命，深刻阐明了坚持守正创新在文化建设中的核心意涵和精神实质，指明了新时代推进文化建设必须坚守的根本方向、必须遵循的根本制度、必须坚持和运用的创新思维，鲜明彰显了新时代建设中华民族现代文明的浩然正气和凛然锐气、思想自觉和行动自觉。

（一）在新时代文化建设中坚持守正和创新相统一

文化关乎国本、国运。中华文明是世界上唯一绵延不断且以国家形态发展至今的伟大文明，历史悠久、文化灿烂，革故鼎新、辉光日新。历史长河川流不息，时代大潮浩浩荡荡，正气长存于天下。新时代传承发展中华文化、赓续弘扬中华文明，具有深厚历史底蕴和内在机理，顺应时代潮流和发展大势，向着建设中华民族现代文明的光明前景迈进。在这一历史发展进程中，中华文化、中华文明秉持和贯穿其中的历史文脉，集中体现在深厚的家国情怀与深沉的历史意识，守正不守旧、尊古不复古的进取精神，“向内凝聚”的统一性追求，以及中华民族交往交流交融的历史取向、与世界和平和睦和谐的理念。这是中华文明的突出特性，彰显中华文化独特优势和价值理念，凝练为中华民族的精神气质与文化品格。赓续这一历史文脉，就是要在文化建设上举旗帜、明方向、正导向，坚持守正和创新相统一。新时代建设中华民族现代文明，守正才能不迷失自我、不迷失方向，创新才能把握时代、引领时代。

守正创新，是习近平新时代中国特色社会主义思想的世界观和方

法论的重要内涵，是党不断推进马克思主义中国化时代化的鲜明品格，具有科学理论的真理性、实践性和创新性，充满着人民的力量、科学的力量和实践的力量，彰显着创新的自觉和时代的风貌，是新时代新征程开辟马克思主义中国化时代化新境界的重要精神源泉。

坚守人民立场、站稳人民立场。人民性是马克思主义最鲜明的品格。人民立场是马克思主义政党的根本政治立场，人民利益是我们党一切工作的根本出发点和落脚点。国家之魂，文以化之，文以铸之。新时代推进文化建设，就是要尊重人民主体地位和首创精神，把人民利益摆在至高无上的地位，发展社会主义先进文化，把社会主义核心价值观融入社会发展各方面，推动中华优秀传统文化创造性转化、创新性发展，不断提高人民思想觉悟、道德水平、文明素养，不断把为人民造福事业推向前进。

坚持实事求是、与时俱进。这是马克思主义活的灵魂，是马克思主义中国化时代化的思想根基和理论品质。马克思主义的整个世界观不是教条，而是认识和改造世界的科学认识论、方法论和行动指南。理论只有与实际相结合才有生命力，科学理论只有坚持实事求是、与时俱进才能不断创新发展，焕发真理光芒和科学伟力。守正就不能偏离马克思主义、社会主义，但不是刻舟求剑，还要往前发展、与时俱进，否则就是僵化的、陈旧的、过时的。新时代推进文化建设，要立足中国实际，植根于中华文化沃土，在马克思主义中国化时代化创新理论的指导和引领下，培育和创造新时代中国特色社会主义文化，传承发展中华优秀传统文化，为强国建设、民族复兴提供更强大的精神力量。

（二）弘扬守正创新的正气，强基固本

拥有马克思主义科学理论指导，是坚定信仰信念、把握历史主动的根本所在。习近平总书记指出，在五千多年中华文明深厚基础上开辟和发展中国特色社会主义，把马克思主义基本原理同中国具体实际、同中华优秀传统文化相结合是必由之路。这是我们在探索中国特色社会主义道路中得出的规律性认识，是我们取得成功的最大法宝。守正创新的正气体现在文化建设领域，主要来源于坚守马克思主义在意识形态领域指导地位的根本制度，建设具有强大凝聚力和引领力的社会主义意识形态；深深植根于马克思主义基本原理同中国具体实际、同中华优秀传统文化相结合；始终贯穿并充分彰显于坚守中国共产党的文化领导权和中华民族的文化主体性。

坚持马克思主义在意识形态领域指导地位的根本制度，是守正的制度根基、创新的制度保障。文化建设坚守这一根本制度，就是要坚持党性与人民性的统一，为国家立心、为民族立魂，巩固人民团结奋斗的共同思想基础。建设具有强大凝聚力和引领力的社会主义意识形态，牢牢掌握党对意识形态工作领导权；以社会主义核心价值观为引领，发展社会主义先进文化，弘扬革命文化，创造性转化、创新性发展中华优秀传统文化；坚持把社会效益放在首位、社会效益和经济效益相统一；深化文化体制改革，统筹推动文明培育、文明实践、文明创建；坚守中华文化立场，深化文明交流互鉴，不断提升国家文化软实力和中华文化影响力。

坚守“两个结合”的根本要求。“两个结合”的根本要求，既是建设中华民族现代文明的思想根基和正确方向，又是推动新时代文化建设的时代内涵和实践要求。“两个结合”是在五千多年中华文明深厚基础上开辟和发展中国特色社会主义的必由之路。马克思主义和中华优秀传统文化虽然来源不同，但彼此存在高度的契合性。“结合”的结果是互相成就，造就了一个有机统一的新的文化生命体。马克思主义把先进的思想理论带到中国，以真理之光激活了中华文明的基因，引领中国走进现代世界，推动了中华文明的生命更新和现代转型；中华优秀传统文化充实了马克思主义的文化生命，推动马克思主义不断实现中国化时代化的新飞跃，显示出日益鲜明的中国风格与中国气派，成为中华文化和中国精神的时代精华。“第二个结合”让马克思主义成为中国的，让中华优秀传统文化成为现代的，让经由“结合”而形成的新文化成为中国式现代化的文化形态，让中国特色社会主义道路有了更加宏阔深远的历史纵深，夯实了中国特色社会主义道路的文化根基。“结合”本身就是创新，同时又开启了广阔的理论和实践创新空间。“第二个结合”是又一次的思想解放，让我们能够在更广阔的文化空间中，充分运用中华优秀传统文化的宝贵资源，探索面向未来的理论和制度创新。

坚守中国共产党的文化领导权和中华民族的文化主体性。党带领中国人民在中国大地上，在创造性转化、创新性发展中华优秀传统文化，继承革命文化，发展社会主义先进文化，借鉴吸收人类一切优秀文明成果的基础上，通过把马克思主义基本原理同中国具体实际、同中华优秀传统文化相结合，建立起党的文化领导权和中华民族的文化主体性。有了文化主体性，就有了文化意义上坚定的自我，文化自信就有了根本依托，党就有了引领时代的强大文化力量。创立习近平新时代中国特色社会主义思想就是文化主体性的最有力体现。

（三）昂扬守正创新的锐气，开拓创新

理论的生命力、文化的创造力重在创新，中华优秀传统文化的活力重在创造性转化、创新性发展。习近平总书记指出，创新，创的是新思路、新话语、新机制、新形式，要在马克思主义指导下真正做到古为今用、洋为中用、辩证取舍、推陈出新，实现传统与现代的有机衔接。文化建设只有创新，才能赢得优势、主动和未来，创造新的辉煌。

保持定力和改革创新的统一。建设中华民族现代文明，在纷繁复杂的社会矛盾运动中战胜前进道路上各种风险挑战，开辟前进道路，文化是重要力量源泉。新时代文化建设，要坚持正确的历史观、民族观、国家观、文化观，走中国特色社会主义文化发展道路。大力弘扬民族精神和时代精神，从思想上正本清源、固本培元，筑牢信仰之基、补足精神之钙、把稳思想之舵。不忘本来才能开辟未来，善于继承才能更好创新。唯有把握历史发展规律与时代发展大势，坚持总结历史和面向未来的统一，才能从中华优秀传统文化中寻找到源头活水，传承弘扬好革命文化，大力发展社会主义先进文化，永久赓续中华文化、中华文明的历史文脉。

科学运用创新思维。坚持以人民为中心的发展思想，坚持百花齐放、百家争鸣的方针，以更宽广的视野、更长远的眼光来思考把握文化建设未来发展面临的一系列重大问题，固本培元、凝心聚魂，在正本清源上展现新担当，在守正创新上实现新作为。坚持问题导向和目标导向的统一，突出鲜明的实践特色，深化文化体制改革，承百代之流，会当今之变，推动中华优秀传统文化同社会主义社会相适应，使中华民族最基本的文化基因与当代文化相适应、与现代社会相协调；加强系统集成、协同高效，创新人文交流方式，综合运用大众传播、群体传播、人际传播等多种方式展示中华文化魅力，为中国特色社会主义事业提供源源不断的精神动力和道德滋养。

坚守好马克思主义魂脉和中华优秀传统文化根脉。坚守好这个魂和根，是理论创新的基础和前提。守正创新，赓续历史文脉，就是要以马克思主义为指导对中华五千多年文明宝库进行全面挖掘，用马克思主义激活中华优秀传统文化中富有生命力的优秀因子并赋予新的时代内涵，将中华民族的伟大精神和丰富智慧更深层次地注入马克思主义，把马克思主义思想精髓同中华优秀传统文化精华贯通起来，丰富和深化建设中华民族现代文明的内涵与机理，开辟和拓展建设中华民族现代文明的广阔发展道路，在以中国式现代化全面推进中华民族伟大复兴中谱写当代华章。

第六章

论构建新中国史叙事体系

新中国史研究，是以新中国成立以来历史发展及其规律为研究对象的学科。根据新中国史的主题主线、主流本质，新中国史研究就是中国共产党以为中国人民谋幸福、为中华民族谋复兴为初心使命，领导人民推进马克思主义中国化时代化、以党的自我革命引领伟大社会革命、全面建设社会主义现代化国家和实现中华民族伟大复兴的治国理政史、国家建设和发展史。在认识论和方法论意义上，新中国史研究既要以新中国成立以来的历史发展为主，又要结合党成立以来新中国的创建史，同时把新中国的建设和发展融入世界社会主义发展史和人类社会发展史，从中反映和揭示共产党执政规律、社会主义建设规律和人类社会发展规律。新中国史研究从新中国创立以来就已经开始，长期蕴含于中共党史研究之中，改革开放以来逐步发展成为一门相对独立的学科。新时代加快构建其学科体系、学术体系和话语体系，对推进新中国史研究繁荣发展具有重大意义。

第一节　新中国史研究的基础、前沿与“三大体系”建设

习近平总书记致国史学会成立 30 周年贺信精神，深刻阐明新时代

新中国史研究的职责使命担当，是全面贯彻党的二十大精神，指引新时代新中国史研究繁荣发展的根本遵循和行动指南。深入学习贯彻贺信精神，就是要坚持正确政治方向，坚持历史唯物主义，以马克思主义中国化时代化最新成果为指导，把正确的史观、史实、史料、史理有机统一起来，加强史论结合，牢牢把握国史的主题主线、主流本质，深刻揭示党和国家事业发展的规律性认识，坚定历史自信、增强历史主动，更好凝聚团结奋斗的精神力量。

一、新中国史研究为时代凝心聚力铸魂

（一）新中国史研究要坚持以马克思主义中国化时代化最新成果为指导

马克思主义是我们立党立国、兴党兴国的根本指导思想。新中国史是党不断推进马克思主义中国化时代化，指导党和国家事业向前发展，引领中国人民和中华民族从近代以后的深重苦难走向伟大复兴的光明前景的历史进程。党的二十大报告指出，“党的百年奋斗成功道路是党领导人民独立自主探索开辟出来的，马克思主义的中国篇章是中国共产党人依靠自身力量实践出来的”[1]。“欲知大道，必先为史。”唯有根据建党以来和新中国成立以来党和国家事业发展，充分展现马克思主义的命运是怎样同中国共产党的命运、中国人民的命运、中华民族的命运紧紧连在一起的，马克思主义的科学性、真理性、人民性、实践性、开放性和时代性的伟大理论品格和鲜明特质是怎样在中国得到始终如一的坚持和运用，以及充分贯彻和彰显的，从中深刻阐明马克思主义中国化时代化理论成果的世界观和方法论，充分展现马克思

---

〔1〕习近平:《高举中国特色社会主义伟大旗帜　为全面建设社会主义现代化国家而团结奋斗——在中国共产党第二十次全国代表大会上的报告》，人民出版社 2022 年版，第 19 页。

主义是怎样深刻改变中国和世界的，才能深刻揭示、充分讲清楚中国共产党为什么能，中国特色社会主义为什么好，归根到底是马克思主义行，是中国化时代化的马克思主义行。这就要求新中国史研究坚持唯物史观和正确党史观，站稳人民立场，自信自强、守正创新，为新时代新征程开辟马克思主义中国化时代化新境界提供广阔而深厚的历史基础、理论基础、群众基础和实践基础。

（二）新中国史研究要把历史与现实、理论与实践、国内与国际相结合

只有在整个人类发展的历史长河中，才能透视出历史运动的本质和时代发展的方向。当代中国是历史中国的延续和发展。新中国史是新中国成立以来党领导人民推进中华民族从站起来、富起来到强起来的伟大飞跃，实现中华民族伟大复兴进入了不可逆转的历史进程中，向着全面建设社会主义现代化国家、全面推进中华民族伟大复兴而前进的。党的二十大报告指出："新时代十年的伟大变革，在党史、新中国史、改革开放史、社会主义发展史、中华民族发展史上具有里程碑意义。"[1]为此，充分认识和把握这一重大判断，一方面要根据新时代十年的历史进程、成就与经验，另一方面则要以立体、全面、贯通、系统的新中国的历史发展为基本依托，不仅把新时代十年融入新中国历史发展的整个体系，而且要从新中国历史发展的螺旋式上升趋势来把握历史发展合力，围绕新中国是从哪里来的，进行了怎样的建设和发展，又要到哪里去，在社会主义建设和人类社会发展中处于什么样的历史地位、作出了怎样的历史贡献等基本理论与实践课题，并将其各时期各阶段各领域相互联系起来，进行辩证分析和比较研究，才能

〔1〕习近平:《高举中国特色社会主义伟大旗帜　为全面建设社会主义现代化国家而团结奋斗——在中国共产党第二十次全国代表大会上的报告》，人民出版社 2022 年版，第 15 页。

深刻反映新中国历史发展的普遍规律性和各个方面的特殊性与阶段性特征，从而以新时代十年的历史性成就和历史性变革充分彰显其历史的、深远的“里程碑意义”，为新时代新征程提供深厚历史底蕴、历史自觉和主动精神。

（三）新中国史研究要紧跟新时代新征程中国共产党的使命任务开拓进取

新中国史是把新中国的昨天、今天和明天联系起来，正在发展着并不断前进的历史进程。党的二十大报告指出：“从现在起，中国共产党的中心任务就是团结带领全国各族人民全面建成社会主义现代化强国、实现第二个百年奋斗目标，以中国式现代化全面推进中华民族伟大复兴。”[1]这是新时代新征程新中国历史发展的前进方向、历史方位、发展道路、目标任务和实践路径，阐明了新中国历史发展的深厚历史基础、一以贯之的历史发展主线。其中，关于建设一个什么样的新中国，是在坚持党的领导、走社会主义道路、建立和完善社会主义制度的基础上，在继承与发展中不断赋予新的时代内涵的，这就是要把我国建成富强民主文明和谐美丽的社会主义现代化强国。关于中国式现代化，这是在新中国成立特别是改革开放以来长期探索和实践基础上，经过党的十八大以来在理论和实践上的创新突破而成功推进和拓展的，是中国共产党领导的社会主义现代化，既有各国现代化的共同特征，更有基于自己国情的中国特色。因此，深刻把握新时代新征程中国共产党的使命任务，必然需要以新中国史特别是通史为历史前提基础和基本依据，具体地、历史地反映新中国建设和发展的历史进程、成就

---

〔1〕习近平：《高举中国特色社会主义伟大旗帜　为全面建设社会主义现代化国家而团结奋斗——在中国共产党第二十次全国代表大会上的报告》，人民出版社2022年版，第21页。

与经验，总结和反映全面建设社会主义现代化国家必须牢牢把握的重大原则和规律性认识，深刻揭示中国式现代化的鲜明特色和本质要求，为新时代新征程上实现党的第二个百年奋斗目标提供不竭精神动力。

在新时代新征程上繁荣发展新中国史研究，必须坚持以习近平新时代中国特色社会主义思想为指导，深入贯彻落实习近平总书记关于历史科学和党史、新中国史的系列重要论述，学深悟透致国史学会贺信精神，坚持正确的政治方向、学术导向和价值取向，坚持和运用中国特色哲学社会科学相应学科的理论与方法，推动构建新中国史自主知识体系，加强基础研究与应用研究融合发展，以充分记载新中国建设和发展的历史进程、成就与经验，充分彰显新中国历史发展的道路、制度优势和思想理论先进性。创新发展新中国史研究的方式、方法与手段，挖掘、整理多种多样的新中国史史料，更好地记载新中国史。广泛加强新中国史宣传教育，引导全社会知史爱党、知史爱国；用融通中外的新中国史研究成果和新时代中国学讲述，传播好新中国史、新时代发展史，推动人类文明交流互鉴，构建人类命运共同体。

二、新中国史史料与“新中国史史料学”

史料研究不是完全意义上的历史研究，但没有史料是不可能开展严格意义上的历史研究的。新中国史史料是新中国史研究的来源与依据，生成于新中国的创建、成立和发展中，记载和蕴含着党领导人民治国理政的历史与现实、理论与实践，反映和展现党情、国情及世情的发展变化。历史的昨天、今天和明天是相通的，“当代中国是历史中国的延续和发展”[1]，并且新中国史是世界历史发展的重要组成部分。

---

〔1〕习近平:《在纪念孔子诞辰2565周年国际学术研讨会暨国际儒学联合会第五届会员大会开幕会上的讲话》,《人民日报》2014年9月25日。

因此新中国史史料不仅存在于新中国成立以来的历史发展之中，而且可追溯到“历史中国”特别是党创建新中国的历史之中，并联结到中外关系史以及世界历史之中。新中国史研究虽然立足于文献档案和实物，但又不限于此。新中国史史料浩如烟海，形态、载体和方式丰富多彩，挖掘、整理和运用也是历史上任何时期都无可比拟的。新中国史从“历史中国”走来，是正在向着全面建设社会主义现代化国家、以中国式现代化全面推进中华民族伟大复兴的发展史。在新中国史研究中，必须将“历史中国”、新中国史与“当代中国”有机结合起来，以大历史观观照新中国史、观照当代中国，并且随着科技变革、信息化发展、全球化变动，从更广泛意义上真实、立体、全面地认识和研究新中国史。由此，新中国史研究已经展现繁荣的学科发展前景与未来。

新中国史史料在形态、分布与形式上的多样性多重性，推动新中国史研究从文献档案和实物向多重证据法交叉融合发展，奠基、丰富和发展了新中国史研究的史料基础。新中国史研究不仅继承中华优秀传统史学的考据学和证据法，注重挖掘整理文献、档案和征集文物、实物，既有史家个体对史料的研究编纂，更有国家机构主持的集中研究编纂，而且丰富和拓展记载形式，吸收和借鉴访谈、回忆、口述、对话，附之于影视纪录片、图片、音响视频、历史场景等资料，观察观摩现场，探讨历史事件发生和发展变化，分析历史人物关系、性格特质和心理活动等，深化和拓展史料来源与认知领域。新中国史史料不仅表现在物质上，也体现在思想与精神上，如思想理论、制度、精神谱系、科学文化艺术等。在史料的编纂体裁体例上，通史、断限史和专门史、专题史并存，纪传体、编年体、纪事本末体、典章体、纲目体相得益彰，既有重要历史人物的传记、选集、文集、文稿、日记、年谱、工作笔记，又有历史事件的大事记、编年、日志、新闻报道、时事评论，以及各类方志、史料选编、汇编等；既有综合性、类别性和多层级分布的文献档案史料，又有保存于档案馆、资料馆，布展于历史博物馆、展览馆、纪念馆的史料陈列，以及遍布于社会生产生活中的史料。中国共产党主要创始人之一李大钊在《史观》中指出："同一吾人所托以生存的社会，纵以观之，则为历史，横以观之，则为社会。""此之历史，即是社会的时间的性象。一切史的知识，都依他为事实，一切史学的研究，都以他为对象，一切史的纪录，都为他所占领。"[1]新中国史也莫不如此，而且新中国史既是历史的，又是现实的，其具有研究价值的各类史料可谓无处不在留存、无时不在产生。新中国史研究拥有随着历史发展而不断丰富的史料宝库。

新中国史研究留存、记载、编纂和运用史料，必须构建和发展适合其研究内涵与特点的史料学。从史料学角度来说，新中国史研究虽然如前所述史料浩如烟海并不断产生，而且也注重史料的收集、整理与编纂，但迄今尚未形成完整、系统的新中国史史料学，严重滞后于中国古代、近现代史料学。这是新中国史研究的学科基础相对薄弱的一种表现。无论是在新中国史研究、编纂还是教育、传播上，都曾发生过编造、杜撰或伪造所谓"史料"的现象，也有一些回忆、口述史出现"不真实"的情况，更有在历史虚无主义等错误思潮的干扰和侵蚀下质疑、否定、歪曲历史事实的问题。一方面，新中国史研究广泛而深入发展，需要将新中国史史料的挖掘、整理、研究、编纂和运用，一体纳入史料学加以统筹和学理化，对现有史料进行研究分析，对遗存史料进行甄别，对史实进行考证，"去粗取精、去伪存真"，充实和完备史料，从而对史论结合进行史料学的学理支持。另一方面，为

〔1〕中国李大钊研究会编注:《李大钊全集》第4卷，人民出版社2013年版，第319页。

抵制历史虚无主义等错误思潮，需要对这些错误思潮所依据的“史实”“史料”进行辨析，追根溯源，固根培元，以正视听。

历史本就是复杂的，史料也是多方面多领域多角度的，即使是围绕同一史实的史料，也有原始、派生、辅助和关联之分，特别是新中国史史料还有中央、地方和基层，以及经济社会发展各行各业各领域上的划分。构建和发展新中国史史料学，需要探索和回答如下基本问题：(1) 关于什么是新中国史史料。这种史料的性质与特点、意义与价值，以及与“历史中国”的史料的区别与联系。(2) 关于新中国史史料的产生与沿革。从史源意义上讲，这种史料是如何生成的，分布于怎样的史实之中，其沿革的线索与脉络如何。(3) 关于新中国史史料的形态与类型。反映和展现这种史料的整体面貌和分支状况，从内在结构与机理上阐明各类史料的地位、作用及其相互关系。(4) 关于新中国史史料的编纂。新中国史研究需要以史实为主题，运用一定的体裁体例，将史料贯通和联系起来，形成研究某一历史问题的系统化、体系化的史料基础。(5) 关于新中国史史料学的理论与方法。根据新中国史和当代中国经济社会发展实际，既要总结已有史料的研究方式、方法和手段，也要创造性转化、创新性发展中华优秀传统文化特别是史学关于史料的研究成果，同时借鉴目录学、考据学、文献学、档案学、编纂学等多学科的理论与方法，还要随着社会生产生活方式的变化，丰富和发展具有学理基础和时代意义的史料研究方式、方法和手段，以适应新中国史研究的需要。(6) 关于新中国史史料学与新中国史研究，以及与其他学科之间的关系。总之，构建和发展新中国史史料学，就是要从史实与史料的关系上、从研究与编纂的意义上，构建和发展新中国史史料学的本体论、认识论和方法论，使之成为新中国史研究学科体系的重要组成部分，更好地发挥史料在学术研究和学科发展中的源泉和基础性作用。

三、“新中国史理论”与“新中国史研究理论”

新中国是中国共产党领导的人民当家作主的社会主义国家。新中国成立，标志着中华民族发展开启新纪元。新中国成立以来，党在领导人民进行革命、建设和改革的实践中，推动中华民族伟大复兴进入了不可逆转的历史进程。人民是历史的创造者，处于历史主体地位。在中共党史、新中国史上，人民是决定党和国家前途命运的根本力量，是推动我国经济社会发展的基本力量和基本依靠。党来自人民、植根人民、服务人民，党把马克思主义作为立党立国、兴党兴国的根本指导思想，坚持立党为公、执政为民，为中国人民谋幸福、为中华民族谋复兴。新中国的历史发展充分表明，没有共产党就没有新中国，就没有中国特色社会主义，就没有中华民族伟大复兴。新中国史研究就是要坚持唯物史观和正确党史观，根据新中国史的主题主线、主流本质，反映和揭示中国共产党、中国人民和中华民族在新中国建设和发展中的主体地位和创造创新精神，记载和阐述中国共产党发展史、中国人民发展史和中华民族发展史，以及中国共产党、中国人民和中华民族在世界社会主义发展史和人类社会发展史上的贡献、地位和作用，探求新中国史发展大势、规律与特点。这些历史命题和时代课题无不需要加强历史理论问题研究，反映和揭示新中国建设和发展的历史逻辑、政治逻辑、理论逻辑和实践逻辑。新中国史研究旨在观照新中国史，“解读中国实践、构建中国理论”[1]，在学科意义上就是要把“新中国史理论”和“新中国史研究理论”有机结合，共同探讨和阐明新中

---

〔1〕习近平:《在哲学社会科学工作座谈会上的讲话》,《人民日报》2016年5月19日。

国史的规律性认识。

“新中国史理论”是关于新中国建设和发展的指导思想，新中国历史发展的主体性、必然性和规律性，以及这一历史发展所蕴含的国家观、历史观、价值观和文明观的体系化的思想认识。其基本内容包括：马克思主义中国化时代化理论成果关于新中国建设和发展，以及党史、新中国史的重要论述；关于党性和人民性的高度统一，中国共产党是什么、要干什么，新中国成立的伟大历史意义，新中国是从哪里来的、又要到哪里去，“当代中国”是“历史中国”的延续和发展，“当代中国”一切发展进步的根本政治前提和制度基础；关于新中国社会主要矛盾及其转化，以“一化三改”的社会主义过渡时期总路线推动新中国由新民主主义向社会主义过渡，社会主义初级阶段理论和基本路线，社会主义革命和建设时期、改革开放和社会主义现代化建设新时期、开创中国特色社会主义新时代的战略目标和主要任务；关于新中国历史发展的阶段性与连续性的统一，新中国成立特别是改革开放以来改革、发展和稳定的关系，改革开放在新中国成立以来党史上的伟大转折和深远意义，改革开放前后两个历史时期的辩证统一关系；关于新时代十年伟大变革的历史性成就和历史性变革，以及在党史、新中国史、改革开放史、社会主义发展史和中华民族发展史上的里程碑意义；关于中华民族从站起来到富起来再到强起来，中华民族伟大复兴进入了不可逆转的历史进程，在新时代新征程上全面建设社会主义现代化国家，以中国式现代化全面推进中华民族伟大复兴；关于党的三个历史决议特别是第二个历史决议正确评价毛泽东的历史地位、坚持和发展毛泽东思想，第三个历史决议关于党的百年奋斗的重大成就和历史经验，以史为鉴、开创未来。这些理论是关于新中国史的理论，也是当代中国的政治理论，包括内政外交国防、治党治国治军、改革发展稳定的思想理论、路线方针政策。习近平新时代中国特色社会主义思想的世界观和方法论，以及贯穿其中的立场、观点和方法，是新时代建设中华民族现代文明的根本遵循，是新时代关于中华文化主体性的最为集中的体现，也是构建和发展“新中国史理论”的根本指导。党领导人民在长期实践中得出的至关紧要的规律性认识，就是“坚持党的全面领导是坚持和发展中国特色社会主义的必由之路，中国特色社会主义是实现中华民族伟大复兴的必由之路，团结奋斗是中国人民创造历史伟业的必由之路，贯彻新发展理念是新时代我国发展壮大的必由之路，全面从严治党是党永葆生机活力、走好新的赶考之路的必由之路”[1]。“新中国史理论”不同于“新中国史研究理论”，更多的是在哲学意义上阐述新中国史，是历史理论、政治理论和哲学理论的结合。

“新中国史研究理论”是关于怎样研究新中国史的认识论和方法论意义上的学科理论。它是“新中国史理论”中的学科理论基础和分支领域，彼此相互联系、相辅相成。它以唯物史观和正确党史观为指导，以新中国史理论为基础和引导，分为新中国史史学史、新中国史研究的学科体系、学术体系和话语体系，以及编纂体系、教材教育体系、传播体系和评价体系。

新中国史史学史是对新中国史研究在学科发展史上的概括、总结与展望，是对中华优秀传统文化的传承发展，更是把新中国史研究的已有学术成果，特别是具有认识论和方法论意义的研究成果加以系统化、体系化整理，起到推动和发展新中国史研究的作用。当下不少学术综述、述评和年鉴的发表和出版，以及对学人、学术机构、学术成

---

〔1〕习近平：《高举中国特色社会主义伟大旗帜　为全面建设社会主义现代化国家而团结奋斗——在中国共产党第二十次全国代表大会上的报告》，人民出版社 2022 年版，第 70 页。

果、学术活动等内容的整理，为研究新中国史史学史提供了必要素材，更为探索新中国史研究的立场、观点和方法，继续深入下去发现其学术发展规律，提供了有利条件。

新中国史研究的学科体系是纵横交错、贯通融合的，根据不同的研究主题和分类分工的依据，可以自成一系或一支，但学科体系是具有一定的普遍性和规律性的。

（一）从纵向出发

学科体系根据新中国史的分期分段，形成新民主主义革命与新中国成立、社会主义革命和建设时期、改革开放和社会主义现代化建设新时期、开创中国特色社会主义新时代、新时代新征程等五个时段的历史研究。（1）关于新民主主义革命与新中国成立研究。这一研究有利于把中共党史与新中国史联系起来，突出中国共产党成立以来为创建新中国浴血奋斗的历史。缺乏这一时段的历史研究，就搞不清楚“新中国是从哪里来”这一基础性问题，也搞不清楚“当代中国是历史中国的延续和发展”。党的第二个历史决议就把“建国以来党的若干历史问题”追溯到了建党以来28年，从而贯通性地概述了中国共产党成立以来到党的十一届六中全会召开的60年历史。新中国成立以来的一条历史发展主线就是党领导人民维护国家主权、安全和发展利益，但在该领域所遗留的历史问题源自半殖民地半封建社会的旧中国，不追根溯源，就难以搞清楚其历史问题的起因、根源之所在，也难以以此为据增强关于认识和把握这一历史问题的历史依据和理论力量。（2）关于社会主义革命和建设时期研究。党领导人民进行社会主义革命，实现从新民主主义到社会主义的过渡，推进社会主义建设，为实现中华民族伟大复兴奠定根本政治前提和制度基础，实现了中华民族有史以来最为广泛而深刻的社会变革，实现了一穷二白、人口众多的东方大国大步迈进社会主义社会的伟大飞跃。党的第三个历史决议指出，在这一时段的探索过程中，“虽然经历了严重曲折，但党在社会主义革命和建设中取得的独创性理论成果和巨大成就，为在新的历史时期开创中国特色社会主义提供了宝贵经验、理论准备、物质基础”[1]。(3)关于改革开放和社会主义现代化建设新时期研究。党领导人民继续探索中国建设社会主义的正确道路，解放和发展社会生产力，使人民摆脱贫困、尽快富裕起来，为实现中华民族伟大复兴提供了充满新的活力的体制保证和快速发展的物质条件。党领导人民走中国特色社会主义道路，中国大踏步赶上了时代。中国特色社会主义道路是指引中国发展繁荣的正确道路。(4)关于开创中国特色社会主义新时代研究。习近平新时代中国特色社会主义思想是当代中国马克思主义、二十一世纪马克思主义，是中华文化和中国精神的时代精华，实现了马克思主义中国化新的飞跃。“两个确立”反映了全党全军全国各族人民共同心愿，对新时代党和国家事业发展、对推进中华民族伟大复兴历史进程具有决定性意义。[2](5)关于新时代新征程研究。承前启后、继往开来，新时代新征程是新中国史正在向前发展的现实与未来。党领导人民从2020年到2035年基本实现社会主义现代化；从2035年到本世纪中叶把我国建成富强民主文明和谐美丽的社会主义现代化强国。

(二)从横向出发

在新中国史研究的对象与内涵上，涵盖党的领导和建设史、政治史、经济史、文化史、军事国防史、外交史、生态文明史，以及行政

---

〔1〕《中共中央关于党的百年奋斗重大成就和历史经验的决议》，人民出版社2021年版，第14页。

〔2〕《中共中央关于党的百年奋斗重大成就和历史经验的决议》，人民出版社2021年版，第26页。

史、法治史、民族史、宗教史、区域史等，以及新中国史中的思想史、制度史、国际关系史、社会生活史、人权史等；在新中国史研究的内在机理和方法上，应有史料学、史学史、史学理论与方法、历史地理学、历史哲学，以及口述史和各种研究方式、方法与手段；在中央和地方关系上，也有严格意义上的国家建设和发展史，以及行业史、区划史，在比较意义上的区域国别史，等等。当然，以上学科分类和构建中，有的是研究方向，有的是研究领域，有的则是研究角度，而且构成学科属性的学科因素往往不是单一的，而是复合的。比如在新中国史的研究与编纂上，既有通史类又有时段史，还有专题史、专门史，彼此互为支撑。不仅如此，学科划分也是不断丰富的，或越分越细，或从单一走向综合。新中国史研究的学术体系和话语体系，以及编纂体系、教材教育体系、传播体系和评价体系，都以学科体系为基础与支撑，是学科体系的应用与发展。其中，学术体系、话语体系是关于研究什么和怎样研究、如何表达和怎样传播的认识论和方法论意义上的理论认识。

新中国史研究的学术体系是关于新中国史研究的学理与技术、手段的结合，包括研究的出发点与落脚点、主体与客体、主题与问题、基础与条件、方式与方法、目标与进程、意义与价值，如学术命题、学术思想、学术观点、学术标准等。新中国史研究的话语体系是关于什么是新中国史、如何表达和传播新中国史的概念、范畴与命题，旨在发展“中国学”研究，聚焦国际社会对新中国史和当代中国的关注的问题，“讲好中国故事、传播好中国声音”[1]。新中国史研究在学科建设的基础上加强学术体系和话语体系建设，就是要加强新中国历史与

〔1〕习近平：《胸怀大局把握大势着眼大事　努力把宣传思想工作做得更好》，《人民日报》2013年8月21日。

现实、经济社会发展的理论与实践，以及中华民族伟大复兴战略全局和世界百年未有之大变局的研究，并把史实的研究与基于历史问题的应用研究即智库建设结合起来，实现多学科的融合和创新发展，推进新中国史以及中华文化、中华文明与世界的交流互鉴。

当前，在新中国史研究中，尚没有将“新中国史理论”与“新中国史研究理论”清晰地区别开来，或者说“新中国史理论”的学科意识还比较薄弱。这不利于构建和发展“新中国史理论”，也不利于丰富和发展“新中国史研究理论”，影响和制约着新中国史研究。新时代加快构建新中国史研究的“三大体系”，要加强新中国史基础性和重大历史问题、理论问题与实践问题研究，从中提炼“新中国史理论”和“新中国史研究理论”，进一步增强新中国史研究的学科理论性和理论研究的体系化建设，传播其学术成果和理论力量。

四、中华文明、中国式现代化与新时代十年伟大变革

历史长河波澜壮阔，泱泱中华文明灿烂。中华文明是世界上唯一绵延不断且以国家形态发展至今的伟大文明，为人类文明发展进步作出了丰富而独特的卓越贡献。中国特色社会主义进入了新时代，以习近平同志为核心的党中央统筹把握中华民族伟大复兴战略全局和世界百年未有之大变局，坚持守正创新，以伟大的历史主动精神，在新中国成立特别是改革开放以来的长期探索和实践基础上，经过党的十八大以来在理论和实践上的创新突破，成功推进和拓展了中国式现代化，推动党和国家事业取得历史性成就、发生历史性变革。新时代十年的伟大变革，赋予中华文明以现代力量，推动文化传承发展，推动社会主义文化强国建设迈出坚实步伐，开辟中华文明发展新境界。中华文明贯通“历史中国”和“当代中国”，中国式现代化统一于建党特别是

新中国成立以来实现中华民族伟大复兴的历史进程，新时代十年的伟大变革具有里程碑意义，深刻蕴含着正确历史观。新时代构建新中国史研究的“三大体系”、推进新中国史研究必须关注重大历史、理论和实践问题，这也是新中国史研究的主攻方向与领域。

（一）关于在中华优秀传统文化的基础上传承发展中华文明

中华民族是世界上古老而伟大的民族，以勤劳、勇敢、善良和智慧创造了源远流长的中华文化、博大精深的中华文明，在长期实践中培育和形成了独特的思想理念、道德规范和价值追求，培育和发展中华优秀传统文化，传承和弘扬中华民族精神，以中华文明为深厚文化底蕴和精神标识，巍然屹立于世界民族之林。中华优秀传统文化自强不息、厚德载物，具有讲仁爱、重民本、守诚信、崇正义、尚和合、求大同的精神特质和发展形态，具有自我发展、回应挑战、开创新局的文化主体性与旺盛生命力。这是中华民族生生不息、长盛不衰的文化基因，也是实现中华民族伟大复兴的重要精神力量。

中华优秀传统文化是中华民族的根和魂，是中华文明的智慧结晶和精华所在。习近平总书记站在中华5000多年文明高度，全面认识和深入把握中华文明的历史发展，从中华优秀传统文化的内在机理和重要元素中，从中华文明对于中华民族历史发展和前途命运的决定意义上，科学揭示中华文明的突出特性，以及这些特性在中华民族发展史上的历史地位、作用与意义。中华文明的连续性从根本上决定了中华民族必然走自己的路；中华文明的创新性，从根本上决定了中华民族守正不守旧、尊古不复古的进取精神，决定了中华民族不惧新挑战、勇于接受新事物的无畏品格；中华文明的统一性，从根本上决定了中华民族各民族文化融为一体、即使遭遇重大挫折也牢固凝聚，决定了国土不可分、国家不可乱、民族不可散、文明不可断的共同信念，决定了国家统一永远是中国核心利益的核心，决定了一个坚强统一的国家是各族人民的命运所系；中华文明的包容性，从根本上决定了中华民族交往交流交融的历史取向，决定了中国各宗教信仰多元并存的和谐格局，决定了中华文化对世界文明兼收并蓄的开放胸怀；中华文明的和平性，从根本上决定了中国始终是世界和平的建设者、全球发展的贡献者、国际秩序的维护者，决定了中国不断追求文明交流互鉴而不搞文化霸权，决定了中国不会把自己的价值观念与政治体制强加于人，决定了中国坚持合作、不搞对抗，决不搞“党同伐异”的小圈子。习近平总书记关于中华文明的突出特性重要论述，立足中华优秀传统文化重要元素，面向中华民族伟大复兴战略全局，具有重大理论意义、现实意义和深远历史意义。

新时代十年的伟大变革，立足我国国情，赓续文化传统，传承精神血脉，推动中华优秀传统文化创造性转化、创新性发展。实施中华优秀传统文化传承发展工程，加强中华文化研究阐释，贯穿国民教育始终，保护传承文化遗产，滋养文艺创作，融入生产生活，推动中外文化交流互鉴。中华优秀传统文化不断被赋予新的时代内涵和现代表达形式，传承发展体系加快构建，文化自觉和文化自信显著增强，国家文化软实力根基更为坚实，中华文化的国际影响力明显提升，推动中华民族最基本的文化基因与当代文化相适应、与现代社会相协调，创造了中华文化发展新成就新辉煌。新时代新征程，要全面把握新时代十年伟大变革的深刻内涵和重大意义，深刻感悟这些伟大变革对党、对中国人民、对社会主义现代化建设、对科学社会主义在21世纪中国发展的深远影响，坚持新时代党的创新理论，坚定历史自信，增强历史主动。

（二）关于在“两个结合”中铸牢中华民族现代文明的道路根基

马克思主义科学揭示人类社会发展规律，拥有马克思主义科学理论指导是我们党坚定信仰信念、把握历史主动的根本所在。习近平总书记在文化传承发展座谈会上指出："在五千多年中华文明深厚基础上开辟和发展中国特色社会主义，把马克思主义基本原理同中国具体实际、同中华优秀传统文化相结合是必由之路。这是我们在探索中国特色社会主义道路中得出的规律性的认识，是我们取得成功的最大法宝。"[1]旗帜决定方向，道路决定命运。中国特色社会主义既是在改革开放历史新时期开创的，又不断在改革开放的伟大实践中发展壮大。中国特色社会主义的最鲜明特色在于，其由道路、理论体系、制度三位一体构成，并统一于中国特色社会主义伟大实践。党的一切理论与实践，都是在党团结带领人民不断推进马克思主义中国化时代化的进程中进行的。同时，中国特色社会主义又是植根于中华文化沃土，并在中华优秀传统文化中得以丰厚滋养的，中华优秀传统文化是我们党创新理论的"根"。只有社会主义才能救中国，只有中国特色社会主义才能发展中国，以中国式现代化全面推进中华民族伟大复兴。中国特色社会主义是科学社会主义理论逻辑和中国社会发展历史逻辑的辩证统一，反映中国人民意愿，适应中国和时代发展进步要求，是党和人民团结的旗帜、奋进的旗帜、胜利的旗帜。

在新时代十年的伟大变革中，以习近平同志为核心的党中央不断推进马克思主义中国化时代化，创立了习近平新时代中国特色社会主义思想，开创了中国特色社会主义新时代，为新时代新征程党和国家事业发展指明了前进方向、提供了根本遵循。"两个结合"是建设中华民族现代文明的源头活水和道路根基。习近平总书记在文化传承发展

[1]《担负起新的文化使命　努力建设中华民族现代文明》,《人民日报》2023年6月3日。

座谈会上立足绵延五千多年的灿烂文明，系统阐述了“两个结合”的思想内涵和重大意义，深刻揭示和彰显了中国特色社会主义道路的历史必然、文化内涵与独特优势。马克思主义和中华优秀传统文化来源不同，但彼此存在高度的契合性，“相互契合才能有机结合”。习近平总书记强调，“结合”的前提是彼此契合，“正是在这个意义上，我们才说中国共产党既是马克思主义的坚定信仰者和践行者，又是中华优秀传统文化的忠实继承者和弘扬者”；“结合”的结果是相互成就，造就了一个有机统一的新的文化生命体；“结合”筑牢了道路根基，中国特色社会主义道路是在马克思主义指导下走出来的，也是从五千多年中华文明中走出来的；“结合”打开了创新空间，“结合”本身就是创新，同时开启了广阔的理论和实践创新空间；“结合”巩固了文化主体性，创立习近平新时代中国特色社会主义思想就是这一文化主体性的最有力体现。习近平总书记在关于“两个结合”的重要论述中，特别深刻阐明了“第二个结合”的战略地位和重大意义。他指出，“第二个结合”让马克思主义成为中国的，中华优秀传统文化成为现代的，让经由“结合”而形成的新文化成为中国式现代化的文化形态；让中国特色社会主义道路有了更加宏阔深远的历史纵深，拓展了中国特色社会主义道路的文化根基，“中国式现代化赋予中华文明以现代力量，中华文明赋予中国式现代化以深厚底蕴”；这是又一次的思想解放，让我们能够在更广阔的文化空间中，充分运用中华优秀传统文化的宝贵资源，探索面向未来的理论和制度创新。习近平总书记之所以提出“如果没有中华五千年文明，哪里有什么中国特色？如果不是中国特色，哪有我们今天这么成功的中国特色社会主义道路”这一“中国特色”之问，就是要强调“第二个结合”的重要性和必然性，深刻回答了“结合”的历史逻辑、理论逻辑和实践逻辑，必须在建设中华民族现代文明中长期坚持、深入推进，不断发展马克思主义中国化时代化理论成果。

（三）关于在新的历史起点上推进中国式现代化、建设中华民族现代文明

新中国史研究坚持唯物史观和正确党史观，正确理解中国式现代化蕴含的独特世界观、价值观、历史观、文明观、民主观、生态观等及其伟大实践，牢牢把握中国式现代化的根本性质和方向、根本政治前提和制度基础、内涵和实践要求，加强对中国式现代化的制度保证、物质基础、精神力量的研究；树立大历史观，既从世界各国现代化的共同特征，更基于我国国情的鲜明特色，立体、全面、系统地深入研究中国式现代化的中国特色、本质要求和重大原则。

中华民族现代文明是党领导的社会主义文明。建设中华民族现代文明，必须坚持以马克思主义为我们立党立国、兴党兴国的根本指导思想，更加深刻领悟“两个确立”的决定性意义，牢记“国之大者”，增强“四个意识”、坚定“四个自信”、做到“两个维护”。坚持党的全面领导，扎实推进中华民族现代文明和社会主义文化强国建设。坚持以人民为中心的发展思想，全面把握中国式现代化的中国特色、本质要求和必须牢牢把握的重大原则，以社会主义核心价值观引领文化建设，注重用社会主义先进文化、革命文化、中华优秀传统文化培根铸魂。把文化建设摆在全局工作的重要位置，不断深化对文化建设的规律性认识，坚定文化自信自强，巩固全党全国各族人民团结奋斗的共同思想基础。坚持“两个结合”，开辟马克思主义中国化时代化新境界。习近平总书记关于“两个结合”的重要论述，是党对马克思主义中国化时代化历史经验的深刻总结、对中华文明发展规律的深刻把握。建设中华民族现代文明，要坚持运用辩证唯物主义和历史唯物主义，把握好习近平新时代中国特色社会主义思想的世界观和方法论，

坚持好、运用好贯穿其中的立场观点方法，始终保持马克思主义的蓬勃生机和旺盛活力，为全面建设社会主义现代化国家、以中国式现代化全面推进中华民族伟大复兴，创造更加丰富的中国价值，凝聚更加磅礴的中国力量，开辟更加广阔的中国道路。坚定历史自信，让中华优秀传统文化在新时代焕发出新的光芒。观照历史、观照时代，深刻把握中华文明深厚的历史底蕴、强烈的家国情怀和无比坚定的前进定力，深刻阐明中华民族的文化基因所在、精神命脉所系、价值追求所向；鉴往知来、使命担当，担负起新时代新的文化使命，在新的起点上引领推动中华优秀传统文化创造性转化、创新性发展，深入推进中国特色社会主义文化建设，不断提升国家文化软实力和中华文化影响力，努力创造出中华文明新的时代辉煌。

第三节　论新中国史研究繁荣发展

欲知大道，必先为史。历史是最好的教科书，也是最好的营养剂。习近平总书记在祝贺国史学会成立30周年的贺信中，对国史研究提出殷切期望，强调要“牢牢把握国史的主题主线、主流本质，不断提高研究水平，创新宣传方式，加强教育引导”[1]。习近平总书记的重要指示精神，为进一步推进国史研究指明了前进方向、提供了根本遵循。

新中国成立后，国史研究在中共党史研究的基础上逐步兴起和发展起来，是关于新中国建设和发展进程及其规律的研究。新时代，国史研究坚持以习近平新时代中国特色社会主义思想为指导，始终坚持正确政治方向，坚持历史唯物主义，在史料整理和通史、专门史、专

〔1〕《坚定历史自信增强历史主动　更好凝聚团结奋斗的精神力量》，《人民日报》2022年12月9日。

题史研究编纂方面取得丰硕成果，学科理论与方法日渐成熟，为深刻揭示党和国家事业发展规律，坚定历史自信、增强历史主动作出了重要贡献。

一、新中国史研究学术发展

（一）国史研究的起步、兴起及发展

1949 年 10 月 1 日，中华人民共和国宣告成立，彻底结束了旧中国半殖民地半封建社会的历史，新中国史也由此开启。没有共产党就没有新中国，国史研究与中共党史研究有着紧密联系。1951 年中国共产党成立 30 周年，恰逢新中国成立两周年，胡乔木在《人民日报》发表了《中国共产党的三十年》一文，其中记载了“中华人民共和国的成立”，由此记述了新中国成立两年来的历史。国史研究蕴含并融入中共党史研究之中，成为这一学科后来建设和发展的重要基础。

社会主义革命和建设时期，国史研究集中在新中国成立以来各领域史料的整理编纂上，体现在社会历史调查、地方志与“家史、厂史、村史和社史”的编写上，表现在总结新中国的建设成就、经验以及对外讲述中国历史和新中国发展面貌上，其学术研究成果主要集中在新中国成立五年史、七年史和十年史上，如《中国人民解放战争和新中国五年简史》将新中国成立以来的五年史分作“新中国诞生”、“国民经济的恢复工作”和“国民经济有计划建设时期的开始”进行记述，一些高校编写了《中华人民共和国史稿》《中华人民共和国大事记》等著作。这一时期，我国史学界的研究重心虽然在中国古代史、近代史研究上，但国史研究也越来越受到关注，这为改革开放后推动国史研究从中共党史研究中独立出来成为一门学科奠定了学术研究基础。

改革开放之初，1981 年党的十一届六中全会通过的《中国共产党

中央委员会关于建国以来党的若干历史问题的决议》(以下简称“第二个历史决议”),对新中国成立至1981年党成立60周年的历史作了基本分析,正确评价毛泽东同志的历史地位,科学揭示毛泽东思想的理论体系及其活的灵魂。特别是“第二个历史决议”以“基本完成社会主义改造的七年”、“开始全面建设社会主义的十年”、“‘文化大革命’的十年”和“历史的伟大转折”为题,将新中国史划分为四个阶段,并从新中国成立以来正反两方面总结出适合我国国情的社会主义现代化建设的正确道路的十个“主要点”。在此基础上,学术理论界围绕“第二个历史决议”精神,掀起研究编纂国史的热潮,国史研究就此成长为一门学科并发展起来,其学科属性、地位和特点日益突出,与中共党史研究和其他相关学科相辅相成,研究内容与范围不断拓展,研究方式方法和手段也日益丰富。

改革开放和社会主义现代化建设新时期,国史研究领域涌现出一批重要著作,其中有两部具有开创性意义。第一部是大型丛书《当代中国》,这是新中国成立后第一部全面记录中华人民共和国史的研究著述,按系统、部门、行业和地区编写了新中国成立以来近50年历史。丛书在编写中收集和运用大量翔实、丰富、系统的史料,既从总体上贯通性地记述新中国建设和发展的历史进程,又分类分专题记述经济、政治、文化、社会、国防和军队建设、外交和外事工作以及科技、教育、卫生、产业、民族、宗教和环保等方面的发展史,从中总结各行各业和各地区自新中国成立以来的发展成就和经验教训。第二部是《中华人民共和国史稿》,集中记述了1949年10月新中国成立至1984年10月党的十二届三中全会召开并通过《中共中央关于经济体制改革的决定》这35年的历史,突出体现新中国建设和发展的成就与经验,深刻揭示新中国史在中华民族发展史上的重要地位、作用和意义。

（二）新时代十年国史研究取得丰硕成果

党的十八大以来，中国特色社会主义进入新时代。国史研究坚持以习近平新时代中国特色社会主义思想为指导，深入学习贯彻习近平总书记关于学习历史、学习党史国史等系列重要论述，将历史和现实、理论和实践、国际和国内相结合，推动构建国史研究的学科体系、学术体系、话语体系。新时代十年，国史研究抓住前所未有的发展机遇，研究内容更加丰富，学科建设更加成熟，研究队伍更加壮大，学术交流活动更加活跃。

在研究内容上深化对一些基本问题、重要问题的研究。新时代的国史研究取得丰硕研究成果，通史、专门史研究更为全面，微观层面的个案和专题研究更为细致。比如，对改革开放前后两个历史时期辩证统一关系的研究更加深入。在新中国历史上，党领导人民进行社会主义建设，有改革开放前和改革开放后两个历史时期。习近平总书记指出："这是两个相互联系又有重大区别的时期，但本质上都是我们党领导人民进行社会主义建设的实践探索"，"不能用改革开放后的历史时期否定改革开放前的历史时期，也不能用改革开放前的历史时期否定改革开放后的历史时期"。[1]围绕这一重大历史问题和理论命题，国史研究坚持用具体历史的、客观全面的、联系发展的观点，推出一系列研究成果。再如，在改革开放史研究方面，出版了《中国改革开放全景录》《改革开放 40 年：历程与经验》等著作，全景式记录和展现党的十一届三中全会特别是党的十八大以来改革开放取得的历史性成就、发生的历史性变革。

[1] 习近平：《论中国共产党历史》，中央文献出版社 2021 年版，第 3、4 页。

在研究形式上更加系统多样、全面融通。比如，组织实施“纪录小康工程”，以数据库为主要载体，按照“分层分级、总体联通”原则，建成国家、省、市、县四级数据库，以“全景录”“大事记”“变迁志”“奋斗者”“影像记”出版系列丛书，记载小康进程中的关键节点、典型人物、重要事件，呈现党领导人民完成脱贫攻坚、全面建设小康社会的决策部署和实践进程，反映城乡和各行业的发展成就，较为全面地记录全面建成小康社会的历史性成就，彰显了全面建成小康社会的历史意义。

在研究成果上陆续推出高质量的研究著作。比如，研究编写《中华人民共和国简史》《改革开放简史》，成为党史学习教育的重要参考材料；出版专著《中华人民共和国简史（1949—2019）》《新中国70年》和丛书《新时代这十年》《中华人民共和国史研究》等，有力推动了国史研究繁荣发展。

（三）为全面建设社会主义现代化国家作出新贡献

新时代新征程，国史研究必须牢牢把握主题主线、主流本质，坚决反对和抵制历史虚无主义，为全面建设社会主义现代化国家、全面推进中华民族伟大复兴作出新贡献。

突出中国特色社会主义新时代研究。党的十九届六中全会通过的《中共中央关于党的百年奋斗重大成就和历史经验的决议》，作出“新民主主义革命时期”“社会主义革命和建设时期”“改革开放和社会主义现代化建设新时期”“中国特色社会主义新时代”的历史分期，后三者都属于国史研究的范畴。国史研究要坚持正确政治方向、学术导向和价值取向，突出中国特色社会主义新时代研究，推进新中国史与中共党史、改革开放史、社会主义发展史、中华民族发展史研究相结合，与马克思主义理论学科、科学社会主义学科和中共党史党建学科等学科相融合，做好自身基础理论研究、应用研究。尤其是要研究好阐述好新时代十年伟大变革的里程碑意义，更好反映实现中华民族伟大复兴的历史进程。

深入开展中国式现代化的理论体系和实践发展研究。习近平总书记在学习贯彻党的二十大精神研讨班开班式上，深刻阐述了中国式现代化的一系列重大理论和实践问题，明确指出，党的十八大以来，我们党“初步构建中国式现代化的理论体系，使中国式现代化更加清晰、更加科学、更加可感可行”[1]。面向未来，国史研究要坚持唯物史观和正确党史观，立体、全面、系统地开展中国式现代化的理论体系和实践发展研究，进一步加强中国式现代化内涵和本质研究，深入开展中国式现代化的中国特色、本质要求、重大原则等研究，为新时代新征程推进和拓展中国式现代化提供学理支撑。

深入推进新中国通史研究编纂。新中国史是不断延展并向前发展着的历史。国史研究不仅需要研究专门史、专题史、阶段史，更需要通史研究编纂，系统揭示关于新中国发展历史的规律性认识，深刻阐明新中国建设和发展各领域各方面之间的历史逻辑关系。这就要求国史研究者深入挖掘史料、加强史料学建设，拓展研究领域，丰富体裁体例，并紧跟时代发展推进历史、理论和实践问题研究，创造性转化我国传统史学关于通史研究编纂的体裁体例、方式方法，深入推进新中国通史研究编纂。

拓展世界眼光和国际视野。国史研究要立足中华民族伟大复兴战略全局和世界百年未有之大变局，深入研究新中国建设和发展对世界的影响和贡献，特别是要深入研究中国特色社会主义物质文明、政治

---

〔1〕《正确理解和大力推进中国式现代化》，《人民日报》2023 年 2 月 8 日。

文明、精神文明、社会文明和生态文明建设在人类文明发展进步中的地位、作用与意义。要向国际社会讲好新中国史，概括提炼易于为国际社会所理解和接受的关于国史研究的新概念、新范畴、新表述，更好地解读中国实践、构建中国自主的知识体系，深化文明交流互鉴，推动国史研究与世界史研究融合发展。

二、深入推进新中国通史研究编纂

习近平总书记致国史学会成立30周年贺信精神，深刻阐明新中国史研究、宣传、教育事业在党和国家事业发展中的重要地位和战略意义，为新时代繁荣发展新中国史研究编纂指明了前进方向。

贺信精神从国史的性质和内涵上强调，要牢牢把握国史的主题主线、主流本质；从国史研究的价值和意义上指出，要激励人们坚定历史自信、增强历史主动，更好凝聚团结奋斗的精神力量。历史地看，中国人民和中华民族在历史自信、历史主动中缔造和推动的国史的主题主线、主流本质，以及在中华民族精神和时代精神中所激发、培育和践行的历史自觉和主动精神，深刻蕴含在新中国成立以来社会生产生活之中，集中体现在新中国历史发展的主体脉络、重大成就与基本经验之中，充分彰显在新中国历史发展的必然性和规律性之中。因此，贺信的这些重要论述不仅要求对国史的各方面各领域各环节进行广泛而深入的研究编纂，更要求从历史发展的总体上、全局上和大势上对国史的整体与全貌进行系统性、贯通性的研究编纂。

新中国史是滚滚向前、川流不息向前发展的，其中新时代十年伟大变革推动国史发展到新阶段、上升到新境界，并具有里程碑意义。党的二十大报告从新时代十年伟大变革的广阔实践中强调，中国人民的前进动力更加强大、奋斗精神更加昂扬、必胜信念更加坚定，焕发出更为强烈的历史自觉和主动精神，中国共产党和中国人民正信心百倍推进中华民族从站起来、富起来到强起来的伟大飞跃；从开辟马克思主义中国化时代化新境界中指出，拥有马克思主义科学理论指导是我们党坚定信仰信念、把握历史主动的根本所在；从实现中华民族伟大复兴必须进行具有新的历史特点的伟大斗争中强调，必须坚定信心、锐意进取，主动识变应变求变，主动防范化解风险，不断夺取全面建设社会主义现代化国家新胜利。

为此，遵循历史与逻辑相统一，正确反映和深刻揭示新中国史，并对其进行研究编纂，就要坚持以马克思主义为指导，站稳人民立场，弘扬中华民族精神和时代精神，坚定历史自信、增强历史主动。

深刻认识和把握新中国史是从哪里起源的。人民是历史的创造者，在人类发展进步中处于历史主体地位。在漫长的历史进程中，中国人民自强不息，以勤劳、勇敢、智慧创造了灿烂的中华文明。然而，近代以来，由于西方列强入侵和封建统治腐败，中国逐步沦为半殖民地半封建社会。面对国家蒙辱、人民蒙难、文明蒙尘，中国人民发愤图强、不屈不挠，睁眼看世界，“师夷长技以制夷”，但在发展道路、社会制度上照搬或模仿别国模式，历史证明不仅走不通，而且不断陷入半殖民地半封建社会的深渊。马克思、恩格斯于 1848 年发表了《共产党宣言》，马克思主义犹如壮丽日出，照亮了人类向着理想社会前进的道路。当科学社会主义由理想变为现实时，给苦苦探求救国救民道路的中国先进分子指明了前进的方向，中国人民“翘首以迎其世界的新文明之曙光”[1]。中国人民自从找到马克思主义这一适合中国具体实际的科学真理，就开始从精神上由被动转为主动，中国共产党应运而生，

---

〔1〕中国李大钊研究会编注:《李大钊全集》第 2 卷，人民出版社 2013 年版，第 332 页。

从此中国人民谋求民族独立、人民解放和国家富强、人民幸福的斗争就有了主心骨，中国人民和中华民族的前途命运从近代以后的深重苦难走向伟大复兴的光明前景。

深刻认识和把握新中国史是沿着什么方向不断创造和前进的。马克思主义创造性地揭示了人类社会发展规律，始终站在时代前沿。关于什么是马克思主义、怎样对待马克思主义，恩格斯深刻指出："马克思的整个世界观不是教义，而是方法。它提供的不是现成的教条，而是进一步研究的出发点和供这种研究使用的方法。"中国先进分子在开始接受和传播马克思主义中，就十分注重从中国的基本国情出发，用以认识和解决中国的问题，进而逐步走上了推进马克思主义中国化时代化的发展道路。中国马克思主义先驱者李大钊在1919年8月发表的《再论问题与主义》中就指出："一个社会主义者，为使他的主义在世界上发生一些影响，必须要研究怎么可以把他的理想尽量应用于环绕着他的实境。"〔1〕毛泽东在党的六届六中全会上作《论新阶段》的政治报告，明确指出"马克思主义必须和我国的具体特点相结合并通过一定的民族形式才能实现"，"使马克思主义在中国具体化，使之在其每一表现中带着必须有的中国的特性，即是说，按照中国的特点去应用它"。〔2〕在马克思主义中国化时代化这一理论与实践相结合的基点上，党不断把马克思主义基本原理同中国具体实际相结合、同中华优秀传统文化相结合，坚持和运用贯穿其中的基本立场、观点和方法，解放思想、实事求是、与时俱进、求真务实、守正创新。党既坚持科学社会主义基本原则，深刻总结自身正反两方面经验、借鉴世界社会主义历史经验，不断超越自己，不

〔1〕中国李大钊研究会编注：《李大钊全集》第3卷，人民出版社2013年版，第51页。
〔2〕《毛泽东选集》第2卷，人民出版社1991年版，第534页。

断完善自己，又反对本本主义、教条主义和经验主义，不断用认识和解决中国问题的鲜活丰富的社会实践来推动马克思主义发展，不断深化对共产党执政规律、社会主义建设规律和人类社会发展规律的认识，不断开辟当代中国马克思主义、二十一世纪马克思主义新境界。

深刻认识和把握新中国史是延续和发展着怎样的主体脉络。实现中华民族伟大复兴是近代以来中华民族最伟大的梦想。为实现这一民族复兴伟业，党团结带领人民立足中国，根据各个历史时期所处社会主要矛盾和面临的主要任务，自力更生、艰苦创业、砥砺奋进，不断克服和抵御来自国内外的各种艰难险阻、风险挑战，创造性地探索开辟出新民主主义革命道路、社会主义革命和建设道路、中国特色社会主义道路，创造了一个又一个彪炳史册的历史性成就和人间奇迹。独立自主是中华民族精神之魂，走自己的路是党的全部理论和实践的立足点。

深刻认识和把握新中国史中贯穿着怎样的精神力量。历史自觉和主动精神是党百年奋斗、伟大创造的真实映照，是国史的主题与主线、主流与本质的深厚历史底蕴和时代蕴涵，是推动国家建设和发展的力量源泉和精神支撑，充分彰显着历史发展的道路与成就、经验与规律。坚定历史自信、增强历史主动，既是党领导人民认识世界和改造世界的重要立足点和精神源泉，是尊重和保障人民历史主体地位和创造精神的本质要求，又是历史自觉和主动精神在新中国历史发展中的光辉写照和充分彰显，是新时代新征程上党和国家事业发展不断汲取和弘扬的历史智慧和精神力量。

因此，将国史自身的发展实际与国史研究的认识与方法辩证统一起来，须臾离不开且须不断加强国史通史及其研究编纂。欲知大道，必先为史，大历史蕴含小历史，“大道理管小道理”。自古以来，历史研究编纂方式、手段多种多样，但通史记载的是相应历史的整体、全貌、全局和大势。对于新中国史来说，尽管有专门史、专题史、地方史、行业史、领域史和阶段史，以及人物、事件史等，但这些都是置于通史之中的，而且是以通史的记载为相应历史发生发展的背景与条件的，其研究编纂也应是服务于通史研究编纂的。在一定意义上说，国史研究编纂的主要对象、基本内涵和价值意义，特别是其立场、观点和方法，充分而集中地运用并展现在通史上，修史、立传、崇信、明德。这是国史研究编纂的重要学术出发点和落脚点。

在新时代新征程上推进新中国史特别是其通史的研究编纂，在以史为鉴上，需要围绕当代中国是历史中国的延续和发展这一历史与逻辑相统一关系，全方位展现中国人民和中华民族从近代以后的深重苦难走向伟大复兴的光明前景，深刻揭示党的百年奋斗成功道路是党领导人民独立自主探索开辟出来的，马克思主义的中国篇章是中国共产党人依靠自身力量实践出来的，中国共产党为什么能，中国特色社会主义为什么好，归根到底是马克思主义行，是中国化时代化的马克思主义行。在立足中国国情实际上，从历史与现实、理论与实践、国内与国际的结合上，全过程纂述新中国历史发展的道路、制度、进程、成就与经验，以及各个时期的历史内涵和阶段性特征。在面向未来上，应主要围绕以中国式现代化全面推进中华民族伟大复兴，全面记述记载中国特色社会主义物质文明、政治文明、精神文明、社会文明和生态文明建设的理论与实践，并用融通中外的新中国史研究编纂成果讲述好新中国的建设和发展、中国人民和中华民族的精神面貌，真实、立体、全面地传播好当代中国，推动构建人类命运共同体。

三、新时代新征程创新发展新中国史研究

习近平总书记致国史学会成立30周年贺信[1]，体现了以习近平同志为核心的党中央对新中国史研究、宣传和教育事业的高度重视和亲切关怀，同时是站在全面建设社会主义现代化国家、全面推进中华民族伟大复兴的时代高度，在新中国史研究、宣传和教育事业发展成就与经验的基础上，深刻阐明这一事业发展的重大意义和规律性认识，主要是坚持正确政治方向，坚持历史唯物主义，以马克思主义中国化时代化最新成果为指导，牢牢把握国史的主题主线、主流本质。这是习近平总书记关于新中国史重要论述的有机组成部分，是对新中国史研究、宣传和教育事业发展的殷切期望和嘱托，是新时代新征程深入推进新中国史研究、宣传和教育事业发展的根本遵循和行动指南。

新时代新征程上，国史研究工作者必将在贺信精神的鼓舞和推动下，深入学习贯彻党的二十大精神，坚持唯物史观和正确党史观，全面贯彻习近平新时代中国特色社会主义思想的世界观和方法论，坚持好、运用好贯穿其中的立场观点方法，加快构建新中国史研究的学科体系、学术体系和话语体系，不断开创新中国史研究、宣传和教育事业发展新局面，修史、资政、育人、护国，激励人们坚定历史自信、增强历史主动，更好凝聚团结奋斗的精神力量。

（一）深入学习贯彻党的二十大关于新中国史重要论述

党的二十大是在全党全国各族人民迈上全面建设社会主义现代化国家新征程、向第二个百年奋斗目标进军的关键时刻召开的一次十分重要的大会，事关党和国家事业继往开来，事关中国特色社会主义前

[1]《坚定历史自信增强历史主动　更好凝聚团结奋斗的精神力量》，《人民日报》2022年12月9日。

途命运，事关中华民族伟大复兴。大会的主题明确宣示了党在新征程上举什么旗、走什么路、以什么样的精神状态、朝着什么样的目标继续前进，标志着新中国史在全面建成小康社会的基础上发展到全面建设社会主义现代化国家、全面推进中华民族伟大复兴。新中国史不仅要记载和展现这一历史发展的关键时刻及其地位与意义，而且要认识和把握新时代新征程是从哪里来的，具有哪些推动历史发展的基础和条件，又要发展到哪里去。新中国史发展到哪里，新中国史研究就要推进到哪里，并且要以重若千钧的史笔，真实、立体、全面地记述和编写好新中国史。

历史、现实和未来是相通的，历史是过去的现实，现实是未来的历史，特别是新中国史是正在发展着的历史，昨天、今天和明天是无缝对接在一起的。党的二十大的大会主题宣示了“为全面建设社会主义现代化国家、全面推进中华民族伟大复兴而团结奋斗”，并明确指出新时代新征程中国共产党的使命任务就是“团结带领全国各族人民全面建成社会主义现代化强国、实现第二个百年奋斗目标，以中国式现代化全面推进中华民族伟大复兴”。[1]这些都从新时代新征程的目标任务中标示了新中国史发展所处的阶段和基本走向。为此，新中国史研究既要从对象与内涵上阐述这一历史发展走向的基础、背景和条件，包括思想理论指导、制度体系、实践成就、基本经验和国际国内环境变化等，讲清楚其历史发展阶段性与连续性的统一，又要从价值与意义上阐明其历史地位、理论逻辑、深远影响和新的实践要求，以此引领对党百余年奋斗历程特别是新中国成立以来建设和发展进程的研究，

〔1〕习近平：《高举中国特色社会主义伟大旗帜　为全面建设社会主义现代化国家而团结奋斗——在中国共产党第二十次全国代表大会上的报告》，人民出版社 2022 年版，第 1、21 页。

从中深刻认识中华民族的昨天、今天和明天，突出实现中华民族伟大复兴的历史进程，充分彰显实现中华民族伟大复兴的历史必然性、发展阶段性和实践规律性。

党的十八大以来，中国特色社会主义进入了新时代，中国社会主要矛盾发生转变，标志新中国发展处在了一个新的历史方位。党的二十大在回顾总结过去五年的工作和新时代十年的伟大变革基础上，指出党和国家事业取得历史性成就、发生历史性变革，推动我国迈上全面建设社会主义现代化国家新征程，强调新时代十年的伟大变革在党史、新中国史、改革开放史、社会主义发展史、中华民族发展史上具有里程碑意义。新时代十年是新时代的开创，也是新中国史的最新发展，改革开放和社会主义现代化建设深入推进，书写了经济快速发展和社会长期稳定两大奇迹新篇章，我国发展具备了更为坚实的物质基础、更为完善的制度保证，实现中华民族伟大复兴进入了不可逆转的历史进程。因此，新中国史研究既要站在新时代新征程的高度，集中围绕新时代十年的党情、国情和世情，从历史与现实、理论与实践、国际与国内的相结合上，从大历史观和历史发展大势上，将新时代十年的伟大变革融入、贯通到党史、新中国史、改革开放史、社会主义发展史、中华民族发展史之中，全面深入系统地研究这一历史发展阶段的历史逻辑、政治逻辑、理论逻辑和实践逻辑，深刻阐明其历史地位和里程碑意义。

中国式现代化是中国共产党在新中国成立特别是改革开放以来长期探索和实践基础上，经过党的十八大以来在理论和实践上的创新突破，成功推进和拓展的社会主义现代化。新中国史从新中国成立，实现民族独立、人民解放，开始推动中国由落后的农业国向先进的工业国发展，开启了中国、中华民族发展进步的新纪元；到完成社会主义革命和推进社会主义建设，逐步建立起独立的比较完整的工业体系和国民经济体系，实现了一穷二白、人口众多的东方大国大步迈进社会主义社会的伟大飞跃；再到进行改革开放和社会主义现代化建设，实现了人民生活从温饱不足到总体小康、奔向全面小康的历史性跨越；继而在此基础上，开创中国特色社会主义新时代，如期实现全面建成小康社会，乘势开启全面建设社会主义现代化国家新征程，以中国式现代化全面推进中华民族伟大复兴。中国式现代化是中国共产党领导的社会主义现代化，既有各国现代化的共同特征，更有基于自己国情的中国特色，为人类实现现代化提供了新的选择。

历史发展表明，中国式现代化是党领导人民实现中华民族伟大复兴而不断探索、推进和拓展的发展脉络和实践方式。那么，新中国史研究就需要根据这一历史发展进程、成就与经验，深刻认识中国式现代化的根本性质、基本内涵、本质要求、鲜明特色，牢牢把握全面建设社会主义现代化国家的重大原则、全面建成社会主义现代化强国的总的战略安排，充分彰显坚持党的全面领导是坚持和发展中国特色社会主义的必由之路，中国特色社会主义是实现中华民族伟大复兴的必由之路，团结奋斗是中国人民创造历史伟业的必由之路，贯彻新发展理念是新时代我国发展壮大的必由之路，全面从严治党是党永葆生机活力、走好新的赶考之路的必由之路。

（二）牢牢把握新中国史的主题主线、主流本质

新中国史是新中国成立以来党和国家事业的建设和发展史。这是中国共产党把为中国人民谋幸福、为中华民族谋复兴作为自己的初心和使命，赓续和弘扬伟大建党精神，领导人民完成社会主义革命、推进社会主义建设，进行改革开放和社会主义现代化建设，开创中国特色社会主义新时代，全面建设社会主义现代化国家、全面推进中华民

族伟大复兴的艰苦创业、艰辛探索和不懈奋斗史，是中国人民发展史、中华民族发展史、中华文明发展史上的当代史，在世界社会主义发展史、人类社会发展史上发挥着重要作用，不断做出新的更大贡献，意义重大而深远。与旧中国的历史相比较，新中国史之“新”，既在于其起始于彻底结束了旧中国半殖民地半封建社会的历史，人民当家作主，发展于实现了中华民族有史以来最为广泛而深刻的社会变革，走社会主义道路，建设社会主义现代化国家；又在于其坚持以马克思主义为立党立国、兴党兴国的根本指导思想，不断推进马克思主义中国化时代化，以自我革命推进伟大社会革命，在于开创、坚持和发展中国特色社会主义，以中国式现代化推进中华民族伟大复兴。新中国史研究就是要研究中国、中国人民、中国共产党、中华民族在这一历史进程中的建设、发展及其规律，深刻揭示共产党执政规律、社会主义建设规律和人类社会发展规律，牢牢把握贯穿其历史发展之中的主题主线、主流本质，为时代画像、为时代立传、为时代明德。

新中国史的主题主线，是人类社会矛盾运动中新中国建设和发展的总体目标任务、根本政治前提、制度基础、战略格局、实践发展和前景趋势的鲜明底色、深刻蕴涵和集中表现，具体而生动展现为建设一个什么样的新中国、怎样建设新中国的理论与实践。关于这一历史性和时代性的总课题，中国共产党为争取民族独立、人民解放和实现国家富强、人民幸福而不懈奋斗，不仅在新中国成立以前为创建新中国而探索和创造，在新民主主义革命胜利的基础上建立了新中国，而且在新中国成立以来开创和发展，继往开来、接续奋斗，不断丰富和发展并赋予其新的时代内涵和鲜明特色。历史和人民选择了中国共产党，党领导人民不但善于破坏一个旧世界、也善于建设一个新世界；只有社会主义才能救中国，只有社会主义才能发展中国，中国特色社会主义道路是指引中国发展繁荣的正确道路。新中国史的主题概括起来，就是把我国建成富强民主文明和谐美丽的社会主义现代化强国。新中国史的主线就是围绕这一主题广泛而深入展开的党和国家事业发展大局和基础性、必要性的实现条件、领域与路径。新中国史的主线归纳起来，一是维护国家主权、安全和发展利益，维护世界和平和人类发展进步，推动中华文明和世界文明交流互鉴，推动构建人类命运共同体；二是推进马克思主义中国化时代化，以自我革命推进伟大社会革命；三是推进国民经济和社会发展，推进中国式现代化，推进中国特色社会主义物质文明、政治文明、精神文明、社会文明和生态文明建设，逐步实现全体人民共同富裕；四是推进祖国统一大业，铸牢中华民族共同体意识，共同建设伟大祖国，共同创造美好生活。新中国史研究只有全面、准确把握这一历史发展的主题主线，才能真实、立体、系统地反映和揭示新中国史的整体与全貌。

新中国史的主流本质，是中国人民、中华民族发展史上新中国建设和发展的性质与宗旨、出发点与落脚点、道路与制度、成就与经验、地位与作用等的概括提炼和充分彰显，是历史与逻辑的统一、事实判断和价值判断的有机结合。新中国的成立与发展从根本上改变了中国人民的前途命运，开辟和拓展了实现中华民族伟大复兴的正确道路，深刻影响并改变了世界发展的趋势和格局。新中国的建设和发展波澜壮阔，成就辉煌，前景光明，在探索和发展中既面临复杂严峻的国内外形势和来自各方面的风险挑战，也经历过主观、客观因素造成的失误、挫折甚至是严重曲折，但其历史发展大势始终风雨无阻、浩荡前行，使中华民族迎来了从站起来、富起来到强起来的伟大飞跃。这一历史发展进程遵循人类社会发展规律，并具有建设和发展社会主义的中国特色，坚持党的领导、人民当家作主，推动建设法治国家，推进和拓展中国式现代化。这一历史发展是阶段性与连续性相统一的，是呈螺旋式上升的。由此，新中国史的主流可表述为，立国兴国强国，走自己的路，为民造福，推动建设美好世界。在新中国历史发展的进程中，中国共产党领导人民自力更生、艰苦奋斗，创造了举世瞩目的中国奇迹：在社会主义革命和建设中取得的独创性理论成果和巨大成就，为在新的历史时期开创中国特色社会主义提供了宝贵经验、理论准备、物质基础；改革开放是中国人民和中华民族发展史上一次伟大革命，中国特色社会主义道路是指引中国发展繁荣的正确道路；中国特色社会主义进入新时代，统筹推进“五位一体”总体布局，协调推进“四个全面”战略布局，统筹发展和安全，党和国家事业取得历史性成就、发生历史性变革，实现中华民族伟大复兴进入了不可逆转的历史进程。新中国史的本质就是推进马克思主义中国化时代化的社会主义发展史、人民团结奋斗史、实现中华民族伟大复兴史。新中国史要深入研究新中国建设和发展的智慧、力量、精神、价值和意义，加强思想引导和理论辨析，既不能因为成就而回避失误和曲折，也不能因为探索中的失误和曲折而否定成就，要正确认识和把握改革开放前后两个历史时期的辩证统一关系，旗帜鲜明反对历史虚无主义。

对于新中国史的主题主线、主流本质的认识和把握，关系新中国史研究坚持什么样的政治方向、学术导向和价值取向。新中国史研究要牢牢把握新中国史的主题主线、主流本质，就必须坚持辩证唯物主义和历史唯物主义的世界观和方法论，深入研究关于推进马克思主义中国化时代化、关于中国式现代化、关于中华民族伟大复兴的历史进程，充分彰显新中国建设和发展的壮阔道路、成就和经验，深刻揭示新中国史所蕴含的中华民族精神、时代精神、历史自觉和主动精神的内涵、实质和意义，坚定历史自信、增强历史主动。

（三）不断推进新中国史研究创新发展

新中国史研究是以马克思主义为指导的中国特色哲学社会科学的重要组成部分和学科领域，在历史与现实、理论与实践、国内与国际相结合中认识和研究新中国的建设和发展，具有重大意义、重要地位、学科优势、学术感召力与影响力。新中国史深刻蕴含着中国、中国人民、中国共产党、中华民族的创造创新精神，彰显创新是引领发展的第一动力。新时代新征程为新中国史研究进行历史、现实和学理研究与学术繁荣提供了强大动力和广阔空间，新中国史研究要推动创新发展，增强创新能力，加强对全面建设社会主义现代化国家、全面推进中华民族伟大复兴的研究、记述和编纂，在加快构建中国特色哲学社会科学中不断推进繁荣发展。

深化和拓展关于新中国史研究对象与内涵的认识和把握。当代中国是历史中国的延续和发展，是自新中国成立以来完成社会主义革命、推进社会主义建设，进行改革开放和社会主义现代化建设，开创中国特色社会主义新时代，并正在全面建设社会主义现代化国家、全面推进中华民族伟大复兴。当代中国的建设和发展每完成一步、每向前发展一步，新中国史就开辟、拓展和壮阔一步。这就是说，新中国史同当代中国的建设和发展同行共进，是发展的历史，更是正在发展着的现实，是继承和延续中华文明，又在不断丰富和发展中华文明新的时代内涵。新中国史研究要树立大历史观，挖掘中华文明历史底蕴，总结当代中国建设和发展的历史经验和规律，反映现实、观照现实，把当代中国发展进步展示好，把中国道路、中国力量、中国制度、中国精神、中国价值阐释好，深入推进新中国史基础研究与应用研究融合发展。

深入推进新中国史研究面向世界，以时代为观照，连接和贯通世界历史研究。中国历史是世界历史的重要组成部分，新中国史是世界社会主义发展史、人类社会发展史的重要组成部分。在新时代新征程上全面建设社会主义现代化国家、全面推进中华民族伟大复兴，面临世界百年未有之大变局加速演进、世界进入新的动荡变革期，包括新中国史研究在内的中国特色哲学社会科学迫切需要研究回答好“世界怎么了”“人类向何处去”的时代之题。新中国史研究要立足中华民族伟大复兴战略全局和世界百年未有之大变局，既研究新中国史，又研究当代世界史特别是世界社会主义发展史，在认识中国和世界，讲好中国故事、传播好中国声音上不断推进知识创新、理论创新、方法创新，深入推进新中国史的学科体系、学术体系和话语体系建设，推进建构中国自主的知识体系。

深入推进新中国史编纂对中华优秀传统历史编纂的创造性转化和创新性发展。新中国史编纂应坚持、贯彻和运用马克思主义世界观和方法论，培育和践行马克思主义的史才、史学、史识、史德。中华优秀传统历史编纂内涵丰富，方式、方法和手段多样，包括体裁体例、编撰分类、撰述旨趣、编撰方法、史书笔法、语言表述等，在中华文明历史发展中逐渐形成了纪传、编年和纪事本末等为主要代表的类别众多、形式各样的历史编纂体裁。新中国史编纂要在弘扬中华优秀传统历史编纂的基础上顺应时代需要，应用现代生产生活技术和手段，深入推动传统历史编纂的历史文化底蕴、现实意义和时代价值研究，推进新中国史编纂理论与方法的创新发展，不断提高新中国史编纂的能力与水平。

深入推进新中国史研究与党史研究在发挥学科优势与特点的基础上融合发展。从历史发展来看，新中国史与党史是须臾不可分离、彼此相互交叉和融会贯通在一起的历史事实和客观存在，而且党史发展引领新中国史奠基、开创和发展，新中国史则促进、拓展、深化党史；从认识逻辑上，新中国史研究与党史研究的对象、内涵、范围、广度、深度，以及研究的方式、方法和手段等方面，既相互联系、彼此借鉴又有所区别，之所以在学科上加以分门别类，是为了发挥各自学科优势与特点，从而更为全面、具体而深入地认识新中国史和党史共同缔造和凝结的同一个历史发展，诸如同一个历史事件、会议或人物，乃至同一个历史过程、历史细节或历史问题。为此，发挥新中国史研究的学科优势与特点，应集中围绕新中国史的主题主线、主流本质，把研究的出发点、着力点和落脚点主要放在党的领导和治国理政，新中国的国体和政体、道路和制度，人民群众的生产生活，新中国的对外关系上，充分反映新中国是从哪里来、又要到哪里去，各个历史时期的社会主要矛盾和矛盾的各方面是怎样表现的，处在什么样的历史方位和发展阶段，面临怎样的国内外形势和任务，经济、政治、文化、社会、生态文明建设是怎样开展的，中国与世界的关系是怎样处理的，每个历史阶段的国情、国力、国运和国际影响力如何等，使之与党史研究相统筹、协调、借鉴和丰富发展，全面反映和深刻揭示新中国史的历史逻辑、政治逻辑、理论逻辑和实践逻辑，推动发展新时代中国学，加快构建中国特色哲学社会科学。

第七章

论新中国历史哲学与新中国学

历史规律是人类社会发展过程中内在的本质联系与必然趋势。新中国是中国共产党领导的社会主义国家，人民当家作主，走自己的路，推动世界和平发展，不断为人类社会发展作出新的更大贡献。新中国史是党把马克思主义作为立党立国、兴党兴国的根本指导思想，领导人民建设和发展新中国、全面推进中华民族伟大复兴的历史进程，是人类社会发展史、社会主义发展史的重要组成部分，并在延续和发展历史中国、传承发展中华文明的基础上建设中华民族现代文明。人类社会的历史就是社会的变革与发展。新中国史研究以新中国建设和发展的历史进程为研究对象，既纵向看新中国的历史发展过程，又横向看新中国各个历史时期或阶段的社会发展面貌，观照历史与时代，把新中国的历史与现实、理论与实践、国际与国内相结合；同时，新中国史的历史地位、时代内涵和世界意义，决定了新中国史研究对于立足新中国史、构建和发展关于新中国的自主知识体系、认识和传播关于新中国的历史、社会和时代的“新中国学”，具有基础性作用，是“新中国学”的重要来源、实践路径与内涵构成。同时，“新中国学”聚焦“中国学”的时代内涵、价值与意义，推动、深化和拓展关于新中国史的认识。

第一节　论新中国史研究与新中国学

历史是一个国家、一个民族安身立命的基础，历史、现实和未来是相通的。新中国从历史中国的延续、变革和发展而来，不断创造着中华民族的历史，为人类社会发展作出新的更大贡献。党领导人民围绕新中国的社会基本矛盾和主要矛盾推动治国理政、开展生产生活，推进中国式现代化，走和平发展道路，推动构建人类命运共同体。

一、新中国史是党领导人民建设和发展新中国的社会历史进程

新中国史的主题主线、主流本质，集中归结于党领导人民为把我国建成富强民主文明和谐美丽的社会主义现代化强国而奋斗的历史进程，贯穿于中华民族伟大复兴的历史进程。这是自古以来的中国在现代的延续、变革和发展，是中华文明在现代的传承发展。而且，无论是历史演进还是文明发展，新中国史都是在人类社会历史发展潮流中正在推进和发展着，且与相应的现实和未来之间的延续和发展是最为直接、最为紧密的历史进程，是新中国的历史，也是新中国的现实及其未来发展，是现代中国的社会发展，可谓“古代中国”“近代中国”“未来中国”的时代性变革与发展，是中国史、中华文明史在历史逻辑、理论逻辑和实践逻辑上的“本体”、“基点”和“中枢”。新中国史映照现实和未来，把握现实知其未来，蕴含着把握现实和未来的方向、智慧和经验。新中国的历史发展昭示，只有社会主义才能救中国，只有中国特色社会主义才能发展中国，坚持和发展中国特色社会主义，是体现和遵循人类社会和中国历史发展规律的必然结论。

（一）新中国的历史发展，遵循人类社会发展的一般规律，具体、历史地深刻彰显着共产党执政规律、社会主义建设规律和人类社会发展规律的统一

历史是人类社会活动和生产生活从哪里来、到哪里去的发展过程。什么是历史、怎样对待历史，是历史研究的认识基础和前提，以及形成历史观的基本内涵与要义。马克思在《1844 年经济学哲学手稿》中指出，“对社会主义的人来说，整个所谓世界历史不外是人通过人的劳动而诞生的过程，是自然界对人来说的生成过程”〔1〕。历史包括自然界和人类社会的历史，但主要是人类社会的历史。1845 年，马克思、恩格斯在《德意志意识形态》中，第一次比较系统地阐述了历史唯物主义基本原理。马克思主义根据唯物史观科学揭示人类社会发展的一般规律。马克思说：“人们自己创造自己的历史，但是他们并不是随心所欲地创造，并不是在他们自己选定的条件下创造，而是在直接碰到的、既定的、从过去承继下来的条件下创造。”〔2〕马克思主义关于历史来源和本质的思想，集中表现在人民群众是历史的创造者。马克思指出“全部社会生活在本质上是实践的”〔3〕，马克思主义原理则是“我们眼前的历史运动的真实关系的一般表述”〔4〕。马克思主义经典作家对所处的时代和世界的深入考察、对人类社会发展规律的深刻把握，“源于那个时代又超越了那个时代，既是那个时代精神的精华又是整个人类精神的精华”〔5〕，在整个人类发展的历史长河中透视出历史运动的本质和时

---

〔1〕《马克思恩格斯文集》第 1 卷，人民出版社 2009 年版，第 196 页。

〔2〕《马克思恩格斯选集》第 1 卷，人民出版社 2012 年版，第 669 页。

〔3〕《马克思恩格斯选集》第 1 卷，人民出版社 2012 年版，第 135 页。

〔4〕《马克思恩格斯选集》第 1 卷，人民出版社 2012 年版，第 414 页。

〔5〕习近平：《在纪念马克思诞辰 200 周年大会上的讲话》，人民出版社 2018 年版，第 7 页。

代发展的方向。

马克思主义传播到中国，扎根于中国，为中国人民、中华民族救亡图存，认识中国、改变世界，提供了科学指南和有力思想武器。马克思主义在中国“首传真者”李大钊在1919年的《再论问题与主义》中就指出：“一个社会主义者，为使他的主义在世界上发生一些影响，必须要研究怎么可以把他的理想尽量应用于环绕着他的实境。”〔1〕马克思主义与中国工人运动相结合，诞生了中国共产党。党从诞生起，就把“为中国人民谋幸福、为中华民族谋复兴”作为自己的初心使命，不断探索、开辟和拓展中国社会发展道路。在新民主主义革命中，面对抗日战争爆发后一定时期所带来的中国“怎么办，向何处去”的问题，毛泽东在《新民主主义论》中指出：“我们民族的灾难深重极了，惟有科学的态度和负责的精神，能够引导我们民族到解放之路。真理只有一个，而究竟谁发现了真理，不依靠主观的夸张，而依靠客观的实践。”〔2〕他强调，“只有千百万人民的革命实践，才是检验真理的尺度”〔3〕。在此基础上，毛泽东提出“我们要建立一个新中国”，并进一步说，“一切这些的目的，在于建设一个中华民族的新社会和新国家”。〔4〕从思想史、理论史和创建史意义上，新中国史可以说是党领导人民从新民主主义革命起就开始创造、形成和发展的，新中国的成立既是这一历史发展的奠基礼、基石和里程碑，又是这一历史发展的新的起点，由此开启中国发展新纪元。

世界总是在社会矛盾运动中发展的，新中国的历史发展是中国社

〔1〕中国李大钊研究会编注：《李大钊全集》第3卷，人民出版社2013年版，第51页。
〔2〕《毛泽东选集》第2卷，人民出版社1991年版，第663页。
〔3〕《毛泽东选集》第2卷，人民出版社1991年版，第663页。
〔4〕《毛泽东选集》第2卷，人民出版社1991年版，第663页。

会矛盾运动的必然产物。马克思主义认为，社会革命以生产力和生产关系的矛盾运动为基础，“是一种破除旧的政治上层建筑的社会运动，更是一种新的社会建设运动”〔1〕。马克思主义经典作家在深入考察和研究资本主义社会基本矛盾的基础上创立了科学社会主义。正是在科学社会主义的指导下，世界上不仅建立了第一个社会主义国家，而且在第二次世界大战结束后诞生了一批社会主义国家，“特别是我们党领导人民建立了新中国并建立了社会主义制度，科学社会主义由此从一国实践走向多国发展”〔2〕。党在中国革命、建设、改革的各个历史时期，领导人民建设和发展新中国，特别是运用历史唯物主义，具体、历史地科学分析中国社会运动及其发展规律，在新中国成立后党对社会主义进行探索和实践的基础上，不断推动改革开放伟大实践，开创、坚持和发展中国特色社会主义。中国特色社会主义是科学社会主义理论逻辑和中国社会发展历史逻辑的辩证统一。

（二）新中国建设和发展的社会主要矛盾及其变化，是新中国所处时代社会基本矛盾的集中体现和历史发展内涵

新中国成立后，为实现新中国从新民主主义到社会主义的转变，党领导人民开展了对生产资料私有制的社会主义改造，实现了中华民族有史以来最为广泛而深刻的社会变革。经过社会主义改造，“人民对于经济文化迅速发展的需要同当前经济文化不能满足人民需要的状况之间的矛盾”〔3〕成为中国社会主要矛盾，全国人民的主要任务就是在党

---

〔1〕《习近平新时代中国特色社会主义思想学习问答》，学习出版社、人民出版社 2021 年版，第 74 页。

〔2〕习近平：《坚持和发展中国特色社会主义要一以贯之》，《求是》2022 年第 18 期。

〔3〕《中国共产党中央委员会关于建国以来党的若干历史问题的决议》，人民出版社 1981 年版，第 15 页。

的领导下，集中力量发展社会生产力，实现国家工业化，逐步满足人民日益增长的物质和文化需要。为此，在改革开放前后两个历史时期，新中国探索和推进社会主义建设，进行改革开放和社会主义现代化建设。党坚持和发展中国特色社会主义，不断适应社会生产力发展调整生产关系，不断适应经济基础发展完善上层建筑。党的十八大以来，中国特色社会主义进入新时代，新时代中国社会主要矛盾是人民日益增长的美好生活需要和不平衡不充分的发展之间的矛盾。党领导人民全面建成小康社会，全面建设社会主义现代化国家，以中国式现代化全面推进中华民族伟大复兴。在推进中国式现代化中进一步全面深化改革，就是要适应中国社会基本矛盾运动的变化来推进社会发展。新中国的社会生产力和生产关系、经济基础和上层建筑相互作用、相互制约，构成新中国建设和发展中的社会矛盾运动，这一矛盾运动深刻蕴含着新中国历史发展的主题主线、主流本质、根本动力、内在机理和时代内涵。新中国史就是新中国社会矛盾运动不断发展的历史进程，深刻彰显着新中国整个社会的基本面貌、发展方向和前景。

二、新中国史研究观照历史、社会和时代

历史研究既要研究事物是什么，观照其从哪里来、到哪里去，又要探讨这一事物在历史发展变化中的社会背景、环境条件、社会因素、矛盾关系与前途命运。新中国史既纵向看是新中国的社会“历史”，又横向看是新中国的历史“社会”，纵横交错看则是新中国建设和发展所处的“时代”。新中国史研究以历史研究为基础，集中研究关于这一历史的本体论、认识论和方法论，把握其历史发展的社会矛盾关系、主体与客体、主题与主线、主流与本质、进程与动力、成就与经验，并为其他学科研究这一历史提供相应的认识基础与依据，而且其他学科

运用自身理论与方法研究这一历史，不仅是新中国史研究的有机构成，也丰富、深化和拓展了新中国史研究的内涵、方法与视野。

就历史认识来说，历史是所属社会的历史，纵向看是历史过程；社会是所处发展阶段的社会，横向则呈现的是历史的社会发展。恩格斯在《致康拉德·施米特》中指出，"必须重新研究全部历史，必须详细研究各种社会形态的存在条件，然后设法从这些条件中找出相应的政治、私法、美学、哲学、宗教等等的观点"，认为"这个领域无限广阔，谁肯认真地工作，谁就能做出许多成绩，就能超群出众"。[1]恩格斯在1886年的《路德维希·费尔巴哈和德国古典哲学的终结》的基础上，就"历史合力论"在1890年给约·布洛赫的一封信中进一步作了全面阐述。他指出，"历史是这样创造的：最终的结果总是从许多单个的意志的相互冲突中产生出来的，而其中每一个意志，又是由于许多特殊的生活条件，才成为它所成为的那样。这样就有无数互相交错的力量，有无数个力的平行四边形，由此就产生出一个合力，即历史结果，而这个结果又可以看做一个作为整体的、不自觉地和不自主地起着作用的力量的产物"，"所以到目前为止的历史总是像一种自然过程一样地进行，而且实质上也是服从于同一运动规律的"，"每个意志都对合力有所贡献，因而是包括在这个合力里面的"。[2]历史是一个自然过程，是纷繁复杂的社会变革与发展。新文化运动前，李大钊就在1914年发表的《国情》中认为，"言国情者，必与历史并举，抑知国情与历史之本质无殊，所异者，时间之今昔耳。昔日之国情，即今日之历史；来日之历史，尤今日之国情。"[3]这是"昔日"、"今日"和"来日"的

---

〔1〕《马克思恩格斯选集》第4卷，人民出版社2012年版，第599页。

〔2〕《马克思恩格斯选集》第4卷，人民出版社2012年版，第605、605、606页。

〔3〕中国李大钊研究会编注:《李大钊全集》第1卷，人民出版社2013年版，第206页。

历史发展在国情上的联结与统一。随着马克思主义唯物史观的广泛传播，并用以认识中国历史与相应社会，李大钊在1920年《史观》中称"活泼泼的有生命的历史"，"乃与'社会'同质而异观的历史"，认为"同一吾人所托以生存的社会，纵以观之，则为历史，横以观之，则为社会"，强调"横观则收之于现在，纵观则放之于往古。此之历史，即是社会的时间的性象"，"乃是亘过去、现在、未来、永世生存的人类全生命"。[1]他在1924年《史学要论》进一步明确指出："历史这样东西，是人类生活的行程，是人类生活的联续，是人类生活的变迁，是人类生活的传演，是有生命的东西，是活的东西，是进步的东西，是发展的东西，是周流变动的东西"；"历史就是社会的变革。这样说来，把人类的生活整个的纵着去看，便是历史，横着去看，便是社会。历史与社会，同其内容，同其实质，只是观察的方面不同罢了。"[2]为"今欲把历史与社会的概念弄得明明白白"，李大钊"把马克思（Karl Marx）的历史观略述一述"，认为"马克思述他的历史观，常把历史和社会关联在一起，纵着看人间的变迁，便是历史，横着看人间的现在，便是社会"。[3]他强调，"历史既是整个的人类生活，既是整个的社会的变革，那么凡是社会生活所表现的各体相，均为历史的内容所涵括"[4]，"历史是亘过去、现在、未来的整个的全人类生活。换句话说，历史是社会的变革"，"有生命的历史，实是一个亘过去、现在、未来的全人类的

〔1〕中国李大钊研究会编注：《李大钊全集》第4卷，人民出版社2013年版，第319页。
〔2〕中国李大钊研究会编注：《李大钊全集》第4卷，人民出版社2013年版，第518、519页。
〔3〕中国李大钊研究会编注：《李大钊全集》第4卷，人民出版社2013年版，第519—520页。
〔4〕中国李大钊研究会编注：《李大钊全集》第4卷，人民出版社2013年版，第520页。

生活。过去、现在、未来是一线贯下来的”。[1]李大钊反复强调历史与社会的一致性和相辅相成性，特别是历史、现实与未来的贯通性。毛泽东也曾指出，“如果要看前途，一定要看历史”，“看历史，就会看到前途”。[2]习近平总书记强调,“历史是现实的根源”，任何一个民族，任何一个国家的“今天都来自昨天”，都是历史发展的结果。[3]历史都是从昨天走到今天再走向明天,“历史、现实、未来是相通的”[4]。新中国史“蕴涵着十分丰富的治国理政的历史经验。其中包含着许多涉及对国家、社会、民族及个人的成与败、兴与衰、安与危、正与邪、荣与辱、义与利、廉与贪等等方面的经验与教训”[5]。新中国史既有纵向的社会“历史”、又有横向的历史“社会”，而且这一“历史”与“社会”的结合，蕴涵和彰显着“时代”的内涵与特征。由此，新中国史研究是一种既观照新中国的历史、社会，又观照时代的认识思维、方式与方法。

（一）纵向研究新中国史

新中国史研究坚持大历史观，将这一历史按照历史逻辑划分为承前启后、继往开来的历史发展阶段或时期，具体、历史地反映和揭示其阶段性历史发展内涵与特征。中国式现代化是党领导全国各族人民在长期探索和实践中历经千辛万苦、付出巨大代价取得的重大成果。党在新中国成立特别是改革开放以来长期探索和实践基础上，经过党的十八大以来在理论和实践上的创新突破，成功推进和拓展了中国式

---

[1] 中国李大钊研究会编注:《李大钊全集》第4卷，人民出版社2013年版，第525、567页。

[2]《毛泽东文集》第8卷，人民出版社1999年版，第383、385页。

[3]《习近平外交演讲集》第1卷，中央文献出版社2022年版，第124页。

[4]《习近平谈治国理政》第1卷，外文出版社2018年版，第67页。

[5] 习近平:《领导干部要读点历史》,《学习时报》2011年9月5日。

现代化。[1]新中国史贯穿这一过程。这是以中国式现代化为主题主线、纵向观照新中国史的一条认识路径。

（二）横向研究新中国史

新中国史研究根据新中国的国体、政体和结构形式，围绕国家主权、安全和发展利益，把新中国建设和发展进程中的经济、政治、文化、社会和生态，以及国防、军队、外交结合起来，把国际与国内联系起来进行考察，集中研究新中国成立以来物质文明、政治文明、精神文明、社会文明、生态文明建设及其协调发展。中国式现代化是人口规模巨大、全体人民共同富裕、物质文明和精神文明相协调、人与自然和谐共生、走和平发展道路的现代化。与纵向研究相对应，以中国式现代化为主题主线横向研究新中国史，就是要研究新中国建设和发展的各领域各方面各环节及其相互关系，特别是党在新时代是如何统筹推进“五位一体”总体布局、协调推进“四个全面”战略布局，创造中国式现代化新道路和人类文明新形态的，以此深刻揭示中国式现代化的中国特色、内涵、原则和本质。新中国史研究横向研究新中国历史的社会发展，以系统思维观照建设中华民族现代文明，有利于从整体上深刻揭示新中国建设和发展的推动力和内在机理、新中国历史发展的理论逻辑和实践逻辑。

（三）新中国历史发展的历史地位和意义，是纵向、横向交相研究新中国史的重要内容

在中国人民发展史、中华民族发展史和人类社会发展史上，党领导人民为创建新中国进行的新民主主义革命取得胜利，为实现中华民

[1] 习近平：《高举中国特色社会主义伟大旗帜　为全面建设社会主义现代化国家而团结奋斗——在中国共产党第二十次全国代表大会上的报告》，人民出版社2022年版，第22页。

族伟大复兴创造了根本社会条件。新中国成立，中国人民从此站立起来，也极大改变了世界政治格局。完成社会主义革命和推进社会主义建设，实现了一穷二白、人口众多的东方大国大步迈进社会主义社会的伟大飞跃，为实现中华民族伟大复兴奠定根本政治前提和制度基础。改革开放和社会主义现代化建设，为实现中华民族伟大复兴提供充满新的活力的体制保证和快速发展的物质条件。中国特色社会主义新时代是我国发展新的历史方位，党和国家事业取得历史性成就、发生历史性变革，为实现中华民族伟大复兴提供了更为完善的制度保证、更为坚实的物质基础、更为主动的精神力量。中国共产党成立特别是新中国成立以来的历史发展，从根本上改变了中国人民的前途命运，开辟了实现中华民族伟大复兴的正确道路，也深刻影响了世界历史进程。拥有马克思主义科学理论指导是党坚定信仰信念、把握历史主动的根本所在。把马克思主义基本原理同中国具体实际、同中华优秀传统文化相结合的“两个结合”，是在五千多年中华文明深厚基础上开辟和发展中国特色社会主义的必由之路。

三、以新中国史研究构建和发展新中国学

在文明意义上说，新中国史是党领导人民传承发展中华优秀传统文化，延续、丰富和发展中华文明。这是党把马克思主义作为立党立国、兴党兴国的根本指导思想，不断推进马克思主义中国化时代化，开辟马克思主义中国化时代化新境界，为把我国建成富强民主文明和谐美丽的社会主义现代化强国的国家建设和发展史，是党的治国理政史。中国人民、中华民族之所以在旧中国半殖民地半封建社会的废墟上打破一个旧世界，建立起新中国，从站起来、富起来到强起来，根源于党把为中国人民谋幸福、为中华民族谋复兴作为自己的初心使命，

领导人民坚持独立自主、自立自强，坚持把国家和民族发展放在自己力量的基点上，坚持把我国发展进步的命运牢牢掌握在自己手中，不断推进社会主义物质文明、政治文明、精神文明、社会文明和生态文明建设，不断探索、实践、推进和拓展中国式现代化，以中国式现代全面推进强国建设、民族复兴伟业。新中国的建设和发展，既以中华优秀传统文化为历史底蕴，更体现科学社会主义的先进本质，借鉴吸收一切人类优秀文明成果，代表人类文明进步的发展方向，蕴含着马克思主义唯物史观指导下形成的独特的世界观、价值观、历史观、文明观、民主观、生态观等及其伟大实践，承载着中国立场、中国精神和中国力量，为人类对更好社会制度的探索提供了中国方案、中国主张和中国智慧。这是引导人们更加全面、客观、深入地认识当代中国、看待外部世界，讲好中国故事、传播好中国声音的源泉、基础和依据。

关于世界史、中国史、新中国史。在人类社会发展史上，中国史是中国的、也是世界的和人类社会的，而且始终伴随着中国与世界的相互联系、影响与作用。新中国史是在“历史中国”的延续、变革和发展基础上的中国现代史，是世界现代史特别是世界社会主义发展史的重要组成部分。新中国史研究既以新中国史为研究主题，也是要融入中国史，联系、结合世界史，把新中国史放在整个中国史和世界史之中进行研究的。

关于“国学”“中国学”。“国学”一般指称“传统的中华文化与学术”，在中国古代主要是“经史子集”之类，近代中国人在“西学东渐”下提出“中学”“国故”等概念与之相称。新中国成立以来，党领导人民在传承发展中华文明中创造的新社会新文化新文明，以新的时代内涵丰富、发展了中华文明，开辟了中华文明发展新境界。这是原有“国学”所概括不了的，是关于中国的认识在研究对象、内容与范围上的历史局限性。“中国学”在一定时期指代“海外中国学”“域外中国学”等，都未涵盖有中国人关于本国的认识。这是关于中国的认识在研究主体和客体的历史局限性。随着历史发展和时代需要，人们关于中国历史、文化、社会、精神、文明和前途命运，以及包括中外关系在内的国际关系的认识，日益形成为以“中国学”命名的关于中国的知识体系，传承发展中华文明，推动人类文明交流互鉴。由此也表明，一方面，“中国学”的故乡在中国，中国历史、社会、文化研究是“中国学”的重要发源地和学科根基；另一方面，“中国学”从内涵到形式，无不依赖中国人对中国历史、文化的认知和理解，更借助于中国社会关于中国的对外介绍、传播和研究。习近平主席在向世界中国学大会·上海论坛致贺信中指出：“中国学是历史中国之学，也是当代中国之学。”[1]随着中国与世界日益紧密，“中国学”愈加从所谓“汉学”“海外中国学”“域外中国研究”的“他知”“他塑”向中国自身“自信”“自塑”转变，并更多地呈现为关于中国的“内学”“外学”兼修与交流互鉴。中国是世界的一部分，“世界中国学”的概念本具有双重含义，首先是关于中国研究的主体与客体的统一，是中国的“中国研究”；其次是关于中国研究的主体与客体的分离，是海外、域外的“中国研究”，不应将“世界中国学”理解或限定为来自中国之外的关于中国的认识和研究。

“中国学”对于中国来说，在出发点、内涵、原则和功能上，主要是立足中国立场、中国价值和中国精神，把关于历史中国与当代中国的认知和研究结合起来、与世界历史发展和时代发展联系起来，构

[1]《习近平向世界中国学大会·上海论坛致贺信》，《人民日报》2023年11月25日。

建和形成关于新中国的历史、社会和时代的认识，推动建设同中国综合国力和国际地位相匹配的国际话语权，向世界真实、立体、全面地展示中国形象，推动构建人类命运共同体。“中国学”对于世界来说，则在于秉持兼容并蓄、开放包容的态度，在将中国与世界相结合中了解中国历史文化，辨识当今的中国，在同世界其他文明的交流互鉴中读懂历史中国和当代中国社会。“中国学”是以关于中国的认识为本，研究中国的历史和相应社会与时代，推动中外以关于中国的认识为基点的双向、多维、交错研究，实现中国与世界文明交流互鉴。

关于新中国史研究、新中国学。在新中国史上，每到新中国建设和发展的重要时间节点，党就自觉地总结一定时期新中国历史发展进程、成就与经验，特别是形成了党在新中国成立以来作出的两个历史决议。其中，第二个历史决议运用马克思主义的辩证唯物论和历史唯物论，回顾了新中国成立以前党的历史，总结了社会主义革命和建设的历史经验，指出党的十一届三中全会以来，党已经逐步确立了一条适合我国情况的社会主义现代化建设的正确道路，这就把改革开放前后两个历史时期的关系辩证统一起来。党的第三个历史决议坚持正确党史观、树立大历史观，准确把握党的历史发展的主题主线、主流本质，全面总结党的百年奋斗重大成就和历史经验特别是改革开放 40 多年来的重大成就和历史经验，分领域总结新时代党和国家事业取得的历史性成就、发生的历史性变革，阐明了党的百年奋斗的历史意义与基本经验。党的历史决议根据历史逻辑、理论逻辑和实践逻辑，形成、丰富和发展了党关于新中国历史发展的认知体系和叙事体系，是党关于新中国史的规律性认识成果。当今，“中国学”的重心从研究中国历史、社会和文化，日益转向关于新中国之学即“新中国学”，并落脚于对新中国的认知，这是关于新中国的历史、社会和时代发展，以及新中国与世界关系的认知。新中国史是中国历史发展的必然、集大成者和最新发展，以“史”承载着党的领导和执政、新中国的建设和发展、中国人民的生产生活和中国社会的面貌，是关于新中国认识的“百科全书”。这是构建新中国学的学科基础和学术实践路径。

新中国学与新中国史研究，是关于新中国的两个相互联系的学科。它们将新中国的历史与现实、理论与实践、国际与国内结合起来，集中研究什么是新中国，新中国从哪里来到哪里去，新中国的社会矛盾运动和社会形态，新中国的国体、政体和国家结构形式，新中国新在哪里；新中国建设和发展的道路、制度、理论、文化和前途命运；新中国与历史中国的关系，以及与世界的关系；国土、人口、地理等。这是关于新中国的国家学说、国家理论的历史根据、逻辑来源和学理基础，都是而且需要新中国学与新中国史研究“同题共答”和协同研究的。新中国学在一定意义上来源于新中国史研究，新中国史研究观照新中国的历史、社会和时代发展，是新中国学理论与方法论的重要基础、学科领域和基本样态。二者从学科功能与作用来说，则是互为表里、相辅相成，融合发展的。其中，新中国史研究主要以历史理论、历史逻辑和史学理论与方法的学科优势与特点，推动构建和发展新中国学。新中国学关于中国精神、中国价值、中国力量的研究，则有利于从政治、经济、文化、社会、生态文明的历史与时代内涵上深化和拓展新中国史研究，推动新中国史研究的学科体系、学术体系和话语体系建设，同时为开展新中国史的国际传播提供学理基础，向世界阐释、推介更多具有中国特色、体现中国精神、蕴藏中国智慧的优秀文化，在新的起点上推动中国与世界文明交流互鉴。

第二节　论新中国历史哲学与发展新时代中国学

历史发展、历史问题蕴含并生成哲学问题，哲学以历史为基础和依据，形成历史哲学。国史哲学是关于新中国历史发展的本体论、认识论和方法论。它以新中国历史发展及其规律为基本研究对象和内容，运用哲学的理论与方法反映和揭示新中国建设及发展的进程、成就与经验，特别是在唯物史观和正确党史观的指导下，在认识新中国历史问题的基础上研究新中国史的哲学命题，构建国史理论和国史观，引领和推动新中国史研究、编纂、宣传与教育。中国学是认识与传播关于中国、中华民族、中华文化和中华文明的知识体系。中国学站在历史和时代的高度，推动中国和世界相互构建中国学，发展而为世界中国学、新时代中国学。新中国史研究既要从历史与时代的结合上丰富和发展国史哲学，又要从哲学意义上发展新时代中国学，赋予新时代中国学以新的时代内涵和自主知识体系，广泛而深入地推进人类文明交流互鉴。

一、新中国历史哲学与新时代中国学的学科属性和逻辑关系

国史哲学是关于新中国史的哲学，既根据新中国的历史发展进程，从哲学意义上研究新中国建设和发展的社会矛盾运动、历史必然性、发展规律性，又通过新中国史研究而丰富和发展哲学原理、历史发展机理、文明进步的价值与意义，具有历史学与哲学的双重性、交叉性。新中国历史哲学将新中国史研究与哲学研究贯通融合、辩证统一起来，在历史与现实、理论与实践、国际与国内的结合上，真实、立体、系统、全面地认识和研究新中国的国情实际、发展道路、理论、制度与文化，因而在新中国史研究中具有奠基、贯通、统合和引领作用，并

成为新中国史研究、当代中国研究和中外关系研究与其他哲学社会科学融合发展的重要桥梁与纽带，也是向世界介绍、阐释和传播中国的认知依据、内涵所在与形象载体。

新中国历史哲学研究的重心在于以新中国历史发展的“真实性”“历史性”“时代性”揭示这一历史发展规律及其所蕴含的世界观、历史观、价值观和文明观。新中国史是新中国建设和发展的历史进程，是中国革命、建设和改革的继承与发展，是与时俱进地开创中国特色社会主义新时代，不仅是“历史中国的延续和发展”〔1〕，更是蕴含着中国人民、中华民族发展的“安身立命的基础”〔2〕与中华文明发展进步的“根本政治前提和制度基础”〔3〕，践行并彰显着党和国家事业发展的历史逻辑、理论逻辑与实践逻辑，关乎新中国建设和发展的方向与道路、目标与制度、理论与实践、成就与经验、精神与意义、前景与未来，以及经济、政治、文化、社会、外交、生态文明建设等各方面各领域的理论与实践，深入、系统地展现新中国建设和发展的主题与主线、主流与本质。概言之，新中国史以“史”定名，在内涵上则是关于当代中国的“昨天、今天和明天”，反映和揭示当代中国的社会发展及其整体面貌。国史哲学在整体、系统而深入的基础上认识和把握新中国史所蕴含的世界观、历史观、价值观与文明观。这是新中国史研究、编纂、宣传和教育中具有基础性、根本性、前沿性的学科基础与重要组成部分，引领和推动新中国史研究的学科体系、学术体系与话

〔1〕《总结历史经验揭示历史规律把握历史趋势　加快构建中国特色历史学学科体系学术体系话语体系》，《人民日报》2019 年 1 月 4 日。

〔2〕习近平：《在纪念毛泽东同志诞辰 120 周年座谈会上的讲话》，《人民日报》2013 年 12 月 27 日。

〔3〕习近平：《在庆祝中国共产党成立 100 周年大会上的讲话》，人民出版社 2021 年版，第 5 页。

语体系建设。国史哲学与其他新中国史研究分支学科一起，为国家写史、为人民立传、为时代画像，明理、增信、崇德，同时“讲好中国故事，传播好中国声音”[1]。然而，长期以来的“海外中国学”“世界中国学”，以研究海外、国外关于中国的认知为主，虽然依托关于中国历史、中华文明特别是新中国史研究，但大多不包含“以我为主”的关于中国的认识和研究内容，导致中国学研究“以我为主”的“主体性”和传播内容的“主题性”的薄弱或缺位。这样的中国学以“他塑”为主，而缺乏“自塑”及其比较和互鉴，不仅不完整、不具体，更不具有主体性的本源性和原创性。在继承和发展中国学的学术传统及其优势的基础上，以新中国史研究为基础，以国史哲学关于新中国历史发展的“真实性”“历史性”“时代性”为主题和内涵，有利于将中国学由海外、国外中国学发展到新时代中国学，丰富和深化中国学的思想内涵，提升中国学的基础理论素养和鲜明时代特征，更好地发挥国史哲学在新中国研究中的引领和推动作用。

二、论新中国历史发展的“真实性”“历史性”“时代性”

新中国历史发展的“真实性”“历史性”“时代性”是这一历史发展的客观实在性，也是国史哲学和新时代中国学的研究主题与内涵的鲜明特性。

新中国史是中国共产党领导的社会主义发展史，是世界社会主义的重要组成部分和马克思主义中国化时代化的理论与实践篇章。马克思主义一经诞生，就“犹如壮丽的日出，照亮了人类探索历史规律

[1]《习近平关于社会主义文化建设论述摘编》，中央文献出版社 2017 年版，第 203 页。

和寻求自身解放的道路”[1]。马克思主义经典作家在创立马克思主义时就关注近代东方、近代中国和中华民族的前途命运。习近平总书记在纪念马克思诞辰200周年大会上的讲话中指出：“马克思、恩格斯高度肯定中华文明对人类文明进步的贡献，科学预见了‘中国社会主义’的出现，甚至为他们心中的新中国取了靓丽的名字——‘中华共和国’。”[2]在中国、中国人民、中华民族和中华文明发展史上，中国共产党的成立“开天辟地”，没有共产党就没有新中国；新中国成立，彻底终结了旧中国半殖民地半封建社会的历史，中华民族发展进步开启新纪元；改革开放是中国人民和中华民族发展史上的一次伟大革命，开创、坚持和发展中国特色社会主义，中国大踏步赶上了时代，中国特色社会主义道路是指引中国发展繁荣的正确道路；开创中国特色社会主义新时代，党和国家事业取得历史性成就、发生历史性变革，实现中华民族伟大复兴进入了不可逆转的历史进程。新中国历史发展与人类社会文明的一切历史一样，都是复杂变化的，但其更是“螺旋式上升”的，这一历史发展的独特变革性、转折性、飞跃性彰显其历史发展的“真实性”“历史性”“时代性”，也标志着新中国建设和发展的历史必然性、历史方位及时代特征。与新中国史研究的其他具体学科相比较，新中国历史哲学在历史发展的“真实性”的基础上，更关注和聚焦于新中国历史发展的“历史性”“时代性”及其世界观、历史观、文明观与价值观。

新中国历史发展的“真实性”“历史性”“时代性”赖以产生、形

[1] 习近平：《在纪念马克思诞辰200周年大会上的讲话》，人民出版社2018年版，第6页。

[2] 习近平：《在纪念马克思诞辰200周年大会上的讲话》，人民出版社2018年版，第12页。

成和发展的“历史”，是客观实在、辩证发展、鲜活有机的。它特别指历史发展的普遍性与规律性、历史发展大势与走向、历史发展战略全局与总体布局、历史发展价值与世界意义。人民创造历史，劳动开创未来，历史的昨天、今天和明天是相通的。在党史、新中国史、改革开放史、社会主义发展史和中华民族发展史上，中华民族精神、伟大建党精神和中国共产党人精神谱系是中国人民、中国共产党、中华民族不断推动中国历史发展、缔造中华文明与推动人类文明发展进步的价值追求、实践力量及精神源泉，无不从历史发展的思想基础、社会生产生活和精神力量上深刻蕴含、彰显及发展着历史主动精神。中国共产党团结带领中国各族人民，在中国革命、建设和改革的各个历史发展阶段，在实现中华民族伟大复兴的历史进程中，坚持从中国国情出发，探索并形成了符合中国实际的新民主主义革命道路、社会主义革命和建设道路、中国特色社会主义道路。不断推进马克思主义中国化时代化，独立自主，走自己的路，是中国共产党团结带领人民不断从挫折中觉醒、从胜利走向胜利，坚定历史自信、增强历史主动的真谛。

新中国历史哲学关于新中国历史发展的“真实性”“历史性”“时代性”，其所依据的“历史”既是历史学意义上的“历史”，又是哲学意义上的“历史”。它是必然性与偶然性、物质与精神、理论与实践的有机统一。以这样的“历史”去认识和研究历史与哲学问题，重在明理、增信、崇德，以史为鉴、开创未来。从历史发展的社会矛盾问题看，包括历史的国情与现实的国情、历史的源头、起点、基点和出发点，历史发展的方向、方位、目标和任务，以此揭示历史发展的社会条件、大势和走向。就历史发展的社会矛盾运动进程来讲，则关乎历史的主体、动力、道路、理论、制度、文化以及人与自然，彰显历史发展的复杂性、变革性、转折性和进步性，体现历史发展的理论与实践基础、因果逻辑关系，以及阶段性与连续性发展的辩证统一。新中国历史哲学主要从中国人民、中华民族、中华文明发展的历史长河、内在机理和时代大潮中探索认识中国共产党执政规律、社会主义建设规律和人类社会发展规律，彰显新中国历史发展的文明底蕴、时代背景、成就、经验和前景，从中认识和把握新中国历史发展的必然性与规律性。

中国特色社会主义进入了新时代——这是中国发展新的历史方位。在中华民族伟大复兴战略全局和世界百年未有之大变局中，“当代中国正经历着我国历史上最为广泛而深刻的社会变革，也正在进行着人类历史上最为宏大而独特的实践创新”[1]，特别是开创中国特色社会主义新时代，党和国家事业取得历史性成就、发生历史性变革，乘势开启全面建设社会主义现代化国家新征程，以中国式现代化全面推进中华民族伟大复兴。然而，当今中国“社会思想观念和价值取向日趋活跃、主流和非主流同时并存、社会思潮纷纭激荡”[2]，当今世界风云变幻，各种思想文化交流、交融、交锋，各国历史基础、社会制度和发展道路多样多元。在这样的社会历史条件下，如何巩固马克思主义在意识形态领域的指导地位，培育和践行社会主义核心价值观，增强中国文化软实力和在国际上的话语权与影响力，推动构建人类命运共同体，迫切需要中国学有更大的作为，并立足新时代、顺应新时代而发展与壮大。发展新时代中国学，就是要在历史与时代的结合上，在世界和中国发展大历史背景中解读中国实践、构建中国理论，“讲好中国故事、传播好中国声音”，同时立足中国、借鉴国外，挖掘历史、把握

〔1〕习近平:《在哲学社会科学工作座谈会上的讲话》，人民出版社 2016 年版，第 8 页。
〔2〕习近平:《在哲学社会科学工作座谈会上的讲话》，人民出版社 2016 年版，第 6 页。

当代，关怀人类、面向未来，在加快构建中国特色哲学社会科学的学科体系、学术体系和话语体系中，推动构建中国话语和中国叙事体系，提炼标志性概念和“打造易于为国际社会所理解和接受的新概念、新范畴、新表述”[1]，真实、立体、全面地展示中国和可信、可爱、可敬的中国形象，让世界认知“发展中的中国”“开放中的中国”“为人类文明作贡献的中国”[2]，推动中国走向世界、世界读懂中国，深化中华文化、中华文明与世界交流互鉴。

三、新中国历史哲学研究的基本问题与新时代中国学的基本内涵

物质与意识的关系问题是哲学的基本问题。国史哲学从历史与现实、理论与实践、国际与国内相结合中，既研究新中国历史发展进程、实现中华民族伟大复兴的历史进程，更在此基础上研究蕴含于其中的世界观、历史观、价值观和文明观，赓续和弘扬历史主动精神，认识和把握新中国历史发展规律。新时代中国学在已有中国学的基础上聚焦新时代，研究并阐释新时代在新中国历史发展、中华民族伟大复兴历史进程中的成就与经验、价值与意义，同时根据新时代的理论与实践，深化和拓展中国话语和中国叙事体系，丰富和发展关于新时代研究、阐释和传播中国立场、中国道路、中国理论、中国智慧、中国贡献、中国形象的基本内涵。

（一）关于马克思主义中国化时代化

马克思主义以辩证唯物主义和历史唯物主义科学揭示人类社会发展规律，指明人类历史前进的人间正道，始终站在时代前沿，为认识

---

〔1〕习近平：《在哲学社会科学工作座谈会上的讲话》，人民出版社2016年版，第24页。

〔2〕习近平：《在哲学社会科学工作座谈会上的讲话》，人民出版社2016年版，第17页。

和改造世界提供了强大精神力量，推动人类从必然王国向自由王国飞跃。马克思主义作为我们立党立国、兴党兴国的根本指导思想，深刻改变了世界，也深刻改变了中国。解放思想、实事求是、与时俱进是马克思主义活的灵魂，拥有马克思主义科学理论指导是党的鲜明品格和独特优势，是党坚定信仰信念、把握历史主动的根本所在。[1]

新中国历史哲学研究马克思主义中国化时代化，围绕马克思主义基本原理同中国具体实际相结合、同中华优秀传统文化相结合，研究和回答马克思主义的命运同中国共产党的命运、中国人民的命运、中华民族的命运是怎样紧紧连在一起的，其科学性和真理性、人民性和实践性、开放性和时代性在中国是怎样得到了充分检验、贯彻及彰显的。与之相适应，新时代中国学则要在历史逻辑、理论逻辑和实践逻辑上讲清楚“中国共产党为什么能，中国特色社会主义为什么好，归根到底是马克思主义行，是中国化时代化的马克思主义行”[2]。新中国历史哲学认识中国，着眼于研究新时代处理与解决改革开放和社会主义现代化建设的理论与实践问题的世界观及方法论，新时代中国学则据此向世界传播中国，阐明回答中国之问、世界之问、人民之问、时代之问的立场、观点和方法。

（二）关于新中国历史发展所蕴含的党性和人民性的关系

党的初心和使命就是为中国人民谋幸福、为中华民族谋复兴。党的根基在人民、血脉在人民、力量在人民，人民是党执政兴国的最大

---

〔1〕习近平：《高举中国特色社会主义伟大旗帜　为全面建设社会主义现代化国家而团结奋斗——在中国共产党第二十次全国代表大会上的报告》，《人民日报》2022 年 10 月 26 日。

〔2〕习近平：《高举中国特色社会主义伟大旗帜　为全面建设社会主义现代化国家而团结奋斗——在中国共产党第二十次全国代表大会上的报告》，《人民日报》2022 年 10 月 26 日。

底气。党尊重人民的历史主体地位和社会发展规律，在治国理政、推动新中国建设和发展中，在以自我革命引领伟大社会革命中，把坚持正确政治方向、站稳政治立场和实现好、维护好、发展好最广大人民根本利益结合起来，将党性和人民性的统一贯穿并融入新中国历史发展之中，人民立场就是党的根本政治立场。

新中国历史哲学研究新中国历史发展所蕴含的党性和人民性的关系，围绕党为了人民、依靠人民，团结带领人民“为什么能够成功、未来怎样才能继续成功”[1]，从新中国历史发展、实现中华民族伟大复兴的历史进程中充分彰显党艰辛探索、艰苦奋斗的历史成就和经验，深刻揭示马克思主义唯物史观、党的历史发展所蕴含的正确党史观、实现中华民族伟大复兴的历史进程所蕴含的中华民族观和大历史观，深入研究并阐释党是什么、要干什么这一根本问题，深入把握新时代更好地坚持和发展中国特色社会主义的思想理论基础和活的灵魂。新时代中国学则在认识中国、传播中国中，把党的性质宗旨、初心使命同坚持以民为本、以人为本结合起来，充分彰显党与人民群众的血肉联系，充分反映人民群众的生产实践、火热生活、精神世界和精神力量。

（三）关于新中国建设和发展道路

方向指引道路，道路决定命运。实践证明，只有社会主义才能救中国，只有中国特色社会主义才能发展中国。新中国的建设和发展，创造性地开辟了社会主义革命和建设道路、中国特色社会主义道路，创造了社会主义革命和建设、改革开放和社会主义现代化建设、新时代中国特色社会主义的伟大成就，全面建成小康社会，成功推进和拓

---

〔1〕习近平：《在复兴之路上坚定前行——〈复兴文库〉序言》，《人民日报》2022年9月27日。

展了中国式现代化新道路，并在此基础上全面建设社会主义现代化国家，以中国式现代化全面推进中华民族伟大复兴。中国特色社会主义是科学社会主义理论逻辑和中国社会发展历史逻辑的辩证统一，是全面建成小康社会、加快推进社会主义现代化、实现中华民族伟大复兴的必由之路。

新中国历史哲学研究新中国建设和发展道路，就要立足于中国国情实际，围绕新中国“从哪里来，到哪里去”，“独立自主，走自己的路”，研究并阐释中国特色社会主义“根植于中国大地、反映中国人民意愿、适应中国和时代发展进步要求”[1]，从历史的结论、人民的选择中深刻阐明这是科学社会主义理论逻辑和中国社会发展历史逻辑的统一，既坚持了科学社会主义基本原则，又根据时代条件不断赋予其鲜明的中国特色。新时代中国学则围绕新中国历史发展的主题、主线、主流与本质，就中国特色社会主义在社会主义发展史上处于什么历史方位，是“什么样的主义”，深入阐明社会主义思想的历史过程，特别是就改革开放前和改革开放后两个历史时期是什么性质，本质在哪里，如何认识和把握二者之间的关系，阐明“这是两个相互联系又有重大区别的时期”，但本质上都是新中国社会主义建设的“实践探索”，讲清楚“不能用改革开放后的历史时期否定改革开放前的历史时期，也不能用改革开放前的历史时期否定改革开放后的历史时期”[2]所蕴含的历史、理论和实践逻辑。

（四）关于中国式现代化

中国式现代化是人口规模巨大、全体人民共同富裕、物质文明和精神文明相协调、人与自然和谐共生、走和平发展道路的现代化，是

〔1〕习近平：《关于坚持和发展中国特色社会主义的几个问题》，《求是》2019年第7期。
〔2〕习近平：《关于坚持和发展中国特色社会主义的几个问题》，《求是》2019年第7期。

一种全新的人类文明形态，“深深植根于中华优秀传统文化，体现科学社会主义的先进本质，借鉴吸收一切人类优秀文明成果，代表人类文明进步的发展方向，展现了不同于西方现代化模式的新图景”〔1〕。推进中国式现代化，必须坚持中国共产党领导的社会主义现代化的根本性质和正确方向，坚持中国式现代化的中国特色、本质要求、重大原则，独立自主、自立自强，把国家和民族发展放在自己力量的基点上，把中国发展进步的命运牢牢掌握在自己手中，以中国式现代化全面推进中华民族伟大复兴。

新中国历史哲学研究中国式现代化，就要从哲学意义上深化对中国式现代化的内涵和本质的认识，研究并阐释中国式现代化的理论体系，认识和把握“统筹兼顾、系统谋划、整体推进，正确处理好顶层设计与实践探索、战略与策略、守正与创新、效率与公平、活力与秩序、自立自强与对外开放”等一系列重大关系，深刻揭示中国式现代化的“本和源、根和魂”，深刻阐明中国式现代化所蕴含的独特世界观、价值观、历史观、文明观、民主观和生态观，“中国式现代化走得通、行得稳，是强国建设、民族复兴的唯一正确道路”〔2〕。新时代中国学则要讲明白中国式现代化“既有各国现代化的共同特征，更有基于自己国情的鲜明特色”〔3〕，是可感可行的，讲清楚中国共产党的领导直接关乎中国式现代化的根本方向、前途命运、最终成败，结合中国特色社会主义物质文明、政治文明、精神文明、社会文明和生态文明建设，从人类文明形态上阐明中国式现代化只有毫不动摇坚持中国共产党的领导，才能前景光明、繁荣兴盛。

---

〔1〕《正确理解和大力推进中国式现代化》,《人民日报》2023 年 2 月 8 日。

〔2〕《正确理解和大力推进中国式现代化》,《人民日报》2023 年 2 月 8 日。

〔3〕《正确理解和大力推进中国式现代化》,《人民日报》2023 年 2 月 8 日。

（五）关于赓续和弘扬历史主动精神

历史主动精神就是从理论和实践上探寻并顺应历史发展规律，引领和推动历史向前发展的历史自信、思想自觉与行动自觉，清醒认识世情、国情、党情的变和不变，科学认识和把握历史发展大势与时代潮流，不畏艰难险阻、直面风险挑战，顽强拼搏、不懈奋斗，在机遇面前主动出击，在困难面前迎难而上，在风险面前积极应对。担当和斗争是一种精神，也是一种责任。坚定历史自信、增强历史主动，就是要毫不动摇地坚持和发展中国特色社会主义，永远要有逢山开路、遇河架桥的精神，锐意进取，大胆探索，不断推进理论创新、实践创新、制度创新，在实践中不断有所发现、有所创造、有所前进。

新中国历史哲学研究历史主动精神，就是要认识和把握社会主义必然代替资本主义的历史规律是人类社会发展不可逆转的总趋势，中国特色社会主义是当代中国发展进步的根本方向，反映及揭示党和国家事业发展在正确判断形势、科学预见未来、把握历史主动上的思想理论源泉与实践基础，在观察时代、把握时代、引领时代上的自主自立精神和改革创新精神，在沿着正确方向和发展道路坚定前行的历史自觉与奋斗精神。新时代中国学则要根据历史发展规律和大势，研究并阐释伟大建党精神和中国共产党人的精神谱系、中华民族精神在新中国历史发展、实现中华民族伟大复兴历史进程中的培育、践行和弘扬，讲述历史主动精神在新中国历史发展的各领域各方面的具体体现及其日常化、具体化、形象化、生活化的历史主动精神样态，使之可感知、可领悟、可践行，内化于心，外化于行。

新中国历史哲学既研究历史问题又研究哲学问题，而新中国史中的历史问题不仅是历史问题，更是政治问题。运用哲学研究新中国史，在新中国史研究的基础上构建历史哲学，还需要融入政治哲学等学科的理论与方法，由此构建新中国史哲学的学科体系、学术体系和话语体系，为新时代中国学提供和创造广阔的学术发展空间与前景，推动新中国史研究创新发展、新中国史哲学基础理论研究和新时代中国学应用研究的融合发展，在观照历史、观照时代中拓展历史哲学的视野，走出一条国史研究自主知识体系建构发展之路。

后　记

马克思主义创造性地科学揭示人类社会发展规律，深刻改变了世界，也深刻改变了中国。中国共产党始终坚持把马克思主义作为立党立国、兴党兴国的根本指导思想，以“唯物史观是吾党哲学的根据”，坚持和运用唯物史观和正确党史观，发展大历史观，既观察中国历史与社会，又观察世界历史与时代发展。党是什么、要干什么，新中国从哪里来、又要到哪里去，党领导人民建设和发展新中国的思想理论内涵、核心要义、精神实质是什么，新中国建设和发展的伟大实践的必然性、规律性是什么，党的领导和执政是如何改变中国人民和中华民族的前途命运的，新中国的建设和发展在世界社会主义发展史上和人类社会发展中的历史地位与作用、价值与意义是怎样的。诸如这些历史与现实、理论与实践、国际与国内等的一系列重大问题，既是党史研究又是新中国史研究在哲学意义上探索和回答的带有本源性、原理性和前沿性问题。

新中国历史哲学，坚持和贯彻马克思主义的世界观和方法论及其基本立场观点方法，集中研究新中国历史的哲学命题和问题、哲学意涵和价值，是关于新中国历史的历史研究与哲学研究的一种综合性学科领域，是从哲学意义上推动党史研究和新中国史研究的重要领域，也是确立和提升新中国史研究学科地位、发挥其学科优势与作用的重要领域。新中国历史哲学研究，在建设新中国史研究的学科体系、学术体系和话语体系中举足轻重，任重而道远。新中国历史哲学研究，秉持为国家写史、为人民立传、为时代明德的治史理念，把史观、史德与史实、史理结合起来，构建关于新中国史的本体论、认识论和方法论。

本书选编的学术论文和理论文章，主要是作者近些年来围绕新中国历史发展的历史、理论和实践问题，在哲学意义上进行史观、史理、史实和方法论等的研究探讨，原载于如下主要报纸、杂志：《求是》《人民日报》《光明日报》《经济日报》《中国社会科学报》；《马克思主义研究》《世界社会主义研究》《国家治理》《中国高校社会科学》《北京行政学院学报》《河北学刊》等。本书具有代表性的研究成果，如《党的第三个历史决议的正确党史观和理论品质》《牢牢把握新中国史的主题主线、主流本质》《论国史哲学与发展新时代中国学》《论新中国史研究与“新中国学”》。其中，作者根据历史哲学的基本内涵与特点，设置了本书的总体思路、逻辑结构和体例编排等，并在保持原有成果发表时面貌的基础上，对有些内容作了必要调整，力求集中反映这一学科领域发展特点和趋势。

在本书出版之际，感谢收入其中的文章合作者，他们是中国社会科学院当代中国研究所周进副研究员、章舜粤副研究员、龚浩副研究员、王怀乐助理研究员、吴茜博士后，人民出版社的靳康康编辑。感谢当代中国出版社姜楷杰等编辑的支持与帮助。

由于作者研究能力和水平有限，难免有不妥之处，敬请读者给予批评指正，以便在适当时修改和完善。

作　者

2024 年 10 月